WIR SIND HIER

start

Warum gibt es etwas und nicht nichts?

Was geschah vor dem
Big Bang?

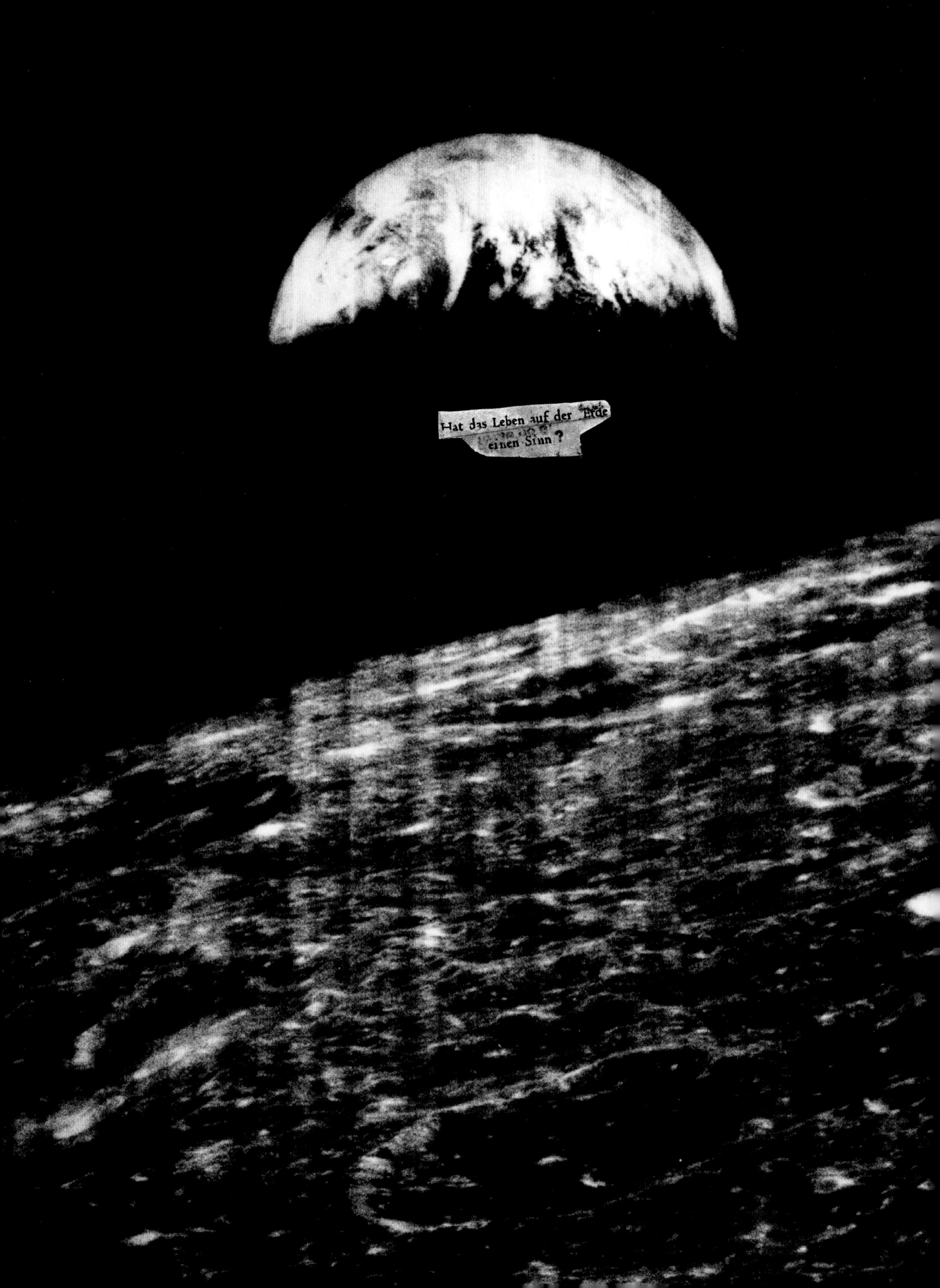
Hat das Leben auf der Erde
einen Sinn?

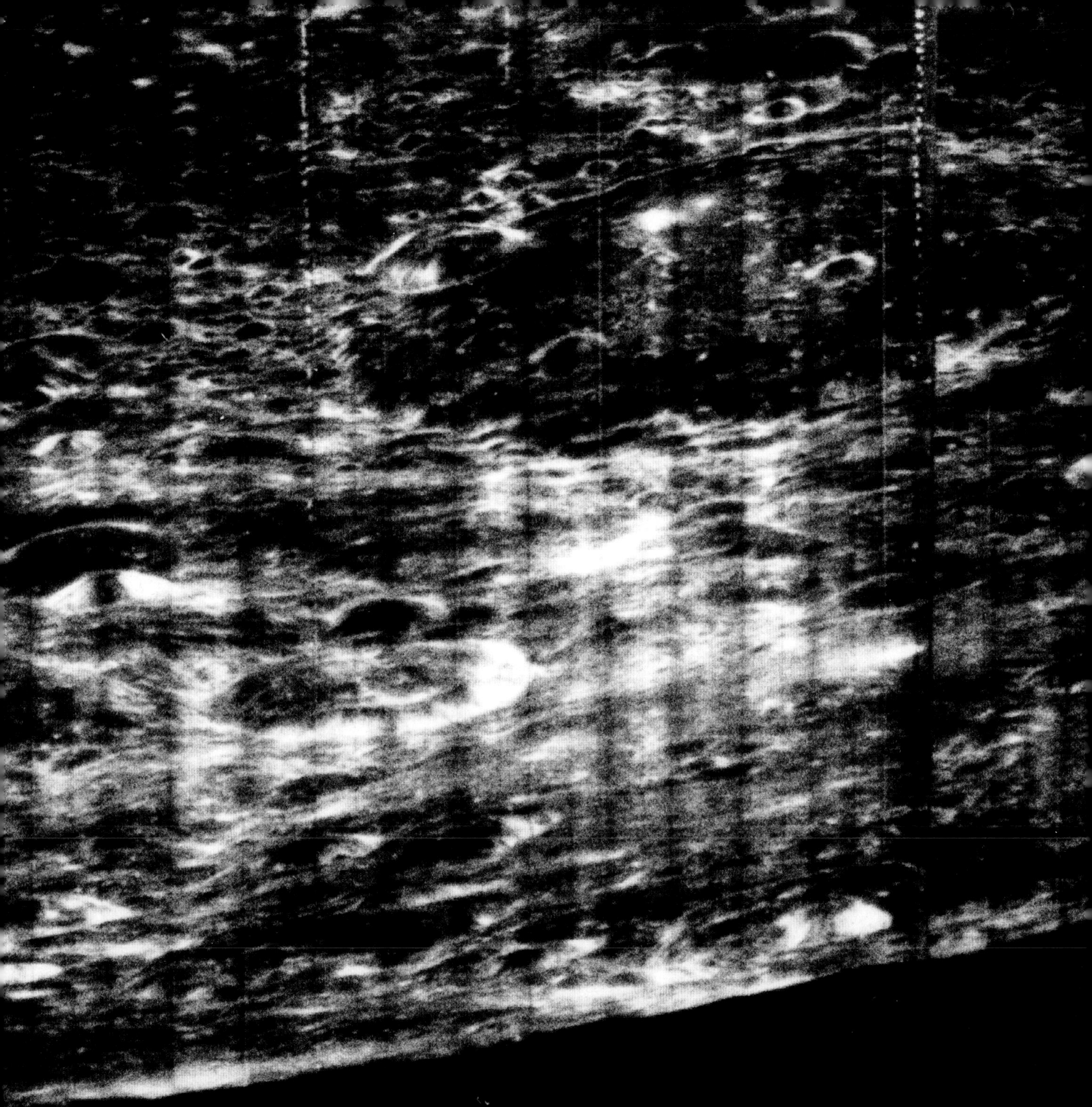

Bevölkerungswachstum
Milliarden
0
1
2
3
4
5
6
0
500
1000
1500
2000
Sprite
Coca-Cola

Bruttoweltprodukt
Billionen Dollar
70
60
40
20
0
1970
1980
1990
2000
2010

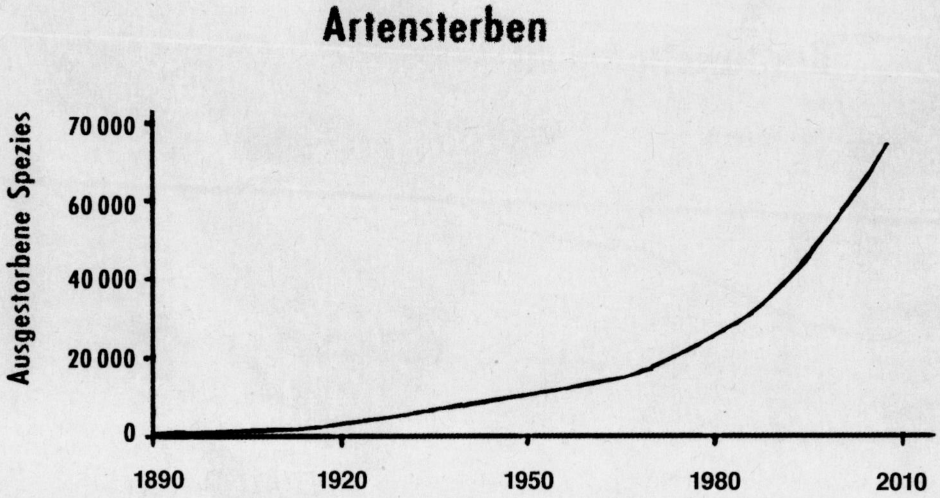
Artensterben
Ausgestorbene Spezies
70 000
60 000
40 000
20 000
0
1890
1920
1950
1980
2010

SIEH MAL, LIEBLING, ICH HAB HEUTE WAS GEKAUFT.
ACH, SCHATZ, ICH BIN JA SO STOLZ AUF DICH.

Bio-Ökonomen der Zukunft

Hey kids!

Nach dem Crash wird die globale Wirtschaft sich in viele kleine bioregionale Ökonomien zersplittern – kleine Wirtschaftseinheiten, die überleben, indem sie sich auf Chancen und Grenzen der Ökosysteme einstellen, in denen sie leben.

Sie werden die Natur nachahmen.

Eine neue Art von »Barfuß-Ökonomen«, die fest in ihrer Bio-Region verwurzelt sind, werden von den abstrakten Geldschefflern das Ruder übernehmen. Sie werden neue Kennzahlen für wirtschaftlichen Fortschritt schaffen und sie im Netz verkünden wie Wetterprognosen.

Die uralte Tabuisierung von Wucher und Verschwendung wird wieder gelten. Die alten Parasiten – Fachanwälte für Steuerrecht, Broker, Finanz-Consultants – werden zu ökonomisch produktiven Beratern für Permakultur und nachhaltige Energienutzung.

Die Konzerne werden sich wandeln zu zyklischen Zusammenschlüssen,

deren Produkte – wie der heterodoxe Ökonom Paul Hawken meint – »sich entweder buchstäblich in umweltverträgliche Komponenten auflösen oder … so passgenau auf die Bedürfnisse, die sie erfüllen sollen, abgestimmt wurden, dass es keine Überproduktion mehr gibt, keinen Abfall, keine herumirrenden Moleküle, die sich in die Zellen der Natur einmischen«.

Die neue globale Wirtschaft wird ein flächendeckender Markt der realen Kosten sein, in dem

der Preis jedes Produkts die ökologische Wahrheit sagt.

Die erfolgreichen Bio-Ökonomien werden ihre nichtnachhaltigen »Sonnenuntergangs«- zu produktiven »Sonnenaufgangs«-Industrien umgestalten. Die vom fossilen Brennstoff befeuerte Autoindustrie – die auf Kosten künftiger Generationen mit Milliardensubventionen aufgebläht wurde – wird auf eine »natürliche« Größe schrumpfen. Der Individualverkehr wird künftig der Vergangenheit angehören. Dann werden unsere Städte wiederaufleben: Vögel, Bäume, Handwerker und Künstler werden sie prägen.

Schritt um Schritt werden wir uns auf ein fair organisiertes Spielfeld begeben … auf dem alle Generationen dieselbe Chance haben.

Produktberuhigung

Design könnte in der Ära
nach dem Wachstum die pure
Lust werden, Designer die
Superstars der neuen Zeit ...

Bilder von Derek Stowe, abgedruckt mit freundlicher Genehmigung des Künstlers.

Eine Zukunft
ohne
Künstlichkeit?

Indigenisiert euch!

Indigenisierung ist das Wichtigste, was wir von der Permakultur lernen können: eine Art »Einwurzelung« bzw. regionale Anpassung, eine Vergegenwärtigung der »alten Weise«, zusammen mit einer »angemessenen« Technologie, die in Harmonie mit der Umwelt und der sozialen Gemeinschaft funktioniert.

Um zur Indigenisierung zu gelangen, müssen wir eine Art Stammesbewusstsein schaffen, das offen ist für die Lebenszyklen der Erde und ihrer Gemeinschaften. Wir müssen eine gemeinschaftsbasierte Landwirtschaft für eine autarke Nahrungsmittelversorgung entwickeln, damit die Grundlage unserer Freiheit und unseres Lebensstils in den natürlichen Systemen verwurzelt ist, der Erde, der Kraft unserer Rücken und Hände. Damit wir unsere Bedürfnisse so decken können, dass wir diesen Systemen nicht schaden.

Grüne Architektur, nachhaltige Landwirtschaft, Handwerk, soziales Wirtschaften – dies sind die Grundpfeiler einer neuen Kreativität, die Modelle hervorbringen wird, wie Buckminster Fuller sie forderte:

»Um wirklich etwas zu verändern, muss ein neues Modell her, das das alte überflüssig macht.«

Wir wissen, dass wir ein neues Modell für den Umgang mit der Erde brauchen, ein neues Modell des Wirtschaftens brauchen, der sozialen Ökologie, der Mythologie, Kosmologie, Spiritualität.

Um diese Visionen in die Tat umzusetzen, brauchen wir konzertierte Aktionen, in denen wir zuerst eine menschenfreundliche Umgebung für uns selbst schaffen – warme, verlockende, natürlich verträgliche Orte, wo wir Körper und Geist aus ganzem Herzen nähren können, Heim und Herd für uns selbst.

Ich habe drei Morgen Land, die mein Grundherr, der Bürgermeister eines nahen Dorfes, mir zu bearbeiten gegeben hat. Die Jungs vom Dorf kommen dieses Frühjahr mit ihren schwarzen Percheron-Kaltblütern vorbei, um zu pflügen. Kommt doch auch.

Etwas weiter die Straße hinunter besitzt ein Freund von mir 130 Morgen Land, auf denen wir eine Farm errichten werden, um dort biologisch-organisches Getreide, Obst und Gemüse zu ziehen. 25 Morgen Apfelbäume, 5000 nie mit Dünger oder Pestiziden behandelte Bäume müssen geschnitten werden. Zur Ernte warten sie auf eure Hände. Allein in New York gibt es sieben Millionen Morgen bestes Ackerland, auf dem heute Getreide für Schlachttiere angebaut wird. Und sie werden noch nicht mal ordentlich ernährt.

Wir müssen der Versuchung widerstehen, eine rein intellektuelle und politische Bewegung zu bleiben. Unsere eigentliche Aufgabe ist es, ein neues Zivilisationsmodell zu entwickeln, das erfolgreiche Lösungen für Heim, Lebensunterhalt, Kreativität und Kultur bereitstellt. Wenn wir das schaffen, können wir Anspruch auf die Herzen der Menschen erheben, auf ihren Verstand. Denn wir schaffen füreinander einen Ort der Liebe, der Güte, der Zukunft, ja der Chancen und Möglichkeiten.

Leland Lehrman

Erobere den Fuji,
kleine Schnecke,
langsam, ganz langsam.

Basho

Es gibt zahlreiche vielversprechende, zwischen Wissenschaft und Kunst angesiedelte Wege, die Wirtschaftswissenschaften neu zu erfinden.

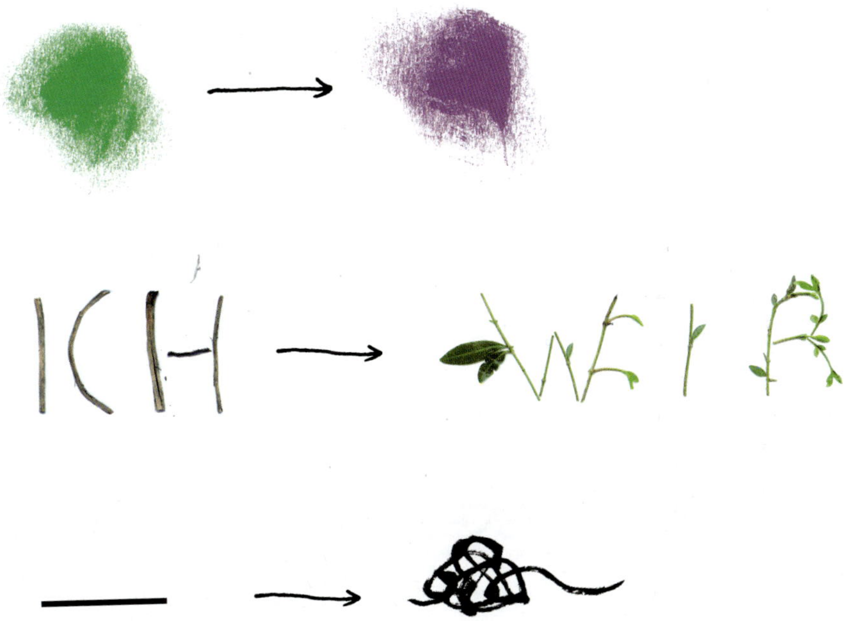

In dieser Zeit der Dunkelheit, in der täglich Arten und Sprachen verloren gehen, während wir am Rande eines Klimakollapses entlangtappen, sollten wir nicht vergessen, dass unsere sehr menschliche Begabung für Schönheit und Ganzheit davon nicht berührt ist, dass sie uns vielmehr an die grundlegendsten Vorgänge im Universum bindet.

Stuart Cowan, *The Structurist*

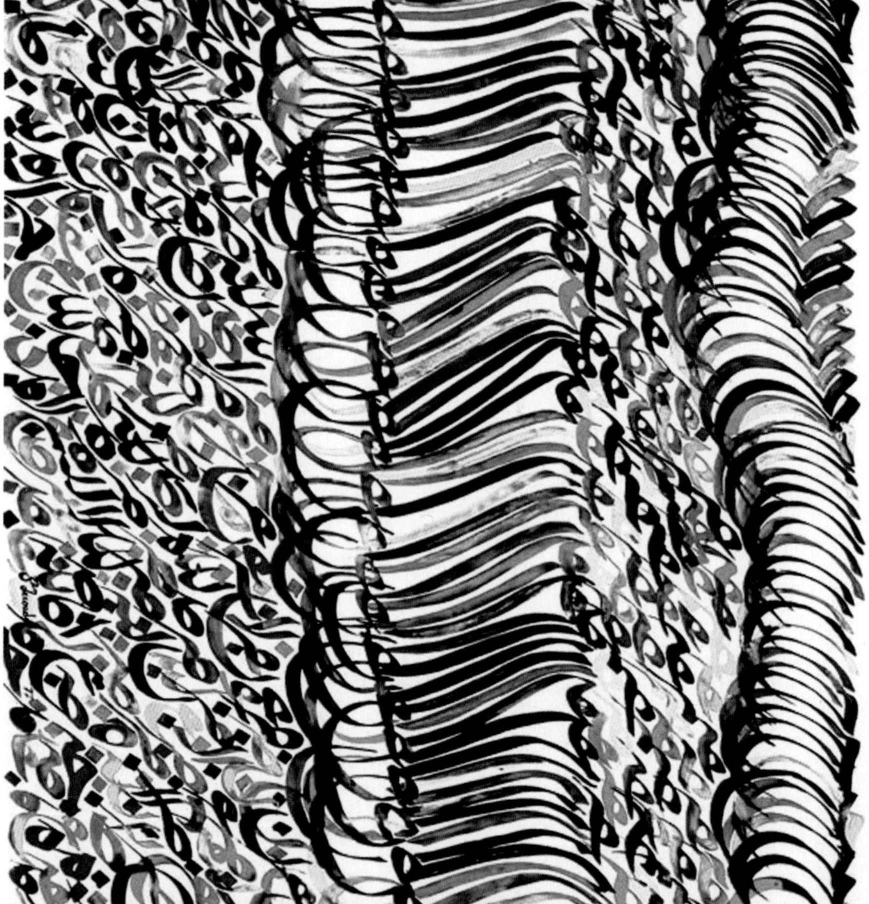

全球詩

Ein Baum wächst aus der New York Stock Exchange

Jetzt, wo die Finanzmärkte darniederliegen und die Effekte langsam nach unten durchsickern, in unser Leben – Freunde und Nachbarn verlieren den Job (das erlebe ich vor allem hier in New York) –, scheint es an der Zeit, einen kritischen Blick auf unsere westliche Finanzkultur zu werfen.

Viele Zeitgenossen haben eine Abneigung gegen die Akteure der Hochfinanz entwickelt, die wir für schmierig und gierig halten. Doch in gewisser Weise war die Finanzwelt in Europa in den letzten 500 Jahren ein wichtiger Teil unseres Erfolgs. Sie hat viele Innovationen ermöglicht, von den Baumwollfabriken im England des ausgehenden 18. Jahrhunderts zum iPod im 20. Trotz der durch sie ermöglichten Gewinne war das Wirken der Finanzwelt doch stets mit wilden Ausschlägen verbunden, dem steten Auf und Ab der Märkte, das Marx als natürliches Resultat der inneren Widersprüche des Kapitalismus bezeichnete. Widersprüche, die am Ende zur Überwindung des Kapitalismus führen würden. Wir haben unsere wirtschaftlichen Theorien nie auf solide Prinzipien gegründet außer diesem einen: so viel Geld zu machen wie irgend möglich.

Doch vielleicht gibt es ja noch einen anderen Weg. Eine Alternative, die sich in den letzten fünfzig Jahren entwickelt hat und die das »Catch-as-catch-can-Prinzip« des Westens in Frage stellt, ist das islamische Finanzmodell. Es beruht auf der Scharia, deren Autorität der Koran sichert. Das islamische Finanzmodell hat Klarheit und gesunden Menschenverstand in den Umgang mit dem Geld eingeführt und so zu Investmentprinzipien geführt, die wir hier im Westen gut gebrauchen könnten.

Dem islamischen Finanzmodell liegt eine Philosophie zugrunde, die Geld als Maß für einen Wert sieht, nicht als Wert an sich. Aus Geld Profit zu ziehen – zum Beispiel, indem man Zinsen auf ein Darlehen fordert – gilt als *riba*, als von der Scharia nicht erlaubte Finanzaktivität. Die Scharia fordert, dass der Investor teilhat an den Risiken des Investments und dass er in reale Dinge investiert, Infrastrukturmaßnahmen, Hausbau oder Geschäftsgründung. Ein eklatanter Unterschied zu den Aktivitäten der Finanzwelt im Westen, wo Gewinne gemacht werden, indem man winzige Unterschiede in Wechselkursen nutzt, legal Aktienpreise manipuliert und (durch endlose Reihungen von Derivaten) risikoreiche Spekulationen eingeht, die das Risiko eines Einzelnen erfolgreich auf die Allgemeinheit abwälzen. Ebendieses Verhalten hat uns die jetzige Krise beschert.

Wir müssen lernen, zwischen der legitimen Funktion der Finanzwelt zu unterscheiden, zu der es gehört, Geld für wirtschaftliche Projekte bereitzustellen, und jenen Aktivitäten, die Krisen heraufbeschwören: Daytrading, Währungsspekulation, Puts, Calls, die ganze entropische Suppe westlicher Finanzinstrumente, die nichts, aber schon gar nichts dazu beiträgt, dass neue Geschäftsideen umgesetzt, alteingesessene Unternehmen wieder zum Florieren gebracht werden. Niemand kann sich damit ein neues Auto kaufen, seine erste Wohnung beziehen oder ein Studium finanzieren. Diese Spekulationsinstrumente füllen einzig die Taschen der Banker, die sie herausgeben. Sie schöpfen den Rahm von einem riesigen Topf voller Ressourcen, den die Gemeinschaft gefüllt hat, die Menschen also, die ehrliche Arbeit leisten. Am Ende eines solchen Abschöpfprozesses ist jeder von uns ein bisschen ärmer, im Topf ist weniger als vorher. Diesem Gebaren sollten wir endlich einen Riegel vorschieben.

Wir sollten darüber nachdenken, auf welche Weise wir der Finanzwelt Regeln verpassen können, wie sie hinter den Idealen der islamischen Finanzwelt stehen, Regeln der Ehrlichkeit und des Anstands.

Wenn ich vor mich hinträume, sehe ich die Wall Street und sehe Cafés, Music Halls, sehe Kinder auf der Straße und den einfachen Zigarrenladen an der Broad Street als Ideenhochburg für Künstler und Philosophen, wo sie über neueste Erkenntnisse debattieren können, während sie sich von der anstrengenden Arbeit am Finanzmarkt erholen. Ich träume von dem Tag, an dem Blumen sich über die hässlichen, nackten Fassaden der Finanztempel ranken, ob nun hier oder in London, Tokio oder Dubai. Einem Tag, an dem die Finanzwelt zum pulsierenden Herz der Renaissance wird. Einem Tag, an dem – wie einer meiner Freunde meinte – ein Baum wächst, wo einst die New Yorker Börse stand.

Joel Daniel Myers ist Schriftsteller und Musiker. Er lebt in Maspeth, New York. Er hat an der Columbia-Universität Wirtschaft studiert.

Ein globales Aha!

Unter der politischen Ägide des Kapitalismus sind Demokratie, Freiheit, Wissenschaft und Technik, Konsum und Globalisierung, eigentlich wunderbare Errungenschaften des Menschen, zur gewaltigen Plage verkommen, die erbarmungslos die Umwelt verschlingt. 2010 meinte der berühmte Physiker Stephen Hawking, der Mensch trage die Anlage zu Selbstsucht und Gier in seinen Genen, und deshalb würden die Menschen die Erde ausplündern, bis nichts mehr übrig sei, innerhalb der nächsten 200 Jahre werde die Erde zerstört werden. Wissenschaft, Demokratie und Freiheit sind Schlüsselwerte der westlichen Gesellschaft, sie haben große Zivilisationen geschaffen, die Menschheit aber auch ins Verderben geführt.

In den letzten 200 Jahren, in denen die kommunistische Bewegung entstand, und den neunzig Jahren geschichtlicher Entwicklung der Kommunistischen Partei Chinas haben Millionen Menschen ihr Leben gegeben, um ein kommunistisches Ideal zu leben, das der Menschheit seitdem großartige Errungenschaften geschenkt hat. Die internationale kommunistische Bewegung ist vom Kapitalismus keineswegs besiegt worden, doch sie hat noch keine eigene Theorie hervorgebracht. Der Sozialismus chinesischer Prägung aber entwickelt sich weiter.

Der Kommunismus fordert, dass alle Extreme wie absolute Freiheit, absolute Demokratie, absolute Gerechtigkeit, Vergöttlichung des Bruttoinlandsprodukts und des freien Kapitals rigoros beschnitten werden. Um das kommunistische Ideal zu verwirklichen, sollte folgender Plan eingehalten werden:

Persönlicher Konsum wird begrenzt und auf die Grenzen festgelegt, die Umwelt und andere Faktoren zulassen. Um Gerechtigkeit walten zu lassen, sollte der Konsum jeder Person gleich sein, egal, wie reich sie ist.

Die Größe der eigenen Unterkunft wird gesetzlich festgelegt, in Abhängigkeit von den Konsumgrenzen, die Umwelt und andere Faktoren zulassen. Um Gerechtigkeit walten zu lassen, wird die Größe der eigenen Unterkunft begrenzt, egal, wie reich der Besitzer sein mag.

Persönlicher Konsum von Wasser, Strom und Brennstoffen wird begrenzt und gesetzlich festgelegt in Abhängigkeit von den Konsumgrenzen, die Umwelt und andere Faktoren zulassen.

Um Gerechtigkeit walten zu lassen, soll der Konsum von Wasser, Strom und Brennstoffen gleich sein, egal, wie reich der Konsument ist.

Die Finanzen der Regierung werden öffentlich gemacht. Die Eigentumsverhältnisse von Beamten, Offizieren, Unternehmen und Einzelpersonen werden ebenfalls öffentlich gemacht.

Investitionen von Einzelpersonen und Unternehmen werden gefördert, Spekulation hingegen verboten. Werbung und der Werbeetat eines Unternehmens hingegen werden strengen Begrenzungen unterworfen.

Vor diesem Hintergrund werden alle Mitglieder der Gesellschaft ein reines kommunistisches Gewissen haben und eine einwandfreie Moral. Ein Mensch kann zwar Reichtum besitzen, kann aber nicht nach Gutdünken konsumieren, daher ist Korruption sinnlos. Persönlicher Reichtum wird als quantitativer Indikator für den Beitrag betrachtet, den jemand zum Gemeinwohl geleistet hat. Der Reichtum wird das Ansehen der Person steigern und ihr dadurch spirituelle Genugtuung geben, er wird jedoch den erlaubten Konsum nicht vergrößern. Menschen wie Bill Gates oder Steve Jobs haben immer noch eine herausragende Stellung. Sie gelten als Helden der Zivilisation und werden von allen gefeiert, doch sie werden leben wie alle anderen mit einem ökologischen Fußabdruck, der zu unserer Erde passt. So werden wir die jetzige Zivilisation von einer »selbstsüchtigen« Gesellschaft umwandeln in eine »selbstlose«, die dem kommunistischen Ideal entspricht.

Wir werden unser Handeln natürlichen Begrenzungen unterwerfen, werden uns der Natur aus der Perspektive der Natur nähern, dann werden unsere Zivilisation und die Zukunft der Menschheit leben wie die Natur: in Ewigkeit.

Menschen dieser Welt, lasst uns zusammenarbeiten und nach der Verwirklichung des kommunistischen Ideals streben!

Zhou Xifong hat als Physiklehrer und Konferenzorganisator in Shanghai in der Volksrepublik China gelebt.

Andy Goldsworthy, Ballet Atlantique, Stockwerfen in Penpoint, Schottland im Juli 1993

Für die Kinder

Die ansteigenden Linien,
die Gefälle
der Statistik
liegen vor uns.
Der steile Anstieg
Von allem, aufwärts,
aufwärts, während wir alle
untergehen.

Im nächsten Jahrhundert
Oder dem darauf,
heißt es,
wird es Täler und Weiden geben,
wo wir uns in Frieden
versammeln können,
wenn wir es schaffen.

Damit ihr diese kommenden
Gipfel
erreicht, ein Wort
an euch und eure Kinder:

Bleibt zusammen,
Lernt die Namen der Blumen,
Geht leicht bepackt.

Gary
Snyder
"Turtle Island"
New Directions, 74

Erklärung der Grundrechte für künftige Generationen

Wir, die Völker der Zukunft,
haben wie alle, die vor uns kamen, das Recht auf Luft, die lieblich duftet, auf Wasser, das rein schmeckt, auf Land, das fruchtbar, rein und grün ist.

Wir haben das Recht, eine Welt ohne Chemikalien, atomare Abfälle und genetischen Müll zu erben. Wir haben das Recht, in einer Natur zu leben, die teils immer noch unberührt ist.

Wir fordern von euch, den Völkern der Gegenwart, uns vor giftigen Hinterlassenschaften zu bewahren. Wir fordern von euch, dass ihr nicht mit Technologien experimentiert, die in der Zukunft negative Auswirkungen haben können. Wir fordern, dass ihr uns nicht eure endlos gestundeten Schulden auf die Schultern packt. Auch wir wollen unseren Anteil am Reichtum der Erde. Bitte verbraucht ihn nicht ganz.

Im Gegenzug versprechen wir, den nachfolgenden Generationen dieselben Privilegien und Rechte zu garantieren, in der heiligen Hoffnung, dass der menschliche Geist ewig leben wird.

Ein Fluch möge jede Generation treffen, die diesen verzweifelten Appell ignoriert.

HEY, HERR PROFESSOR:

Wofür tragen Ökonomen letztlich die Verantwortung? Dafür, keinen Schaden anzurichten? Die Erde verantwortlich zu nutzen? Damit die menschliche Rasse überleben kann?

Zeit, in der zweieinhalb Zentimeter Boden entstehen: 1000 Jahre.

Die Professoren
und Lehrer der Zukunft
werden jede
Unterrichtsstunde
mit einer
Schweigeminute
beginnen

Dokumentenkapsel, gefunden auf totem Planeten

Im ersten Zeitalter schufen wir die Götter. Wir schnitzten sie aus Holz. Damals gab es noch Holz. Wir gossen sie aus schimmerndem Metall und malten sie an Tempelwände. Es gab viele Arten von Göttern und Göttinnen. Manchmal waren sie grausam, sie tranken unser Blut, aber sie schenkten uns auch Regen und Sonnenschein, günstige Winde, reiche Ernten, fruchtbare Tiere, viele Kinder. Millionen Vögel zogen über unseren Köpfen dahin, Millionen Fische tummelten sich in den Meeren.

Unser Götter trugen Hörner auf dem Kopf oder Mondsicheln, Haiflossen oder Adlerschnäbel. Wir nannten sie »Allwissender« oder »Leuchtende«. Wir wussten, dass wir keine Waisen waren. Wir rochen die Erde und lagen auf ihr. Ihr Saft rann über unser Kinn.

2

Im zweiten Zeitalter schufen wir das Geld. Auch das Geld war aus schimmerndem Metall. Es hatte zwei Seiten: auf der einen Seite ein Kopf von einem König oder einer anderen wichtigen Persönlichkeit, auf der anderen Seite ein Bild von etwas, was uns Trost spendete: ein Vogel, ein Fisch, ein Pelztier. Das war alles, was von unseren früheren Göttern blieb. Das Geld war klein, jeder trug immer ein bisschen davon mit sich herum, so nah an der Haut wie möglich. Wir konnten das Geld nicht essen, anziehen oder verfeuern, aber man konnte es gegen Dinge eintauschen, die man essen, anziehen oder verfeuern konnte. Das machte es großartig und geheimnisvoll. Wir hatten eine Menge Respekt davor. Wer genug Geld habe, so hieß es damals, könne fliegen.

3

Im dritten Zeitalter wurde das Geld zum Gott erhoben. Es war allmächtig geworden und unbändig. Und plötzlich begann es, selbst Dinge zu erschaffen. Hungersnöte, Zeiten des Überflusses, Freudengesänge, Trauerklagen. Es schuf Gier und Hunger, die zwei Seiten des Geldes. Riesige Glastürme wurden in seinem Namen gebaut, wurden zerstört und erstanden von Neuem. Es fraß sich in alles hinein. Es verschlang ganze Wälder, Ackerflächen und Kinder, die ihr Leben ließen. Es fraß Armeen, Schiffe und Städte. Niemand konnte es aufhalten. Geld zu haben war ein Zeichen der Gnade.

4

Im vierten Zeitalter schufen wir die Wüsten. Unsere Wüsten glichen einander nicht, doch eines hatten sie gemeinsam: Nichts wuchs in ihnen. Einige bestanden aus Beton, andere aus Gift, wieder andere aus gesprungener Erde. Wir schufen diese Wüsten aus dem Wunsch heraus, noch mehr Geld zu verdienen, weil nie genug davon da war. Kriege, Seuchen und Hunger kamen über uns, aber wir hörten nicht auf, voll Eifer immer neue Wüsten zu schaffen. Am Ende waren die Brunnen vergiftet, die Flüsse verdreckt, die Seen tot. Es gab kein Land mehr, um darauf etwas zu pflanzen.

5

Unsere Weisen begannen, in der Wüste zu meditieren. Ein Stein im Sand vor der untergehenden Sonne könne sehr schön sein, meinten sie. Wüsten waren sauber, weil ja kein Hälmchen darin spross, kein Lebewesen darin krauchte. Bleib nur lange genug in der Wüste, dann lernst du die Schönheit des Absoluten kennen. Die Null war uns heilig.

Ihr, die ihr aus einer weit entfernten Welt hierhergekommen seid, in unsere ausgetrockneten Flussbetten, unsere Steinhügel; die ihr diesen Messingzylinder gefunden habt, an dem ich am letzten Tag der Menschheitsgeschichte niederlege, was ich euch zu sagen habe:

Betet für uns, die wir einst davon träumten, fliegen zu können.

Margaret Atwood, *In Other Worlds: Science Fiction and the Human Imagination*, London 2011.
Margaret Atwood hat für ihre Romane den Booker Prize erhalten, den Order of Canada und den Governors General Award für Literatur.

So, ihr Studenten, jetzt ist es Zeit für eure Entscheidung!

Ihr lebt an einem Punkt, den viele für eine entscheidende Weggabelung der Menschheitsgeschichte halten. Ihr habt die Grafiken gesehen, auf denen die Linien steil nach oben klettern. Bevölkerungswachstum. Bruttoinlandsprodukt. Artensterben. Kohlendioxidemission. Soziale Ungleichheit. Ressourcenverbrauch. Ihr wisst, dass da etwas anders werden muss. Ihr wisst auch, dass die Preise nicht stimmen. Vielleicht habt ihr ja auch den Verdacht, dass die Weltwirtschaft ein Schneeballsystem ist. Und ihr und eure Kinder gehört mit zu den Letzten in der Kette.

Ihr steht also an einer Weggabelung. Ihr könnt weitermachen wie bisher – und einen Abschluss erringen, der euch in etwa so viel bringt wie ein Doktortitel in marxistischer Philosophie unmittelbar nach dem Fall der Berliner Mauer. Oder ihr lasst euch auf den Wandel ein und macht den Mund auf, stellt den Professoren Fragen, lasst euch ungewöhnliche Ideen durch den Kopf gehen und werdet zu Vorkämpfern dieses Wandels.

Ihr könnt argumentieren, dass die Wirtschaft ein komplexes, dynamisches, vernetztes System ist – und die Instrumente einfordern, die euch helfen, es zu verstehen.

Ihr könnt darauf hinweisen, dass das aktuelle Wirtschaftssystem ungerecht ist, instabil und nicht nachhaltig – und die Instrumente einfordern, die euch helfen, das zu ändern.

Ihr könnt all den BIP-Orakeln und Wirtschaftsweisen sagen, dass sie versagt haben.

Ihr könnt aufstehen und die Katastrophenmaschinerie stoppen.

Und dann etwas völlig Neues machen.

David Orrell, *Economyths*

»Kunststudenten forderten die Verwirklichung der Kunst, Musikstudenten verlangten ›wilde, vergängliche‹ Musik, Footballspieler forderten, dass ihr Sport wieder ihnen gehören müsse, Totengräber besetzten Friedhöfe, Ärzte, Krankenschwestern und Praktikanten in einer Nervenklinik erklärten sich solidarisch mit den Insassen.« Ein paar Wochen lang sagten Millionen Menschen, die ihr Leben bislang in Büros verbracht hatten, … sich von ihrem Alltagstrott los und …

… lebten.

Paris, Quartier Latin, 1968

Die größte Herausforderung
bei der Jazz-Improvisation,
so meinte Miles Davis, ist nicht,
alle Noten zu spielen, die man spielen kann,
sondern … zu warten … zu zögern … zu spielen, was nicht da ist.

JAZZ

Santiago, Chile, 2011

CASH & REDEMPTION

Ein Schmetterling
schlafend, kauert
auf der Tempelglocke

Basho

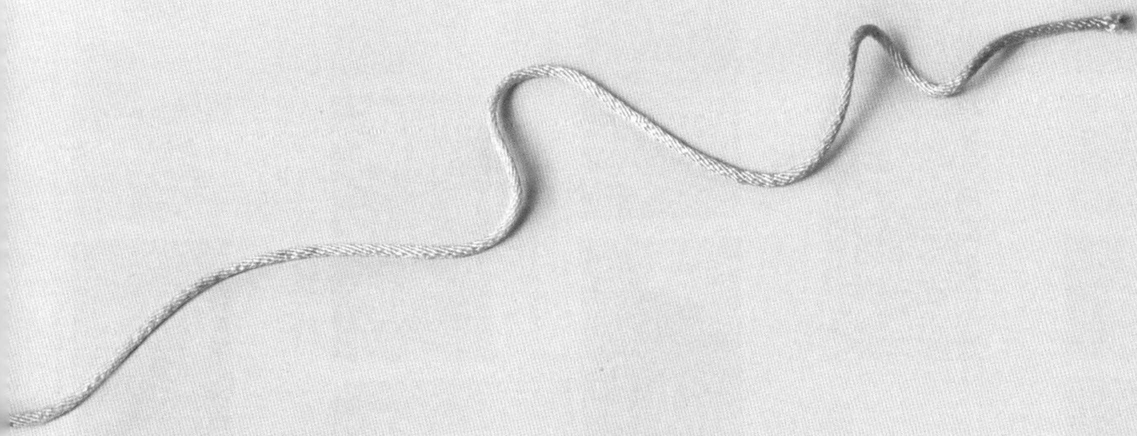

EPILOG

DREHTE SICH DER ALTE AMERIKANISCHE TRAUM UM WOHLSTAND, LEBT DER NEUE VIELLEICHT VON SPONTANEITÄT.

KALLE LASN

MITARBEITER

Dieses Buch wäre nicht entstanden ohne die Mitarbeit von Doug Tompkins, Robert Halper, Bruce Grierson, James McKinnon, Tom Green, Sarah Nardi, Edward Fullbrook, Justin Hayes, Micah White und all die kreativen Funkensprüher und Aufwiegler, die in den letzten zwanzig Jahren mit der Adbusters Media Foundation zusammengearbeitet haben.

KÜNSTLER

Mohsen Mahbob
mohsen.
carbonmade.com

Steve Morgan
stevemorganjr@gmail.com

NASA

Ed Kashi/VII
edkashi.com

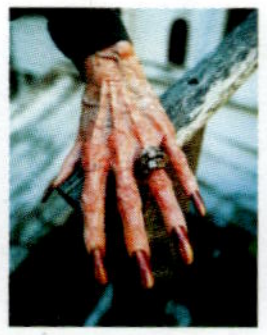

Craig Cameron Olsen
craigcameronolsen.com

Loe Russell
loerussell.com

Loe Russell

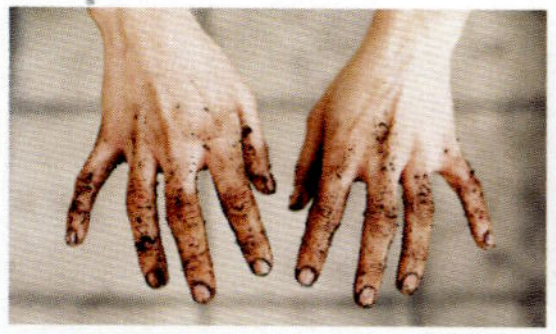

Matthias Quasthoff
quasthoffs.de/matthias

Gerald L. Campbell
flickr.com/photos/
dcnittygritty/

Sarah Pether
sarahpether.com

Mohsen Mahbob

Daniel Goodman/Business insider
nyceen.tumblr.com

DER KAMPF UM DIE SEELE DER ÖKONOMIE

Albert Gea/Reuters

National Geographic

Karen Wonders
firstnations.de

Bibliothèque nationale de France

Theodore de Bry/AKG-Images Ltd.
Hafen von Lissabon, 1593

Branzino
Cosimo de' Medici

Bibliothèque nationale de France

Rembrandt Harmensz van Rijn
The Syndics, 1662
Collection Rijksmuseum, Amsterdam

El Greco
Jesus vertreibt die Geldwechsler aus dem Tempel in Jerusalem
Presented by Sir J. C. Robinson, 1895 (NG 1457). National Gallery, London, Great Britain. © National Gallery, London/Art Resource, NY

Marinus van Reymerswaele
Die Wucherer, 1540

Theodore de Bry/AKG-Images Ltd.
Columbus, 1596

© The Trustees of the British Museum

Thomas Gainsborough/National Gallery UK
Mr. und Mrs. Andrews
Erworben mit Unterstützung des Pilgrim Trust, Associated Television Ltd. und Mr. und Mrs. W. W. Spooner, 1960 (NG6301). National Gallery, London, Great Britain. © National Gallery, London/Art Resource, NY

George Stubbs
Der Lincolnshire-Ochse

Bedfordshire and Luton Archives Service

Francis Wheatley
John Howard hilft Gefangenen, 1790

Unbekannter Fotograf, ca. 1885–1910
Afrikanische Soldaten präsentieren Waffen vor dem Kolonialbüro eines Bahnhofs, Smithsonian Institution

Chris Gergley

Andreas Gursky

Henrick Han

Jim Kiernan
jim-kiernan.com

Ian Spriggs
Subversion of Capitalism

Move Your Money UK
moveyourmoney.org.uk

Matthew Cavanaugh/Newscom

Louisa Gouliamaki/Newscom

Marco Longari/
Newscom

Mario Ruiz/Corbis

Mohsen Mahbob

II.

DAS VERLORENE
PARADIGMA

Stanislav Markov
flickr.com/photos/
garmonique

Ed Buziak
© a la france/Alamy

Chris Jordan
Recycling Yard #5 aus Intolerable Beauty: Portraits of American Mass Consumption

Roman Ondák
Widerstand, 2006
Mit freundlicher Genehmigung: The Art Collection of Erste Group und ERSTE Foundation

Brian Ulrich
Chicago, Il 2003 (Cell)
notifbutwhen.com

Kim Thue Johnson
Aus dem Buch Dead Traffic
kimthue.com

Mohsen Mahbob

Paula Bronstein/Getty Images

III.

FÜR LOGIK-FREAKS

Istvan Banyai
Addicted to Profit
ist-one.com

Xavier Le Roy
Product of Other Circumstances, 2009
xavierleroy.com

Xavier Le Roy
Selbst unvollendet, 2010

Xavier Le Roy
Selbst unvollendet, 2010

Michael Bodiam/Millenium Images

Chris Jordan
Scrap Metal, Seattle 2003

Jackson Pollock
Number 31, 1950
Sidney and Harriet Janis Collection (by exchange). © Pollock-Krasner Foundation/Artists Rights Society (ARS) New York. Digital Image © The Museum of Modern Art/Licensed by SCALA/Art Resource, NY

Chris Jordan
From Midway: Message from the Gyre

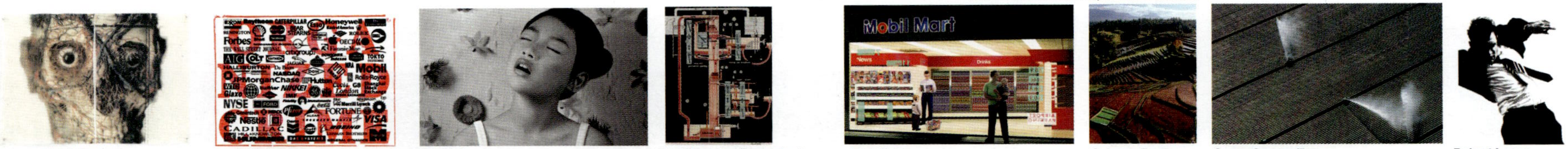

Doug und Mike Stearn
Take Off Your Skin, it Ain't No Sin, 2007
starnstudio.com

Bob Mannseichner
apoplecticpress.org

Wang Ningde
Some Days – 04, 1999
Mit freundlicher Genehmigung von Wang Ningde und der Galerie Paris-Beijing

Der Moniac – Economics in Thirty Fascinating Minutes
Aus *Fortune Magazine*, 17. 2. 1952. © 1952 Time Inc. Image courtesy Library of the London School of Economics & Political Science

John Goto
Mobil Mart from Capital Arcade (1997–1999)
jchngoto.org.uk

Science Faction
Reisfeld, Bali

Georg Gerster/Panos
Ein Feld mit Erdbeeren

Robert Longo
Aus *Men in the Cities* 1979–1983
Mit freundlicher Genehmigung des Künstlers und von Metro Pictures, New York

Matthias Ziegler
matzeziegler.de

Brent Humphreys
brenthumphreys.com

Rafiqur Raman/Reuters

Raghu Rai/Magnum

Marlous van der Sloot und Irene Cécile
Abfall, 2008
marlousvanderslot.com
irenececile.com

Drussawin Leepaisal
Das versteckte Gesicht

Elicia di Fonzo, Mohsen Mahbob

IV.

HIER KOMMEN DIE MAVERICKS

Anita Kunz
anitakunz.com

Mike Mills
Let's Be Human Beings, 2003
Photo: Todd Cole

Nina Berman/Noor images

Morad Bouchakour
No Pain No Gain
moradphoto.com

Edward Burtynsky
Breezewood, Pennsylvania, USA, 2008

Perfilyev Ilya
flickr.com/photos/mr_Wood

Nicholas Weissman
weissmanstudio.com

Fred Dufour/Newscom

Joyce Xi

Rafiq Maqbool

V.

BIO-ÖKONOMIK

Uma Partap, ICIMOD

Roy Hancliff
royhancliff.com

Robert Smithson
Glue Pour, Vancouver/Kanada, Dezember 1969

Jonathan Barnbrook
barnbrook.net

Alex Da Corte
Activity #90, 2009
alexdacorte.com

Maartje van Caspel

Reuters

Max Temkin

Paulo Pinto
paulopinto.com

VI.

PSYCHO-ÖKONOMIK

Mohsen Mahbob

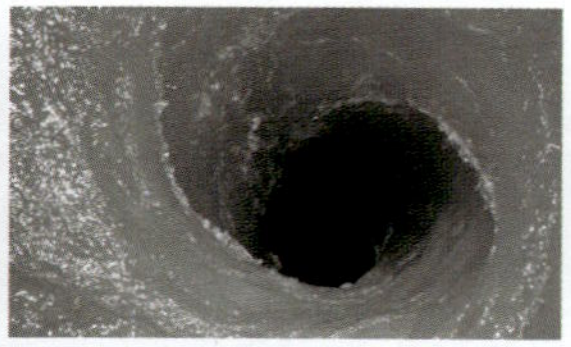
Bernd Nies
nies.ch

Chris Gergley

Stephen Corn, U.S. Geological Survey

Jean-Christian Bourcart
jcbourcart.com

Reuben Cox
reubencox.us

Ewen Spencer
ewenspencer.com

Emmanuel Dunand/Newscom

Nicholas Haggard
nicholashaggard.com

Jim Sugar/Corbis

Barry Lewis/Corbis

James Porto
jamesporto.com

Francesca Jane Allen
francescajane.com

Soe Zeya Tun/ Reuters

Mohsen Mahbob

VII.

MEM-KRIEGER AUF DEM CAMPUS

Ruth Skinner
ruthskinner.com

Mohsen Mahbob

Jean-Noël Lafargue

Mohsen Mahbob

Adam Ragusea, WBUR Boston

Loe Russell

Tess Scheflan/Activestills.org

Mohsen Mahbob

Charles Peterson
charlespeterson.net

Janine Gordon
janinegordon.com

Nick Wahlen
nickwhalen.com

Gil Inoue
coletivo.org/gilinoue

Mohsen Mahbob

Axel Corjon
creaktif.com

VIII.

PIONIERE, AUF DENEN WIR AUFBAUEN KÖNNEN

Denise Scott Brown
Autos auf dem Strip, Las Vegas

Raymond Loewy
Studebaker Museum

Wählscheibentelefon, III – 20 Serie 47 (1947), Fotograf unbekannt, Archiv Siemens Schweiz, Zürich

The Endless Summer
© Bruce Brown

Ferdinand Pauwels
Martin Luthers 95 Thesen

IX.

2017

John McWilliams
Graybacks

Mohsen Mahbob

Paul Klee
Angelus Novus
Collection the Israel Museum, Jerusalem. Foto © The Israel Museum, Jerusalem, Elie Posner

NASA

Gael Turine/Agence Vu

Wes Magyar
Futility

Vinca Petersen
vinx.co.uk

David Niddrie

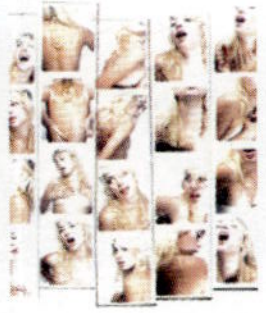

Michael Simons

Kurt Vinion

Flore-Aël Surun

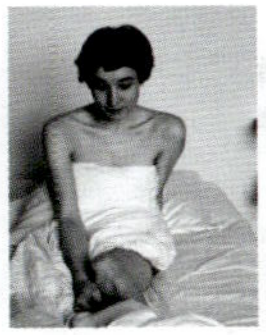

Patrick Hemingway

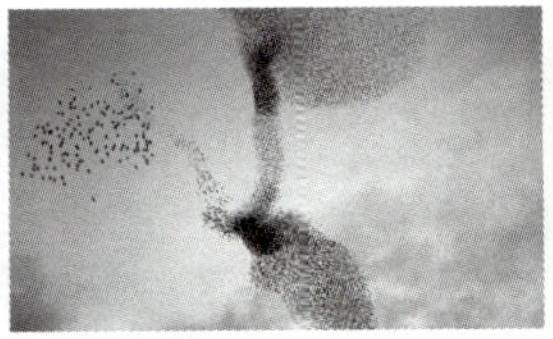

Richard Barnes
richardbarnes.net

Tensta Kontshall
ABC-Trio

X.

EINE NEUE ÄSTHETIK

Yago Hortal
KL 30

Erwin Poliakoff

Paul Cowan
Untitled, 2010

Loe Russell

Nicholas Burrows
neverdoingnothing.com

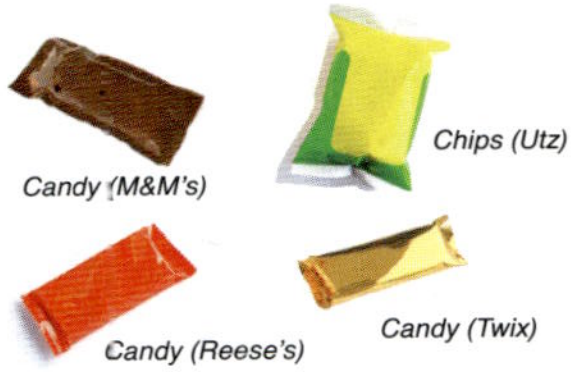

Derek Stroup
derekstroup.com

Jessica Williams
jessicawilliams.info

Janne Lehtinen
Balloon, 2003, aus *Sacred Bird*
gjanne.com

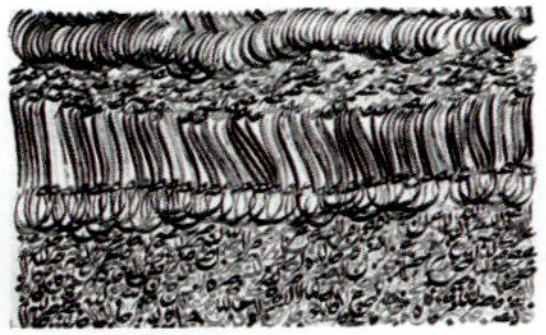

Charles Hossein
© 2012 Artists Rights Society (ARS), New York/ADAGP, Paris

© Andy Goldsworthy
Courtesy Galerie Lelong, New York

Joachim Tschirner
Aus der Dokumentation »DER ARALSEE – Wo das Wasser endet, endet die Erde«, 2001.
© Um Welt Film Produktionsgesellschaft mbH, Berlin, www.umweltfilm.de

Loe Russell

Bruno Barbey/Magnum Images

Carlos Vera/Reuters

Brian Ulrich
Las Vegas, NY 2003 *(Cash & Redemption)*

Brian Ulrich
Medford, NY 2003 *(Man with cart)*

Mohsen Mahbob

Adbusters Art department

Heather
newyorkshitty.com

Der Herausgeber bedankt sich bei allen Einzelpersonen und Fotoagenturen, die ihm die Genehmigung erteilt haben, die Abbildungen hier zu verwenden. Wir haben keine Mühe gescheut, die Urheber aufzuspüren und zu nennen. Falls doch jemand übersehen wurde, entschuldigen wir uns hiermit. Wenn wir entsprechend informiert werden, werden wir diese Informationen in eventuell folgenden Ausgaben berücksichtigen.

Aus deutschsprachigen Ausgaben verwendete Zitate

S. 22: James Joyce: *Ulysses*, Suhrkamp Verlag, Frankfurt a. M. 1975, S. 64.

S. 34: Fernand Braudel: *Die Geschichte der Zivilisation. 15.–18. Jahrhundert*, Kindler Verlag, München 1971, S. 483.

S. 43: Eduardo Galeano: *Die offenen Adern Lateinamerikas. Die Geschichte eines Kontinents von der Entdeckung bis zur Gegenwart*, Peter Hammer Verlag, Wuppertal [16]2002 (1. Auflage 1973).

S. 85: M. King Hubbert, zitiert nach Richard Heinberg: *Öl-Ende. »The Party's Over«. Die Zukunft der industrialisierten Welt ohne Öl*, Riemann Verlag, München 2008, S. 156f.

S. 187: Matt Taibbi: *Kleptopia. Wie uns Finanzindustrie, Politik und Banken für dumm verkaufen*, Riemann Verlag, München 2012, S. 287.

S. 231: Slavoj Žižek: *Denn sie wissen nicht, was sie tun. Genießen als politischer Faktor*, Turia + Kant, Wien 1994, S. 135.

S. 327: Walter Benjamin: »Über den Begriff der Geschichte«, in *Gesammelte Schriften*, Bd. I.2, Abhandlungen, Frankfurt a. M. 1980, S. 697f.

S. 371: *Japanische Lyrik*, Theseus Verlag, Zürich 1990, S. 41.

David Zinn
zinnart.com

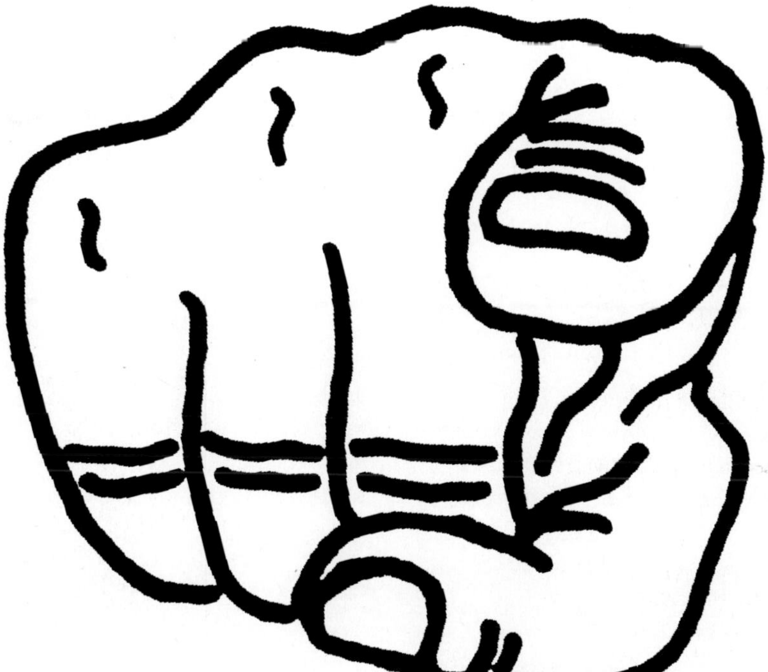

FORTSETZUNG FOLGT ...

EIN NEUER ANFANG

Erfolgreiche

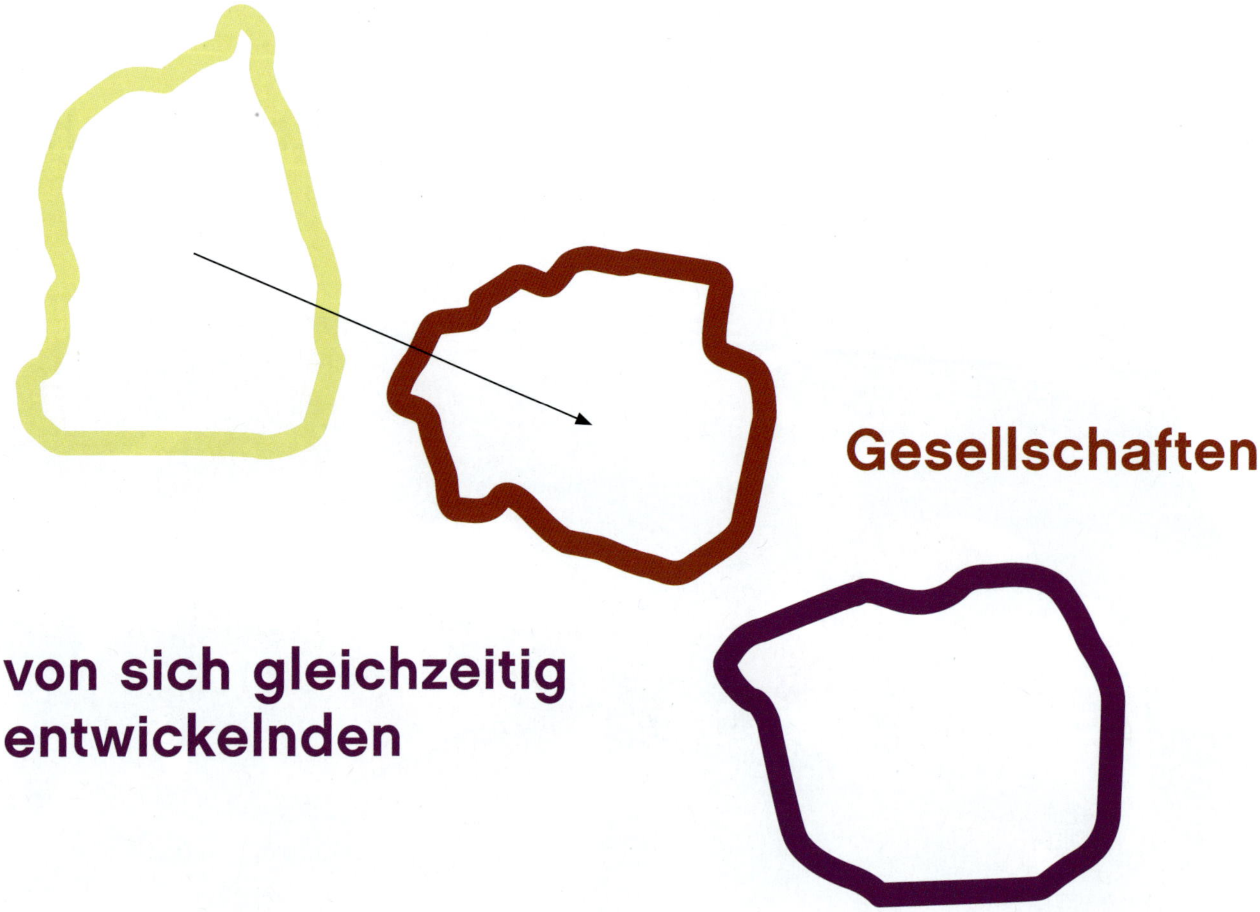

Zur Wahrung der Verschiedenheit gibt es förderliche und nichtförderliche Grade der Vernetztheit. Die enge Vernetztheit der heutigen globalisierten Zivilisation zerstört die Diversität der Systeme, das Experiment mit verschiedenen Werten …

Sichtweisen, Organisationsformen und Umweltnutzung. Die industrielle Zivilisation mit ihrer Globalisierung war nur auf Effizienz ausgerichtet, ein Grundprinzip, in dem das mechanistische Verständnis eines Newton das Wissenssystem beherrschte. Eine diversifizierte ökologische Zivilisation würde die Systeme eher zu einer offenen Entwicklung nach Darwin'schem Muster ermutigen.

Richard B. Norgaard, *A Coevolutionary Interpretation of Ecological Civilization*

Ökologische Zivilisation als Patchworkdecke

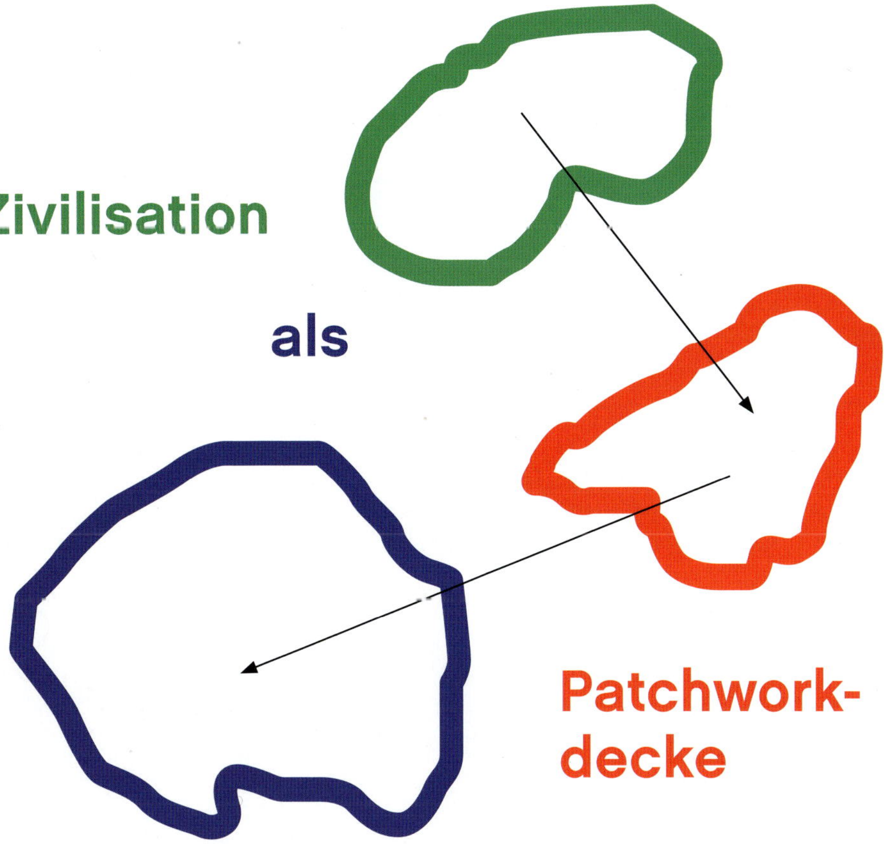

Stellen Sie sich eine Patchworkdecke vor, lauter sich entwickelnde ökologische Gesellschaften. Sie unterstützen einander, weil sie so unterschiedlich sind. Zusammen bilden sie die ökologische Zivilisation.

In jedem Flecken entwickeln sich Werte, Wissen, Organisation und Technologie im Einklang mit der Natur. Die Flecken sind »leicht vernetzt« in dem Sinne, dass es zwar einen Transfer einzelner kultureller Merkmale gibt, dieser aber nicht so intensiv ist, dass die Kultur ihre Eigenheit verliert, die sie im Laufe ihrer geschichtlichen Entwicklung erworben hat.

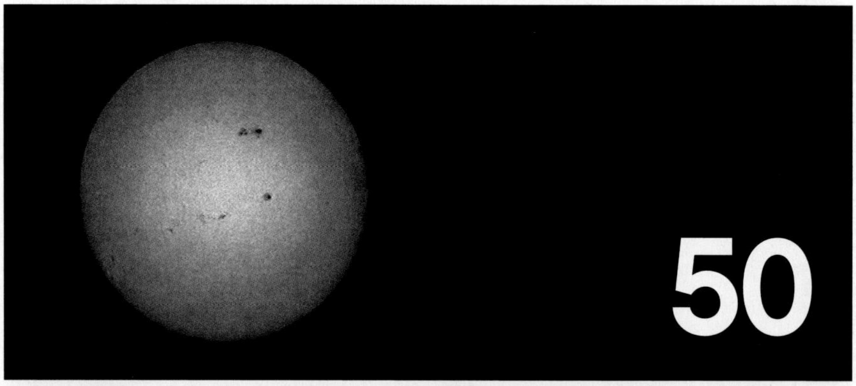

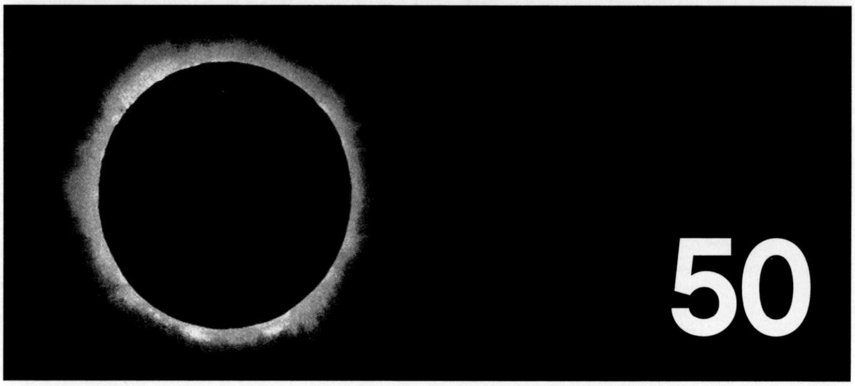

Das Geld der Zukunft

wird keine Porträts berühmter Männer tragen, keine
architektonischen Triumphe zeigen, keine Freimaurersymbole – keine
Pyramiden, keine allsehenden Augen der Vorsehung oder Gottes …

noch wird es die Anonymität widerspiegeln, die gesichtslose
Ästhetik moderner Wissenschaft, die abstrakte Leere der
neuen Euro-Noten …

Diese altmodischen Bilder
werden anderen weichen von schneebedeckten Bergen, Lachsen
in Flüssen, Karibuherden, aufragenden Gletschern, atmenden
Wäldern, dampfenden Dschungeln, strotzenden Pflanzen …

Es wird zeigen, dass wir von der anthropozentrischen
Weltsicht zur ökozentrischen übergegangen sind,

von … der individuellen zur gemeinschaftlichen …
von der politischen zur spirituellen …

vom Beton zur Natur … die unser
Überleben sichert … das Gelingen des
Experiments Mensch auf dem Planeten …
Erde.

20

20

Alle Freude dieser Welt
entsteht aus unserem Wunsch nach Glück für andere.
Alles Leiden dieser Welt
entsteht aus dem Wunsch nach Vergnügen für uns selbst.

Shantideva, *Der Weg des Bodhisattva*

Prozent der Menschen, die dies als sehr wichtig oder zentral einstufen
100
80
60
40
20
0
1965
1970
1975
1980
1985
1990
1995
2000
2005
2010
2015
Ein sinnvolles Leben führen
Finanziell gut gestellt sein

Die Ökonomie war nicht immer die Wissenschaft, die sie heute sein möchte.

Es ist noch gar nicht so lange her, als die heute so genannte »Big-E-Ökonomie« noch magisch und geheimnisvoll war und daher mehr Tiefgang hatte. John Maynard Keynes, der Amerika aus der Weltwirtschaftskrise geführt und für den Sozialstaat gekämpft hat, glaubte, dass die Wirtschaft im Grunde von »animalischen Instinkten« getrieben werde. Dass also der »freie, gleiche und rationale« Konsument, der dem Locke/Smith-Paradigma zugrunde liegt, das menschliche Marktgebaren nicht ausreichend erklärt. Dass die Ökonomie eher den von Freud entdeckten animalischen Instinkten folgt – dunklen, emotionalen Impulsen – als der Vernunft. Andere Protagonisten dieser Gründerzeit des ökonomischen Denkens wie zum Beispiel Joseph Schumpeter sahen einen gewaltsamen, kriegerischen Impuls als Kernstück des Kapitalismus, den Geist der »kreativen Zerstörung«. Und der große Träumer Karl Marx schuf eine ökonomische Theorie, die nicht in Selbstsucht wurzelt, sondern auf eine bessere Welt abzielt, in der jeder nach seinem Vermögen gibt und seinen Bedürfnissen nach nimmt.

DER NEUE GEIST DER ÖKONOMIE

In den fünfziger Jahren aber, als die Neopositivisten ihre auf strenger Rationalität beruhenden wissenschaftlichen Methoden auch auf soziale Phänomene angewandt wissen wollten, fielen die Ökonomen ab von der psychologischen und soziologischen Betrachtung der Wirtschaft. Sie wollten echte Wissenschaftler sein, und so fassten sie in den nächsten wenigen Generationen menschliches Verhalten in rationale Modelle, richteten ihre Theorien darauf aus und machten aus der Ökonomie eine mathematisierte exakte Disziplin nach dem Vorbild der modernen Physik.

Angesichts der globalen Wirtschaftskrisen aber müssen die Positivisten allmählich einsehen, dass sie von der nichtlinearen wirklichen Welt keine Ahnung haben und dass ihre mathematischen Modelle dafür nicht taugen.

Dies ist genau der richtige Augenblick, um den Logik-Freaks einen kleinen Schubs zu geben, damit sie endlich im Papierkorb der Geschichte landen. Die heterodoxen Ökonomen, die ökologischen Ökonomen und gar nicht so radikalen Professoren und Studenten an den Universitäten weltweit können dem alten neoklassischen Paradigma den Todesstoß versetzen und den Weg zu einer neuen Ökonomie eröffnen: einer Psycho-Ökonomik, Bio-Ökonomik, »Barfuß-Ökonomie«. Einer facettenreichen Disziplin nach menschlichem Maß, die nichts ausschließt, die der Magie, dem Geheimnis und den animalischen Instinkten von einst Tür und Tor öffnet.

Die gerade Linie ist gottlos und unmoralisch.

Friedensreich Hundertwasser

Warum ist die gerade Linie die Spukgestalt der ökonomischen Theorie?

Die Antwort hat mit einem der Grundprinzipien der Wirtschaft zu tun, dem Glauben, dass die Gesellschaft nicht mehr ist als die Summe ihrer Teile ... dass wir, um das Ganze zu verstehen, nur die Punkte zu einer Linie verbinden müssen ... dass es entweder keine Interaktion zwischen den Menschen gibt oder dass diese vernachlässigbar ist. Dies ist der immer wiederkehrende Albtraum der geraden Linie, aus dem die nächste Generation der Ökonomen erwachen sollte, damit sie ihn hinter sich lassen kann.

Detail of *KL30*, Yago Hortal

Die Sichtweise – die Ästhetik – unserer nachhaltigen Zukunft muss sich erst noch herausbilden, aber es ist eine einfache, ehrliche Weise zu leben. Sie folgt organischen Zyklen und bildet die Natur nach. Dabei geht es nicht ums Moralisch- oder Gutsein, denn wir brauchen dazu eine gewisse Wildheit und Entschlossenheit wie Gras, das den Beton spaltet. Es geht ums Sein statt ums Haben, ums Verarbeiten statt ums Formen. Wenn diese neue Art, die Welt zu erleben, langsam unsere Fantasie erobert, wird sich alles ändern – unsere Kleidung, unsere Wohnungen, unsere Läden, Straßen, Nahrungsmittel, Musik.

Diese Seite
ist eine
lebendige
Fläche

EINE NEUE ÄSTHETIK

ihr Erlöser,

– geschickte Träumer –

ihr horizontalen Denker da draußen!

Ihr wisst, dass wir einen Initiationsritus durchleben müssen … eine Zivilisationssingularität … ein globales Aha-Erlebnis … wenn wir durch die nächsten tausend Jahre kommen wollen. Wir müssen eine neue Geschichte finden, eine neue Story erzählen … einen neuen Ton, Stil, ein neues Feeling, eine neue Stimmung … eine neue Ästhetik … eine neue Art, in der Welt zu »sein«.

Und dann brauchen wir noch den Mut, furchtlos ohne tote Zeit zu leben und eine globale Bewegung daraus zu machen – einen spirituellen Aufstand … wir müssen die alte Welt auf kreative Weise zerstören, die alte kommerzielle Konzernästhetik, und einen neuen Sinn fürs Schöne finden …

X.

Hey, ihr flinken Träumer,

Ein paar Leute brechen mit den alten Mustern ...

Sie tun, was ihnen gefällt (und entdecken so nebenher, was sie nicht mögen), sie geben sich Tagträumen hin, stellen Fragen, rebellieren. Da geschieht es dann ganz von selbst – zumindest war das bei früheren Revolutionen der Fall –, dass die neue Art des Seins bei immer mehr Leuten Unterstützung findet, dass immer mehr Menschen neue Dinge tun, die noch nicht die Last der Geschichte tragen.

1

ICH KANN NICHT ZUR ARBEIT
GEHEN, ICH HABE EINEN
EMOTIONALEN DURCHBRUCH
GESCHAFFT.

ICH KANN NICHT ZUR ARBEIT
GEHEN, ICH HABE EINEN
EMOTIONALEN ZUSAMMENBRU

Ruhe, Stille und leerer Raum werden
selten sein

Liebe Adbuster,

hier sitze ich nun in meiner Hütte an den östlichen Ausläufern der Three-Sisters-Vulkane in den Cascade Mountains von Oregon. Ich bin 75, habe eine schlechte Verdauung, schlechte Augen und nur noch wenige eigene Zähne. Mutter Natur jedenfalls kann mich haben, wann immer sie will. Ich hatte ein gutes Leben, und es gibt eine Menge junger, innovativer Leute hier, die die wenigen Nahrungsmittel besser brauchen können als ich.

Wenn ihr es unbedingt wissen wollt: Ich finde es ganz gut, dass diese Zivilisation untergeht. Ich dachte immer, dass der Homo sapiens etwas falsch gemacht hat, als er anfing, mit der Landwirtschaft herumzuspielen, die unvermeidlichen Städte zu errichten und dort Menschen zu konzentrieren, die Welt zu verschmutzen, Güter zu verschwenden und Armeen einzurichten, um die Güter anderer Städte zu rauben.

Diese schöne Erde kommt mit ein paar hundert Millionen von uns an Bord, die einfach vom Land leben, vermutlich bestens zurecht. Aber wir haben uns ja so erfolgreich ausgebreitet und jede Ecke besiedelt, dass es ihr allmählich zu viel wird. Jetzt, wo die Zivilisation den Bach runtergeht, werden die Menschen weniger werden, so lange, bis wir ein vernünftiges Niveau erreicht haben.

Ich kann mir nicht vorstellen, dass die Menschheit nicht wieder versuchen wird, eine Zivilisation aufzubauen, aber vielleicht haben wir ja aus der letzten Runde etwas gelernt. Ich bin sicher, viele von euch werden es schaffen. Ihr werdet eure kreativen Ideen mitbringen und das gesammelte Wissen der letzten zehntausend Jahre darüber, was geht und was nicht. Habt Vertrauen in euch und genießt auch jeden Schritt auf dem Weg, okay? Ade und viel Glück.

Billy Stevens
Sisters, Oregon

endlich frei. endlich frei von der Tyrannei des Stylings

Die Guess-Jeans-Plakatwerbung in meiner Straße, die mich jeden Morgen auf dem Weg zur Arbeit zum Kotzen gebracht hat, bietet nun Gelegenheit zur sexuellen Katharsis. Sie wurde zerfetzt, in ihre Einzelteile zerlegt. In Paris Hiltons vielsagenden Augen prangen jetzt Dollarzeichen. Und über ihre gebräunte Stirn zieht sich ein Schriftzug: »Du hast mit dem System gefickt.«

Der Zorn gegen diese Spuren unserer gefallenen Wirtschaft richtet sich nicht gegen Paris, ja nicht einmal gegen Guess. Es ist vielmehr so, als würde sich der jahrelang fruchtlos gereizte Sexus plötzlich gewaltsam entladen. Erinnert ihr euch noch an unsere sexgeladene Wirtschaft? An die heißen Körperteile irgendwelcher Promis, die man fast besser kannte als die eigenen? An euren imaginären Körper? Die Brüste von Heidi Klum, den Hintern von Gisele Bündchen, die Beine von Paris Hilton, die Bauchmuskeln von Usher, Brieftasche und Lebensstil von Donald Trump. Sex war das Manna, das alles am Laufen hielt.

Doch eine Wirtschaft, die unartige Fantasien verkaufte, erklärt ja noch nicht, weshalb Paris' Gesicht Zielscheibe für Steine und Spraydosen wurde. Um das zu verstehen, muss man erst einmal klären, was es heißt, ein ganzes Wirtschaftssystem auf dem Austausch von Sex aufzubauen.

Nachdem Angebot und Nachfrage zu den Polen unserer wirtschaftlichen Achse wurden, machte sich irrationaler Überschwang breit, gespeist von persönlichen Unzulänglichkeiten und zu Wal-Mart-Preisen feilgeboten. Diese Erregungsmaschine versetzte uns permanent sexuelle Schocks, damit wir weiter Geld ausgaben. Konzerne und Konsumenten wurden zu sexuellen Stimulationsautomaten degradiert und somit zu Zuhältern und Freiern.

Sex wurde im Laden freilich keiner verkauft, der vollzog sich im Gehirn. Der Kauf war der Orgasmus, auf den alles hinsteuerte. Das Produkt war völlig egal. Wenn Zahnpasta X zwar die Zähne weißer machte, Zahnpasta Y aber mehr Sex-Appeal bot, kauften wir – geile Böcke und Schafe, die wir waren – natürlich Y. Sexy Anzeigen ersetzten unser ursprüngliches Bild von Liebe und Schönheit durch unerreichbare Ideale, denen künftig unsere Hingabe galt. Wir waren müde und deprimiert, daher kauften wir uns die Erregung und die Lust, die überall angeboten wurde.

Als Maslow seine Bedürfnispyramide baute und Wasser, Nahrung und Sex als Fundament festlegte, meinte er körperlichen Sex. Doch in der virtuellen Ökonomie gab es diesen nicht. Da ging es nur ums Anheizen, nicht um die Erfüllung. Die Marketingexperten reizten das sexuelle Verlangen, ohne es je zu befriedigen. Vor dem Hintergrund der Betäubung durch Fernsehen, langweilige Jobs und ein einfaches, an Herausforderungen armes Leben boten solche sexuellen Fantasien wenigstens ein bisschen Aufregung. Wir ließen uns in das kulturelle Spektakel hineinziehen, und je mehr die virtuelle Welt uns einsog, desto weniger echten Sex bekamen wir.

Der Zusammenbruch war ebenso psychologisch wie strukturell. Wir hatten Wünsche über Bedürfnisse gestellt, dieses System wurde auf den Kopf gestellt. All die isolierten Existenzen, in denen Wünsche den Bedarf überwuchert hatten, waren plötzlich mit einer Vielzahl echter Bedürfnisse konfrontiert – Nahrung, Wasser, Obdach. Und die sexuellen Fantasien wurden augenblicklich zerstört. Wie viele Industriezweige hatten mitgewirkt, den Schrein des Fleisches zu errichten: Auto, Mode, Musik, Unterhaltung … Sie gingen mit ihrem Fetisch unter. Und dann brach allmählich die ganze Struktur zusammen. Wir beteten noch, dass unser ökonomisches Haus erhalten bleiben möge, doch bald war der Schleier gefallen. Die auf Verlangen gebaute Fantasieökonomie wurde bedeutungslos, da das Verlangen selbst zum unerreichbaren Ziel wurde.

Daher stehen wir auf gegen die alten Symbole des Systems, gegen die lüsternen Looks, die aufgeworfenen Lippen und prallen Brüste in unserer angeblich sicheren kleinen Welt. Paris Hilton repräsentiert alles, was an der alten Ökonomie falsch war, in der einige von uns nicht glauben konnten, dass die sexy Karotte am anderen Ende nicht zum Verzehr gedacht war. Wie George Gilder sagte: »Echte Armut ist weniger eine Frage des Einkommens als eine Frage des Geisteszustands.« Wir haben die Erde zerstört und mit ihr unsere Seele. Das war es, worauf die Ökonomie des Sex am Ende hinauslief.

Timothy Querengesser

DER KAPITALISMUS IST TOT!

Hey, City-Boy! Willst du Kaffee oder was?

Ich weiß, dass es hier draußen kalt ist, und nein, es gibt hier keinen Coffeeshop. Ich habe ein wenig Kaffee in einem Starbucks mitgehen lassen, und ich habe einen Ofen. Wir können uns schnell einen Kaffee machen. Gib mir mal die Suppendose rüber, ja, die große, und die kleine auch.

Wir tun Sand in die große Dose. Zum Dämpfen. Wenn dir nächstes Mal dein Bratfett zu brennen beginnt, wirst du mir dankbar sein. Dann musst du nur die Dose umkippen, um das Feuer zu löschen: Funktioniert hundertprozentig. Das hört sich hier in der Kälte vielleicht blöd an, aber glaub mir, wenn du in einem Holzunterstand haust, willst du den ja nicht abfackeln.

Dann bieg ein paar Drahtkleiderbügel zurecht. Du hast was Stärkeres? Noch besser. Steck die Bügel in die große Dose und schütt noch mehr Sand rein. Dazu einen Stein, das gibt mehr Stabilität. Stell die kleine Suppendose als Brenner in die große, dann isolier sie mit noch mehr Sand. Wenn du Flüssigbrennstoff hast, nimmt eine Ringpulldose. Schneide den Aluminiumdeckel sternförmig ein und biege die Dreiecke zur Mitte. Dann bildet der Brennstoff mehrere kleine Flammen statt einer großen. Mit so einem Ofen kannst du jeden Flüssigbrennstoff verwenden. Klau dir einfach ein wenig vergällten Alkohol oder Benzin … was auch immer. Ich will meine Tasse Kaffee.

Wenn du keinen Flüssigbrennstoff hast, nimm eine normale Suppendose als Brenner. Alles, was brennt, ist okay. Wenn du nur Kuhfladen findest, nimm die. Es riecht nicht gut, hält aber warm. Doch vergiss nicht, dass du hier keinen professionellen Herd vor dir hast. Junge, das ist eine Art Campingbrenner. Wenn du Wasser aufkochen willst, dann dauert das seine Zeit.

Was uns zur zweiten Möglichkeit, zur Luxus-Option, bringt. Hast du Elektrizität zur Verfügung, bau dir einen Tauchsieder. Das ist nur ganz ordinäre Wissenschaft: Wenn Elektrizität durch Metall fließt, entsteht dabei Wärme. Nein, nicht in Drähten, die aus der Wand hängen. Wir leiten die Elektrizität durch Metall, damit sie langsamer wird.

Schnapp dir eine alte Kaffeemaschine und mach sie kaputt, dann hast du das Heizelement. (Meist sind es Spiralstäbe, wenn du was anderes findest, musst du es halt entsprechend verwenden.) Und schon hast du einen Heizstab, den du in jedem Wassergefäß verwenden kannst, sogar in der Badewanne. Mit der Kaffeemaschine konntest du nicht baden.

Nimm das Kabel von der Kaffeemaschine und befestige es mit Isolierband an deinem Heizstab, sodass das Metall das Heizelement berührt. Für das andere Ende gilt dasselbe. Vergiss nicht: Es ist Strom. Metall leitet Strom. Am besten machst du am anderen Ende eine Porzellanschelle drum herum, damit du es anfassen kannst, wenn Strom durchfließt. Optimal ist natürlich ein Isolator, aber auch der Hals einer alten Kaffeekanne tut's. Und ja, auch Wasser leitet Elektrizität, also denk dran: Fass nicht hinein, wenn der Strom an ist, sonst bist du mausetot. Ja, ja, es ist gefährlich, ich weiß. Aber ich habe gehört, in einer der angrenzenden Ecken hat ein Kerl einen Generator gebaut. Und verdammt, an manchen Tagen will ich einfach meinen Kaffee, weißt du?

Julian Killam

Die analoge Welt ist wieder da, und das ist gut so. Wie ferne Planeten in ihrer Bahn kreisen und die Erde sich um die eigene Achse dreht, so sollten Vinyl auf deinem Plattenteller liegen und Zeiger das Gesicht deiner Uhr umkreisen. Die digitale Welt ist nicht warm noch menschlich genug. Vier DNS-Basen, die Synapse, 24 Buchstaben, die Null und die Eins. Die rohe, leblose Ordnung der Welt hat ihre konstituierenden Elemente, doch das Ganze ist größer als die Summe seiner Teile: lebende Organismen, Bewusstsein. Man kann uns doch nicht vorwerfen, dass wir alles wieder ganz haben wollen. Wir wollen die Teile sich bewegen sehen. Wir wollen etwas aufziehen. Wir wollen den Blick zu den Bahnen und Planetenachsen richten, nicht auf die Protonen und Elektronen in der Tiefe.

Im Chaos fand ich Kraft
Ich war der Herrscher meines
Königreichs
Das Leben war Abenteuer, war
Geheimnis
Die Wegweiser verbrannt
Regeln bedeutungslos geworden
Am Morgen stieg die Sonne auf
In deren Licht ich meinen
Schatten sah
Zum allerersten Mal

TIPPS: NAHRUNGSMITTEL MIT NATÜRLICHEN KONSERVIERUNGSMITTELN HALTBAR MACHEN. FISCH MIT VIEL SALZ EINREIBEN. GEMÜSE MIT ZITRONENSAFT IN WASSER KOCHEN. FÜR FISCHPEMMIKAN GEKOCHTEN FISCH MIT DER HAND ZERTEILEN, BEEREN UND WÜRZMITTEL ZUGEBEN, ZU GOLFBALLGROSSEN KLUMPEN ROLLEN UND IN DER SONNE TROCKNEN LASSEN. BLEIBT JAHRELANG GENIESSBAR.

Ich steckte mitten in meiner Doktorarbeit in Wirtschaft, als der Crash kam. Ich weiß noch, wie meine Profs ihre Ideologie mit Zähnen und Klauen verteidigten, bis der wirtschaftliche Zusammenbruch ihre Thesen unfreiwillig komisch aussehen ließ. Bevor die Universität offiziell geschlossen wurde, haute ich ab. Das Affentheater hatte doch keinen Sinn mehr.

Ich war mir nicht sicher, ob ich es überhaupt zurück in meinen Heimatort schaffen würde, aber mit der Hilfe von ein paar barmherzigen Samaritern und einer gesunden Portion Glück traf ich schließlich dort ein. Weil ich Wirtschaft studiert hatte, trat man an mich heran, ich solle mich einer Gruppe anschließen, die für meine Heimatgemeinde ein alternatives Wirtschaftskonzept entwickeln würde. Im Grunde ging es nur um Schadensbegrenzung. Wir wollten uns vor den schlimmsten Auswirkungen des Crashs schützen. Da die Versorgung mit Lebensmitteln und Gebrauchsgütern zusammengebrochen war und lange Transportwege ohnehin nicht in Frage kamen, mussten wir zu Selbstversorgern werden. Die Nahrungsmittelbeschaffung war zunächst einmal das Wichtigste. Da wir von der Außenwelt eher abgeschnitten sind, verpflichteten wir fürs Erste einmal die Farmer vor Ort, keine Lebensmittel außerhalb der Gemeinde zu verkaufen, solange unser Bedarf nicht gedeckt war. Andere Ressourcen werden in der Gemeinde gehalten, weil wir Tauschringe eingerichtet haben. Wir kaufen als Kooperative ein, auch wenn das heißt, dass wir über die Nutzungsdauer bestimmter Güter Auseinandersetzungen führen müssen. Wir recyceln so viel, dass man von Abfall kaum noch sprechen kann. Fast alles hat noch irgendeinen Wert. Es war ein Kampf, aber ich habe die Leute überzeugt, dass sie sich gegenseitig wichtige Dinge leihen, ohne etwas dafür zu verlangen. Meiner Ansicht nach sollte keiner vom anderen profitieren, ohne dafür Arbeit geleistet zu haben. Und damit bin ich nicht allein. Die heiligen Texte der Juden, Christen und Muslime verdammen die Zinswirtschaft.

Langsam kommen wir wieder auf die Beine, und so können wir unsere Fühler in andere Gemeinden ausstrecken, um herauszufinden, wie sie mit der Situation umgehen. Einige sind von unserem System begeistert und haben uns um Rat gebeten. Möglicherweise können wir regionale Allianzen schließen. Wenn sich daraus eine neue Ökonomie entwickeln sollte, werden wir kämpfen müssen, damit unsere Grundprinzipien nicht ausgehöhlt werden. Jetzt, wo Regierungen und Konzerne das Handtuch geworfen haben, haben wir die volle Verantwortung für unsere Wirtschaft übernommen. Es ist nicht leicht. Wir sind nicht immer einer Meinung, und nicht alle Ideen haben funktioniert. Die neue Ökonomie erfordert einiges an Opfern, aber daran sind die Leute mittlerweile gewöhnt. Wir wollen eine nachhaltige, ganzheitliche Ökonomie von menschlichem Maß schaffen, die sich dauerhaft erhält. Sie baut auf einem Modell auf, nach dem alles zum wahren Preis gehandelt wird, gerade in ökologischer Hinsicht. Der Fortschritt misst sich an unserem Wohlbefinden und an der Gesundheit unserer Umwelt. Und natürlich an allem, was wir schaffen und verbrauchen. Unsere Wasserläufe, Wälder und Wiesen gelten als Naturkapital, das nicht verbraucht werden muss, um etwas wert zu sein. Und wir haben das historische Verbot von Zinszahlungen wieder eingeführt.

Dieses Mal müssen wir's einfach hinbekommen.

Janneken Drange

WAS GING SCHIEF?

Der Zusammenbruch lässt sich nicht auf eine einzige Idee, eine singuläre Katastrophe zurückführen. Die Wahrheit geht sehr viel tiefer. Was schiefging, lief schon lange schief, vielleicht schon seit der Entwicklung des Menschengeschlechts, ganz sicher aber seit der Entstehung unserer Kultur. Tief in unserem Geist, tief in unserer Gesellschaft existieren Strukturen, die unsere Art, zu denken und zu sein, beeinflussen. Diesen Strukturen, die sich über die Jahrhunderte hinweg im Zusammenspiel zwischen Geist und Welt gebildet haben, wohnt eine verborgene destruktive Kraft inne. Wir müssen uns dieser Strukturen bewusst werden und all ihre Überreste ausmerzen. Dies ist der nächste Schritt in unserer Entwicklung.

Vor dem Crash war ich Psychologe. Da jetzt jeder nur noch mit Überleben beschäftigt ist, ist meine Privatpraxis eine öffentliche geworden. Was soll ich tun? Ich mache mit.

Ich bin gerade aus L.A. in meine Heimatstadt in den Sierras zurückgekehrt. Die Stadt stirbt wie ein austrocknendes Krebsgeschwür. Irgendein kranker Teil meiner selbst wollte dorthin, wo das Leid am größten ist. Ich wollte die Luxuskonsumenten zahlen sehen. Ihr glaubt nicht, wie das hier stinkt. Einige Leute hauen immer noch ab, wenn sie können.

Überall stehen verlassene Autos, sogar auf der Autobahn. Die Leute umrunden die stehenden Dinger und versuchen, die brennenden Sonnenstrahlen mit einem Lachen abzutun. Sie durchsuchen die Karren nach zurückgelassenen Schätzen – Batterien, Glühlampen, einer Schachtel Zigaretten ... Aber es gibt keine Verkehrsstaus mehr, es gibt überhaupt keinen Verkehr.

Am flachen, trockenen Horizont steigen die blauen Rauchsäulen von Lagerfeuern auf, Wäscheleinen tragen ihre bunte Last zwischen den Gebäuden. Hier geschieht etwas Wunderbares: Zwischen den braunen Rasenstücken, der Gewalt, den Schreien der Hungernden und Sterbenden, fangen die Leute an, etwas anzupflanzen – in Stiefeln, Fernsehschirmen, Schmuckschatullen. Mit Spaten oder anderen Geräten kratzen sie jedes bisschen Erde zusammen, das sie finden können. Die Pflänzchen wuchsen schon.

In Liebe, Terry
South Lake Tahoe, Kalifornien

Neben der Notwendigkeit, genügend Nahrung zu finden und unsere Hinterlassenschaften loszuwerden, meine ich, ist unser Hauptproblem psychologischer Natur. Wenn Menschen ihren Glauben verlieren, dass sie immun gegen Katastrophen sind, suchen sie zuerst in der Außenwelt nach Hilfe: Wenn sie dann merken, dass es dort nichts gibt, fühlen sie sich zutiefst verlassen. Sie verspüren einen tiefen Zorn gegen Gott. Lähmende Trauer. Das Wiederaufleben kindlicher Verlassensängste. Taubheit. Panik. Angst vor dem Tod. Und dann kommt der totale Zusammenbruch. Glücklicherweise kamen die Zusammenbrüche versetzt und betrafen die unterschiedlichsten Familien. Anfangs starben ein paar der älteren Leute meiner Ansicht nach vor Schreck. Ich verlor meinen Vater.

Ich arbeitete rund um die Uhr. Im letzten Monat habe ich es endlich geschafft, nicht nur Notfälle zu verarzten. Ich habe eine Art Netzwerk »psychologischer Krankenschwestern« aufgezogen. Wir haben mittlerweile 89 davon, unsere Gemeinde umfasst 15 000 Einwohner. Ihre Fähigkeiten sind ganz unterschiedlich: Ein paar erteilen nur seelsorgerische Ratschläge, andere arbeiten mit dem Zwölf-Schritte-Programm, wieder andere sind einfach nur mütterliche Seelen.

Ich denke immer wieder darüber nach, wie unsere Vorfahren in der Eiszeit sich wohl gefühlt haben, die – wie wir – einfach überleben mussten. Wir bemühen uns jedenfalls.

Hochachtungsvoll, Dr. Sasha White
Chimayo, New Mexico

Die Sonne scheint, ich liege auf der Heckklappe meines alten Autos, im Schatten einer riesigen Pinie, und trinke selbstgemachten Apfelsaft. Ich finde es toll, wie das Blatt sich gewendet hat. Ich bin glücklich, weil ich nicht so viel zu verlieren hatte wie all die anderen, die in den letzten Jahren ihren Höhenflug machten. Ich hatte ohnehin keinen Strom, also musste ich auch nicht auf permanente Erreichbarkeit verzichten, auf Fernsehen oder Kino mit seinen emotionalen Ersatzleistungen. Ich liebe die Natur, ich muss mir keine Psychodrogen abgewöhnen. Mir fehlen weder Kaffee noch Nikotin. Letzte Woche unternahm ich einen kleinen Trip in die Stadt. Dort kämpfen alle mit den Abhängigkeiten ihrer fünf Sinne. Möglicherweise schütteln die Massen ja ihre Süchte ab und merken, wie maßlos und süchtig sie waren, wie sehr man sie verarscht hat. Wie auch immer, mir geht es gut.

Ellen Harding
Chilliwack, British Columbia

Also, *Adbusters*, ich hoffe, ihr seid zufrieden. Ausgabe um Ausgabe habt ihr behauptet, das System sei tot oder liege im Sterben. Jetzt ist alles so, wie ihr wolltet. Wo also ist die Revolution? Ich sehe keine Regenbogen am Himmel, keine Menschen, die auf den Straßen tanzen. Ja, der Wohlstand ist neu verteilt, genauer gesagt: Er ist mehr oder weniger verschwunden. Aber ich sehe, dass sich die Welt nun in eine positive Richtung verändert.

Wo ich lebe, kann man heute das Wasser nicht trinken, und die Menschen haben keine gesundheitliche Versorgung. Der alte Mann von nebenan wurde niedergestochen, als er seine Einkäufe heimtrug, was es in meinem Viertel bisher noch nie gegeben hat. Alle aus meiner Familie sind arbeitslos. In Angst leben und gerade so über die Runden kommen ist keine erhebende Erfahrung. Es frisst die Seele auf. Wir werden überleben, aber nicht, indem wir das *Adbuster*-Magazin lesen. Irgendwie ist es Ironie des Schicksals: Ihr Idioten habt diesen großen Tag immer herbeigewünscht, und jetzt habt ihr nichts zu sagen. Ich mochte eure Verarsche-Anzeigen. Heute seid ihr selbst die Verarschten.

Peter Lawson
Detroit, Michigan

27. JANUAR 2017

Okay, ihr Crash-Überlebenden da draußen!

Wie geht es euch?

Wir haben den letzten Monat damit zugebracht, uns zu fragen, was seit der Woche passiert ist, in der alles zusammenbrach. Aber wir haben uns wieder aufgerafft, jetzt sind wir wieder da … und schlagen uns durch, so gut es geht.

Viele von uns sind immer noch geschockt. Wir versuchen unser Möglichstes, die Wut und die Niedergeschlagenheit abzuschütteln und all das zu akzeptieren. Aber was soll ein Adbuster in einer Welt ohne Werbung? Ein Culture-Jammer in einer Welt ohne Konsum? Gut, wir haben verlauten lassen, dass wir an einer Post-Crash-Version des *Adbuster*-Magazins arbeiten, und viele Menschen in aller Welt haben uns geschrieben. Diese Ausgabe ist eine Zusammenstellung eurer bissigen, freakigen, zornigen Gedanken. Wie wir fangt ihr langsam an, euch in dieser verrückten neuen Welt zurechtzufinden.

Wenn wir heute auf »die gute alte Zeit« zurückblicken, sieht es beinah so aus, als hätten wir zu viel protestiert. Wir waren immer gegen alles und selten für etwas. Wir predigten ständig, dass eine neue Welt möglich ist, doch wir hatten weder den Mumm noch die Visionen, sie aufzubauen. Ich weiß noch gut, dass fast jede »progressive« Zeitschrift vor dem Crash immer jammerte, ohne je konkrete Vorschläge zu machen.

Aber nicht jeder hier stochert wie ich in der Asche der Geschichte herum. Ein paar Funken gibt es noch. Und die meinen: »Zum Teufel mit deinem Grabgesang … okay, der Kapitalismus ist zusammengebrochen, die Riesenkonzerne, gegen die wir gekämpft haben, sind weg, du kannst heute nirgendwo mehr Cola kaufen. Na und? Ist das nicht die Welt, von der wir immer geträumt haben? Haben wir nicht genau dafür gekämpft?«

Diese hitzköpfigen jungen Anarchisten werden unsere künftigen Schrittmacher sein. Sie haben einen fast schon krankhaften Abscheu vor der alten Welt und sind – Cola oder nicht Cola – fest entschlossen, sie nicht wiederauferstehen zu lassen. Der Preis war zu hoch, für alle, für alles. In ihrer Welt geht es um Bioregionen, Realkosten-Landwirtschaft, strenge Regeln für Konzerne und eine Medienlandschaft, in der die Wahrheit gesagt wird. Und sie schwören, dass sie sich weder von Regierungen noch globalen Institutionen je werden sagen lassen, was sie in ihrer Gemeinschaft tun können.

Wir werden bald eine neue Ausgabe herausgeben. Hört also nicht auf, uns zu schreiben. Wir haben als Kollektiv zwar gerade ein Nahtoderlebnis hinter uns, doch ebendeshalb lodert die Lust zu leben nur noch stärker. Tag für Tag finden mehr und mehr Menschen etwas ganz Konkretes, wofür es sich zu kämpfen, vielleicht sogar zu sterben lohnt. Jetzt hat der alte Slogan »Lebe ohne tote Zeit!« wirklich eine Bedeutung.

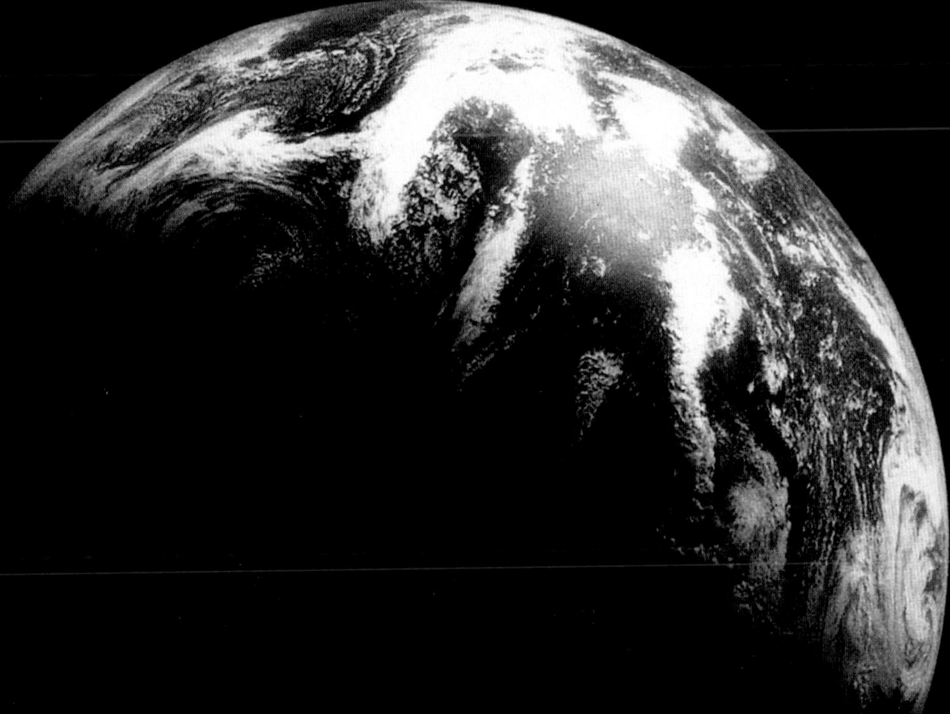

ERSCHÖPFT

Der Engel der Geschichte

Es gibt ein Bild von Klee, das *Angelus Novus* heißt. Ein Engel ist darauf dargestellt, der aussieht, als wäre er im Begriff, sich von etwas zu entfernen, worauf er starrt. Seine Augen sind aufgerissen, sein Mund steht offen, und seine Flügel sind ausgespannt. Der Engel der Geschichte muss so aussehen. Er hat das Antlitz der Vergangenheit zugewendet. Wo eine Kette von Begebenheiten vor *uns* erscheint, da sieht *er* eine einzige Katastrophe, die unablässig Trümmer auf Trümmer häuft und sie ihm vor die Füße schleudert. Er möchte wohl verweilen, die Toten wecken und das Zerschlagene zusammenfügen. Aber ein Sturm weht vom Paradiese her, der sich in seinen Flügeln verfangen hat und so stark ist, dass der Engel sie nicht mehr schließen kann. Dieser Sturm treibt ihn unaufhaltsam in die Zukunft, der er den Rücken kehrt, während der Trümmerhaufen vor ihm zum Himmel wächst. Das, was wir den Fortschritt nennen, ist *dieser* Sturm.

Walter Benjamin

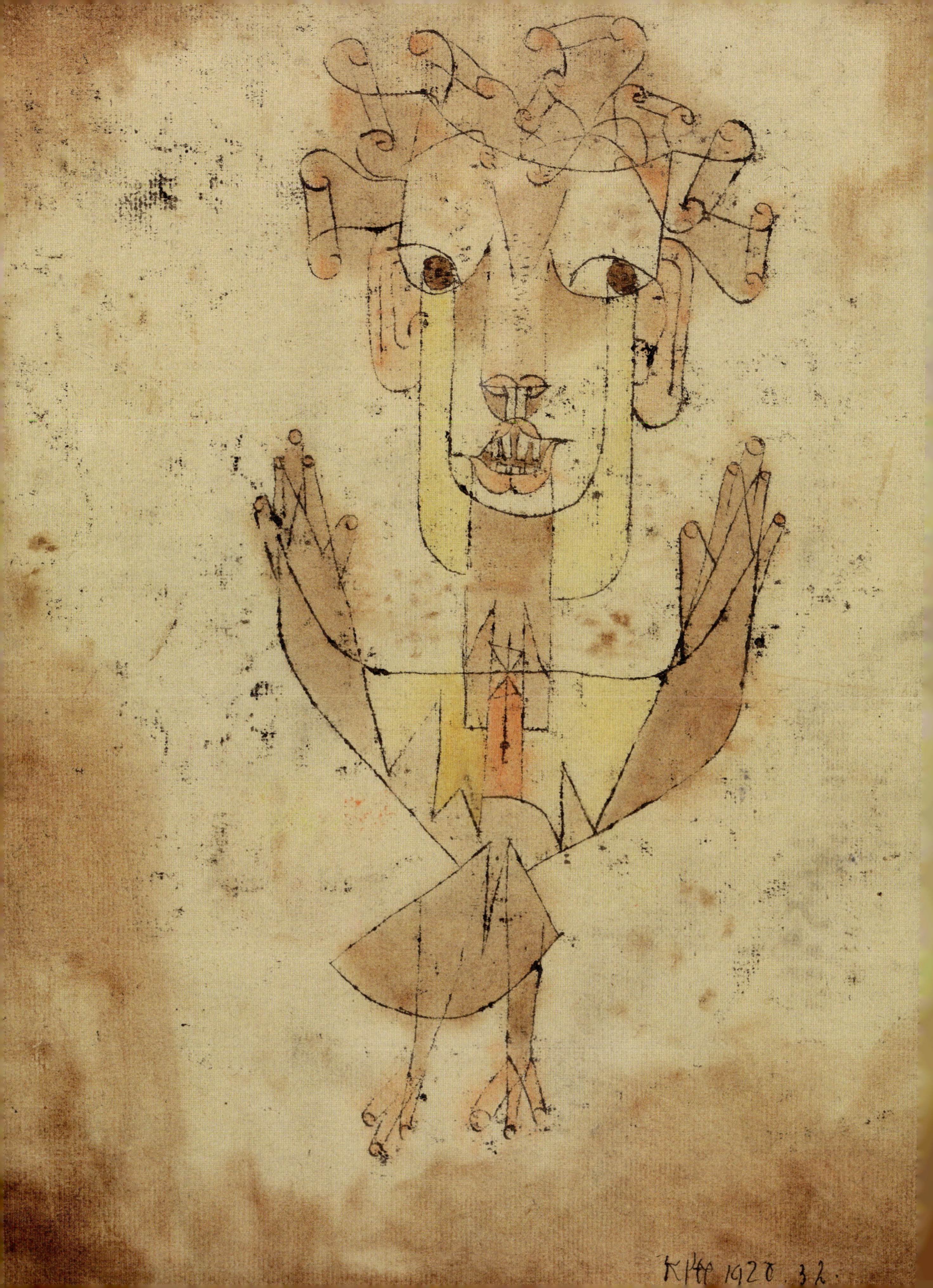
Klee 1920. 32.

WOHIN GEHEN WIR?

WOHER KOMMEN WIR?

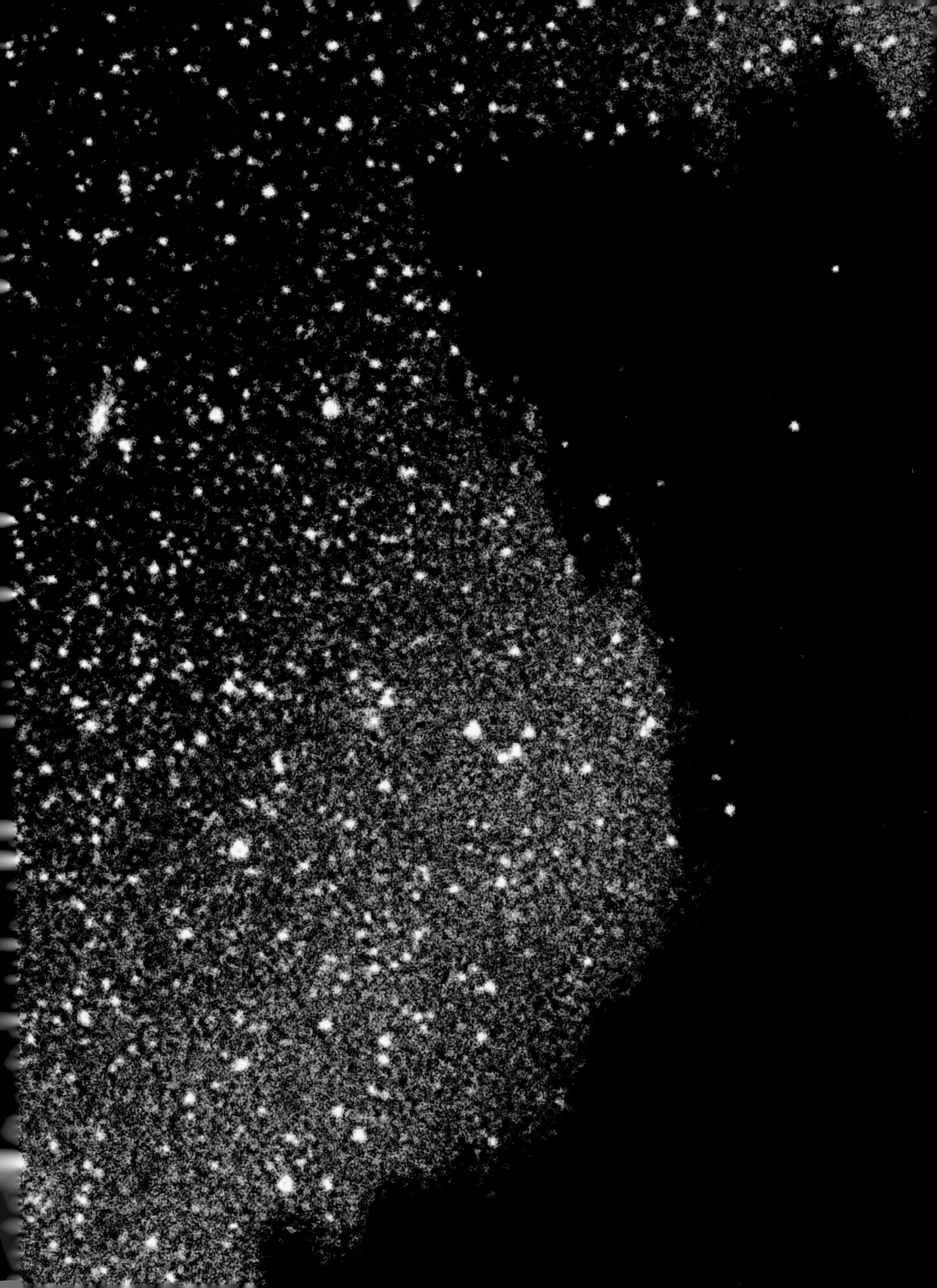

COLORGUARD
cheer
Jubel
Joy
Freude
3 Bars
zest
Spaß

We can rewrite this definition by multiply
by Q:
Profit = (TR/Q − TC/Q) × Q.
But note that TR/Q is average revenue, w
total cost ATC. Therefore,
Profit = (P − ATC) × Q.
This way of expressing the firm's profit al
Panel (a) of Figure 14-5 shows a fir
already discussed, the firm maximizes pr
price equals marginal cost. Now look at

DANN MACHST DU ALSO WIRTSCHAFT? HUCH!

NO MORE BULL SHIT

DAS OCCUPY-MANIFEST FÜR DIE 99 PROZENT

LEHRBUCH DER REALEN ÖKONOMIE

VON KALLE LASN

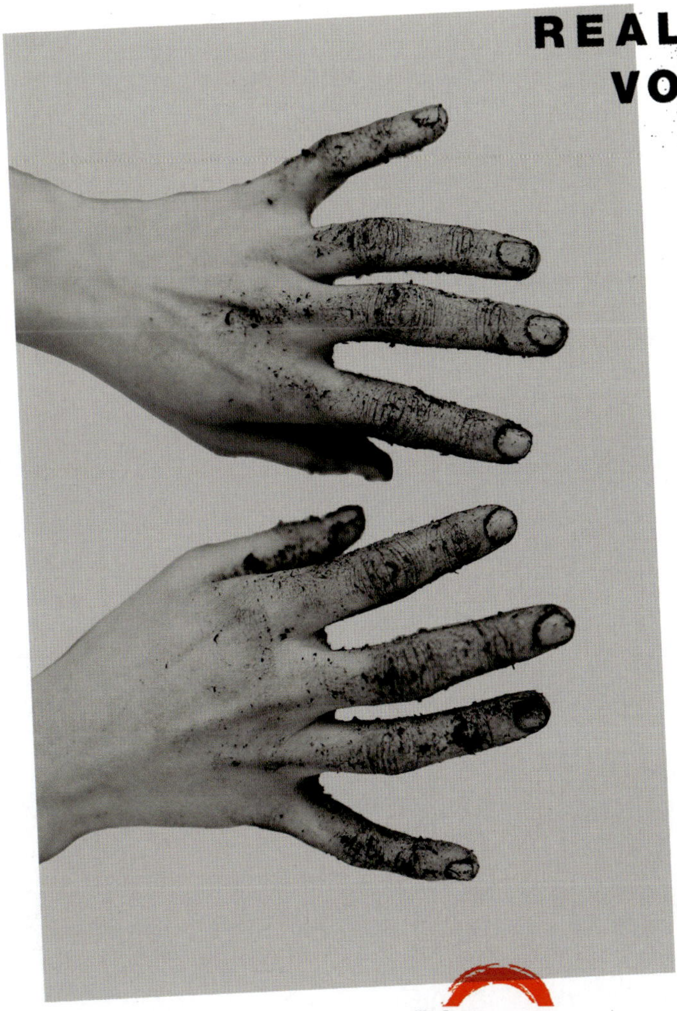

HERAUSGEGEBEN VON
DARREN FLEET

CREATIVE DIRECTOR
PEDRO INOUE

MIT TEXTEN VON
GEORGE AKERLOF
MARGARET ATWOOD
LOURDES BENERÍA
HERMAN DALY
MICHAEL HUDSON
STEVE KEEN
MANFRED MAX-NEEF
DAVID ORRELL
BILL REES
JOHN RALSTON SAUL
JOSEPH STIGLITZ

ART DIRECTOR
WILL BROWN

ASSISTANT ART DIRECTOR
ELLEN LEE

PRODUCTION MANAGER
LAUREN BERCOVITCH

Riemann

EIN PROJEKT
DER ADBUSTERS
FIRST THINGS FIRST

DIE ENGLISCHE ORIGINALAUSGABE ERSCHIEN 2012 UNTER DEM TITEL »MEME WARS. THE CREATIVE DESTRUCTION OF NEOCLASSICAL ECONOMICS« BEI SEVEN STORIES PRESS, NEW YORK, NY.

BOOK DESIGN BY ADBUSTERS

AUS DEM ENGLISCHEN VON ELISABETH LIEBL UND JOANNIS STEFANIDIS

DAS FÜR DIESES BUCH VERWENDETE PAPIER *CIRCLE SILK* VON ARJO WIGGINS
MIT 100 % RECYCLINGFASERN LIEFERT IGEPA.

1. AUFLAGE
DEUTSCHE ERSTAUSGABE

LEKTORAT: RALF LAY, MÖNCHENGLADBACH
DRUCKVORLAGEN: BARBARA RABUS & VORNEHM MEDIENGESTALTUNG
DRUCK UND BINDUNG: MOHNDRUCK, GÜTERSLOH

PRINTED IN GERMANY
ISBN 978-3-570-50145-0
WWW.RIEMANN-VERLAG.DE

FÜR

FRITZ SCHUMACHER,
GUY DEBORD,
HERMAN DALY

UND DIE NÄCHSTE GENERATION VON ÖKONOMEN,
DIE NICHTS MEHR DEM ZUFALL ÜBERLASSEN WIRD.

Allein vor dem Meditationszelt, Occupy Washington, McPherson Square, März 2012.

FIGHT
THE
NOTHINGNESS
Kämpft gegen das Nichts!

MIT MIR GEHT MEINE SEELE.
FORM DER FORMEN.
NIMM ALLES, HALTE'S ALL.
James Joyce

Hey, ihr Studenten da draußen!

Ihr habt euch in einem entscheidenden Moment für das Studium entschlossen. Der Kapitalismus steckt in der Krise, und diese verschärft sich zusehends. Die Unfähigkeit der Ökonomen, externe Effekte in ihre Modelle einzubeziehen und Tatsachen wie Artensterben, Ressourcenraubbau und Klimawandel zu erklären – oder die Finanzkrise 2008, die alle geblendet hat –, dies ließ die Wirtschaftswissenschaften zu einem Witz verkommen. Und das nicht nur innerhalb der akademischen Welt, selbst ganz einfache Leute rümpfen heute die Nase, wenn es um Ökonomen geht.

Folgt man tief über die Lehrbücher gebeugt dem rationalen Ton der Vorlesungen, denkt man beim Anblick seiner Professoren an all diese tollen Diplome mit ihrem Namen drauf, könnte man durchaus den Eindruck gewinnen, die Ökonomie sei eine Wissenschaft: eine exakte Disziplin mit ihren eigenen, feststehenden Gesetzmäßigkeiten, bewiesenen Theorien und einer ganzen Riege von Nobelpreisträgern. Dieser Anschein kann vielleicht kurzfristig täuschen, doch ein kurzer Blick hinter die Kulissen genügt, um zu sehen, dass die Wirtschaftswissenschaften ein höchst strittiges Fachgebiet sind … deren Axiome und Glaubwürdigkeit mittlerweile in Frage gestellt werden. Das vorherrschende neoklassische Paradigma bröckelt, und eine neue, chaotischere, an der Biologie und Verhaltenstheorie orientierte Wissenschaft kämpft sich unter den Trümmern hervor.

Doch euer Fachbereich marschiert, so gut wie überall auf der Welt, immer noch im Gleichschritt mit der alten Garde. Das liegt daran, dass Generationen von Lehrstuhlinhabern die Dissidenten verbannt und sich jeden Wettbewerb verbeten haben. Der Fachbereich Wirtschaftswissenschaften ist organisiert wie ein Polizeistaat und nicht wie der freie Markt der Ideen, auf dem Innovationen erkannt und belohnt werden. Doch außerhalb der Universitäten wächst und gedeiht ein kraftvoller Strom heterodoxer Ökonomie. Da gibt es die Soziale Ökonomie, die Feministische Ökonomie, die Interdisziplinäre Ökonomie, die Verhaltensökonomie, die Ökologische Ökonomie und Hunderte von intellektuellen Einzelkämpfern, Mavericks, die ihren kritischen Blick auf die neoklassische Ökonomie werfen und gegen sie angehen.

Ihr habt also zwei Möglichkeiten, was euer Studium in den nächsten Jahren angeht: Ihr verschließt vor den schreienden Diskrepanzen zwischen Lehre und Wirklichkeit die Augen und akzeptiert den Status quo. Ihr kreuzt die Finger und hofft, dass das alte Paradigma schon noch ein oder zwei Generationen Bestand haben wird, lange genug jedenfalls, damit ihr euch eine Karriere zimmern könnt. Oder ihr schließt euch den Mavericks an und werdet Agitatoren, Provokateure, Meme-Krieger und Occupier. Ihr werdet einer von den Studenten, die kritische Flugblätter ans Schwarze Brett heften und den Dozenten im Seminarraum widersprechen. Ihr könnt eure Zukunft auf einen Wandel im System setzen.

Wir hier von Adbusters hoffen, dass dieses Buch eure Fantasie befeuert und euch inspiriert, den risikoreicheren und aufregenderen Weg zu gehen.

Kalle Lasn, Sommer 2012

Ich saß in meinem ersten Uni-Jahr in Oxford in einem kühlen, tristen Hörsaal und wartete auf meinen Professor, den marxistischen Denker Erik Swyngedouw. Irgendwann stürmte er herein, in der Hand ein Kaffeebecher, und fragte uns mit seinem starken belgischen Akzent: »Seht ihr den Kaffee?« Die offenkundige Antwort lautete: »Ja, natürlich sehen wir den Kaffee.« Ich fragte mich, worauf der Mann hinauswollte.

Bald schon war klar, dass dies keine dieser langweiligen Vorlesungen werden würde, bei denen ich schläfrig in der hintersten Reihe des Hörsaals herumzuflazen pflegte. »Ihr seht den Kaffee, sicher, aber seht ihr auch die Plantagen in Guatemala? Die EU-Einfuhrzölle? Die Lohnstreifen der Plantagenarbeiter?« Schnell wurde mir bewusst, worauf Swyngedouw hinauswollte. Die Welt ist nicht zufällig so, wie sie ist. Sie ist so wegen der Menschen, wegen ihrer Geisteshaltung, wegen der Gesetze.

Dann fragte Swyngedouw: »So, wie viele von euch wollen später im öffentlichen Dienst arbeiten?« Ich überlegte einen Moment lang. Die Idee war nicht schlecht, aber mein Arm blieb unten. Es war sonderbar. Wie durch eine magnetische Kraft wurde ich im System festgehalten, in dem System, das – zu diesem Zeitpunkt – den Hörsaal beherrschte. Niemand hob den Arm, die Frage schien absurd. »So, und wie viele von euch wollen später im Londoner Geschäftsviertel arbeiten, investieren, handeln, Geld bewegen und Geld machen?« Überall um mich herum schossen die Arme in die Höhe. Es wurde schmerzhaft offensichtlich: Warum in aller Welt sollte man zum Wohl der Allgemeinheit arbeiten wollen, wenn man sich aufs Geldscheffeln konzentrieren konnte?

Ich glaube, Swyngedouw wollte uns klarmachen, dass man dem System nicht nachgeben muss und dass die Geldakkumulation nicht automatisch glücklich macht. Er sagte uns, in den siebziger Jahren sei das Verhältnis der Meldungen und Nichtmeldungen genau umgekehrt gewesen, aber die Einstellung der Menschen habe sich verändert. Es scheint, als würden wir uns nur noch um uns selbst kümmern, als glaubten wir, Profite des Einzelnen brächten allen Menschen wirtschaftlichen Nutzen.

Hier sei angemerkt, dass ich die Geldakkumulation an sich nicht verwerflich finde. Man soll ruhig hart arbeiten und viel Geld verdienen, aber man darf es nicht vergöttern. Man soll die Menschen nicht betrügen, man soll nicht den Planeten ruinieren, man soll sich nicht isolieren und sich als autark betrachten. Wir stecken gemeinsam in diesem Leben.

Luke Sherlock
Oxford, Großbritannien

HEY, HERR PROFESSOR, ERKLÄREN SIE UNS DOCH, WORAN SIE WIRTSCHAFT-LICHEN FORTSCHRITT MESSEN!
JA, WOHER WEISS MAN EIGENTLICH, OB ES VORWÄRTSGEHT ODER RÜCKWÄRTS?

LEHRPLAN FÜR DIE WIRKLICHE WELT

Gefühl ohne Aktion führt zum Verlust der Seele.

Edward Abbey

I. DER KAMPF UM

Proteste gegen die Sparprogramme
in Barcelona, Februar 2012.

DIE SEELE DER ÖKONOMIE

Hey, ihr angehenden Unternehmensführer, Investmentbanker und Politik-Bürokraten da draußen!

Wirtschaft ist Schicksal!

Die falsche Sicht: Menschen rebellieren, Ökosysteme gehen kaputt, Staaten brechen zusammen.

Die richtige Sicht – und sei es auch nur für einen kurzen Moment –: Eine Welle von Optimismus, Kreativität und Aufklärung überrollt das Land.

Nach sechzig Boomjahren macht die Weltwirtschaft plötzlich kehrt und steuert auf den Abgrund zu … Pessimismus und Depression erfassen das Land. Nahrung. Wasser. Öl. Umweltverschmutzung. Klimawandel. Alles scheint irgendeinem Höhepunkt zuzustreben, von dem aus es nur noch abwärtsgehen kann.

In diesem ersten Kapitel machen wir einen Streifzug durch die Geschichte und arbeiten heraus, welche Entwicklungen im ökonomischen Denken zu dem momentanen Schub existenzieller Ängste geführt haben. Wir gehen zurück in die ersten Tage des Jagens und Sammelns, des Tauschens, des Schenkens und der kulturellen Reziprozität. Wir zeichnen nach, wie sich immer komplexere Formen von Handel, Profit und Eigentum entwickelt haben, die mit der Entwicklung unserer Zivilisation einhergingen, bis sie in der Renaissance plötzlich beherrschend wurden – wo sich Formen der Geldwirtschaft entwickelten und mit ihnen Wucher, Zinswirtschaft und Geldwährungen, um letztlich im Zeitalter der transatlantischen Sklaverei und kolonialen Plünderung zu münden. Und kommen schließlich zum Hier und Heute, in dem unser Schicksal vom wild gewordenen Auf und Ab geisterhafter Finanzströme und Marktalgorithmen abhängt, vom Treiben der Megabanken und Flashtrader, von einem automatisierten Kapitalismus.

Der Kampf um die Seele der Wirtschaft hat begonnen. Ein weiterer Entwicklungsschritt im ökonomischen Denken steht bevor. Wir wissen im Augenblick weder, wohin er uns führen wird, noch, wie er genau aussieht. Doch ein Blick in unsere Geschichte kann uns seine Natur vielleicht erkennen lassen.

OPFER

Weisheit wohnt nur in der Unterwerfung unter die Götter.

Antigone

Während einer alten Mayazeremonie wird ein Jaguar geopfert.

In allen Kulturen wurden auf verschiedene Weise Opferrituale ausgeführt, in manchen mehr, in anderen weniger … Im ursprünglichen Sinne wie auch wirtschaftswissenschaftlich betrachtet, ist das Opfer der Kostenteil in der Kosten-Nutzen-Rechnung. Wie auch immer der Nutzen aussehen mag, ob er materiell oder immateriell ist, ob es ums Überleben geht oder um die Macht, fast immer fordert der Nutzen ein Opfer. Die »Kosten« oder das »Opfer« gehören also zu unserem Dasein.

Kathleen Cohen, *Sacrifices in Ancient Cultures*

GESCHENK

Beim indianischen Potlatch hat der den höchsten Status, der am meisten gibt. Die Reziprozität stärkt die sozialen Bindungen.

Wilhelm Kuhnert, *Canadian Pot Latch Ceremony, 1894*

Wer ein Geschenk voller Dankbarkeit annimmt, hat den ersten Teil seiner Dankesschuld bezahlt.

Seneca der Jüngere

In diesen Subsistenzökonomien war die Grundlage nicht Nehmen, sondern Geben ... im Wissen, dass die anderen dann dir geben werden. Anders gesagt war das grundlegende ökonomische Element das Geschenk und seine Reziprozität. In solchen Stammesgesellschaften bestimmen komplexe Regeln das Geben und Nehmen und stellen sicher, dass alle genug haben. (Daher ist in Stammesgesellschaften niemand arm oder hungrig, außer die Zeiten sind für alle schwer.)

Ted Trainer, *The Radical Implications of a Zero Growth Economy*

Marco Polo, der europäische Reisende des 13. Jahrhunderts, erhält vom Mongolenherrscher Kublai Khan eine Goldtafel. Khan herrschte über ein Reich, das sich von der Pazifikküste bis zur Donau erstreckte. Das Geschenk garantierte Marco Polo freies Geleit durch alle Gebiete des Reichs und eine sichere Heimkehr in den Westen.

Frühe römische Münzen.

In seinem wunderbaren Buch *Die Geschichte der Zivilisation: 15.–18. Jahrhundert* beschreibt Fernand Braudel, wie die Geldwirtschaft sich immer stärker in den Alltag der mittelalterlichen Bauern drängte. Und was hat es ihnen wirklich beschert? Plötzliche »Preisschwankungen bei Grundnahrungsmitteln, die unverständlichen Beziehungen, die der Mensch nicht mehr durchschaut, in denen er sich, seine Gewohnheiten und seine alten Werte nicht mehr wiederfindet: Seine Arbeit wird eine Ware, der Mensch selbst eine ›Sache‹.«
Frühe Formen der Tauschwährung konnten alles umfassen, ob nun Schafe oder Muscheln. Schnell jedoch stellten sich Münzen aus Gold und Silber als praktikabelste Lösung heraus. Bald wurden sie allgemein als Tauschmittel anerkannt und waren ein Maß für Reichtum wie Mittel zu seiner Anhäufung.

Eine frühe 55-Dollar-Note, entworfen von Gründervater Benjamin Franklin, 1779.

GELD

Geld macht den Mann.

Aristodemos von Sparta

Geld ließ sich leicht aufbewahren, daher verlegten sich Einzelne fleißig auf das Ansammeln enormer Reichtümer. Doch lockte dieser konzentrierte Reichtum natürlich auch Diebe an. Vor allem die Händler sahen sich mit Raub und Diebstahl konfrontiert: Als Geld es möglich machte, kostbare Stoffe und Gewürze in fernen Ländern zu kaufen und über weite Strecken zu transportieren, lauerten nicht selten Räuber an den bekannten Handelswegen und erleichterten die Händler um ihre goldgefüllten Börsen. Aus diesem Grund wurde das Bankwesen erfunden: Jene Schmiede, die aus Gold und Silber Münzen schlugen (und dafür sichere Aufbewahrungsmöglichkeiten geschaffen hatten), erklärten sich bereit, auch fremdes Geld aufzubewahren und den Eigentümern eine Quittung auszustellen. Diese Quittungen konnte man als Zahlungsmittel benutzen, was den Handel einfacher und sicherer machte.
Im Mittelalter kamen die Schmiede allmählich dahinter, dass sie mehr Quittungen ausstellen konnten, als sie tatsächlich Gold in ihren Truhen hatten, ohne dass jemand dabei zu Schaden kam. Sie wandelten die Quittungen für reales Geld in Kreditbriefe um und stellten dafür eine Gebühr in Rechnung, die einen bestimmten Prozentsatz der verliehenen Summe betrug.

Richard Heinberg, *The End of Growth*

Kaurimuscheln waren eine der ersten Tauschwährungen im alten China der Shang-Dynastie (16. bis 11. Jahrhundert v. Chr.).

Die Kultur auf der Insel Ägina war das erste Staatswesen im alten Griechenland, das bereits 700 v. Chr. Münzen prägte.

GEWINN

Aber die Wüste und Einöde wird lustig sein, und das dürre Land wird fröhlich stehen und wird blühen wie die Lilien.

Jesaja 35, 1

Die Vorstellung, Gewinn sei ein positives soziales Gut, ist eine recht moderne Auffassung. Während des größten Teils der überlieferten Geschichte wurde der Gewinn negativ gesehen. Auch den Pilgervätern galt es als »Satanswerk«, Güter billig zu kaufen und teuer zu verkaufen. Dennoch etablierte sich im 14. Jahrhundert eine Mittelschicht in der mediterranen Region. Dies war eine direkte Folge des Aufschwungs, den der Handel nahm, dem zwei Erfindungen Tür und Tor geöffnet hatten: die Verbreitung des Lateinersegels, welches das Kreuzen erlaubte und Segelschiffe von den Launen der Natur unabhängiger machte, und der Kompass.

Der geschäftige Hafen von Lissabon, Gemälde von 1593. Das portugiesische Königshaus und seine Händler beherrschten den Handel mit Südamerika, Afrika und dem Fernen Osten.

Unter den wachsamen Augen eines östlichen Herrschers, umgeben von westlich gekleideten Dienern, werden Edelmetallbarren gegen Papiergeld eingetauscht. Für die Zeitgenossen war damit das Prinzip der Alchemie geboren.

Bald fand man überall neue Handelswege. Neues Kapital wurde geschaffen, mit ihm regten sich neue Ambitionen. Zu Beginn des 15. Jahrhunderts gab es Kaufleute, die reicher waren als jeder König und sich als Mäzene betätigten. Einer von ihnen, Giovanni de' Medici (1360–1429), machte mit seinem gewaltigen Vermögen die sogenannte florentinische Renaissance erst möglich. Die Medici wurden die Banker Europas, ihr Heimatort Florenz zum kulturellen Zentrum, das dem Athen der alten Griechen gleichkam.

John Adkins Richardson, *Art: The Way It Is*

Cosimo de' Medici (1389–1464) war einer der einflussreichsten Patriarchen des Medici-Bankerclans und Vertrauter des Gegenpapstes Johannes XXIII. 1415 wurde er Gonfaloniere, Oberster Stadtrat der Republik Florenz. Seine Erben stiegen zu Päpsten und Fürsten auf und verquickten geschickt Geschäft, Politik und Religion. Machiavellis *Der Fürst* (1513) war einem von ihnen gewidmet: Lorenzo di Piero de' Medici.

Der hypnotisierende Blick unserer Zukunft.

Rembrandt, *Die Vorsteher der Tuchmachergilde*, 1661. Die Gilden legten Preise, Qualität und Produktionsmengen fest und bestimmten so den Handel.

WUCHER

Was hülfe es dem Menschen, wenn er die ganze Welt gewönne und nähme an seiner Seele Schaden?

Markus 8, 36

Während der frühchristlichen Zeit in Europa bezahlte man für Reichtum, Privilegien und Macht einen hohen sozialen Preis. Auf Fresken, Tafelbildern, Reliefs wurden Händler, Geldverleiher, Päpste, Kardinäle und Könige in Ketten von knüppelschwingenden Teufeln in die Hölle befördert. Die Botschaft an das nicht des Lesens kundige Volk war klar: Wer reich und mächtig ist, hat seine Belohnung bereits auf Erden erhalten. Besser war es, bescheiden und arm zu leben und sich so seinen Lohn im Jenseits zu sichern. Die Ökonomie Europas war von zahlreichen Tabus bestimmt, zum Beispiel

El Greco, *Jesus vertreibt die Geldwechsler aus dem Tempel in Jerusalem.* Fast die Hälfte der christlichen Gleichnisse beschäftigt sich mit Besitz und Wucher.

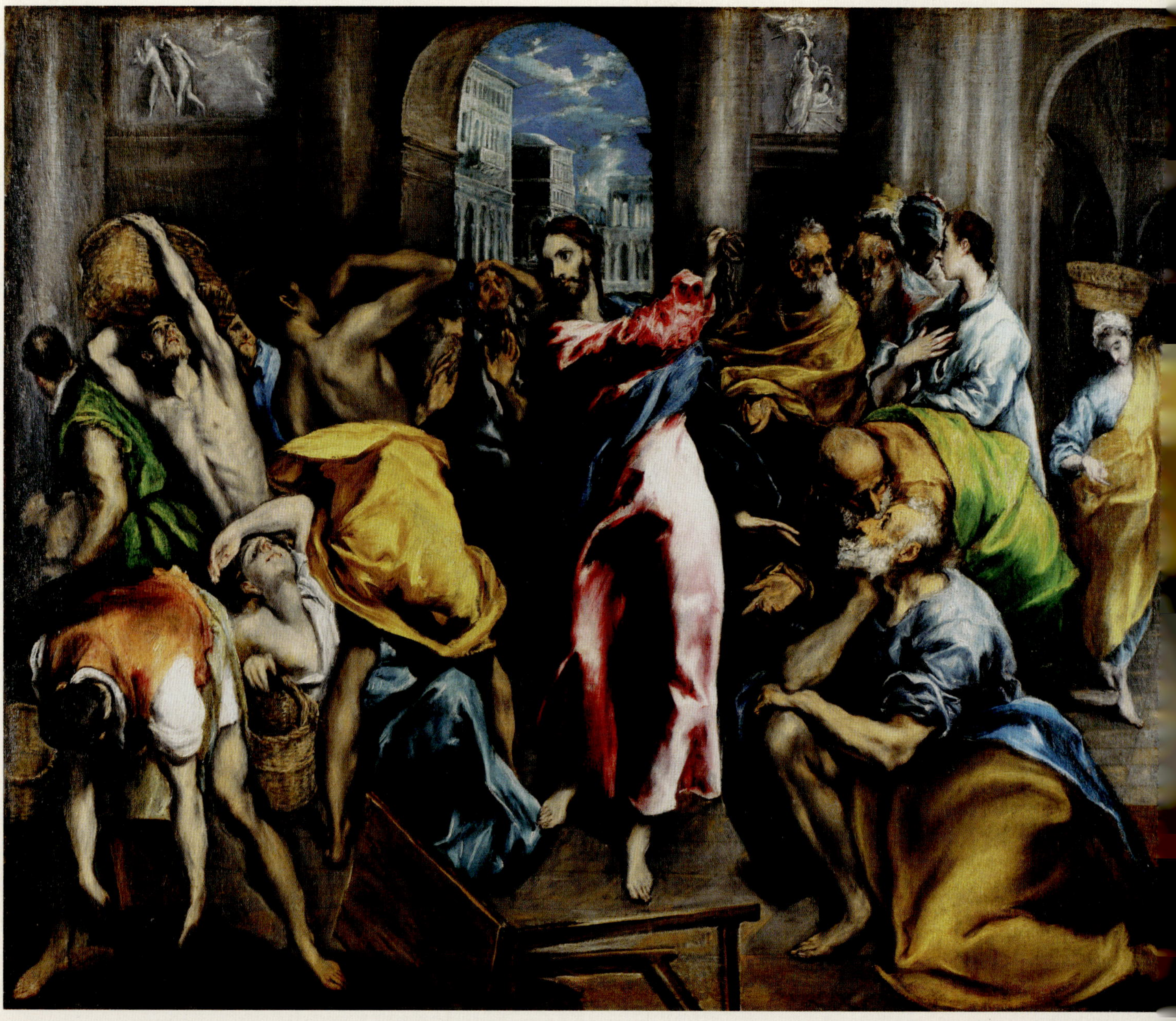

vom Verbot des Geldverleihens für Christen oder von der Vorstellung eines »rechten Preises«. Um die Zinswirtschaft ins ethische Gewebe der Gesellschaft zu integrieren, musste das Christentum sich verändern. Reiche Kaufleute, vor allem im mächtigen Florenz, heuerten Künstler an, die Christus, seine Jünger und die Jungfrau Maria in kostbaren Gewändern darstellten, umgeben von den zeitgenössischen Päpsten und den Auftraggebern der Bilder. Dahinter stand die Idee, dass Reichtum und Frömmigkeit Hand in Hand gehen können.

Der einflussreiche Dominikanerprediger Girolamo Savonarola versuchte kurze Zeit, sich gegen diesen Revisionismus zu wehren. Auf dem Scheiterhaufen der Eitelkeiten, den er 1497 in Florenz entzündete, verbrannte er diese neuen, hoffärtigen Kunstwerke. Doch die Florentiner Elite ließ ihn bald fallen, sodass ein Jahr später auf demselben Platz er selbst lebendig verbrannt wurde. Aus der Asche seiner Worte erhob sich die neue Christenheit. Eine andere große monotheistische Religion hingegen, der Islam, hat das Verbot von Zins und Zinseszins bis heute beibehalten.

Darren Fleet

Anfangs brandmarkte die Kirche den Gewinn aus Geldverleih – allgemein »Wucher« genannt – als Sünde. Doch bald fanden die Bankiers eine Lücke im religiösen Dogma: Man durfte sich für Kosten entschädigen lassen, die im Zusammenhang mit dem Verleih aufgetreten waren. Schritt um Schritt weiteten die Geldverleiher diese neue Vorschrift aus, bis sie schließlich auch das abdeckte, was früher als »Wucher« gegolten hatte. Und die Ausgabe von Kreditbriefen für Gold, das in dieser Menge gar nicht existierte, funktionierte, solange nicht alle Einlagenbesitzer ihre Scheine zur selben Zeit präsentierten und reales Geld dafür sehen wollten. So gaben die Bankiers immer mehr Kreditbriefe aus, als sie tatsächlich an Geld vorrätig hatten. Diese Praxis ist heute gang und gäbe, man bezeichnet sie als »Mindestreserven-Bankwesen«.

Richard Heinberg, *The End of Growth*

Marinus van Reymerswaele, *Die Wucherer*, 1540. Van Reymerswaele stellte die verschiedenen Gesichter des Geldhandels dar, wobei er Gier und Maßlosigkeit als Sünde und Selbstsucht anprangerte.

Christoph Kolumbus unternahm vier Reisen in die Neue Welt. Er nahm für die spanische Krone mehr als 1700 Inseln in der Karibik samt Einwohnern in Besitz.

PLÜNDERUNG

Wer zweifelt noch daran, dass gegen die Ungläubigen verwendetes Schießpulver Weihrauch in Gottes Nase ist?

Gonzalo Fernández de Oviedo

Hernán Cortés enthüllte 1519 Spanien die märchenhafte Größe des Aztekenschatzes von Moctezuma, und fünfzehn Jahre später kam das gigantische Lösegeld eines Gelasses voll Gold und zweier voll Silber in Sevilla an, das Francisco Pizarro den Inka Atahualpa zu zahlen zwang, ehe er ihn erwürgen ließ. Jahre vorher hatte die Krone mit dem den Antillen entrissenen Golde die Dienste der Seeleute bezahlt, die Kolumbus auf seiner ersten Reise begleitet hatten. Schließlich hörte die Bevölkerung der Karibischen Inseln auf, Abgaben zu entrichten, da sie selbst zu bestehen aufhörte: Die Eingeborenen wurden in den Goldwäschereien bei der furchtbaren Arbeit, mit dem halben Leib unter Wasser den goldhaltigen Sand zu durchwühlen, völlig aufgerieben.

Sklaven für eine Auktion in Surinam. Im Laufe von 400 Jahren raubten europäische Händler etwa zehn Millionen Menschen in Afrika.

Viele Eingeborene Santo Domingos eilten dem ihnen von ihren neuen weißen Unterdrückern auferlegten Schicksal voraus: Sie töteten ihre Kinder und begingen massenweise Selbstmord. Der Geschichtsschreiber Fernández de Oviedo legte um die Mitte des 16. Jahrhunderts das Selbstopfer der Antillenbewohner so aus: »Viele von ihnen töteten sich zum Zeitvertreib mit Gift, um nicht zu arbeiten, und andere erhängten sich eigenhändig.«

Eduardo Galeano: *Die offenen Adern Lateinamerikas. Die Geschichte eines Kontinents von der Entdeckung bis zur Gegenwart*

Die Revolution in Haiti begann 1791 als Sklavenaufstand. Die Franzosen kämpften zehn Jahre lang um ihre Kolonie, wurden am Ende aber besiegt. Haiti wurde 1804 die erste schwarze Republik des amerikanischen Kontinents.

EIGENTUM

Gute Zäune machen gute Nachbarn.

Robert Frost

Thomas Gainsboroughs berühmtes Gemälde des Adligen Robert Andrews auf seinem Grundbesitz in England. 1750 gemalt, zeigt es den Stolz des Besitzers auf sein Land.

Irgendwann begann sich die Vorstellung vom Eigentum zu verändern. Früher war das Land Gemeinbesitz und wurde je nach Bedarf von den Gemeindemitgliedern genutzt. Die Feudalherrschaft in Europa teilte das Land nach sozialer Rangordnung zu, vom Grundherrn bis zum Bauern, wobei Gott sozusagen als oberster Lehnsherr fungierte. Der Mensch aber war nur Statthalter Gottes auf Erden. Afrika war aufgeteilt in Stammes- und Königreiche, in denen das Land nach Rang und familiären Beziehungen aufgeteilt wurde. Die Ureinwohner Nordamerikas vergaben nur die Nutzungsrechte am Land, denn das Land konnte ebenso wenig einem Menschen gehören wie die Sonne oder der Mond. All seine Bewohner hatten die Pflicht, das Land für künftige Generationen zu erhalten.

In der europäischen Aufklärung bildeten sich neue Traditionen heraus: die Herrschaft des Einzelnen, das Bürgertum und das Privateigentum. Mit dem sich entwickelnden Bürgertum und seinen Personenrechten kam die politische Vorstellung vom Individuum und seinem Besitz auf. Die Siedler, die in die Neue Welt zogen, hatten kein Interesse daran, die alte europäische Tradition des Gemeinguts fortzuführen. Zäune, Landteilung, Besitzurkunden und Grundbücher legten fest, was wem gehörte. So wurde aus Nutzungsrecht ein Eigentumsrecht, das sich über Zeit und Raum hinweg durchsetzte. Die Menschen waren wie kleine Kinder. Sie zeigten mit dem Finger auf etwas und sagten: Das will ich haben. Das Land gehörte nicht mehr Gott, sondern dem Menschen. Aus dem »Unser« der Alten Welt war das »Mein« der Neuen Welt geworden.

Darren Fleet

George Stubbs, *Der Lincolnshire-Ochse*, 1790. Bild aus jener Zeit, in der Tiere zu Nutzvieh gemacht wurden und Landschaften zu Ländereien.

Die Enclosure Acts in Großbritannien sorgten dafür, dass zwischen dem 16. und dem 19. Jahrhundert öffentliches Weideland bestimmten Landgütern zugeschlagen wurde. Obwohl es die Allmende hätte stärken sollen, führte es dazu, dass arme Farmer von der Nutzung öffentlicher Weiden ausgeschlossen wurden, während die reichen Grundbesitzer noch mehr Land bekamen.

SCHULDEN

Der Mensch ist frei geboren, und überall liegt er in Ketten.

Jean-Jacques Rousseau

Im 18. Jahrhundert quollen die englischen Gefängnisse von Schuldnern über. Wer seine Schulden nicht zurückzahlen konnte, wurde so lange eingesperrt, bis seine Schulden getilgt waren. Die Gefängnisinsassen waren gezwungen, selbst für ihre Versorgung aufzukommen. Häufig musste die Familie betteln gehen, damit das Oberhaupt wieder entlassen wurde.

Das Darlehen hat eine lange Geschichte, die beinah bis in die Anfänge der Zivilisation zurückreicht. So liehen beispielsweise frühe Bankiers (wie die Familien Bardi und Peruzzi im 11. bzw. 13. Jahrhundert) ihren Monarchen Geld, damit diese in den Krieg ziehen konnten. In den letzten Jahrzehnten allerdings hat sich das Geldverleihen so weit verbreitet, dass mittlerweile nicht nur jede Regierung und jedes Unternehmen, sondern auch jede Einzelperson verschuldet ist.

Wieso diese unglaubliche Ausdehnung der Schuldenwirtschaft? Ganz einfach: des Wachstums wegen.

Ein Darlehen gibt uns die Möglichkeit, jetzt zu konsumieren und später zu bezahlen. Dahinter steht die Annahme, dass der Schuldner künftig genug Geld haben wird, seinen Kreditbetrag mit Zinsen und Kosten zurückzuzahlen. Wir glauben also, dass es uns später besser gehen wird als heute.

Die moderne Ökonomie behandelt Darlehen als neutralen Transfer zwischen Sparern und Konsumenten. Doch gegen Ende einer Wachstumsgesellschaft ändert sich sein Charakter: Denn der Sparer wird seinen aufgeschobenen Konsum nicht genießen können …

… Das Ende des Wachstums ist der ultimative Kreditausfall, da irgendwann jeder merkt, dass es später keinen Überschuss mehr geben wird, um Zinsen auf die anwachsenden Schulden zu bezahlen.

Richard Heinberg, *The End of Growth*

WELTHERRSCHER

Die Reichen nehmen sich, was sie wollen, die Armen das, was sie müssen.

Thukydides

In den 350 Jahren des Industriezeitalters verbrauchten die meisten Länder Europas mehr, als sie produzierten, einfach weil sie den Großteil der Welt besaßen und ihn zum eigenen wirtschaftlichen Nutzen ausbeuten konnten. 1914 wurde der Großteil der Welt von europäischen Hauptstädten aus regiert, von Menschen europäischer Abstammung verwaltet oder von europäischen Mächten durch äußerst unvorteilhafte Verträge gelenkt. Die gnadenlose Ausbeutung fossiler Brennstofflagerstätten führte dazu, dass die Minderheit der Weltbevölkerung, die in Europa und der europäischen Diaspora – wie beispielsweise Amerika – lebt, einen im Vergleich mit anderen Gesellschaften extrem verschwenderischen Lebensstil pflegen konnte und die Erwartung entwickelte, dass ihr Wohlstand in Zukunft weiter zunehmen würde. Nur einem geringen Prozentsatz der Menschen in Europa ist klar, dass diese Tage vorüber sind. Die europäische Weltherrschaft fand ein abruptes Ende zwischen 1914, dem Beginn des Ersten Weltkriegs, und 1954, als mit der Niederlage Frankreichs im Indochinakrieg die schändliche Kolonialherrschaft der Europäer ein Ende fand. Die USA, die Europas Weltherrscherrolle erbten, erlangten (verglichen mit dem Britischen Empire, das ein Viertel der Erdoberfläche beherrschte) nie dieselbe globale Dominanz, die die Europäer bis 1914 für selbstverständlich hielten. Obwohl Amerika immer noch klammheimlich eine Politik verfolgt, die ihm die Stationierung von Truppenteilen in der ganzen Welt erlaubt.

Kolonialbeamte inspizieren afrikanische Soldaten, die das Gewehr präsentieren. Auf der Berlinkonferenz von 1894 teilten die Staatsmänner Europas Afrika unter sich auf. Kein Afrikaner war dabei anwesend.

Nun gerät allmählich auch der zweite Grundpfeiler der Macht ins Wanken, auf den Europa und Amerika sich jahrzehntelang gestützt haben: die Ausbeutung von einer halben Milliarde Jahre Sonnenlicht in Form fossiler Brennstoffe, die jetzt zu Ende gehen. Die Konsequenzen werden mindestens ebenso drastisch ausfallen wie der Bruch des europäischen Friedens 1914.

John Michael Greer, *The Wealth of Nature: Economics as If Survival Mattered*

Ein reiches englisches Paar nach der Jagd. Großbritannien herrschte von 1858 bis 1947 als Kolonialmacht über den indischen Subkontinent.

Ein Engländer lässt sich während der Kolonialherrschaft von einem Inder eine Pediküre geben.

FINANZWIRTSCHAFT

Geld ist eine Sache des Glaubens.

Adam Smith

Wann wurde Geld zum Götzen, statt wie zuvor als ein Werkzeug zu dienen? Vielleicht am 15. August 1971, als Nixon, um den Vietnamkrieg zu finanzieren, den Goldstandard für den Dollar aufgab und den US-Dollar eigenmächtig zur Reservewährung der Welt machte? Oder war es 2008, als die Zentralbanken der Industriestaaten etwa drei Billionen Dollar Schulden von korrupten Finanzmarktakteuren der Privatwirtschaft übernahmen? Wann genau wurde das Geld zum Herzblut unserer Zivilisation?

Matthew David Segall,
Cosmopolitical Reflections on Economy, Society, and Religion

Fünf Banken – JP Morgan, die Bank of America, die Citigroup Inc., Wells Fargo & Co. sowie die Goldman Sachs Group Inc. – besaßen Ende 2011 ein Gesamtvermögen von 8,5 Billionen Dollar, was 56 Prozent der jährlichen US-Wirtschaftsleistung entspricht. – *Bloomberg*

Dairy Queen

HEY, HERR PROFESSOR!

Welche Rolle sollte die Finanzwelt in unserer Gesellschaft spielen? Oder die Banken?

EINE PARABEL

Während des 6. Jahrhunderts v. Chr. brach für die Bürger Athens eine Zeit wachsender innerer Unruhen an. Die Stadt wurde von den Eupatriden dominiert, den Adligen, die die Regierung beherrschten, den Großteil des Landes besaßen und mittels ihrer Macht arme Bauern nach Missernten in die Schuldknechtschaft trieben. Die Eupatriden handelten sozusagen als Banker. Wenn die Bauern nicht den Schuldzins begleichen konnten, erhielten sie den Status von Leibeigenen auf ihrem ehemals eigenen Land. Einige wurden in die Sklaverei verkauft. Ein Leibeigener oder Sklave war, selbstredend, kein Athener Bürger mehr. Die sich zuspitzende wirtschaftliche und soziale Krise geriet zunehmend außer Kontrolle. Konfrontiert mit einer immer größer werdenden Kluft zwischen Arm und Reich, die zu ökonomischer Instabilität und der Gefahr einer Revolution führte, bestimmten die verzweifelten Athener Solon zum Schiedsmann und statteten ihn mit außerordentlichen Vollmachten aus. Zwanzig Jahre zuvor hatte er schon einmal als Archont gedient – als höchster Beamter im alten Athen. Auch war er Athens führender Poet. Er benutzte seine Dichtkunst, um ein vorbildliches Sozialverhalten zu propagieren und zu politischem Denken anzuregen. Seine Botschaft war immer dieselbe: Mäßigung und Reformen. Er war ebenso gegen eine Revolution wie gegen eine Tyrannei. Es ist wichtig, diesen Sinn für Mäßigung im Lichte dessen zu verstehen, was folgte. Die unbezahlbaren Schulden und die wachsende Ungleichheit hatten ihn bereits zu schreiben veranlasst: »So kommt das allgemeine Unglück zu jedem nach Hause, die Hoftore wollten es nicht mehr zurückhalten, es übersprang den hohen Zaun, fand gewiss, selbst wenn irgendjemand in die Ecke seiner Schlafkammer floh.«

Die Atmosphäre, in der Solon sein Amt antrat, unterschied sich nicht sonderlich von der, die wir heute kennen. Die gleiche manisch-depressive Stimmung hatte die Gesellschaft erfasst. Die drakonischen finanz- und rechtspolitischen Maßnahmen der repressiven Herrscher basierten auf der ursprünglichen Gesetzgebung Drakons. Der manische Gegenpol lag in den unkontrollierten Aktivitäten der Reichen. Solons erste Amtshandlung war die Rückgabe allen enteigneten Landes und die Befreiung aller versklavten Bürger. Per Erlass ordnete er die Aufhebung aller bestehenden Hypotheken- und Geldschulden an. Was die Athener zunächst als »Lastenabschüttelung« *(seisáchtheia)* bezeichneten, war im Grunde nichts anderes, als dass Solon einfach die Schuldzettel zerriss. In eigenen Worten ausgedrückt, hat er die Hypothekensteine ausgegraben, die überall in den Böden steckten, und so die Felder entschuldet. Nachdem er dem Volk und der Nation die Fesseln abgenommen hatte, war er imstande, das gesellschaftliche Gleichgewicht wiederherzustellen. Anschließend erließ er ein auf dem Grundsatz der Gerechtigkeit basierendes Gesetzeswerk (das das drakonische ersetzte) und schuf damit die Basis für eine demokratische Verfassung. Beinah augenblicklich setzte Athens glorreicher Aufstieg ein, die Ideen sprudelten nur so hervor, Theater, Bildhauerei, Architektur, demokratische Strukturen und materielle Reichtümer. Das alles wurde Grundlage der römischen und letztlich der westlichen Zivilisation. Wir können heute keinen Schritt tun, ohne der Genialität Solons bewusst oder unbewusst Tribut zu zollen – einer Genialität, die durch den Erlass von Schulden freigesetzt wurde.

John Ralston Saul, *Voltaire's Bastards*

VERSCHULDUNG USA

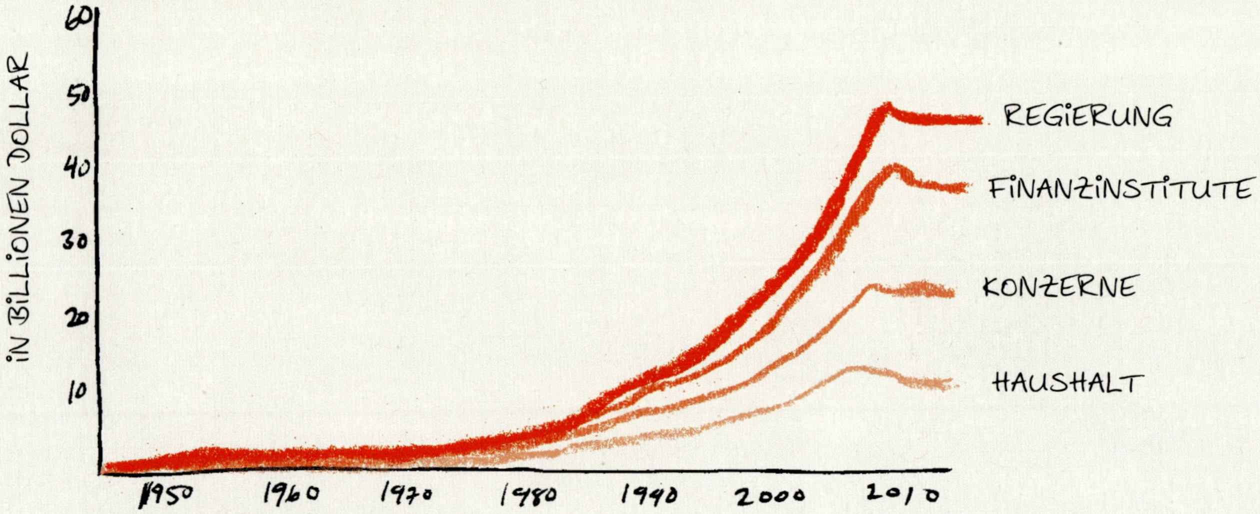

GROSSBRITANNIEN

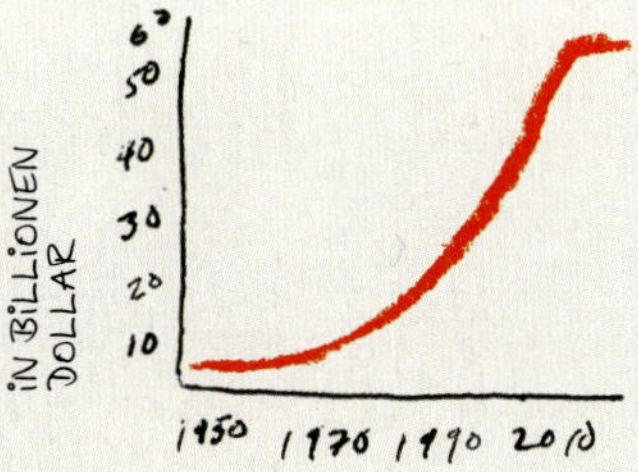

JAPAN

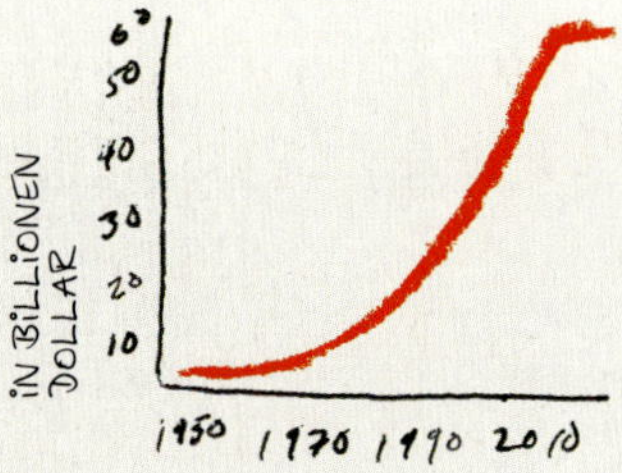

DEUTSCHLAND

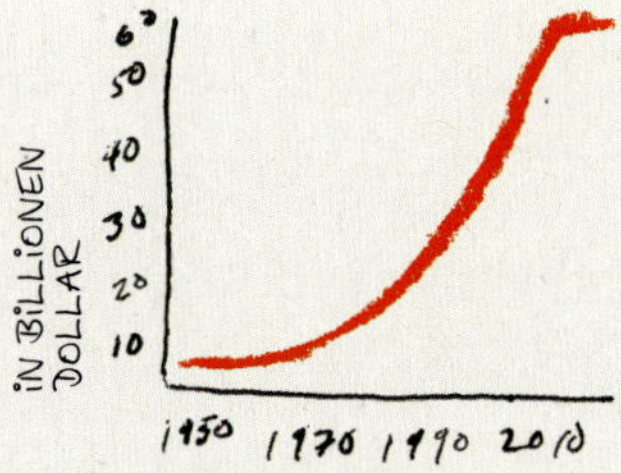

AUSTRALIEN

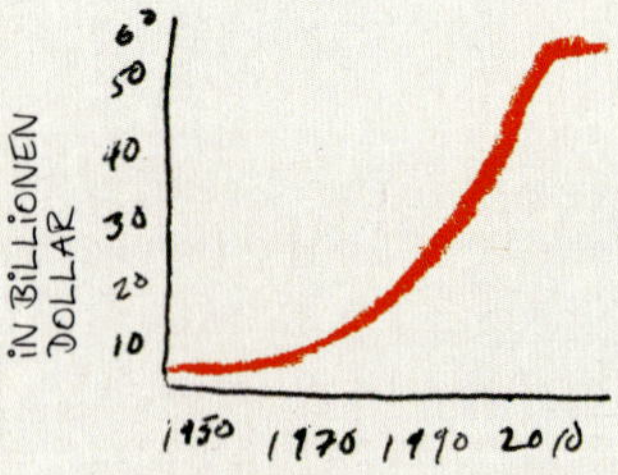

FRANKREICH

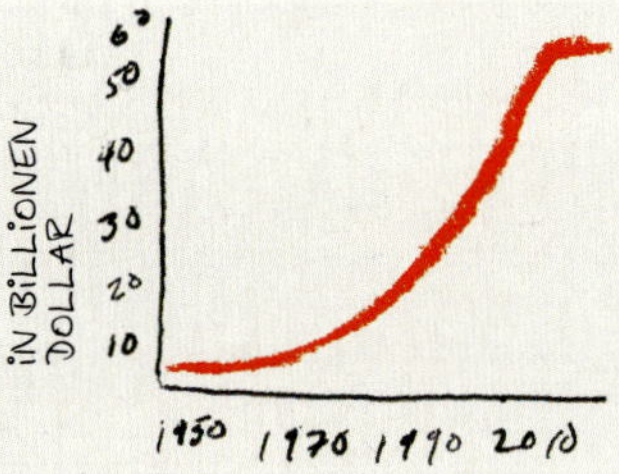

INDIEN

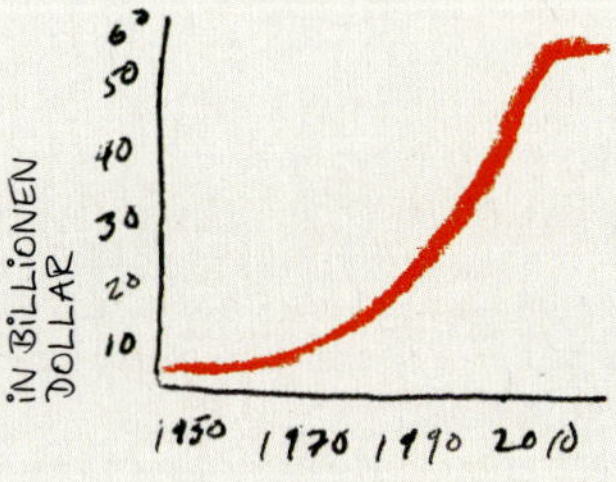

GRIECHENLAND

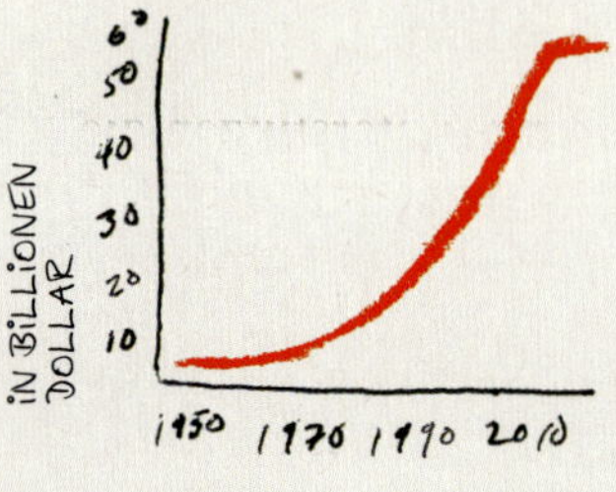

ITALIEN

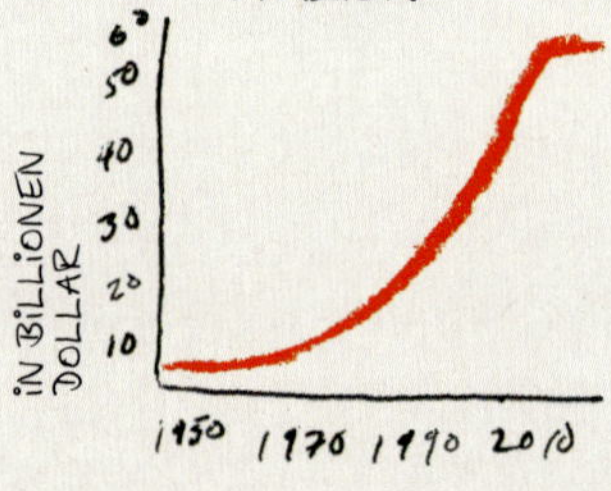

KANADA

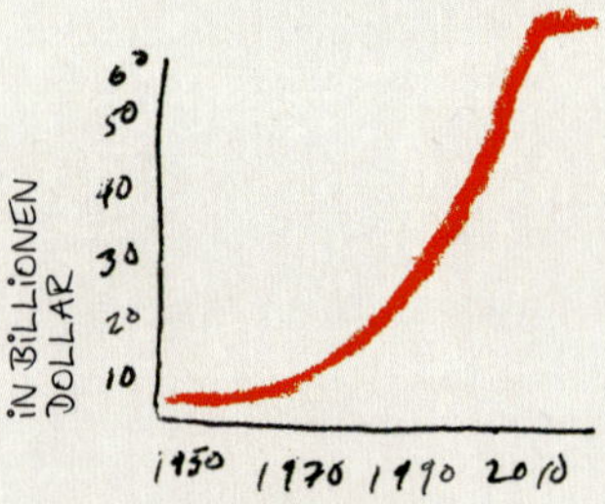

»SCHULDEN, DIE MAN NICHT BEZAHLEN KANN, SIND KEINE.«

MICHAEL **HUDSON**

Michael Hudson ist Präsident des Instituts für die Erforschung von Langzeittrends in der Wirtschaft (ISLET). Der Distinguished Research Professor für Wirtschaftswissenschaften der University of Missouri ist auch als Analyst für die Wall Street tätig. Im Jahr 2006 sagte er den Kollaps des Immobilienmarktes genau voraus, ebenso wie die verheerenden Folgen für die gesamte Wirtschaft.

Im fünften Buch von Aristoteles' *Politik* geht es um den ewigen Wandel von Oligarchien, die sich zu erblichen Aristokratien aufschwingen – welche am Ende von Tyrannen hinweggefegt werden oder im Inneren rivalisieren, weil einige Aristokratenfamilien beschließen, die »Menge auf ihre Seite« zu ziehen. Am Ende entsteht aus der Aristokratie eine Demokratie, die ihrerseits wieder einer Oligarchie weicht, welche sich zur Aristokratie wandelt, um wieder zur Demokratie zu werden – und so fort.

Diese Prozesse werden nicht zuletzt vom Thema »Schulden« mitgestaltet – auch sie erfahren Höchst- und Tiefststände. Sie polarisieren den Reichtum durch Schaffung einer Gläubigerklasse, deren Oligarchenherrschaft zu Ende geht, wenn neue Führer (die Aristoteles als »Tyrannen« bezeichnet) sich das Wohlwollen des Volkes sichern, indem sie Schulden erlassen, den Reichtum neu verteilen oder seine Nutzung nur dem Staat erlauben.

Seit der Renaissance allerdings unterstützen die Banken eher die Demokratien. Das hat nichts mit liberalen oder egalitären politischen Ansichten zu tun, sie erhofften sich davon einfach mehr Sicherheit für ihre Kredite. Wie James Steuart 1767 erklärte, galten die Schulden des Königshauses als private, nicht als öffentliche Verschuldung. Wälzte ein Souverän seine Schulden auf die gesamte Nation ab, dann mussten die gewählten Volksvertreter Steuern beschließen, damit die Zinsen beglichen werden konnten. Da die britische und holländische Demokratie ihren Steuerzahlern auf diese Weise ein Mitspracherecht in Regierungsangelegenheiten gaben, statteten sie die Kreditgeber mit weitaus gewichtigeren Sicherheiten aus, als Könige und Fürsten dies konnten, deren Schulden mit ihnen starben. Doch die jüngsten Proteste von Island bis Griechenland und Spanien lassen vermuten, dass die Kreditgeber der Demokratie mittlerweile ihre Unterstützung versagen. Denn sie verlangen harte Sparprogramme und die Privatisierung von Staatseigentum.

So wird aus der internationalen Finanzwelt eine neue kriegführende Instanz, deren Wirken dasselbe Ziel hat wie die militärischen Konflikte von einst: sich Land und Rohstoffe anzueignen, die kommunale Infrastruktur zu beherrschen und Tributzahlungen zu kassieren. Als Reaktion darauf gibt es Volksabstimmungen, in denen die Demokratien ihre Bürger vor die Wahl stellen, ob sie tatsächlich den Hunger der Kreditgeber befriedigen wollen, indem sie öffentliches Gut meistbietend verscheuern und die Steuern erhöhen wollen, was Arbeitslosigkeit, fallende Löhne und einen Rückgang der Wirtschaftsleistung bedeutet. Die Alternative ist ein Schuldenschnitt oder gar -erlass und bessere Kontrolle über den Finanzsektor.

Herrscher im antiken Nahen Osten verkündeten einst Schuldenerlasse, um das wirtschaftliche Gleichgewicht zu bewahren.

Die Erhebung von Zinsen auf Vorschüsse an Gütern oder Geld sollte ursprünglich die Wirtschaft ja nicht polarisieren. Zinsen wurden unseres Wissens zum ersten Mal im 3. Jahrtausend v. Chr. in Sumer erhoben. Dort arbeiteten Tempel und Paläste eng mit Kaufleuten und Unternehmern zusammen, die gemeinhin zur königlichen Bürokratie gehörten. Sie liehen diesen Geld zu vertraglich festgelegten Zinsen von 20 Prozent (bei einer Leihfrist von fünf Jahren verdoppelte sich also der Einsatz), um sich damit einen gerechten Anteil an den Einnahmen aus dem Fernhandel oder der Pacht von Land und anderen staatlichen Gütern wie Werkstätten, Schiffen und Wirtshäusern zu sichern.

Später privatisierten königliche Einnehmer von Nutzungsentgelten und Pachtzinsen die Praxis, und die Agrarschuldner wurden unter den Schutz des Gottkönigs gestellt. Der Codex Hammurabi (circa 1750 v. Chr.) legte fest, dass in Zeiten der Flut oder Dürre die Schulden erlassen wurden. Alle Herrscher Babylons begannen ihr erstes Jahr auf dem Thron mit einem Schuldenerlass für Agrarschuldner, um rückständige Zahlungen mit einem klaren Schnitt null und nichtig zu machen. Leibeigene, Ansprüche auf Land oder Ernte und andere Verbindlichkeiten fielen an den Schuldner zurück, um die Ordnung des idealisierten »Urzustands« wiederherzustellen.

Das Ziel dieser Maßnahmen war offensichtlich. Die antiken Gesellschaften brauchten Heere, um ihr Land zu verteidigen. Dazu aber musste man die überschuldeten Bürger entlasten. Der Kodex Hammurabi schützte Wagenlenker und andere Krieger vor der Schuldknechtschaft und versagte es den Gläubigern, Hand an die Erträge von Pächtern königlicher und öffentlicher Grundstücke zu legen, die dem Palast Arbeits- oder Militärleistungen schuldeten.

Pharao Bakenranef (720–715 v. Chr.; auf Griechisch »Bokkoris«) ordnete einen Schuldenerlass und die Auflösung aller Schuldknechtschaft an, weil er einen Krieg mit Äthiopien befürchtete. Diodoros von Sizilien schrieb später (etwa 30–40 v. Chr.), er habe befohlen, dass ein Schuldner die Schuld anfechten konnte, wenn der Gläubiger keinen schriftlichen Vertrag vorzuweisen hatte. (Offensichtlich neigten Darlehensgeber immer schon dazu, die Schulden zu hoch oder die Fälligkeit zu früh anzusetzen.) Der Pharao begründete seinen Schritt wie folgt: Der Leib eines Bürgers sollte dem Staat gehören, damit dieser dem Gemeinwohl die Dienste leisten kann, die er ihm schuldet, ob in Krieg oder Frieden. Es wäre absurd, so der Pharao, wenn man einen Soldaten ins Gefängnis schicken müsse, weil er eine Schuld nicht bezahlt habe. Dann würde die Gier einiger weniger die Sicherheit aller gefährden.

Die Hauptgläubiger im Nahen Osten waren Tempel, Paläste und ihre Steuereinnehmer. Dies vereinfachte den Schuldenerlass erheblich. Es ist nicht schwierig, Schulden zu erlassen, wenn man selbst der Gläubiger ist. Sogar die römischen Kaiser verbrannten gelegentlich die Steuerverzeichnisse, um Krisen zu vermeiden. Schulden privater Kreditgeber zu erlassen war da schon schwieriger, vor allem als sich die Zinswirtschaft nach 750 v. Chr. immer weiter in den westlichen Mittelmeerraum ausbreitete. Schulden dienten fortan nicht dazu, Familien eventuelle Lücken zwischen Einnahmen und Ausgaben überbrücken zu helfen, sondern wurden zum Instrument der Enteignung. So zerfielen die Gemeinden bald in Gläubigeroligarchen und deren verschuldete Klientel. In Judäa drohte der Prophet Jesaja (5, 8–9): »Weh denen, die ein Haus an das andere ziehen und einen Acker zum anderen bringen, bis dass kein Raum mehr da sei, dass sie allein das Land besitzen.«

Gläubigermacht und stabiles Wachstum gingen nur selten Hand in Hand. Persönliche Schulden entstanden in der Antike meist aus kleinen Darlehen an Menschen, die gerade so ihren Lebensunterhalt bestritten und immer wieder in finanzielle Bedrängnis gerieten. Sie verloren ihr Land, ihre Habe und häufig auch ihre Freiheit. Dies zwang die Menschen in eine Schuldknechtschaft, aus der es kein Entkommen gab. Im 7. Jahrhundert v. Chr. übernahmen sogenannte »Tyrannen« (Volksführer) die Herrschaft in den aristokratisch organisierten Regionen um Korinth und andere reiche griechische Städte. Sie sicherten sich mit Schuldenerlassen die Unterstützung der Bevölkerung. Solon, der nicht als Tyrann regierte, begründete 594 v. Chr. die athenische Demokratie und verbot die Schuldknechtschaft.

Doch die Oligarchen kamen wieder an die Macht. Als Spartas Könige Agis und Kleomenes sowie ihr Nachfolger Nabis im 3. Jahrhundert v. Chr. erneut einen Schuldenerlass befahlen, riefen die Oligarchen Rom zu Hilfe. Die Könige wurden getötet und ihre Anhänger vertrieben. Dass die Interessen der Gläubiger gegen jene des Volkes, aber auch die der Könige standen, die als Einzige die Durchsetzung der finanziellen Interessen der Gläubiger hätten begrenzen können, ist eine historische Konstante, die sich seit der Antike durch die Geschichte zieht. Den Gläubigern ging es vor allem darum, wirtschaftliche Überschüsse in Schuldtitel zu verwandeln, auf die man Zinsen kassieren konnte.

Als die Brüder Gracchus 133 v. Chr. versuchten, die Kreditgesetze zu reformieren, reagierte die herrschende Senatorenklasse mit Gewalt. Sie töteten die Brüder und läuteten damit ein Jahrhundert der Bürgerkriege ein, das erst 29 v. Chr. mit dem Aufstieg Kaiser Augustus' ein Ende fand.

Roms Gläubiger-Oligarchie gewinnt den Bürgerkrieg, macht die Bürger zu Leibeigenen und lässt ein dunkles Zeitalter heraufziehen.

Außerhalb von Rom allerdings floss mehr Blut. Zwar steht in Aristoteles' geschichtlichem Abriss nichts von der Eroberung fremder Reiche, doch diese trug ebenfalls zur Verbreitung der Schuldknechtschaft bei. Kriegsschulden sind auch in neuerer Zeit ein Hauptgrund für Staatsschulden. In der Antike war Rom der unerbittlichste Schuldeneintreiber. Seine Gläubiger pressten die reiche Provinz Kleinasien aus. Wenn die öffentlichen Geldeintreiber, die dem Ritterstand angehörten, eintrafen, gab es so gut wie keine Rechtssicherheit mehr. Mithridates von Pontus führte drei Volksaufstände an. Auch die Bevölkerung in Ephesus rebellierte. 88 v. Chr. wurden 80 000 Römer getötet. Die römische Armee schlug zurück, und Sulla erlegte den Besiegten 84 v. Chr. Tributzahlungen in Höhe von 20 000 Talenten auf. Mit Zinsen hatte sich die Summe bis 70 v. Chr. versechsfacht.

Führende römische Historiker wie Livius, Plutarch und Diodor führten den Fall der römischen Republik auf die Unnachgiebigkeit der Gläubiger zurück, die den von 133 bis 29 v. Chr. andauernden Bürgerkrieg mit seinen zahlreichen politisch bedingten Morden ausgelöst hatte. Immer wieder versuchten populistische Führer, sich die nötige Gefolgschaft zu sichern, indem sie Schuldenerlasse verkündeten (zum Beispiel in der Verschwörung des Catilina 63/62 v. Chr.). Sie wurden getötet. Im 2. Jahrhundert n. Chr. war ein Viertel der römischen Bürger in Leibeigenschaft. Im 5. Jahrhundert brach die römische Wirtschaft zusammen, da ihr schlicht das Geld ausging. Auf dem Land kehrten die Menschen zum Selbstversorgertum (Subsistenzwirtschaft) zurück.

Gläubiger finden einen rechtlichen Grund, um die parlamentarische Demokratie zu unterstützen.

Das Bankwesen erholte sich, als die Kreuzritter Byzanz ausraubten und Unmengen Silber und Gold in die westeuropäische Wirtschaft flossen. Der christliche Widerstand gegen die Vereinnahmung von Zinsen schwand, da einesteils angesehene Teile der Bevölkerung das Verleihgeschäft übernahmen (die Tempelritter und der Malteserorden gaben Kredite für die Kreuzzüge) und die Schuldner Könige waren, die mit diesem Geld für die Kirche Kriege fochten. Doch wenn die Könige starben, waren die Schuldtitel hinfällig. Als 1345 Eduard III. seine Kriegsschulden nicht bezahlte, gingen die Bankiersfamilien Bardi und Peruzzi bankrott. Und die reichen Bankiersfamilien Europas verloren noch mehr Geld mit den Habsburgern, die auf den Thronen Spaniens, Österreichs und Frankreichs saßen.

Das aber änderte sich, als die holländische Demokratie versuchte, sich vom Joch des habsburgisch regierten Spanien zu befreien. Da das Parlament Staatsschulden aufnehmen durfte, konnten die Niederlande in einer Zeit, in der Geld vor allem der Kriegsfinanzierung diente, Söldner anheuern. Richard Ehrenberg schreibt dazu, dass der Zugang zum Finanzmarkt »ganz sicher ihre stärkste Waffe im Kampf um die Freiheit war«. Und weiter: »Jeder, der einem König Geld lieh, wusste, dass die Rückzahlung der Schulden ganz davon abhing, ob der Herrscher willens und in der Lage war zu bezahlen. Bei Städten war dies etwas anderes. Sie verfügten über Hoheitsrechte, waren aber gleichzeitig Körper-

schaften, die viele Einzelpersonen vertraten, auf die man die Schuld verteilen konnte. Nach allgemein anerkanntem Recht hatte jeder Bürger für die Schulden seiner Stadt einzustehen – mit seiner Person und seinem Vermögen.«

Die Parlamente konnten also Schulden aufnehmen, die öffentlich und bindend waren, unabhängig davon, wer auf dem Thron saß. Aus diesem Grund entwickelten sich in den ersten Staaten mit parlamentarischer Demokratie – in den Niederlanden und in Großbritannien nach 1688 – die lebendigsten Kapitalmärkte. Beide Nationen wurden zu starken Militärmächten. Ironischerweise waren es also die Erfordernisse der Kriegsfinanzierung, die die Demokratie förderten und in einer Zeit, in der Geld das Rückgrat des Krieges war, die Symbiose aus Kriegführung, Krediten und parlamentarischer Demokratie hervorbrachten.

Zu jener Zeit »war die rechtliche Position des Königs als Schuldner zweifelhaft, denn seine Gläubiger hatten keinerlei Rechtsmittel, wenn er nicht zahlen konnte oder wollte«, schreibt Charles Wilson. Je despotischer die Herrschaft der Habsburger in Spanien, Österreich und Frankreich wurde, desto größere Schwierigkeiten hatten die Herrscher, ihre militärischen Abenteuer zu finanzieren. Ende des 18. Jahrhunderts bekam Österreich keinen Kredit mehr und hatte folglich auch kaum Schulden. Wie James Steuart schreibt, war Österreich das am wenigsten kreditwürdige und am schlechtesten bewaffnete Land Europas, das zur Zeit der Napoleonischen Kriege völlig von britischen Finanzhilfen und Darlehensgarantien abhängig war.

Die Finanzwelt gewöhnt sich an die Demokratie, fördert aber ihre Oligarchen.

Während die demokratischen Reformen im Europa des 19. Jahrhunderts die Macht der aristokratischen Grundbesitzer beschnitten, knüpften die Banker nahezu symbiotische Beziehungen zu jeder möglichen Regierungsform. Die Saint-Simonisten in Frankreich wollten das Bankwesen nach dem Genossenschaftsprinzip organisiert sehen, das Kredite gegen Gewinnanteile nur an Anteilseigner vergibt. Der deutsche Staat ging sein Bündnis mit Großbanken und Schwerindustrie ein. Marx entwarf eine – recht optimistische – Vision, in welcher der Sozialismus aus dem parasitären Finanzsektor ein produktives Element der Wirtschaft machen würde. Die Regulierung der öffentlichen Versorgungsunternehmen in den USA verschaffte den beteiligten Banken sozusagen Investitionen mit Gewinngarantie. In China schreib Sun Ya-Tsen 1922: »Ich werde alle nationalen Industriezweige in einen Großen Trust einbringen, der dem chinesischen Volk gehört und der zum wechselseitigen Vorteil von internationalem Kapital finanziert wird.«

Der Erste Weltkrieg sorgte dafür, dass die USA Großbritannien als wichtigste Gläubigernation ablösten. Gegen Ende des Zweiten Weltkriegs horteten die USA etwa 80 Prozent der weltweiten Goldreserven. US-Diplomaten gestalteten den IWF und die Weltbank nach gläubigerorientierten Grundsätzen, sodass sie die Handelsabhängigkeit von den USA förderten. Kredite zur Finanzierung von Handels- und Zahlungsbilanzdefiziten waren bestimmten »Bedingungen« unterworfen, die die Lenkung der Wirtschaft in die Hände mächtiger Klienteloligarchien oder Militärdiktaturen legte. Die demokratische Reaktion auf die daraus resultierenden Sparpläne ging selten über kleinere Ausschreitungen bei Demonstrationen gegen den IWF hinaus – bis Argentinien sich weigerte, seine internationalen Zahlungsverpflichtungen zu erfüllen.

Eine ähnliche gläubigerorientierte Sparpolitik wird Europa nun von der Europäischen Zentralbank (EZB) und den EU-Bürokraten aufgezwungen. Angeblich sozialdemokratische Regierungen wurden so gelenkt, dass sie die Banken retteten, statt Wirtschaftswachstum anzuregen und Arbeitsplätze zu schaffen. Für die Verluste aus faulen Bankkrediten und wüstem Spekulantentum sollen die Bürger aufkommen, während gleichzeitig die Sozialausgaben gekürzt und wichtige Teile der Infrastruktur verkauft werden. Die Steuerzahler, an denen die Schulden letztlich hängen bleiben, reagierten mit Protestkundgebungen wie 2009 in Island und Lettland, mit heftigen Demonstrationen wie in Griechenland oder Spanien. Sie wehren sich dagegen, dass ihre Regierungen diese dramatischen Rettungsaktionen zugunsten ausländischer Gläubiger keiner Volksabstimmung vorlegen.

Übergang der Planungshoheit von den öffentlich gewählten Volksvertretern auf die Banken.

In jeder Wirtschaft gibt es Planung. Gewöhnlich ist dies Aufgabe der Regierung. Wenn diese staatliche Aufgabe nun unter dem Deckmäntelchen des »freien Marktes« abgegeben wird, werden die Banken sie übernehmen. Das Planungsprivileg der Kreditschöpfung und -vergabe jedoch liegt in weit weniger Händen, als das bei unseren gewählten Volksvertretern der Fall wäre. Und was noch schlimmer ist: Der Zeitrahmen der Kreditrückführungen deutet auf eine Strategie hin, die auf das Ausschlachten von Unternehmen nach dem Hit-and-run-Prinzip ausgerichtet ist. Das Gewinnstreben der Banken droht die Wirtschaft zu zerstören. Eventuelle Überschüsse werden sofort durch höhere Zinsen und Gebühren abgeschöpft, sodass für Neuinvestitionen oder eine grundlegende soziale Sicherung nichts mehr übrig bleibt.

Daher führt die Abgabe staatlicher Planungs- und Kontrollaufgaben an eine Gläubigerklasse selten zu wirtschaftlichem Wachstum und höherem Lebensstandard. Dass Schulden immer stärker anwachsen als die Zahlungsfähigkeit der Bevölkerung, ist ein konstantes Grundelement der Geschichte. Schulden steigen exponentiell an. Sie schöpfen Überschüsse ab und reduzieren einen Großteil der Bevölkerung auf den Status von Leibeigenen. Ob nun das Volk nach Schuldenerlass schreit wie in der Antike oder ob dieser wie in der ausgehenden Bronzezeit in Vorderasien vom König verfügt wird: Der Erlass des Schuldenbergs stellt wirtschaftliches Gleichgewicht wieder her.

In neuerer Zeit haben Demokratien einen starken Staat gedrängt, Kapitaleinkünfte und Vermögen zu besteuern und Schulden, wenn nötig, abzuschreiben. Das geht natürlich am einfachsten, wenn der Staat selbst das Geld- und Kreditschöpfungsprivileg ausübt. Am schwierigsten wird es, wenn es Banken gelingt, ihre Gewinne in politische Macht umzumünzen. Wenn Banken sich selbst Regeln geben und schließlich sogar ihr Veto gegen Regierungsbeschlüsse einlegen können, wird die Wirtschaft verzerrt, und die Gläubigerklasse kann sich jener spekulativen Spielsucht und Neigung zum Betrug hingeben, die wir in den letzten zehn Jahren erlebt haben. Der Fall des Römischen Reiches macht deutlich, was passiert, wenn den Forderungen der Gläubigerklasse keine Zügel angelegt werden. Unter diesen Bedingungen wird die Alternative zu staatlicher Planung und Regulierung des Finanzsektors zum Königsweg in die Schuldknechtschaft.

Finanzwelt gegen Regierung, Oligarchen gegen Demokratie.

Demokratie bedeutet auch, dass die Dynamik der Finanzmärkte der Erhaltung des wirtschaftlichen Gleichgewichts und Förderung des Wachstums dient. Dazu gehört, dass Kapiteleinkünfte besteuert und wichtige Monopole in der Hand des Staates gehalten werden. Wenn Einnahmen aus Eigentum steuerfrei bleiben, können sie bei Banken als Sicherheit für höhere Darlehenssummen verpfändet werden. Der Kredithebel sorgt dann dafür, dass die Preise für Immobilien und Anteilsscheine steigen und damit das Vermögen der Besitzer, während die Schuldenlast insgesamt steigt. In der Folge schrumpft die Volkswirtschaft, und die Überschuldung nimmt weiter zu.

Der Finanzsektor hat mittlerweile genug Einfluss, um solche Notsituationen zu nutzen und um Regierungen davon zu überzeugen, dass die ganze Wirtschaft zusammenbricht, wenn die Banken »nicht gerettet« werden. In der Praxis bedeutet dies, dass sie Kontrolle über politische Maßnahmen ausüben und diese nutzen, um die Wirtschaft weiter zu polarisieren. Dieses Grundmodell wurde schon im antiken Rom angewandt, das sich von der Demokratie zur Oligarchenherrschaft entwickelte. Wer immer Banken Priorität einräumt und die wirtschaftliche Planung der EU, der EZB und dem IWF überlässt, raubt dem Staat das Privileg, Geld zu drucken und Steuern zu erheben.

Daraus entsteht ein grundlegender Konflikt zwischen den Interessen der Finanzwelt und nationaler Selbstbestimmung. Dass eine unabhängige Zentralbank Markenzeichen einer funktionierenden Demokratie sein soll, ist eine schönfärberische Umschreibung für einen ganz anderen Prozess: die Verlagerung der wichtigsten politischen Entscheidung – nämlich der Geld- und Kreditschöpfung – auf den Finanzsektor. Statt das Volk entscheiden zu lassen, retteten die Regierungsverantwortlichen die Banken und hebelten dadurch ihre Haushaltsschulden in ungeahnte Höhen.

Diese Prozesse folgten dem Diktat der Finanzmarktzocker, die man heute euphemistisch als »Technokraten« bezeichnet. Designiert von Lobbyisten der Gläubigeroligarchie, berechnen sie im Voraus, wie viel Arbeitslosigkeit und Abschwung nötig sind, um aus den Buchschulden noch genug Gewinn für die Gläubiger herauszuholen. Diese Gleichung funktioniert schon deshalb nicht, weil der Abschwung – und damit die Schuldendeflation – die Schuldenlast ja immer weniger bezahlbar macht.

Weder Banken noch staatliche Stellen (oder Mainstream-Ökonomen an der Akademikerfront) haben sich je die Mühe gemacht auszurechnen, wie viel die ganze Volkswirtschaft realistischerweise an Schuldendienst leisten kann – ohne dass die Wirtschaft weiter schrumpft. Thinktanks und Medien haben den Menschen schließlich eingehämmert, sie müssten Geld leihen, um damit Immobilien, Anleihen und Aktien zu kaufen, die ja immer weiter im Preis steigen würden – weil die Kredite doch zunächst für eine gesteigerte Nachfrage sorgen. In dasselbe Horn stoßen all jene, die dafür eintreten, dass die im letzten Jahrhundert eingeführte progressive Besteuerung, die Vermögende höher besteuert als Normalbürger, wieder rückgängig gemacht werden müsse.

Schlicht und simpel: Das Resultat all dieser Maßnahmen ist eine Ramsch-Ökonomie, deren Ziel es ist, die Bilanz der öffentlichen Haushalte zu erschüttern, damit die Planungshoheit in die Hände der Hochfinanz übergehen kann – mit der Begründung, dies sei effektiver als die öffentliche Verwaltung. Die Maßnahmen der Regierung, darunter auch die Besteuerung als Planungsinstrument, sei – so heißt es von Gläubigerseite – der »Weg in die Sklaverei«. Als wären unregulierte »freie Märkte« nicht von speziellen Interessengruppen geplant, und zwar oligarchisch, nicht demokratisch. Der Staat soll eine Schuldenlast tragen, die nicht aus Kriegführung stammt wie in früherer Zeit, sondern die einzig und allein dazu dient, die Risiken des reichsten Teils der Bevölkerung auf den Steuerzahler abzuwälzen.

Da das Volk diesbezüglich nicht gefragt wurde, stehen die Staatsschulden politisch und rechtlich auf wackligen Beinen. Schulden, die dem Volk per Dekret oktroyiert wurden, weil Regierungen oder internationale Finanzinstitutionen dies gegen eine starke politische Opposition beschlossen, mögen sich letztlich als genauso unsicher erweisen wie die der Habsburger und anderer Despoten früherer Zeiten. Da diese finanziellen Verpflichtungen nicht vom Volk gebilligt wurden, erlöschen sie möglicherweise mit dem Regime, das sie eingegangen ist. Denn neue Regierungen bemühen sich ja vielleicht, den Finanzsektor in den Griff zu bekommen, sodass er wieder der Wirtschaft dient und nicht umgekehrt.

Möglicherweise werden sie den Schuldenberg auch abtragen, indem sie erneute progressive Steuersätze für höhere Einkommen und Vermögen einführen, damit ein Teil der Fiskallast auch von den Vermögenden getragen wird. Mit einer erneuten Regulierung des Finanzsektors und der Schaffung eines öffentlichen Bankwesens würde man wieder an die sozialdemokratischen Programme anknüpfen, die vor gut einem Jahrhundert auf einem passablen Weg zu sein schienen.

Island und Argentinien sind die jüngsten Beispiele, doch auch das 1931 verkündete Moratorium für die interalliierten Kriegsschulden und die deutschen Reparationszahlungen sind dafür ein gutes Modell. Denn dahinter steht ein mathematisches und gleichzeitig politisches Prinzip: Schulden, die nicht bezahlt werden können, sind keine.

Move-Your-Money-Aktion in Großbritannien: Eine Kreditkarte wird zerschnitten. Immer mehr Menschen weltweit kündigen ihre Konten bei den Großbanken und ziehen ihr Geld aus dem globalen Casino-Kapitalismus.

Spekulative Finanztransaktionen im Wert von 1,3 Billionen Dollar werden täglich durchgeführt, das ist fünfzigmal mehr als die Summe aller Handelstransaktionen.

Alan Greenspan, der frühere US-Notenbank-Chef, sagte 2008 vor dem Untersuchungsausschuss des US-Parlaments aus:

GREENSPAN: All jene, die die Interessen der Kreditvergabeinstitutionen verfochten haben, um die Aktienkurse zu stützen – wie ich auch –, sind tief schockiert.

AUSSCHUSSVORSITZENDER: Haben Sie das Gefühl, Ihre ideologische Vorbelastung hat Sie Entscheidungen treffen lassen, die Sie heute bedauern?

GREENSPAN: Ja, ich sehe gewisse Schwachstellen. Ich weiß nicht, wie tief oder dauerhaft sie sich auswirken werden, doch diese Tatsache hat mich schwer belastet.

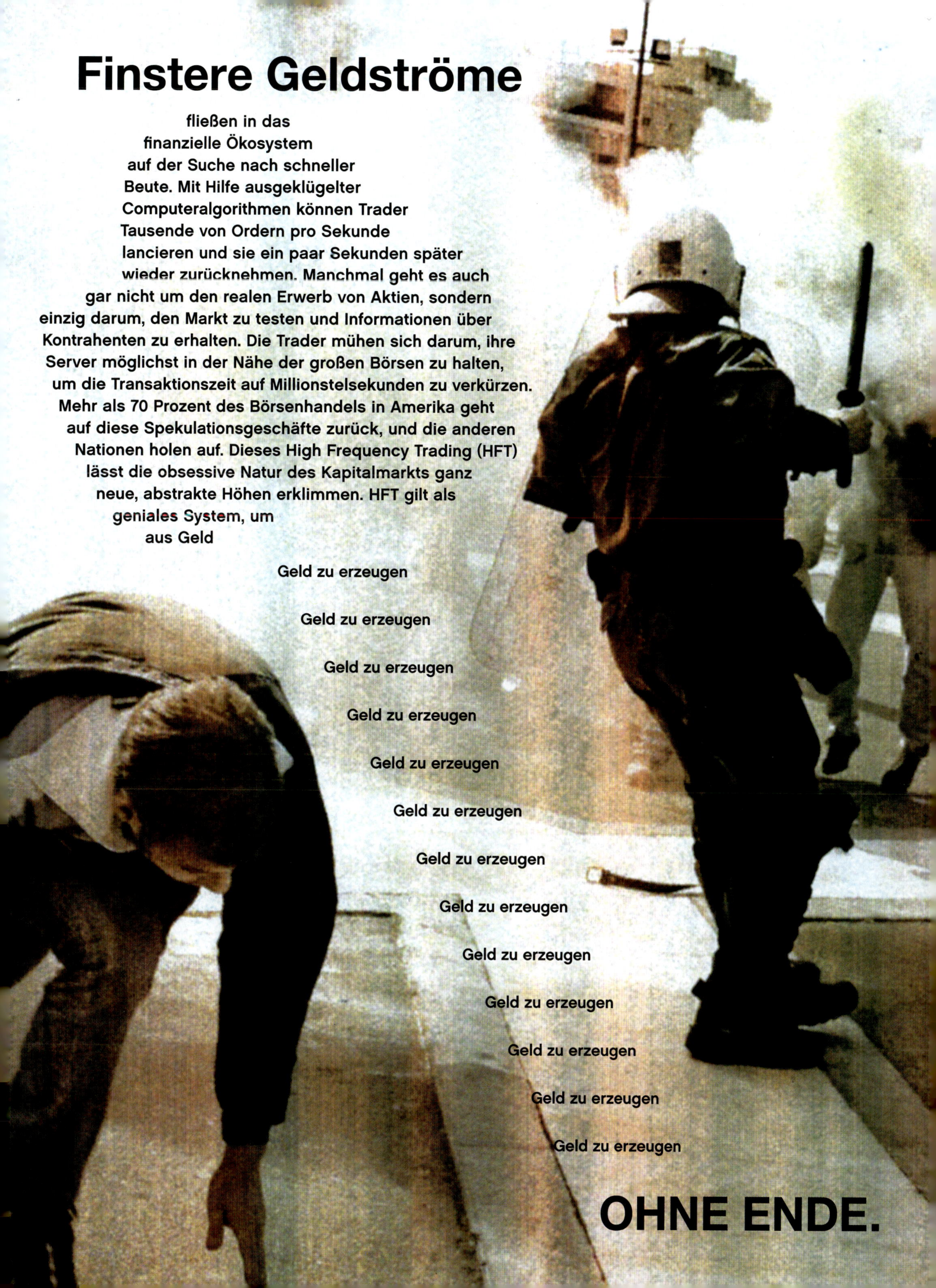

Finstere Geldströme

fließen in das finanzielle Ökosystem auf der Suche nach schneller Beute. Mit Hilfe ausgeklügelter Computeralgorithmen können Trader Tausende von Ordern pro Sekunde lancieren und sie ein paar Sekunden später wieder zurücknehmen. Manchmal geht es auch gar nicht um den realen Erwerb von Aktien, sondern einzig darum, den Markt zu testen und Informationen über Kontrahenten zu erhalten. Die Trader mühen sich darum, ihre Server möglichst in der Nähe der großen Börsen zu halten, um die Transaktionszeit auf Millionstelsekunden zu verkürzen. Mehr als 70 Prozent des Börsenhandels in Amerika geht auf diese Spekulationsgeschäfte zurück, und die anderen Nationen holen auf. Dieses High Frequency Trading (HFT) lässt die obsessive Natur des Kapitalmarkts ganz neue, abstrakte Höhen erklimmen. HFT gilt als geniales System, um aus Geld

Geld zu erzeugen

Geld zu erzeugen

Geld zu erzeugen

Geld zu erzeugen

Geld zu erzeugen

Geld zu erzeugen

Geld zu erzeugen

Geld zu erzeugen

Geld zu erzeugen

Geld zu erzeugen

Geld zu erzeugen

Geld zu erzeugen

Geld zu erzeugen

OHNE ENDE.

Auf dem Höhepunkt der Finanzkrise von 2008 wurden im Jahr Derivate für eine Billiarde Dollar gehandelt. Das ist das Zehnfache des Wertes aller Güter, die im letzten Jahrhundert weltweit produziert wurden.

ES REICHT!

so macht die Zukunft keinen Sinn!

Wenn wir an den verwelkten American Dream denken, fühlen sich viele von uns zutiefst betrogen. Arbeitslosigkeit, finanzielle Unsicherheit und lebenslange Schuldknechtschaft sind ja nur die Spitze des Eisbergs. Wir wollen doch nicht nur die Wachstumsmaschinerie befeuern und Profit und Produkte noch in den hintersten Winkel der Erde bringen. Eigentlich wollen wir den Lauf der Geschichte ändern. Denn der amerikanische Traum hat sogar die betrogen, die ihn wahr gemacht haben und jetzt einsam ihre Überstundenkarriere absolvieren, die in ihren Nullachtfünfzehn-Vorstadtanwesen sitzen, der Zerstörung von Natur und Kultur wie betäubt zusehen und dadurch einen unbewussten Schmerz empfinden. Die immer weiter und weiter konsumieren, um die Stimme in ihrem Kopf zu übertönen, die ihnen sagt: »Eigentlich bin ich nicht auf der Welt, um irgendwelche Produkte zu verscherbeln. Eigentlich bin ich nicht auf der Welt, um Marktanteile zu vergrößern. Eigentlich bin ich nicht auf der Welt, um Zahlen sich verdoppeln und verdreifachen zu lassen.«

Niemand verdient es, in einer Welt zu leben, die auf der Erniedrigung von Menschen gründet, auf der Vernichtung von Wäldern, Wasser und dem Rest unseres lebendigen Planeten. Oder was unsere Brüder an der Wall Street angeht: Niemand verdient es, sein Leben mit Zahlenspielen zubringen zu müssen, während rundherum die Welt in Flammen aufgeht. Schließlich protestieren wir nicht nur um der 99 Prozent Ausgeschlossenen willen, sondern auch um das eine Prozent der anderen. Wir haben keine Feinde. Wir wollen, dass alle zu der Schönheit erwachen, die wir erschaffen können.

Charles Eisenstein

EINE NEUE ART

Gymnasiasten bei Protesten in Santiago, Chile, März 2012.

ZU SEIN

...

EXIT
CAPITALISM?

HEY,

HERR WIRTSCHAFTSPROFESSOR!

Wie kam es, dass von all den Akademikern, Politikern und Thinktank-Profis keiner die Finanzkrise von 2008 vorhersah? Dass jeder nur ungläubig den Kopf schüttelte? Wie kann es sein, dass von den vielen hundert »Experten« keiner etwas merkte?

THE NEW YORK TIMES MAGAZINE **Wie konnten die Ökonomen so falsch liegen?**

BUSINESS WEEK **Wozu sind Ökonomen überhaupt gut?**

THE FINANCIAL TIMES **Stürzt die Ökonomen vom Thron!**

ATLANTIC MAGAZINE **Wird die Zunft der Ökonomen der kollektiven Auspeitschung entgehen?**

MONEY MAGAZINE **Wie man ein gedemütigtes Subjekt wieder aufbaut***

Keine Wissenschaft musste sich je einen so vernichtenden Schlag gegen die eigene Glaubwürdigkeit gefallen lassen … also, Herr Professor, wie kommt es, dass sich bislang nichts geändert hat? Warum lernen wir immer noch denselben alten Schrott? Sollte man nicht den Lehrplan an unserer Fakultät einmal gründlich überprüfen?

* Mit freundlicher Genehmigung von Ed Fullbrook, *How to Bring Economics into the 3rd Millennium by 2020.*

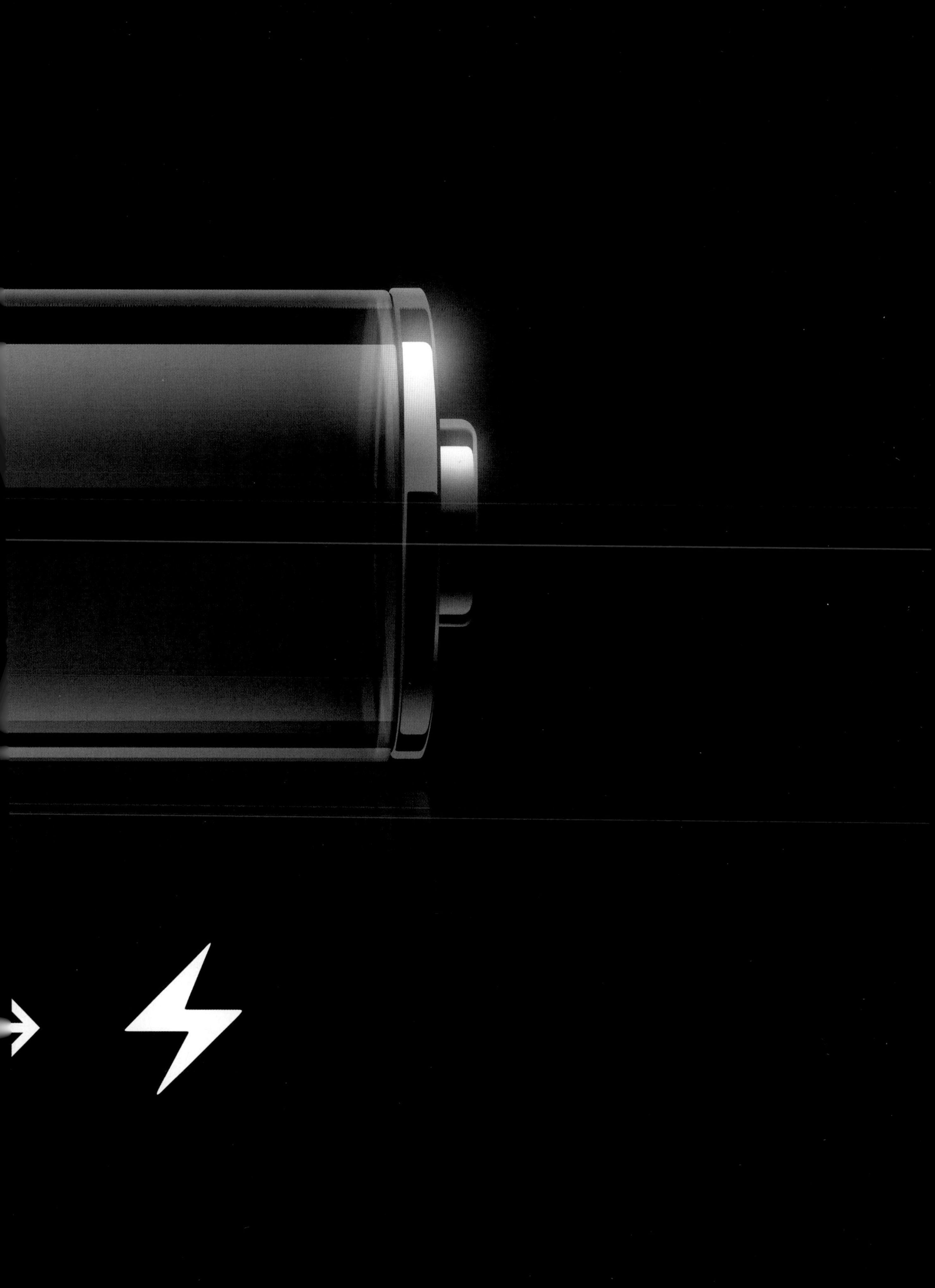

II. Das verlorene

Hey, ihr verlorenen Seelen und Latte-Schlürfer da draußen!

Im Jahr 1989, als wir Adbusters gründeten, kursierte eine Idee, die uns alle inspirierte, nämlich dass die Erde selbst ein lebender Organismus sei … Gaia … dass die Flüsse ihre Adern sind, die Wälder ihr Haar, die Ozeane ihre Lungen … dass der ganze Planet ein lebendes, atmendes Wesen sei. Dieses Mem-Bild faszinierte eine ganze Generation.

Die allmählich aufdämmernde Erkenntnis, dass wir die Natur zerstörten – Wälder abholzten, Löcher in die Ozonschicht machten, Wüsten schufen und Regen in Säure verwandelten –, ließ uns nachts nicht mehr schlafen … wir wollten etwas tun.

Als die ganze Welt sich 1992 zum Rio-Gipfel traf, glaubten wir alle, dies sei der Beginn einer globalen Bewusstseinsänderung. Endlich einmal schienen alle an einem Strang zu ziehen, um etwas zu bewegen.

Doch in den vergangenen zwei Jahrzehnten hat sich die Lage nur verschlimmert. Das Thema »Umweltverschmutzung« scheint nur noch Langeweile zu erzeugen. Wetterkatastrophen gehören zum Alltag. Wir haben uns an Kahlschlagfotos ebenso gewöhnt wie an die Bilder hungernder Kinder. Nichts schockiert uns mehr. Wir sind erschöpft. Wir haben dahinzudämmern begonnen – und in der Zwischenzeit begannen Artensterben, Raubbau an der Umwelt und Verlust der Biodiversität – die Blutwerte unseres Planeten – mit exponentiell steigender Geschwindigkeit außer Kontrolle zu geraten.

Heute leben wir in einer Welt, in der der Meeresspiegel ansteigt und die Ozeane versauern. Der Permafrostboden gibt seine tödlichen Methanvorräte frei, die Klimaerwärmung zeigt sich immer deutlicher. Uns sieben Milliarden Erdenbewohnern wird allmählich ein wenig mulmig. Der Blick in die Zukunft lässt uns längst keine Hoffnung mehr. Wir gehen unseren alltäglichen Verrichtungen nach, schlürfen unseren Latte macchiato und kurven in unseren Autos durch die Gegend, während wir ohne Notfallplan auf das Ende der Welt zusteuern. Wir, die Menschen, die dieses Experiment auf dem Planeten Erde leben, haben unser Schicksal aus der Hand gegeben … doch das öffentlich zu sagen gilt mittlerweile als unpassend.

In den nächsten Jahren werden wir erleben, wie große Städte in Küstennähe mit Überschwemmungen zu kämpfen haben. Rohstoffkriege, Migration und Einbrüche an den Aktienmärkten werden folgen. Die Verschmutzer-Industrien und die krakenähnlichen Megakonzerne werden sich weiter ausbreiten … und unsere Politiker gebetsmühlenartig wiederholen, wir müssten uns keine Sorgen machen, wir sollten weitermachen wie bisher und glauben, dass sich schon irgendeine technische Lösung für diese Probleme finden wird.

Für jene aber, die der Auffassung sind, dass wir an einem entscheidenden Wendepunkt in der Geschichte stehen, stellt sich die Frage, wie wir unser Leben und unsere Studien angehen. Sehen wir uns als die Haushälter der Erde, die sich endlich mit der Krise auseinandersetzen wollen? Sind wir bereit, in den Mem-Krieg um die Erde zu ziehen? Oder löffeln wir nur weiter den Schaum von unserem Latte?

HEY, HERR PROFESSOR:

Welche Rolle spielt der Klimawandel in unseren ökonomischen Studien?

DER KONDRATJEW-ZYKLUS

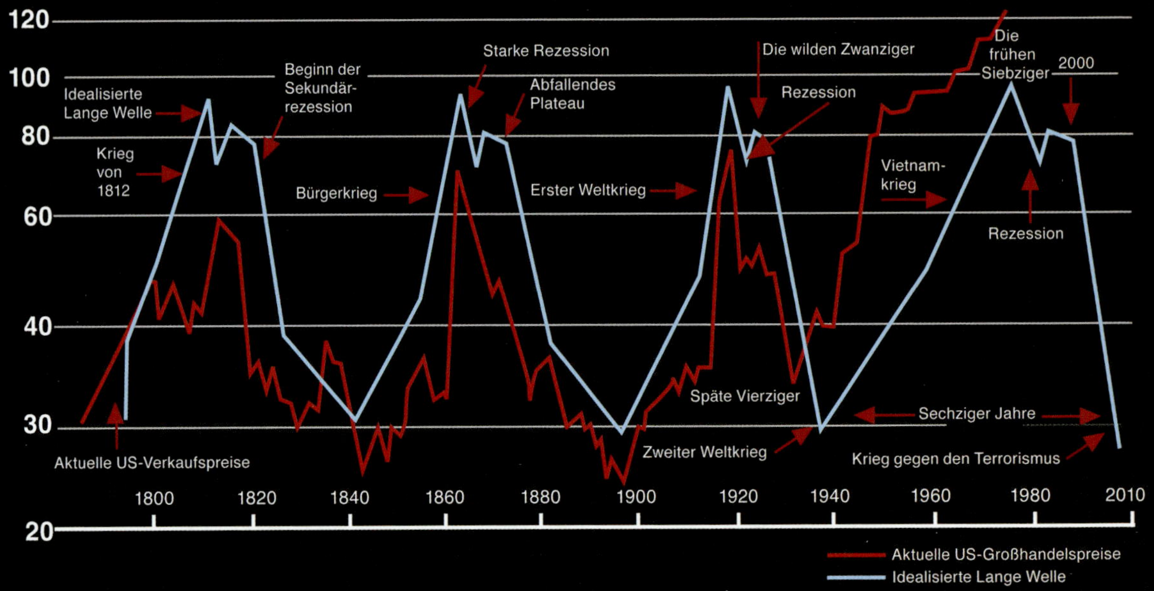

Der Kondratjew-Zyklus ist ein periodischer Trend, der das langfristige Verhalten der Märkte abbildet. Jeder Zyklus umfasst etwa fünfzig Jahre und wird in vier Phasen eingeteilt: Winter, Frühling, Sommer, Herbst. Kapitalistisch organisierte Ökonomien scheinen einem bestimmten Muster von Wachstum und Rezession zu folgen, das häufig nichts mit den politischen Entscheidungen während des Zyklus zu tun hat. Obwohl der Kondratjew-Zyklus (Lange Welle) das wirtschaftliche Auf und Ab der letzten zwei Jahrhunderte treffend beschreibt, wird seine Gültigkeit von den neoklassischen Ökonomen bestritten. Der sowjetische Ökonom Nikolai Kondratjew veröffentlichte seine Theorie 1925. Er wurde wegen seiner Ansichten ins Gefängnis geworfen und hingerichtet.

France tries to save its wildflowers

Poppies survive ... fields near Touraine

By ELLEN BROWN

Across France, wildflowers are disappearing from the landscape. Traditional favorites like the pheasant's eye, cornflower, corncockle and Venus's looking glass could soon vanish entirely. Seven of the nation's 102 wildflowers are already extinct with 52 others facing a similar future. "All over Europe the situation is the same, with these species in serious decline," says Amélie Coantic from the Environment Ministry. The plants are closely tied to the annual harvest cycles and the cause and consequences of their disappearance is yet unknown.

(*Zusammengefasst:* Frankreich versucht, seine Wildblumen zu retten: Wildblumen wie Klatschmohn oder Kornblumen sind aufgrund von Monokulturen in ganz Europa bedroht. Welche ökologischen Folgen dies hat, ist nicht abzusehen.)

BILL REES

»GEBEN WIR ES ZU, UNSERE GLAUBENS-SÄTZE BRINGEN UNS UM.«

Bill Rees ist einer der weltweit führenden Ökologen und emeritierter Professor der University of British Columbia, Kanada. Sein Buch *Our Ecological Footprint: Reducing Human Impact on Earth* revolutionierte die Stadtplanung.

Bill Rees verbringt den Großteil seiner Zeit damit, die Ökologie mit der Neurowissenschaft zu verknüpfen. Nachdem er in Hunderten von Aufsätzen die schwindende Gesundheit der Biosphäre dokumentiert und als Stadtplanungsexperte jahrelang Feldforschung betrieben hat, sucht er nun nach der optimalen Motivationskurve im Spannungsfeld zwischen menschlichen Grenzen und menschlichem Handeln.

Anders als die meisten Umweltwissenschaftler, die am Ende ihrer Reden gern an die endlose Widerstandskraft des menschlichen Geistes appellieren, ermutigt Rees heute dazu, in der Sozialpsychologie Anhaltspunkte zu finden, um die Menschheit zu den schwierigen, aber notwendigen Entscheidungen zu motivieren, die unsere Zivilisation vor dem Kollaps bewahren können. Bislang befürchtet er, dass nur eine Katastrophe die neuronalen Bahnen neu ausrichten könne, die unsere gesellschaftlichen Mythen bedingen, die Herrscher über unsere zerstörerischen Handlungen.

»Wir reagieren nicht auf die Daten ... woran liegt es, dass der menschliche Geist sich so leicht zu selbstzerstörerischem Verhalten verleiten lässt, obwohl alles auf eine nahende Katastrophe hindeutet?«

In einem neueren Aufsatz mit dem Titel »The Ecological Crisis and Self-Delusion: Implications for the Building Sector« erklärt Rees, dass Mainstream-Lösungen wie Hybridautos, grüne Gebäude, vernünftiges Wachstum und urbane Verdichtung nicht nur den Grundsachverhalt der ökologischen Überbelastung ignorieren, sondern sich sogar nachteilig auswirken könnten, indem sie vorgaukeln, Konsum sei die Lösung.

Als Forscher weiß Rees um die zumeist begrenzten Auswirkungen wissenschaftlicher Erkenntnisse auf das menschliche Konsumverhalten. Er war derjenige, der einen der prägnantesten Ausdrücke der ökologischen Wissenschaft erfunden hat: *ecological footprint*, den ökologischen Fußabdruck. 1996 veröffentlichte Rees gemeinsam mit dem Doktoranden Mathis Wackernagel das Buch *Unser ökologischer Fußabdruck. Wie der Mensch Einfluss auf die Umwelt nimmt* und lieferte darin ein mathematisches Modell zur Berechnung nachhaltiger Konsumniveaus für Städte und Zivilisationen. Das Modell ist eines der Standardwerkzeuge für nachhaltige Entwicklung in der Welt. In welchem Maß es Verwendung findet, bleibt abzuwarten.

Trotz vieler großer Worte und politischer Lippenbekenntnisse über Nachhaltigkeit sei rein gar nichts in Gang gesetzt worden, sagt Rees. Es gebe auf der internationalen Bühne keine Programme, die eine nachweisliche Wirkung auf die allgemeine Richtung des ökologischen Fußabdrucks haben.

Sein Konzept geht davon aus, dass der Mensch grundsätzlich von der Natur abhängig ist. Dieser Grundsatz sollte zwar eine Selbstverständlichkeit sein, er fehlt aber in allen gängigen Wirtschaftsmodellen und Philosophien. Der ökologische Fußabdruck ist ein Maß für die Tragfähigkeit - der Gesamtbetrag für Ressourcenverbrauch und Abfallbeseitigung, der nötig ist, um ein Individuum zu versorgen. Dabei wird das globale System als Ganzes betrachtet und nicht etwa in Form isolierter Einheiten. Fünf Verbrauchskategorien - Nahrungsmittel, Wohnfläche, Verkehr, Konsumgüter und Dienstleistungen - werden gemessen, und der jeweilige Ressourcenverbrauch wird auf die lokalen und globalen Ökosysteme angerechnet. 1996 benötigte ein Durchschnittsamerikaner 4,5 Hektar der Erde, um seine Bedürfnisse zu befriedigen; der Durchschnittseuropäer lag nicht weit dahinter. Rees und Wackernagel errechneten schon damals, dass die Erde überbelastet ist - es bedürfte anderthalb Erden, um das globale Verbrauchsniveau von 1996 beizubehalten, und drei Erden wären nötig, falls die gesamte Weltbevölkerung auf amerikanisches Niveau angehoben würde. Fünfzehn Jahre später und nach einiger Beachtung durch Medien und Politik ist der globale Fußabdruck auf 2,7 Hektar pro Person angewachsen, wobei der Großteil davon auf die Bewohner der entwickelten Welt entfällt. Diese Zahl ist bereits deutlich höher als die 2,1 Hektar pro Person, die ursprünglich für den nachhaltigen Konsum geschätzt wurden. Dem Global Footprint Network zufolge misst der amerikanische Fußabdruck heute im Schnitt 8 Hektar, der kanadische 7,1, der australische 6,84, der deutsche 5,08, der südkoreanische 4,87, der mexikanische 3,0, der iranische 2,68, der chinesische 2,21, der kenianische 1,1, der angolanische 1,0, der pakistanische 0,77 und der malawische 0,73.

Wir leben in einer Welt mit ökologischen Überschuss- und Defizitnationen. Alle Industriestaaten in Europa, Nord- und Südamerika sowie weite Teile Ostasiens sind ökologische Schuldner. Würde man sie vom globalen Handel abschneiden, brächen sie sofort zusammen - ihre Ressourcen genügen nicht, um das Überleben ihrer Bevölkerung zu sichern. Die übrigen ökologischen Überschussgesellschaften befinden sich in den ärmsten Ecken der Welt, überwiegend in Afrika südlich der Sahara. Es sind diese verarmten Überschuss-Ökosysteme, aus denen die Defizitstaaten zunehmend ihre lebenserhaltenden Systeme speisen.

»Geben wir es doch zu, unsere Glaubenssätze bringen uns um«, sagt Rees, während er das glaubensbasierte Wirtschaftssystem von heute erläutert. Er führt einen Leitsatz eines der frühesten Denker über Wirtschaft und Nachhaltigkeit, W. Stanley Jevons, als Beispiel an für die Analyse-Ignoranz zum Wohle des größeren kulturellen Mythos. Es sei ein Trugschluss anzunehmen, dass der rationelle Gebrauch von Brennstoff (oder jeder anderen Ressource) gleichbedeutend wäre mit verringertem Verbrauch. Das Gegenteil sei der Fall, schrieb Jevons 1865.

Rees erklärt, der als »das Jevons-Paradox« bekannte Gedanke, dass größere Effizienz zu größerem Verbrauch führt, sei von den Ökonomen glattweg ignoriert worden. Stattdessen ist die permanente Substitution oder Faktorproduktivität - erstmals so benannt von Nobelpreisträger Robert Solow, einem neoklassischen Ökonomen - das Standardideal. Wir essen Quallen, wenn es keinen Thunfisch mehr gibt, Seewürmer, wenn es keine Quallen mehr gibt, Bodenfresser, wenn es keine Seewürmer mehr gibt - und so weiter. Was wir essen sollen, wenn es keine Bodenfresser mehr gibt, weiß keiner.

Einst ein stiller Forscher, findet Rees heute, Wissenschaftler hätten die Pflicht, sich in einer Welt vernehmbar zu machen, in der Regierungen, Ideologen und Privatindustrien aktiv daran arbeiten, profunde wissenschaftliche Erkenntnisse in Misskredit zu bringen. Am Anfang seiner Berufslaufbahn sagte man ihm, sein Leben als Professor an der University of British Columbia würde ein »baldiges, schlimmes Ende nehmen«, falls er weiterhin über die ökologische Belastbarkeit der Erde herumschwadroniere. Angestachelt vom Feuer, das eine solche Drohung entfacht, setzte Rees seine Forschung nicht nur fort, sondern durchbrach schließlich die geheiligte vierte Wand der wissenschaftlichen Guckkastenbühne: Er rief die Forscher und Wissenschaftler dazu auf, ihre Daten nicht einfach in den Schlund der politischen Maschinerie zu werfen, sondern sie selbst zu interpretieren.

»Es hat eine Weile gedauert, zu der Erkenntnis zu gelangen, dass die Gesellschaft nicht nur unempfänglich für die Daten und Informationen ist, sondern sich in maßgeblichen Kreisen organisiert, um die Wissenschaft zu negieren, sie ins Leere laufen zu lassen und den Status quo zu erhalten.«

Es werde eines neuen kulturellen Mythos bedürfen, sagt Rees, so wie desjenigen, der das Tabakrauchen entzauberte, um das Blatt in Richtung einer nachhaltigen Zukunft zu wenden. Exzessiver Konsum und maßloses Wachstum müssen Symbole der Schande, nicht des Status sein. Laut der Evolutionspsychologie, mit der Rees sich in letzter Zeit intensiv befasst, kann nur kollektiver Gesellschaftsdruck die zerstörerischen neuronalen Pfade neu ordnen, die unsere schlimmsten Gewohnheiten weitertragen. Unsere evolutionsbedingte Eigenschaft, optimistisch zu sein, ließ uns eine der überlegenen Spezies auf der Erde werden, aber jetzt arbeitet unsere auf Hoffnung programmierte »Festverdrahtung«, unser Glaube, dass morgen alles auf wundersame Weise besser sein wird als heute, *gegen* uns. Wir brauchen eine Portion Realismus, mahnt Rees, um uns zu retten.

Darren Fleet

HEY, HERR PROFESSOR:

Führt das Prinzip der Selbstorganisation an den Märkten, die sich in den letzten 300 Jahren gebildet haben, zu unauflösbaren Widersprüchen mit der Selbstorganisation der Ökosysteme, die sich in den letzten Jahrmillionen ausgebildet haben?

MANFRED MAX-NEEF

Manfred Max-Neef wurde in Chile geboren, er ist Ökonom und Umweltschützer und erhielt den Right-Livelihood-Award, den »alternativen Nobelpreis«. 1993 war er Präsidentschaftskandidat in Chile. Der hier veröffentlichte Text stammt aus seinem Buch *Economics Unmasked: From Power and Greed to Compassion and the Common Good*, das er zusammen mit Philip B. Smith geschrieben hat.

»WIR LEBEN IN EINEM GELIEHENEN PARADIES«

Die gegenwärtige industrielle Zivilisation leidet an der Koexistenz zweier universaler, sich überschneidender und doch unvereinbarer Denksysteme: dem in den vier letzten Jahrhunderten angehäuften Wissen über die Eigenschaften und Zusammenhänge von Materie und Energie und der Geldkultur, deren Traditionen bis in vorgeschichtliche Zeiten zurückgehen.

Das erste dieser beiden Systeme war für den spektakulären Aufstieg des gegenwärtigen industriellen Systems vor allem in den letzten beiden Jahrhunderten verantwortlich und bleibt auch wesentlich für dessen Weiterbestehen. Das zweite, eine Erbschaft aus der vorindustriellen Vergangenheit, funktioniert nach seinen eigenen Regeln, die wenig mit dem Materie-Energie-System gemeinsam haben. Dennoch übt das monetäre System mittels einer losen Verbindung eine generelle Kontrolle über das von ihm überlagerte Materie-Energie-System aus.

Trotz der ihnen innewohnenden Unvereinbarkeiten hatten diese beiden Systeme in den letzten beiden Jahrhunderten ein grundlegendes Merkmal gemeinsam, nämlich ein exponentielles Wachstum, das erst eine einigermaßen stabile Koexistenz möglich machte. Aber aus mancherlei Gründen ist es für das Materie-Energie-System unmöglich, das exponentielle Wachstum mehr als ein paar Potenzen durchzuhalten, und diese Phase ist nun beinah vorüber. Das Geldsystem kennt keine solchen Beschränkungen und muss sogar gemäß einer seiner fundamentalsten Regeln bei seinem Wachstum Zinseszinsen abwerfen, also seine Zinsen kapitalisieren (M. King Hubbert, deutsche Übersetzung aus dem Buch *Öl-Ende* von Richard Heinberg).

So betrachtet wird uns Wachstum aufgezwungen, ob wir es wollen oder nicht, weil Wohlstand in monetären Werten gemessen wird. Dies hat zur Folge, dass bereits vorhandenes Vermögen immer weiter wächst, weil die Zinsen das Kapital anwachsen lassen, eine Art Abiogenese, die mit realen Werten nicht funktioniert. Klar ist, dass ohne Energiezufuhr von außen, in diesem Fall fossile Brennstoffe, das Wachstumssyndrom niemals solche Ausmaße angenommen hätte.

Das monetäre System – die Vorstellung, dass alle Formen des Wohlstands, alle Werte, in Geld ausgedrückt werden können – durchdringt mittlerweile unsere gesamte Kultur. Als eine Gruppe von Vertretern der (meist) exakten Wissenschaften gebeten wurde, für das Entwicklungsprogramm der Vereinten Nationen (UNDP), das Sozial- und Wirtschaftsprogramm der Vereinten Nationen (UNDESA) und den Weltenergierat (WEC) den Verbrauch und die Nutzung der Weltenergiereserven einzuschätzen, drückte der Bericht (WEA) die Energievorräte der Welt in monetären Einheiten aus, was unsinnig ist. Eine sinnvolle Einschätzung von Energie kann nur in physikalischen Einheiten wie Joule erfolgen. Auf dieses Problem werden wir gleich zurückkommen.

Zinsen und Reichtum

Andere Autoren haben bereits auf die negativen Konsequenzen für menschliches Wohlergehen und soziale Stabilität hingewiesen, die sich daraus ergeben, wenn Wachstum als Allheilmittel betrachtet wird. Doch niemand scheint sich klarmachen zu wollen, wie tief das intellektuelle System »Geld« mittlerweile in unserer Gesellschaft verwurzelt ist und wie es unsere Wirtschaft mit dem Menetekel des Zusammenbruchs zu immer neuem Wachstum peitscht. Frederick Soddy, Naturwissenschaftler und Nobelpreisträger, der mehr von Wirtschaft verstand als die meisten Ökonomen, hat aufgezeigt, dass die Vorstellung, Zinsen würden zu mehr Reichtum führen, schlicht falsch ist. Zinsen schaffen nicht Reichtum, sondern Schulden. Sie leiten einen immer größeren Teil des vom Produktionssektor geschaffenen Wertes in die Taschen der Gläubiger um. Nicht selten gehen dabei jene Teile der Bevölkerung leer aus, die den Reichtum erst geschaffen haben.

Doch lassen Sie uns zunächst einmal überlegen, was Reichtum eigentlich ist. Eine brauchbare Definition kommt von Soddy, und Herman Daly hat sie jüngst wieder aufgegriffen.

Für Soddy lautete die grundlegende ökonomische Frage: »Wovon lebt der Mensch?« Und die Antwort ist: »Von der Sonne.« Die Gesetze, denen der Mensch sich unterwerfen muss, wenn er – ob heute oder im Paläozoikum – von der Sonne lebt, sind der erste und zweite Hauptsatz der Thermodynamik. Kurz gesagt: Soddy brachte den Haushältern der Nationen die Erkenntnisse der Physik nahe. Reichtum ist für Soddy »Formen von Materie und Energie, die für den Menschen nutzbar sind«. So hat der Reichtum zwei Dimensionen: eine physikalische, wo er als Einheit von Materie und Energie den Naturgesetzen unterworfen ist, und eine teleologische, wo er dem menschlichen Geist und Willen dienstbar ist. Soddys Vorstellung vom Reichtum spiegelt seinen grundlegenden Dualismus wider. Er sieht den Reichtum als Mittler zwischen zwei Welten, der Welt der Physik/Materie und der Welt des Geistes bis in ihre alltäglichsten Ausprägungen hinein. Dass Soddy sich fürderhin auf die Welt der Physik konzentrierte, weil er fand, dass diese in der Ökonomie bislang zu kurz gekommen war, sollte uns nicht verleiten zu denken, er habe nur die physikalisch-materielle Dimension des Reichtums gesehen.

Nach dieser kurzen Einleitung sollte eines klar geworden sein: Schulden sind nicht (negativer) Reichtum. Reichtum hat eine reale physikalische Dimension, während Schulden eine rein mathematische, quantitative Existenz haben. Es gehört zum Reichtum, ja zum Wert an sich, dass er fließt. Werte werden täglich produziert und innerhalb kurzer Zeit verbraucht. Einige Werte haben eine längere Lebensdauer. Man muss sich gar nicht fragen, wie viel Reichtum man ansammeln und wie lange man ihn aufbewahren kann. Denn der größte Teil der produzierten Werte geht durch Aufbewahrung verloren, weil er verrottet und verfällt. Entscheidend ist, dass Reichtum real ist, Schulden hingegen nicht. Herman Daly drückt dies so aus: »Zwei positive materielle Einheiten wie zwei Schweine stellen einen bestimmten Wert dar. Man kann sie sehen und anfassen. Doch minus zwei Schweine sind eine imaginäre Einheit ohne materielle Dimension.« Wie Soddy erklärt, ist dies kein unbedeutender Unterschied.

Schulden sind den Gesetzen der Mathematik unterworfen, nicht denen der Physik. Anders als der Reichtum der realen Werte, der den Gesetzen der Thermodynamik gehorcht, verrotten Schulden nicht, wenn sie alt werden, und werden nicht im Prozess des Lebens verbraucht. Ganz im Gegenteil, sie wachsen um soundso viele Prozente pro Jahr. Der Grund dafür sind die bekannten Gesetze von Zins und Zinseszins. Der Prozess des Zinseszinses ist physikalisch gesehen unmöglich, auch wenn es so etwas wie einen potenzierten Wertverlust durchaus gibt. Die potenzierte Wertsteigerung des Zinseszinses führt im Laufe der Zeit gegen Unendlich, was wie »minus 1« ebenfalls keine physikalische, sondern eine mathematische Größe ist. Der potenzierte Wertverlust aber endet bei null … dem untersten Wert physikalischer Größen.

Die Quelle oder das Rohmaterial, aus dem Reichtum geschaffen wird, war während des größten Teils der Menschheitsgeschichte das Sonnenlicht, das auf lebende und tote Materie einwirkt und durch menschliches Wirken genutzt wird. Dazu kamen in jüngerer Zeit Kohlenwasserstoffe, die durch Lebensprozesse entstanden sind, lange bevor es Menschen gab. Diese werden seit einigen Jahrzehnten zunehmend verbraucht und machen so kurzfristig einen größeren Fluss von Reichtum möglich. Für das Funktionieren unserer aktuellen Industriegesellschaft sind die Kohlenwasserstoffe extrem wichtig. Ohne sie wäre das Konzept des Zinseszinses niemals so bedeutsam geworden.

Folgendes Zitat von Daly, der sich dabei auf Publikationen von Soddy stützt, zeigt einmal mehr, dass M. King Hubberts These stimmt, echter Reichtum könne nur für einen bestimmten Zeitraum wachsen, Schulden aber könnten ins Unendliche anschwellen:

Obwohl Schulden sich nach dem Gesetz des Zinseszinses ansammeln können, kann die reale Energieausbeute aus künftigem Sonnenschein, das reale künftige Einkommen, das die Schulden besichert, nicht lange im selben Maß mitwachsen. Wenn realer Reichtum in Schulden umgewandelt wird, verliert er »seine vergängliche Natur und wird unvergänglich«. So scheint er »auf trügerische Weise Mittel bereitzustellen« und dem zweiten Hauptsatz der Thermodynamik zu entgehen, dem Gesetz des Verlorengehens, Verschwindens, Verrottens, Verrostens, Vergehens. Die Vorstellung, Menschen könnten von den Zinsen ihrer wechselseitigen Verschuldung leben, ist nur die wiederaufgelegte Illusion vom Perpetuum mobile – oder ganz ordinär ein Taschenspielertrick vor gigantischem Publikum … Schulden wachsen exponentiell und haben als rein mathematische Größe keine Obergrenze. Reichtum hingegen kann für eine gewisse Zeit exponentiell anwachsen, doch da er eine materielle Dimension hat, wird sein Wachstum früher oder später an Grenzen stoßen. Schulden bleiben ewig erhalten, Reichtum nicht. Seine materielle Dimension unterwirft ihn der zerstörerischen Kraft der Entropie. Da der Reichtum also nie im selben Rhythmus wachsen kann wie die Schulden, da die Eins-zu-eins-Relation zwischen den beiden irgendwann auseinanderbrechen wird, muss es am Ende eine Möglichkeit geben, Schulden zu erlassen.

Reale Schulden und der Energieaufwand der Energiegewinnung

Wie bereits gesagt wurde, sind monetäre Schulden nicht real, allerdings gibt es auch reale Schulden. Wenn wir wissen, was es – in Dollar ausgedrückt – kostet, dass ein Energieträger aus der Erde gewonnen wird, dann mag dies für einen Geschäftsmann nützlich sein, der auf diese Weise Gewinn machen will. Die realen Kosten hingegen können nur in Energieeinheiten angegeben werden. In diesem Fall sind dies 1) die aufgewendete Energie, um den Energieträger zu fördern und zu reinigen, sowie die Energie, die zur Reinigung der Biosphäre von den Verschmutzungen der Energiegewinnung aufgewendet werden muss, und 2) die Energie, die aufgewendet werden muss, um den geförderten Energieträger in nutzbare Energie umzuwandeln, zum Beispiel für den Bau (aber auch für seinen späteren Abbau) eines Kraftwerks, sowie die Energiekosten seines Betriebs. Der energetische Wert des Trägers entspricht der Energie, die überbleibt, wenn diese Energieaufwendungen abgezogen wurden.

Ein Beispiel: Wir haben nicht die leiseste Ahnung, wie viel Gesamtenergie die Menschheit aus den fossilen Brennstoffen abgezogen hat, die in den letzten zweihundert Jahren verheizt wurden. Das liegt daran, dass wir nicht wissen, wie viel Energie wir aufwenden müssen, um die Verschmutzung der Biosphäre rückgängig zu machen, vor allem, was das CO_2 angeht (und zwar zumindest so weit, dass das Leben auf der Erde, wie wir es jetzt kennen, nicht bedroht ist). Eine Reinigung wurde bislang noch nicht einmal in Betracht gezogen. Fossile Brennstoffe zu verheizen, ohne diese Kosten zu berücksichtigen, riecht stark nach der Devise »Nach mir die Sintflut«. Wir Industrieländer haben uns dieser Haltung in mehr oder weniger starkem Ausmaß schuldig gemacht. Wenn wir die CO_2-Produktion drastisch reduzierten, würden die symbiotisch vernetzten lebendigen Systeme der Biosphäre in den nächsten Jahrhunderten diese *Schuld* der Menschheit allmählich abtragen. Bleiben die CO_2-Emissionen hingegen gleich oder steigen sie weiter an, werden sie allen lebendigen Systemen schaden und die Widerstandsfähigkeit der Biosphäre als Lebenspenderin auf eine harte Probe stellen.

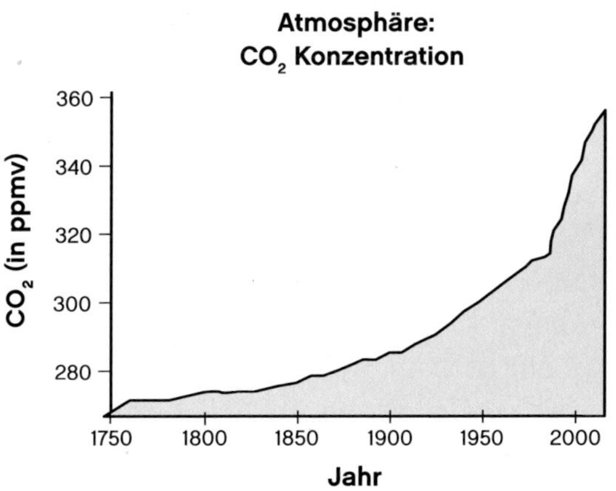

Oder der radioaktive Abfall, den die Kernspaltung in Nuklearreaktoren (zur Energiegewinnung oder zu militärischen Zwecken) hinterlässt. Diese Verschmutzung stellt einen Schuldenposten dar, für den die Menschheit früher oder später wird aufkommen müssen. Die Biosphäre kann sich gegen Radioaktivität nicht schützen, auch wenn die Natur durch radioaktiven Zerfall am Ende selbst für die Entgiftung sorgt – doch der Zeitrahmen dafür beläuft sich auf mehrere hundert oder tausend Jahre. Dass dies den Menschen überhaupt nicht zu stören scheint, sollte uns nachdenklich stimmen.

In diesen oder anderen Fällen, wo es zur Anhäufung einer realen physikalischen Schuld kommt, sollten wir das in Energieeinheiten (Joule) ausdrücken. Diese sind nicht nur real, sie können auch gespeichert werden. Die eingefleischte Gewohnheit der Finanzwelt, den (monetären) Wert von Ressourcen unberücksichtigt zu lassen, ist auf Energiequellen nicht anwendbar, obwohl Politik und Finanzen dieser Illusion immer wieder aufsitzen. Im monetären System, wo Wert in nichtphysikalischen Größen (Geld) ausgedrückt wird, kann man eine nicht bezahlte Schuld aus der Bilanz tilgen, indem man sie abschreibt – dann wird dieser Posten nicht mehr weiter mitgeführt. In der realen Welt von Materie und Energie aber sind Schulden keine bloßen Buchwerte. Sie müssen bezahlt werden, wenn nicht in Energie und Materie, dann durch das Leiden aller lebenden Systeme der Biosphäre.

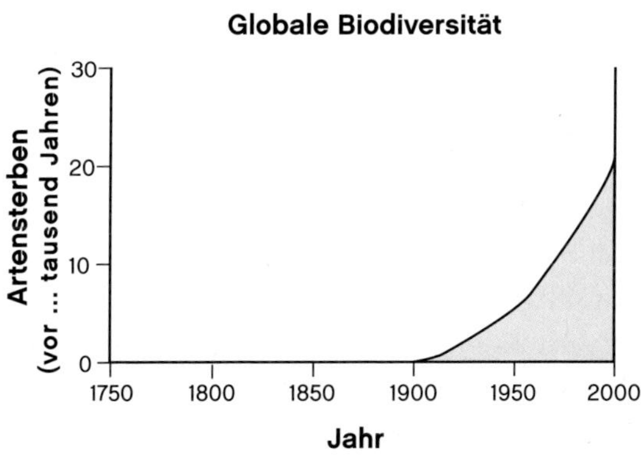

Dass sich in unserer Welt diese realen Schulden immer weiter auftürmen, heißt, dass wir in einem geliehenen Paradies leben – auf Kosten künftiger Generationen. Unternehmen, die sich seit jeher nur auf ihre Quartalszahlen konzentrierten, verhindern seit Jahrzehnten, dass die Öffentlichkeit dies endlich zur Kenntnis nimmt. Ihnen zur Seite stehen ihre Brüder im Geiste, die Mainstream-Ökonomen.

Doch nicht sämtliche Realschulden, die die Menschheit durch schlechtes Haushalten ansammelt, lassen sich in Energieeinheiten ausdrücken. Da sind zum Beispiel die Chlorkohlenwasserstoffe, die sich nicht von selbst abbauen und giftig sind. Sie werden von der chemischen Industrie in der ganzen Welt hergestellt und finden sich mittlerweile sogar in Muttermilch. Diese Schuld müsste in andere Einheiten gefasst werden, doch nach allem, was wir heute wissen, gibt es ohnehin keine Möglichkeit, diese Schulden zu tilgen, während die Produktion in den meisten Ländern ungehindert weitergeht.

Zinseszins, das Ende des Öls und das Ende des Wachstums

Der Zinseszins hat für den Gläubiger ganz andere Auswirkungen als für den Schuldner. Wenn eine Schuld nur so lange Schuld bliebe, bis sie mit einem bestimmten Prozentsatz zurückgezahlt wird, würde es nicht zur langfristigen Umleitung des Reichtumsstromes vom Schuldner zum Gläubiger führen. Doch wenn der Zinseszins greift, dann muss der Schuldner immer weiter zahlen, auch wenn die ursprüngliche Umlenkung des Geldstroms, die möglicherweise nützlichen Zwecken diente, längst zurückgeführt wurde.

Wenn Menschen, die Reichtum schaffen, sich Geld leihen, wird ein wachsender Teil des Reichtums, den ihre produktive Arbeit schafft, zum Gläubiger hin umgeleitet. Damit das System sich halten kann, ohne den Produktionssektor verarmen zu lassen, muss ein immer größerer Strom an Reichtum produziert werden. Hubbert geht davon aus, dass die beiden Systeme, das monetäre und das Materie-Energie-System, gemeinsam existieren können, wenn außer dem Sonnenlicht noch die zusätzliche Energiequelle der fossilen Brennstoffe sprudelt. Solange dies funktioniert, scheint es – oberflächlich betrachtet – nur »natürlich«, dass der Zufluss von Energie und Materie aus der Erdkruste ebenfalls weiter wächst.

In Wirklichkeit aber ist dies unnatürlich. In der langen Zeit der Menschheitsgeschichte, die der steigenden Nutzung fossiler Brennstoffe vorangeht, war dies auch nicht der Fall. Wachstum galt in jener Zeit nicht als der Normalfall. In den letzten Jahrtausenden hat sich durch verschiedene landwirtschaftliche Erneuerungen die Ausbeute aus

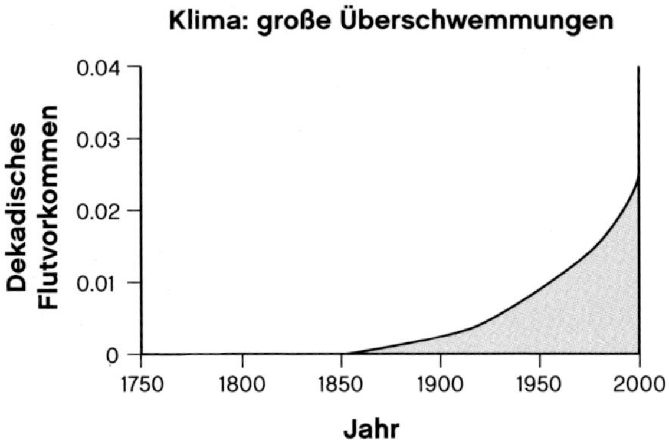

Sonnenenergie erhöht, wodurch eine immer größer werdende Bevölkerung ernährt werden konnte. Die Denkmuster der Menschen schien dies nicht zu verändern. Die abrupt angewachsene Nutzung fossiler Energien aber wirkte in diese Richtung. Heute glauben die meisten Menschen, dass Wachstum etwas völlig Normales ist und endlos in dieser Form weitergeht. Wenn die Zeit kommt, in der die Nutzung der fossilen Brennstoffe nicht mehr weiter ansteigt, wird die Koexistenz der beiden Systeme unmöglich, und es wird einen schmerzhaften Anpassungsprozess an eine Welt ohne Wachstum geben.

Wenn das Erdöl knapp wird, wird es zu zahlreichen Krisen kommen. Eines – möglicherweise das schlimmste – der Krisenszenarien soll hier beschrieben werden: Die hochproduktiven Getreidesorten, die während der sogenannten »grünen Revolution« entwickelt wurden, haben eine unglaubliche Bevölkerungsentwicklung möglich gemacht. Doch sie wachsen lediglich, weil sie mit Pestiziden und Kunstdünger gespritzt werden. Zwei Industrieprodukte, deren Herstellung nur mit der schnell verfügbaren Energie des Erdöls möglich ist. Im Moment leben also mehrere Milliarden Menschen nur deshalb, weil es neben der Sonne jenen extra Energiefluss aus fossilen Brennstoffen gibt. Versiegt dieser, gibt es keine Möglichkeit mehr, die gesamte Weltbevölkerung zu ernähren. Hungersnöte sind die unausbleibliche Folge. Einige Optimisten betrachten die Tatsache, dass mittlerweile nicht mehr so viel Erdöl gefunden und gefördert wird, als momentane Anomalie und erwarten einen erneuten baldigen Anstieg. Das kann passieren, doch sogar wenn das so sein sollte, wird dieses System höchstens noch ein Jahrzehnt bestehen. Dann geht das kontinuierliche Wachstum in einer endlichen physischen Welt mit Sicherheit zu Ende.

HEY, HERR PROFESSOR:

Warum ist es einfacher, sich den Weltuntergang vorzustellen als eine echte Veränderung kapitalistischer Beziehungen?

EINE GESCHICHTE DES

Tausende von Generationen war der Mensch der Natur unterworfen – ihren Gesetzen, Sonnenuntergängen, Mondzyklen, Ebbe und Flut, ihrem Überfluss, ihrer Kargheit. Dann fangen wir an, die Natur zu verändern: Wir bauen Dämme, regulieren Flüsse, züchten Getreide, legen Sümpfe trocken, zähmen Tiere. Der Mensch trennt sich von der Natur. Unser bislang kaum wahrnehmbarer ökologischer Fußabdruck wird tiefer, größer, deutlicher: wie ein Acker statt einer Wiese, eine Straße statt eines Pfades.

Die Landwirtschaft breitet sich aus, Kohle befeuert die industrielle Revolution. Die Natur bleibt üppig, doch Eisenbahnschienen, Städte, Autobahnen, Flughäfen und Industrieparks schaffen eine Landschaft, die neu ist auf der Erde.

Wir brauchen die reichsten und gut zugänglichen Erzvorkommen auf, holzen alte Wälder ab, fischen die Ozeane leer. Trinkwasser wird zur teuren Ware. Wir bohren tiefer und tiefer in die Erdkruste, um noch Öl zu bekommen. Die Technologien, die wir ersonnen haben, um uns das Leben zu erleichtern, bedrohen es mittlerweile.

FORTSCHRITTS

Das Zeitalter der sinkenden Renditen bricht an. Die Beseitigung der Umweltverschmutzung, teure Filter und Entsorgungspläne, Kosten für die Langzeitlagerung giftiger, nicht abbaubarer Abfallstoffe sind nötig, damit die Wirtschaft weiter wachsen kann. Der Kampf um die Ressourcen verschärft sich, Konflikte flackern auf. Die Lebensqualität sinkt, die Gesundheitsausgaben steigen. Die ersten Warnzeichen zeigen sich: überfischte Meere, Wetterkatastrophen, Krebsepidemien. Der Planet und alles, was auf ihm lebt, läuft Gefahr zu kollabieren.

WIR SIND HIER

Wir trennen uns von althergebrachten Fortschrittsideen. Wir organisieren alles neu: Produktion, Ernährung, Kommunikation, Transportwesen, Wohnen. Wir gestalten unsere Konsumkultur um und schaffen ein ganzheitliches Spielfeld für heutige und künftige Generationen. Menschheit und Erde können nachhaltig weiterbestehen.

Wir setzen weiter auf grenzenloses Wachstum, bis es zu spät ist. Die globalen Ökosysteme können nicht wiederhergestellt werden. Die Erde ist an ihren Grenzen angekommen. Das Wirtschafts»wachstum« wird negativ. Der Crash beginnt. Keine Sparmaßnahme, wie radikal sie auch sein mag, kann den Absturz jetzt noch aufhalten.

2000

2100

Kohlendioxidkonzentration in der Atmosphäre & Temperaturanstieg

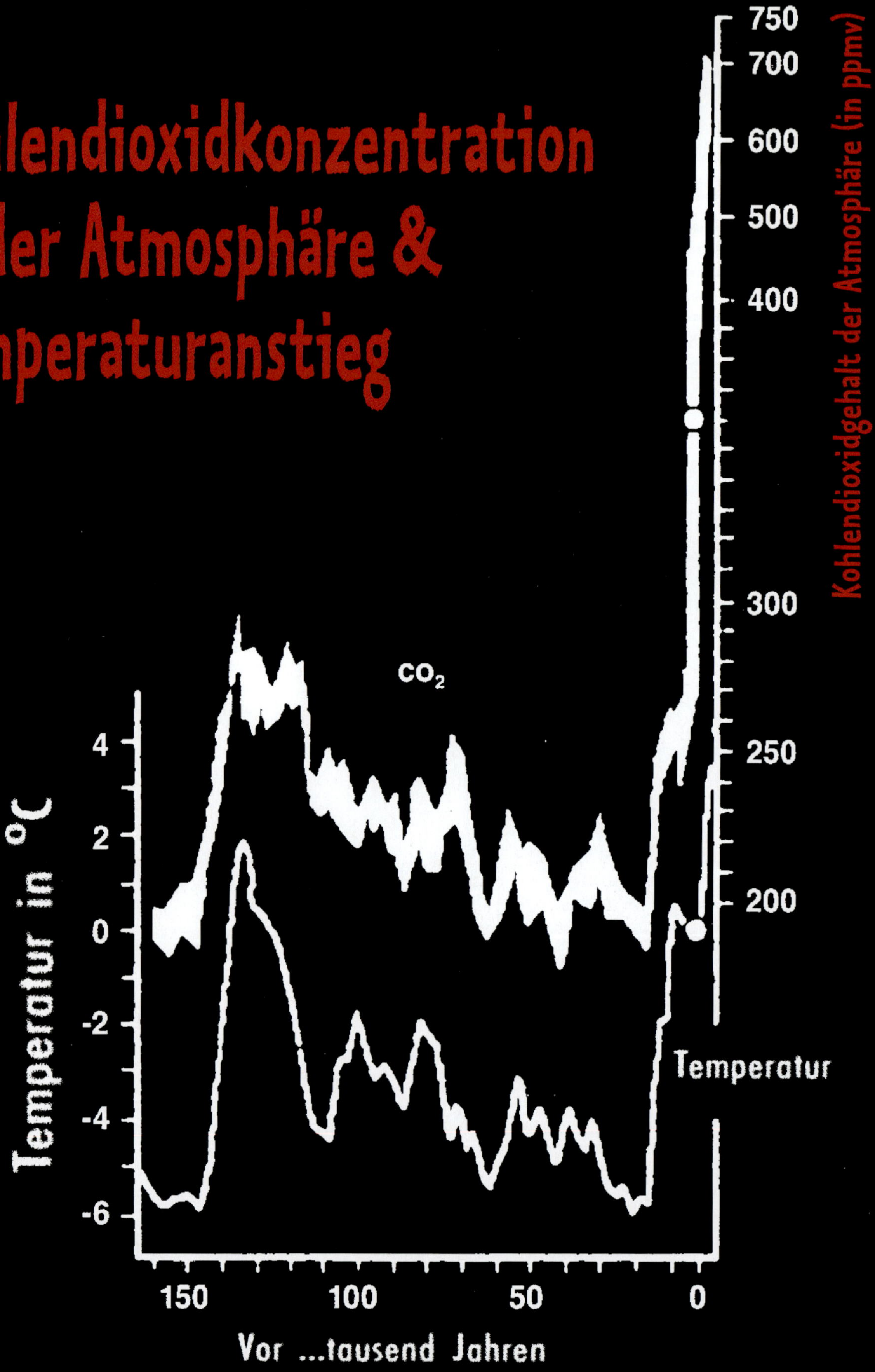

beschuldigt China.
beschuldigt Indien.
beschuldigt Amerika.
beschuldigt die Konzerne,
die Ölgesellschaften,
das absurde »System«,
die fehlende internationale
Abstimmung,
die Heuchelei der Linken,
die Rechthaberei der Rechten,
die Lehrer,
die Wirtschaft,
eure Eltern,
eure Kindheit,
euren Job,
euer Bankkonto,
eure geistige Gesundheit,
eure Regierung,
alles und jeden,
nur nicht euch selbst.

Wacht auf!
Das ist kein Scherz.
Das alles geschieht wirklich,
und euer Lebensstil, als hätten wir
fünf Planeten, ist schuld daran.

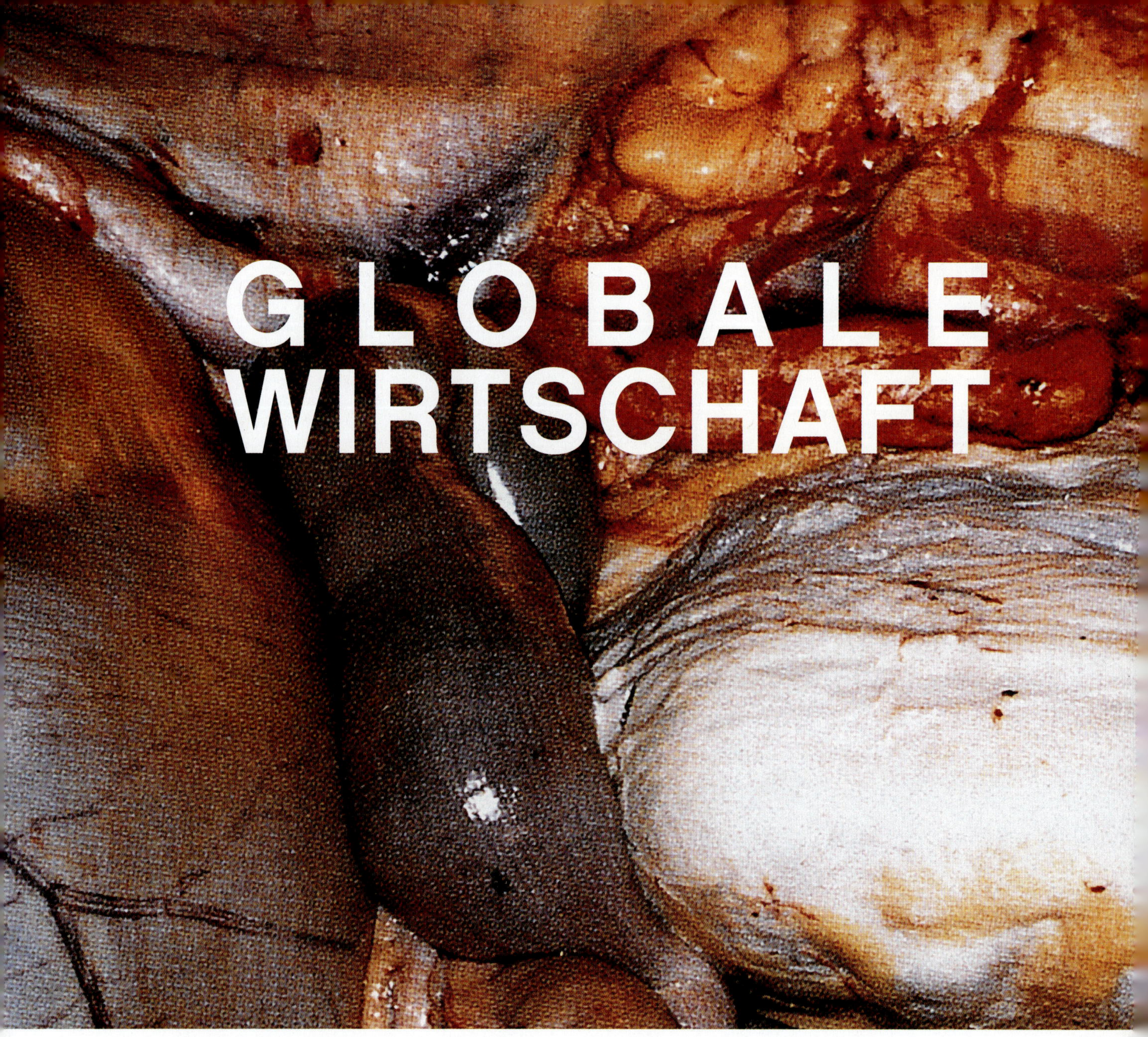

GLOBALE WIRTSCHAFT

Wenn der Körper seine Fettreserven aufgebraucht hat, greift er die Muskeln an, um Energie zu bekommen. Der Dünndarm schrumpft, und es wird immer schwieriger, Nährstoffe aus dem wenigen aufzunehmen, was der Hungernde noch zu essen bekommt. Zur Schonung fährt der Körper die Organfunktionen herunter, vor allem bei Herz und Leber. Das Opfer leidet nicht nur unter Muskelschwäche, sondern auch unter einer alles verzehrenden Erschöpfung: Die Haut wird dünn, fettig und überempfindlich. Der Blutdruck fällt ab, das Opfer leidet unter Augenhornhaut-, Zahnfleischentzündung, Kopfschmerzen, Schmerzen in Beinen und Gelenken und unkontrolliertem Zittern der Gliedmaßen. Kurz vor dem Tod erlebt der Hungernde Anfälle von Depression und Wut, dann verfällt er in Starre, das Herz schrumpft … der Tod tritt durch multiples Organversagen ein.

Lizzie Collingham, *The Taste of War*

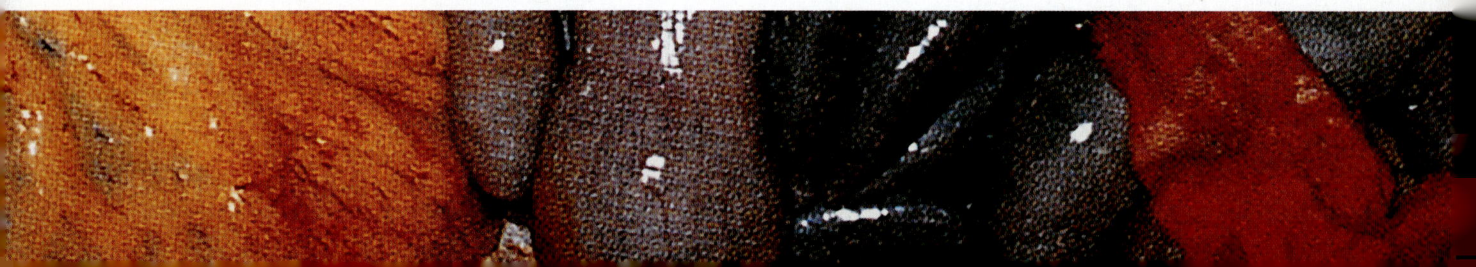

WAS BEDEUTET ES, FREI ZU SEIN?

Sollte das Recht auf Treibhausgasausstoß gleichmäßig auf die Völker der Erde verteilt werden? Diesen Weg, der universell denselben Standard für alle fordert, nennt man das Pro-Kopf-Prinzip. Möglicherweise ist dies der einzig gerechte Weg, um die CO_2-Emissionen drastisch zu reduzieren und eine nicht mehr umkehrbare Klimakatastrophe zu verhindern. Dann dürften für jeden der sieben Milliarden Erdbewohner jährlich 2,8 Tonnen CO_2 ausgestoßen werden. Das ist schlimm für die Nordamerikaner und Australier, die pro Person auf 20 Tonnen CO_2 kommen. Auch die Bürger Großbritanniens, Japans und Spaniens wären darüber nicht glücklich: Sie emittieren nämlich 9 Tonnen jährlich. Alle Einwohner von Mittel- und Südamerika, Indien und Afrika hingegen liegen weit unter der 2,8-Tonnen-Grenze. Wir im Westen tragen die moralische Verantwortung für die ökologische Krise, weil wir zu viel CO_2 ausstoßen und so den Klimawandel herbeiführen. Werden wir genug Selbstdisziplin und geistige Stärke aufbringen, um diese Verantwortung anzunehmen, anders zu leben und unseren ökologischen Fußabdruck zu vermindern? Oder werden wir uns weiter die Freiheit nehmen, in apokalyptischem Ausmaß zu konsumieren?

CALVIN-KLEIN-ANZEIGE IN DER *VOGUE* VOM MÄRZ 2011

China – Brutstätte des Luxus

Von Georgina Rehman

Dreckige Gassen, rostige Fahrräder, zerrissene Hosen, arme Bauern und Sparsamkeit im Allgemeinen werden in China bald zu den Bildern der Vergangenheit zählen. Mit mehr als einer Million Millionären, von denen dreißig Prozent erst im Laufe des letzten Jahres in den illustren Klub aufgestiegen sind, ist China mittlerweile der weltweit zweitgrößte Absatzmarkt für Luxusgüter, getoppt nur von Japan. Angelockt von zwei Jahrzehnten ungekannten Wirtschaftswachstums, wollen die Luxusmarken der Welt ihre Scheibe vom China-Geschäft abhaben. In der ersten Hälfte 2011 stiegen die Verkäufe der Nobelmarke Gucci um 39 Prozent, Bottega Veneta legte gar um achtzig Prozent zu. Die Giorgio Armani Group hat bereits 300 Einkaufstempel in China, dreißig weitere sollen pro Jahr eröffnet werden. Louis Vuitton, Versace, Cartier und Hermès expandieren ebenfalls. Und die Automobilhersteller im Luxussegment – Ferrari, Porsche, Bugatti – verzeichnen in Asien Rekordverkäufe.

DEINE WIRTSCHAFT BRAUCHT
DICH
ZUM WEITER-KONSUMIEREN
kickitover.org

PSYCH 283: DISSOZIATIVES ÜBERLEBENSTRAINING

INTERDISZIPLINÄRE STUDIEN CRN #1789 ANRECHENBAR FÜR ALLE HAUPTFACHSTUDENTEN

Klimawandel und wirtschaftliche Unsicherheit prägen unsere Nachrichten. Der Bevölkerungsdruck sorgt dafür, dass fruchtbares Land bis an die Obergrenze ausgebeutet wird, während gleichzeitig die Nahrungsmittelpreise in die Höhe schnellen und viele Bevölkerungsschichten erneut von Armut bedroht sind. Die Natur wird täglich um 27 Arten ärmer, der planetare Biorhythmus ist aus dem Gleichgewicht geraten, aggressive Arten überwuchern alle Ökosysteme.

Die USA aber werden von einer korrupten Konzernokratie beherrscht, die nur Gewinnmaximierung im Sinn hat und mehr für ihre Militärmaschinerie ausgibt als die zehn nächsten Länder in der Rangfolge. Die USA produzieren mehr CO_2 pro Kopf als jede andere Nation der Erde und verdummen ihre Bürger mit endlosem Unterhaltungs-TV. Die Konzerne denken gar nicht daran, politische Beschlüsse umzusetzen und sich für eine lebenswerte Zukunft einzusetzen.

Wir werden uns mit den Irrlehren jener Menschen beschäftigen, die auf diese offenkundige Diskrepanz hinweisen. Wir erforschen Wege des Umgangs mit all jenen, die finden, dass ein paradigmatischer, sozialer, wirtschaftlicher oder persönlicher Wandel vonnöten ist. Wir werden untersuchen, wie sich solche Behauptungen widerlegen lassen, welch problematische Rolle Mitgefühl mit anderen für die psychische Hygiene spielt und wie Konsum wieder positiv interpretiert werden kann.

Kann Amerika sein aufklärerisches Potenzial erneuern und die Welt in eine wirklich freie, gerechte und nachhaltige Zukunft führen? Und, was noch wichtiger ist: Was geht uns das Ganze überhaupt an? »PSYCH 283 Dissoziatives Überlebenstraining« wird Ihnen alle nötigen Rationalisierungsmechanismen an die Hand geben, mit denen Sie dem ethischen Stress hemmungsloser Konsumsucht erfolgreich begegnen können.

Bis Seminarbeginn zu lesende Texte:
Alfred Marshall, *Principles of Economics* (Ausgabe 1890)
Friedrich von Hayek, *Der Weg zur Knechtschaft*
Nicole »Snooki« Polizzi, *A Shore Thing*
Jim Davis, Garfield: *Gesammelte Werke*

Mo–Fr, Blockseminar, 9.00 c.t.–17.00 Uhr 5 ECTS Dozent: N.N.

Nur in den letzten hundert Jahren (hauptsächlich den letzten fünf Jahrzehnten) hat sich die Menschheit vervierfacht und zählt mittlerweile sieben Milliarden. Der Energieverbrauch hat sich versechzehnfacht, Fischfang wuchs um das 35-Fache, die Industrieproduktion hat sich vervierzigfacht. Um Nahrungsmittel und Konsumgüter zu produzieren, bindet die Industrie mehr Stickstoff in terrestrischen Systemen, als es alle natürlichen Prozesse zusammengenommen tun. Zahlreiche Formen der Verschmutzung, unter anderem Treibhausgase, haben besorgniserregende Ausmaße angenommen. Fast die Hälfte der Erde wurde durch den Menschen verändert, mehr als die Hälfte der zugänglichen Süßwasservorkommen werden von Menschen genutzt, und der Klimawandel hängt wie eine dunkle Wolke am Horizont der globalen Zivilisation.

Bill Rees

Saudi-Arabien, das mehr als zwanzig Jahre lang keinen Weizen importieren musste, hat den Weizenanbau eingestellt, um das fossile (nichtauffüllbare) Grundwasser zu schützen. In Syrien und dem Irak nimmt die Getreideernte wegen Trockenheit von Jahr zu Jahr ab. Der Jemen ist wassertechnisch gesehen ein hoffnungsloser Fall, dort trocknen reihenweise Brunnen und Quellen aus. Nahrungsmittelpreise steigen und führen zu sozialen Unruhen. Der Nahe Osten ist die erste Region, die den Wassermangel zu spüren bekommt. Die Folgen sind dramatisch, auch wenn die größte Nahrungsmittelblase mittlerweile in Indien und China besteht. Die Weltbank schätzt, dass in Indien 175 Millionen Menschen mit Getreide ernährt werden, das durch Überpumpen bewässert wird. In China werden 130 Millionen Menschen so ernährt. In beiden bevölkerungsreichen Ländern zeichnet sich ein Nahrungsmittelengpass infolge Wassermangels ab.

Lester Brown

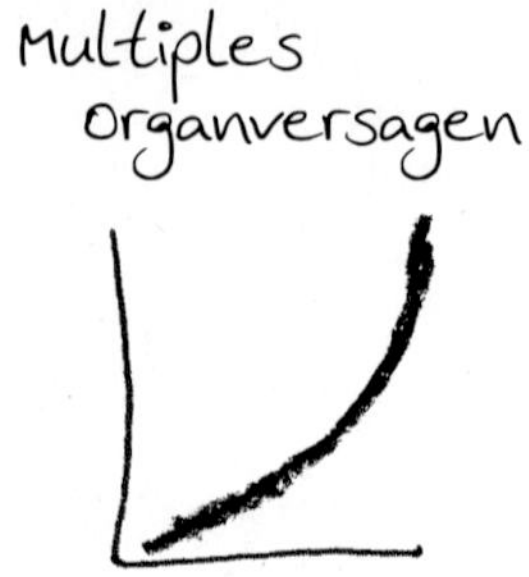

Zwischen 2010 und 2050 sollen in den USA die Diabeteserkrankungen um 164 Prozent zunehmen, vor allem solche vom Typ 2. Als wäre das nicht genug, rechnet man für die nächsten fünf Jahre damit, dass sechzig Prozent der Diabetiker in Industrieländern weitere chronische Krankheiten entwickeln werden, zum Beispiel (aber nicht nur) Herzinfarkte, Angina Pectoris, muskuläre Probleme, Gefäßkrankheiten und neurologische Störungen. Die Alzheimer Association USA schätzt, dass im selben Zeitraum die durch Alzheimer verursachten Kosten eine Billion Dollar überschreiten werden (sieben Prozent des heutigen BIP für nur eine Krankheit). So gesehen: Wie sollte Amerika da noch vorne mitmischen können?

Dambisa Moyo

kickitover.org

HIER KÖNNTE IHRE ANZEIGE STEHEN!

ist-one

III. LOGIK FREAKS

Hey, ihr Dilettanten, Feinschmecker, Streber!

Die moderne Ökonomie ist krank. Sie ist mehr und mehr zum intellektuellen Spiel verkommen, zum Selbstzweck geworden, statt uns praktikable Instrumente für das Verständnis der wirklichen Welt zu liefern. Ökonomen haben das Studium der Wirtschaft zu einer Art Sozialmathematik umfunktioniert, bei der die analytische Konsequenz alles, die praktische Relevanz aber gleich null ist.

Wenigstens drei Nobelpreisträger haben diesbezüglich ihre Bedenken angemeldet. Wassily Leontief meinte schon im Jahr 1982, Modelle seien für die Ökonomie mittlerweile bedeutsamer als Daten:

> *Wirtschaftswissenschaftliche Fachpublikationen strotzen nur so vor mathematischen Gleichungen … Die Theoretiker der Zunft führen jedes Jahr neue mathematische Modelle ein und demonstrieren detailverliebt ihre formalen Eigenschaften. Und die Ökonometer wenden all ihre algebraischen Funktionen auf immer dieselben Daten an.*

Ronald Coase bemängelte 1997: »Die aktuelle Ökonomie ist ein freischwebendes theoretisches System, das wenig Berührung mit der wirklichen Welt hat.« Und Milton Friedman selbst meinte gegen Ende seines Lebens: »Die Ökonomie ist ein ziemlich esoterischer Zweig der Mathematik geworden, der sich nicht mehr mit realen wirtschaftlichen Problemen befasst.«

Und was geschah nach dieser Kritik aus berufenem Munde? David Colander beklagte 2009, dass die Warnungen der Nobelpreisträger »auf die Ausbildung der US-Wirtschaftswissenschaftler keinen wahrnehmbaren Einfluss« hatten. Und Mark Blaug schrieb 1998 pessimistisch: »Wir haben ein Ungeheuer geschaffen, das sich nicht bändigen lässt.«

Das Problem ist nicht die Mathematik als solche, sondern die obsessive Art, mit der die Technik über die realen Daten gestellt wird. Möglicherweise ist in begrenzten Teilbereichen der Einsatz solcher Modelle sinnvoll, doch über ihre Anwendung sollte nicht ihre formvollendete mathematische Schönheit entscheiden, sondern ihre Nützlichkeit für das bessere Verständnis der realen Welt.

Geoffrey Hodgson

Frage:

WIE DENKT MAN?

Der Mensch und seine Beziehung zu Gott ...

Der Mensch und seine Beziehung zur Natur ...

Die Unterscheidung zwischen Richtig und Falsch, Gut und Böse ...

Die Unterscheidung zwischen Subjekt und Objekt, Ursache und Wirkung, Geist und Materie, Himmel und Erde

Der westliche Geist denkt und denkt, formuliert und formuliert, prüft und prüft Ideen, Gefühle, Ziele und Maßstäbe

Diese Art zu denken hat die Grundlagen für die wissenschaftliche Methode gelegt ...

Dieser Geist hat zweitausend Jahre lang versucht, die Existenz Gottes zu beweisen mit den Gesetzen der Logik.

Präzises Denken in Kategorien statt Erfahrung und umfassende Perspektive

wurde im abendländischen Denken schon seit Plato gefördert. Im Westen hat sich dieser fokussierte Blick so sehr etabliert, dass er unserem Denken und unserem Leben schadet. Unsere Vorstellung davon, was wissenschaftlich oder professionell sein soll, ist vom Wunsch nach Präzision geprägt. Wir stellen die Quantität über die Qualität, die Theorie über die Erfahrung. Über das Ausmaß wären sogar die Begründer des wissenschaftlichen Denkens im Europa des 17. Jahrhunderts erstaunt. Alles Natürliche ist uns zum leblosen Objekt geworden, das wir behandeln, als habe es keine Sinne und sei von uns vollkommen losgelöst.

Iain McGilchrist, *The Master and his Emissary*

Piet Mondrian,
Der rote Baum,
1908-1910

Der graue Baum,
1911

Apfelbaum in Blüte,
1912

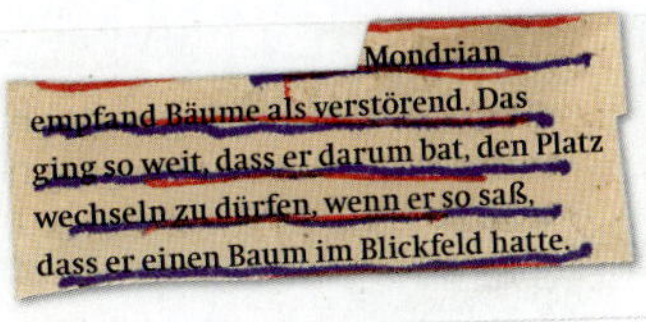

Mondrian
empfand Bäume als verstörend. Das
ging so weit, dass er darum bat, den Platz
wechseln zu dürfen, wenn er so saß,
dass er einen Baum im Blickfeld hatte.

Mich interessieren die Rhythmen der Natur.
– Pollock

Fortschritt
Fortschritt
Fortschritt
Fortschritt
Fortschritt
Fortschritt
Fortschritt
ENDE

Rationaler Nutzen-Maximierer

Der Kommunismus kann nicht funktionieren, weil wir zu selbstsüchtig sind. Der Sozialismus kann nicht funktionieren, weil die Menschen das System betrügen. Die Sozialhilfe kann nicht funktionieren, weil die Menschen nur arbeiten, wenn sie müssen. Der Umweltschutz funktioniert nicht, weil es keine finanziellen Anreize gibt ... und doch fahren Leute rechts ran, weil sie einem Fremden helfen, sterben Soldaten in Kriegen für abstrakte Ideale, gehen Aktivisten für höhere Ziele ins Gefängnis, opfern Eltern instinktiv ihr eigenes Wohlergehen, ihre Träume, alles, für ihr Kind.

Vollständiger Wettbewerb an den Märkten

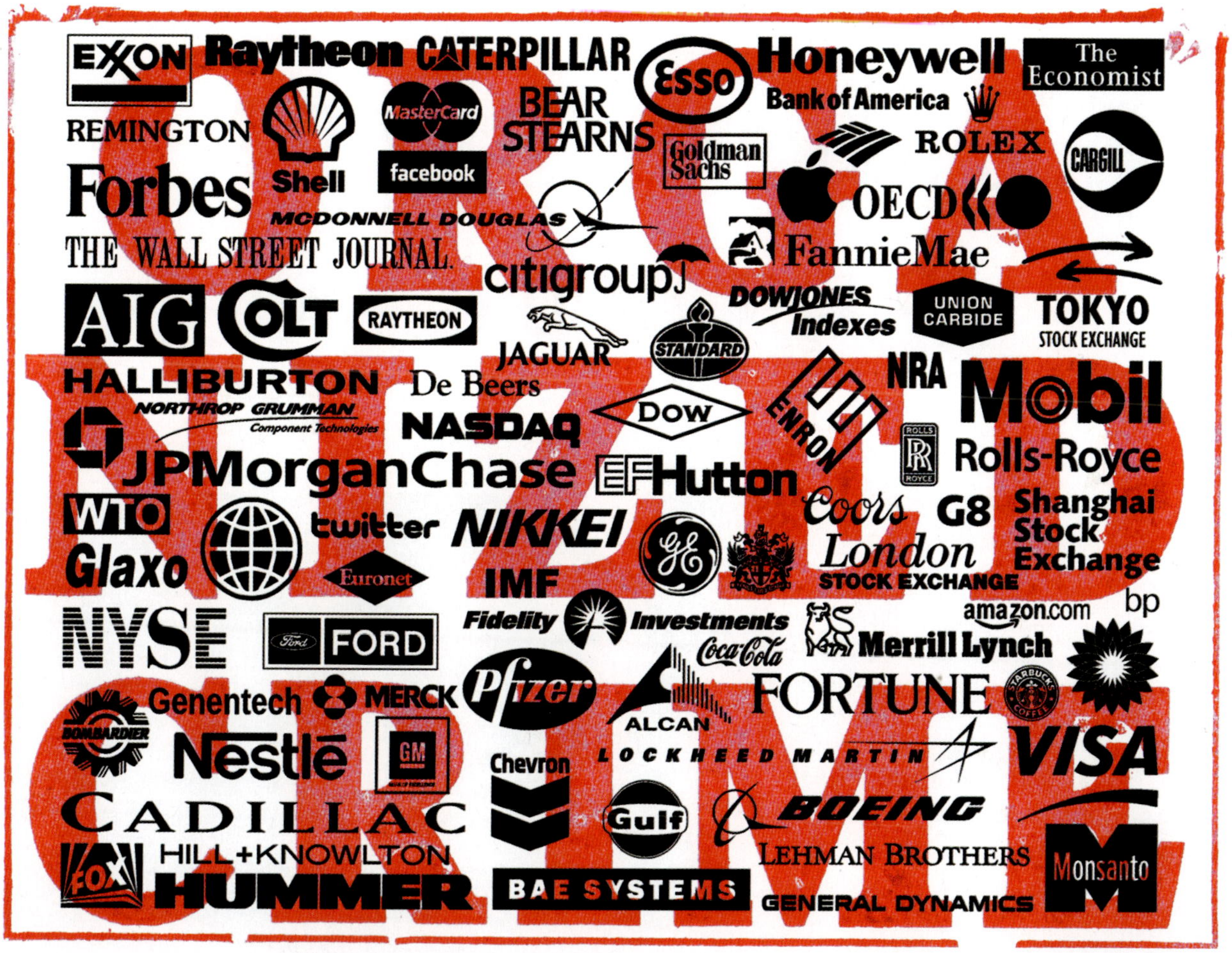

Ob es nun um die Sneakers geht, mit denen wir rumlaufen, die Musik, die wir hören, das Auto, das wir fahren, das Smartphone, mit dem wir twittern, die Bücher, die wir gern lesen, unser Lieblingssalatdressing oder die Riesenflasche voll sprudelndem Zuckerwasser, die wir aus dem Limonadenregal im Supermarkt holen … fast jeder Bereich unseres Lebens wird von zwei oder drei Megakonzernen bestimmt, die den Löwenanteil des Marktes beherrschen. Wenn man sie zusammenzählt, sind es ungefähr hundert Konzerne, die den ganzen Laden schmeißen.

UND DANN FIEL ES MIR WIE SCHUPPEN VON DEN AUGEN ...

Die instrumentelle Vernunft – die Suche nach dem effizientesten Weg, um einen Wunsch zu erfüllen – hat in den letzten dreihundert Jahren das westliche Denken überwuchert und ein kaltes, empirisches, berechnendes Kalkül geweckt.

DER WOHLSTANDS-BRUNNEN

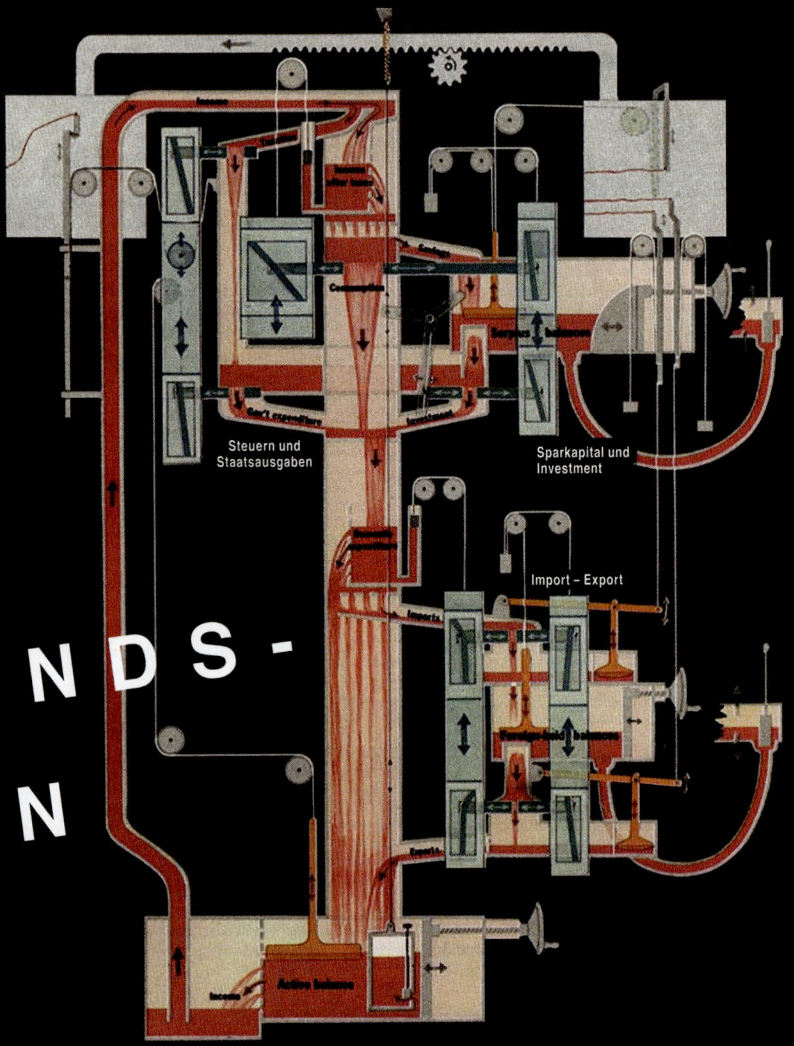

Der vom neuseeländischen Ökonomen Bill Phillips 1949 gebaute Moniac ist ein längst vergessener hydraulisch-mechanischer Computer. Etwa zwei Meter hoch und anderthalb Meter breit, verwendet er Wasser, Ventile, Rohrleitungen, Pumpen und Plastiktanks, um die Makrofunktionsweise der Wirtschaft zu demonstrieren. Das Wasser, das das Geld darstellt, ist rot gefärbt, damit der Beobachter die Bewegungen besser verfolgen kann. Sobald man den Moniac einschaltet, fließt das rote Geld aus dem großen Schatztank in verschiedene kleinere Behälter hinab, die Faktoren wie das Gesundheitswesen, Bildung, Importe und Zinsen symbolisieren. Die bedienende Person kann das rote Geld beschränken oder neues hinzufügen und beobachten, was geschieht. Wenn in einen der Behälter mehr Wasser fließt als in die anderen oder wenn die Wassermenge im Schatztank beschränkt ist, wirkt sich dies auf die Steuer-, Rücklagen-, Liquiditäts- und Einkommensbehälter aus. Kurz nach seiner Erfindung erwarben die Wirtschaftsfachbereiche führender Universitäten wie Harvard, Cambridge und Oxford Kopien des Moniac, ebenso die Ford Motor Company und die Zentralbank von Guatemala. Insgesamt wurden fünfzehn Moniacs hergestellt. Der Name soll, wie es zuweilen heißt, eine Kombination aus den Begriffen *money*, *mania* und *computation* sein, »Geld«, »Manie« und »Berechnung«.

DIE NEOKLASSISCHE LOBBY

Wenn auch das Märchen der neoklassischen Ökonomen erfolgreich war und von der akademischen Welt als legitim akzeptiert wurde, muss festgehalten werden, dass zeitgleich noch andere Visionen existierten, so wie beispielsweise die von Thorstein Veblen und anderen propagierte Institutionelle Ökonomie. Diese wurde, ohne dass sie dabei verschwand, in den dreißiger Jahren vom Keynesianismus verdrängt, existierte als Denkmodell aber weiter, genau wie das Modell der Marxisten.
Andere Modelle wie der Post-Keynesianismus, die Wiener Schule, der Behaviorismus und der Feminismus leisteten bis Ende der sechziger Jahre eigene Beiträge zur Wirtschaftstheorie. Bis dahin hatten die Studenten immer die Option multipler Perspektiven bei der Analyse von Wirtschaftsproblemen, und Seminare wie »Wirtschaftsgeschichte« und »Geschichte des volkswirtschaftlichen Denkens« – die heute vollständig aus den Lehrplänen verschwunden sind – wurden in allen Wirtschaftsfachbereichen angeboten.
Das Außergewöhnliche an der neoklassischen Ökonomie des 19. Jahrhunderts ist, dass sie ihren endgültigen Durchbruch am Ende des 20. Jahrhunderts erlangte. Das ist in der Tat befremdlich. Wir haben nicht mehr die Physik des 19. Jahrhunderts, ebenso wenig die Biologie, Astronomie, Geologie oder das Ingenieurwesen jener Zeit. Alle Wissenschaften unterlagen einer permanenten Evolution. Die Wirtschaftswissenschaft ist die einzige Disziplin, in der man versucht, die Probleme des 21. Jahrhunderts mit Theoremen des 19. Jahrhunderts zu analysieren und zu lösen. In einem geradezu nekrophilen Drang suchen die »Mainstream«-Ökonomen von heute auf einem 150 Jahre alten Friedhof nach Antworten, so als ob seitdem nichts geschehen wäre. Das ist gelinde gesagt absurd, und der Umstand, dass die Universitäten dabei mitmachen, ist, wie wir finden, ein erkenntnistheoretischer Skandal sondergleichen.
Die Aussichten für die neoklassische Ökonomie, andere wirtschaftswissenschaftliche Auffassungen allmählich zu verdrängen, verbesserten sich dramatisch, als Ende der sechziger Jahre die Rand Corporation und die US-Luftwaffe (beide Institutionen wurden vom Pentagon unterstützt) ein verschwenderisches Finanzierungsprogramm für die Forschung in mathematischer Ökonomie starteten. Der Grund dafür war, dass die Militärexperten glaubten, die Spieltheorie und andere mathematische Werkzeuge könnten wichtig für die nationale Verteidigung sein. Das meiste Geld ging an die acht großen Universitäten der USA – California, Harvard, Princeton, Columbia, Stanford, Chicago, Yale und MIT –, die eilig die Ausrichtung ihrer Wirtschaftsfakultäten anpassten, um sich den dauerhaften Zufluss dieser gewaltigen Forschungsgelder zu sichern. Angesichts der Bedeutung und des internationalen Prestiges dieser Universitäten brachte der Umstand, dass sie die neoklassische Ökonomie als ultimative Wirtschaftsdoktrin quasi heiligsprachen, andere Universitäten der westlichen Welt dazu, das Gleiche zu tun. Darüber hinaus haben über tausend Ökonomen – die große Mehrheit –, die ab Ende der sechziger Jahre beim IWF und der Weltbank angestellt wurden, die Indoktrination der acht großen US-Universitäten durchlaufen. Deshalb überrascht es nicht, dass es in den letzten drei Dekaden des 20. Jahrhunderts und zu Beginn des neuen Jahrtausends dem Neoliberalismus als Wirtschaftsdoktrin gelang, die gesamte Welt zu beherrschen.

Manfred Max-Neef und Philip B. Smith, *Economics Unmasked*

ALAN **WOLFE**

»ICH FREUTE MICH RIESIG ÜBER DIE ERSTEN NACHDRÜCKLICHEN ANGRIFFE AUF DIE NEOKLASSISCHE ÖKONOMIE.«

Alan Wolfe ist Professor der Politikwissenschaft und Direktor des Boisi Center for Religion and American Public Life an der Boston University. Er verfasste mehr als zwanzig Bücher und schreibt regelmäßig für die *New York Times* und die *Washington Post*.

Als ich zum ersten Mal davon hörte, was Bruno S. Frey, Wirtschaftsprofessor an der Universität Zürich, als »Revolution« in seiner Disziplin bezeichnet, geriet ich in Hochstimmung. Für mich konnte es nicht schnell genug gehen. Neoklassische Ökonomen hatten eigentlich nur auf dem Primat des Eigeninteresses beharrt, um das menschliche Verhalten abzubilden, aber so, wie die Theorie der rationalen Wahl sich (besonders an der University of Chicago) entwickelte, schien für die Denker das Eigeninteresse keineswegs nur eine Tatsache zu sein, sondern auch ein Ideal: Ihnen ging es nicht nur darum, wie Menschen sich verhalten, vielmehr auch darum, wie sie sich verhalten sollen. Ihre vehemente Befürwortung einer marktbasierten Gesellschaftspolitik wurde schließlich zur Ideologie – und zwar nach meinem Dafürhalten zu einer falschen Ideologie. Auch der Jargon wurde undurchdringlich und die mathematische Seite großsprecherisch und ärgerlich. Und seit die Ökonomen nach Chicagoer Muster begannen, ihre Methoden in anderen Sozialwissenschaften anzuwenden und sie dann auf praktisch alle Lebensbereiche des Menschen zu übertragen, konnte man ihnen sogar akademischen Imperialismus vorwerfen. Friedrich August von Hayek und Milton Friedman erschienen mir immer als marginale und irgendwie bizarre Denker, besonders verglichen mit intellektuellen Titanen wie John Maynard Keynes und John

Schumpeter. Die rasante Verbreitung ihrer Ideen in weiten Teilen der akademischen Welt verhieß nichts Gutes für die Zukunft.

Deshalb freute ich mich riesig über die ersten nachdrücklichen Angriffe auf die neoklassische Ökonomie. Ihre Urheber – Daniel Kahneman und Amos Tversky – schienen so etwas wie Genies zu sein. Die beiden hatten gute Gründe, davon fasziniert zu sein, wie Menschen zu Entscheidungen gelangen. Kahneman wurde 1934 geboren und wuchs in Paris auf; seine Familie beschloss, in Frankreich zu bleiben, als die Nazis das Land besetzten, und nutzte Geschäftskontakte, um Kahnemans Vater vor der Deportation zu bewahren. Später zog die Familie – noch vor der Gründung des israelischen Staates – nach Palästina. Tversky wurde 1937 in Haifa geboren. Mit neunzehn Jahren erhielt er Israels höchste militärische Auszeichnung für die Rettung eines Soldaten bei einer Bombenexplosion (er selbst wurde dabei verletzt). Die beiden Männer wuchsen unter Umständen auf, die sie leicht hätten dazu veranlassen können, die Welt in Schwarz und Weiß zu unterteilen, in Gut und Böse, aber so kam es nicht. Stattdessen lernten sie, die Komplexität des Menschen zu verstehen, ja, sie zu schätzen.

Ihre Zusammenarbeit führte zu einer der großen intellektuellen Leistungen des ausgehenden 20. Jahrhunderts, nämlich zu einer Reihe raffiniert konstruierter Experimente, die unbequeme Fragen über die »Nutzenmaximierung« aufwarfen, eine der Grundannahmen der Mikroökonomie. Beispiel: Theoretisch macht es keinen Unterschied, ob man eine Theaterkarte verliert oder die zehn Dollar, die sie kostet. Wenn man aber die Theaterkarte verliert, ist es weit weniger wahrscheinlich, dass man sich eine neue kauft, als dass man sich eine Theaterkarte kauft, wenn man vorher zehn Dollar verloren hat; dann kauft man sie meistens trotzdem. Kahnemans und Tverskys Erklärung dafür ist, dass wir eine innere Rechnung anstellen, nach der es vernünftig erscheint, zehn, aber keine zwanzig Dollar für den Theaterbesuch zu bezahlen – obwohl der entgangene Nutzen in beiden Fällen identisch ist.

Tversky starb 1996 an Krebs. Kahneman gewann 2002 den Wirtschaftsnobelpreis und ist Professor emeritus in Princeton. Die beiden rüttelten an der Rolle der Vernunft im Pantheon der menschlichen Motive. Sie verdeutlichten, dass wir, selbst wenn wir zu wissen glauben, was in unserem Interesse liegt, häufig Entscheidungen treffen, die auf Fehlinformationen, Kurzsichtigkeit oder schlicht auf Dummheit beruhen. Das von ihnen entwickelte Bild des menschlichen Wesens war – im Gegensatz zur Welt des Homo oeconomicus – ein ironisches, skeptisches und beinah schalkhaft-komplexes.

Nichts tat mehr dafür, die Erkenntnisse dieser beiden Ökonomiepsychologen (oder psychologischen Ökonomen) in die Wirtschaftswissenschaft einzubringen, als die Äußerungen Richard H. Thalers von der University of Chicago. »Als ich den Aufsatz las«, schrieb er über Kahnemans und Tverskys klassischen, 1974 erschienenen Artikel »Judgment under Uncertainty«, »konnte ich es kaum glauben.« Obwohl in neoklassischer Ökonomie ausgebildet, entwickelte Thaler eine heimliche Bewunderung für das, was ihm seine Beschäftigung mit der Psychologie offenbart hatte. In den siebziger Jahren verbrachte er viel Zeit mit Kahneman und Tversky und veröffentlichte einige Aufsätze, in denen er die Erkenntnisse der beiden auf eine Vielzahl wirtschaftlicher Aktivitäten übertrug, besonders auf solche, die das Finanzwesen betreffen. In dem 1991 von der Russell Sage Foundation herausgebrachten Buch *Quasi Rational Economics* veröffentlichte Thaler die Aufsätze dann in gesammelter Form, woraufhin sie großen Einfluss erlangten. Der Titel des Buches besagt, dass wir nicht immer rational und nicht immer irrational sind. Ja, der Mensch weiche oft von den mit der neoklassischen Ökonomie assoziierten Verhaltensmodellen ab, aber für gewöhnlich »in klar umrissenen Situationen unter sorgsam konstruierten Laborbedingungen« sowie »unter natürlichen Gegebenheiten, beispielsweise am Aktienmarkt«. Die Grundaussage von Thalers Buch war, dass man traditionelle ökonomische Prämissen über das menschliche Verhalten zwar verändern, aber nicht durch neue ersetzen müsse.

Was Kahneman und Tversky begannen und Thaler verfestigte, bezeichnet man heutzutage gern als »Verhaltensökonomik«. Deren führende Figuren glänzen nach wie vor. Steven D. Levitt, der Koautor von *Freakonomics*, kann verständlich schreiben – oder ist zumindest zur Zusammenarbeit mit einem Journalisten bereit, der das kann; auch er lehrt in Chicago. Die Themen der Verhaltensökonomen sind breit gestreut und haben oft kaum etwas mit Geldeinnehmen und Geldausgeben zu tun. Sie sind interessant, faszinierend und manchmal geradezu pfiffig: Kindererziehung, Verbrechensbekämpfung, Glücksspiel, Namenswahl. Die gesellschaftspolitischen Implikationen dieser Denkweise gehören beileibe nicht in die rechte Ecke, und mit Austan Goolsbee, einem weiteren Ökonomen der University of Chicago, der bis 2011 Barack Obamas wichtigster Wirtschaftsberater war, besitzt sie nun einen augenfälligen Vertreter in der amerikanischen Politik.

Gemeinsam mit seinem früheren Juristenkollegen Cass R. Sunstein verfasste Thaler vor kurzem ein Buch mit dem Titel *Nudge: Improvising Decisions About Health, Wealth, and Happiness*, das ein Denkmodell vorstellt, welches die Autoren als »libertären Paternalismus« bezeichnen. Dieses provokante Oxymoron versucht einen Mittelweg zwischen dem Laisser-faire-Prinzip und der harten Hand staatlicher Regulierung aufzuzeigen: Eine Politik, die eine »Wahl-Architektur« biete, könne Menschen zu Entscheidungen hinführen, die unter dem Strich am sinnvollsten sind, statt sie dazu zu zwingen oder ihren Präferenzen gleichgültig gegenüberzustehen. Es wird sich zeigen, ob dieser »libertäre Paternalismus« tatsächlich zu einem neuen wirtschaftspolitischen Denken führt und gewichtige gesetzgeberische Neuerungen nach sich zieht oder ob er nur zu jener Art von lauwarmer Politik der Mitte gehört, die ein bekennender Nicht-Chicago-Ökonom wie Paul Krugman als hoffnungslos naiv bezeichnet. Aber es lässt sich nicht leugnen, dass, genau wie Levitt die Verhaltensökonomik auf die Bestsellerlisten brachte, Thaler und Sunstein sie in die Denkfabriken und womöglich sogar ins Weiße Haus bringen.

HEY, HERR PROFESSOR:

Ist die Ökonomie eine exakte Wissenschaft?

Drinks
AIRPORT
PARKING

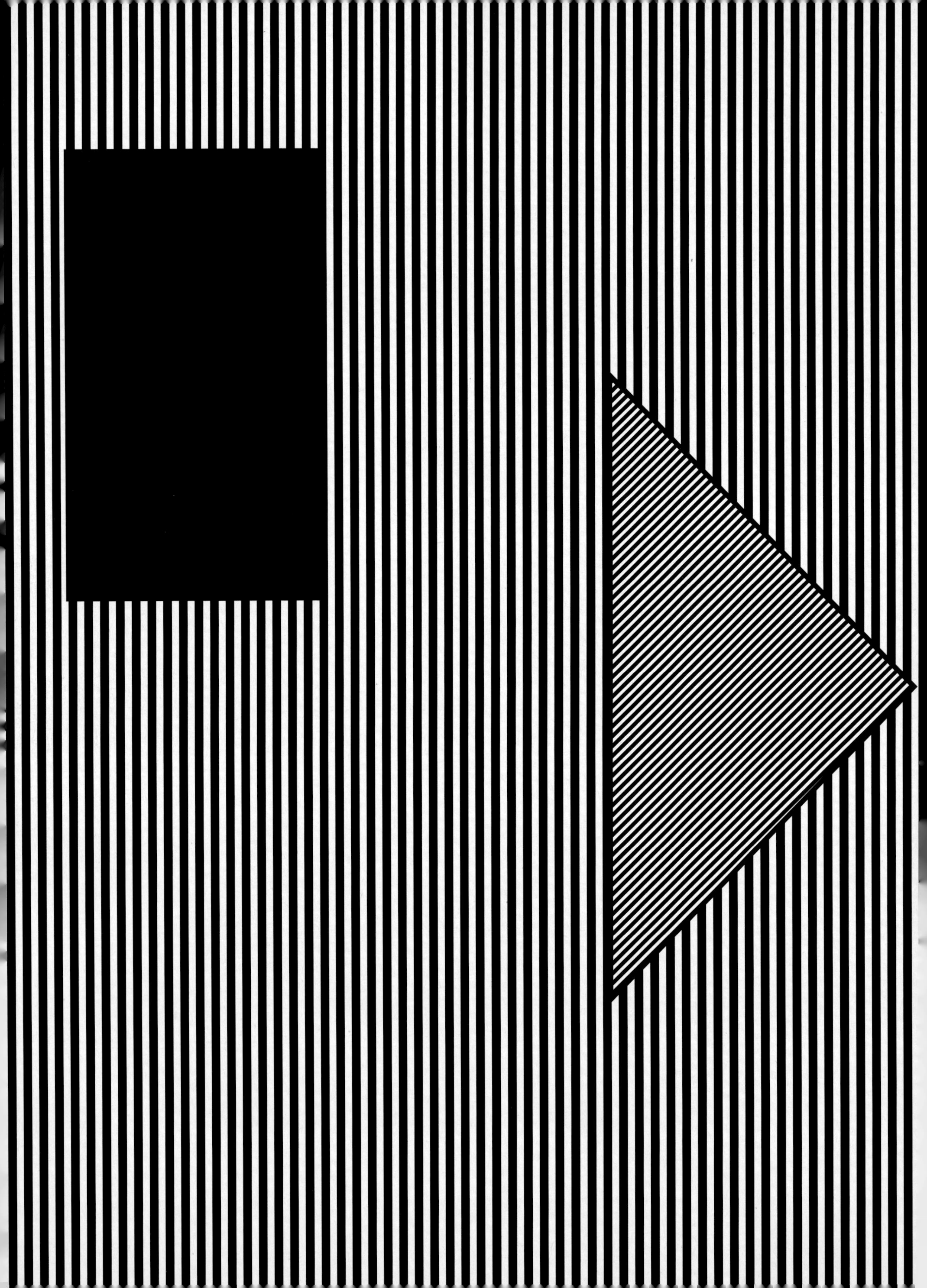

HEY, HERR PROFESSOR:

Leiden Ökonomen unter einem akademischen Minderwertigkeitskomplex, dem sogenannten »Physikerneid«?

$$\frac{\partial V}{\partial t} + \frac{1}{2}\sigma^2 S^2 \frac{\partial^2 V}{\partial S^2} + rS\frac{\partial V}{\partial S} - rV = 0.$$

Risiko. Profit. Kurssicherung. Mathematik. Obligationen. Optionen. Derivate. Es begann als achtbare Idee: der Versuch, Risiken zu quantifizieren und eine berechenbarere Anleihenwirtschaft zu erschaffen. 1973 von den Ökonomen Fischer Black und Myron Scholes erdacht und gestützt durch die Forschung des früheren Harvard-Ökonomen Robert C. Merton, übte das Black-Scholes-Modell in den neunziger Jahren einen immensen Einfluss auf die Wall Street aus. 1997 gewannen die beiden den Nobelpreis.

Mit ihrer Formel versucht man, mittels einer Hand voll abstrahierter Marktindikatoren wie Zinssatz, Portfoliowert, Ausübungspreis, Volatilität und ursprünglicher Aktienpreis den zeitlichen Wertverlauf einer Vermögensanlage exakt vorherzubestimmen. Das Ergebnis der Gleichung ergibt einen Risiko-Indikator, der es Investoren erlaubt, entsprechende Sicherungen einzubauen und mit dauerhaft expandierenden, komplexen Obligationspaketen und zusammengewürfelten Finanzprodukten zu handeln. Was der IBM-Schachcomputer Deep Blue (mit seinen 200 Millionen Rechenvorgängen pro Sekunde) für den Schachweltmeister Garry Kasparov bedeutete, bedeutete die Black-Scholes-Formel für Finanzhändler.

Der Einsatz hochkomplexer Berechnungsmethoden in der Wall Street bedeutete, dass die Tage, als man eine Kauf- oder Verkaufsentscheidung per Münzwurf traf oder einen Geschäftsabschluss auf Basis eines Bauchgefühls tätigte, vorüber waren. Der menschliche Impuls im Kern seines Wesens mit all seinen emotionalen Irrungen und Wirrungen, Erinnerungslücken und abergläubischen Ahnungen wurde obsolet. Vorstandsvorsitzende weltweit führender Unternehmen waren plötzlich imstande, voller Zuversicht gewaltige finanzielle Risiken einzugehen, überzeugt von der wissenschaftlichen Sicherung der finanziellen Vernunft. Die simple, nur als Indikator gedachte Gleichung verwandelte sich in den irrationalsten Glauben an Rationalität, den unsere Zeit kennt. 2008 trugen die Investmentbanker Hunderte von komplizierten Ableitungen und Anwendungen der Originalformel als Talisman mit sich herum und taten damit das Gleiche, was Alchemisten einst mit Blei zu tun vorgaben – es in Gold zu verwandeln.

Wie es endete, nämlich im Wirtschaftscrash, hatte kein Algorithmus oder Zahlenrätsel vorausgesagt. Ungerührt setzen die Leute, die jetzt vor den Trümmern des geplatzten Traumes stehen und längst kein intuitives Finanzgefühl mehr besitzen, ihren Glauben weiterhin – und zwar stärker denn je – in die Logik einer abartig mutierten Gleichungslehre statt in den gesunden Menschenverstand.

Darren Fleet

Hey, ihr 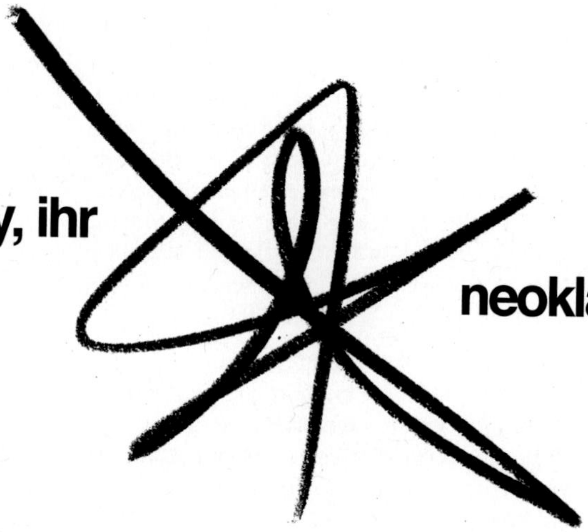 neoklassischen Logik-Freaks da draußen!

So bringt ihr ein bisschen Jazz in euer Leben:

Setzt euch irgendwohin, wo es ruhig ist.

Schließt die Augen halb.

Atmet langsam aus und ein.

Spürt die Ruhe.

Leert euren Geist.

Lasst die aufsprudelnden Gedankenkeime zur Ruhe kommen …

Versucht mal, nur 30 Sekunden lang ohne Gedanken zu leben.

Könnt ihr das?

Versucht es weiter … mit ein bisschen Übung werdet ihr es bald 30 Sekunden lang schaffen … und dann immer länger … ihr könnt das dauernde Geplapper in eurem hektischen Kopf zur Ruhe bringen.

Frage:

WER HAT WOHL EIN GLÜCKLICHERES LEBEN?

DIE VORSTADTKINDER IN NORDAMERIKA

ODER DIE KINDER IN DEN SLUMS VON DHAKA?

O du unsichtbare Hand,
Mutter der überdimensionierten Hoffnung,
Herrin der tiefsten Verzweiflung!

Etheridge Knight

© 200
Data SIO, NOAA, U.S. Navy, NGA, GEBCO

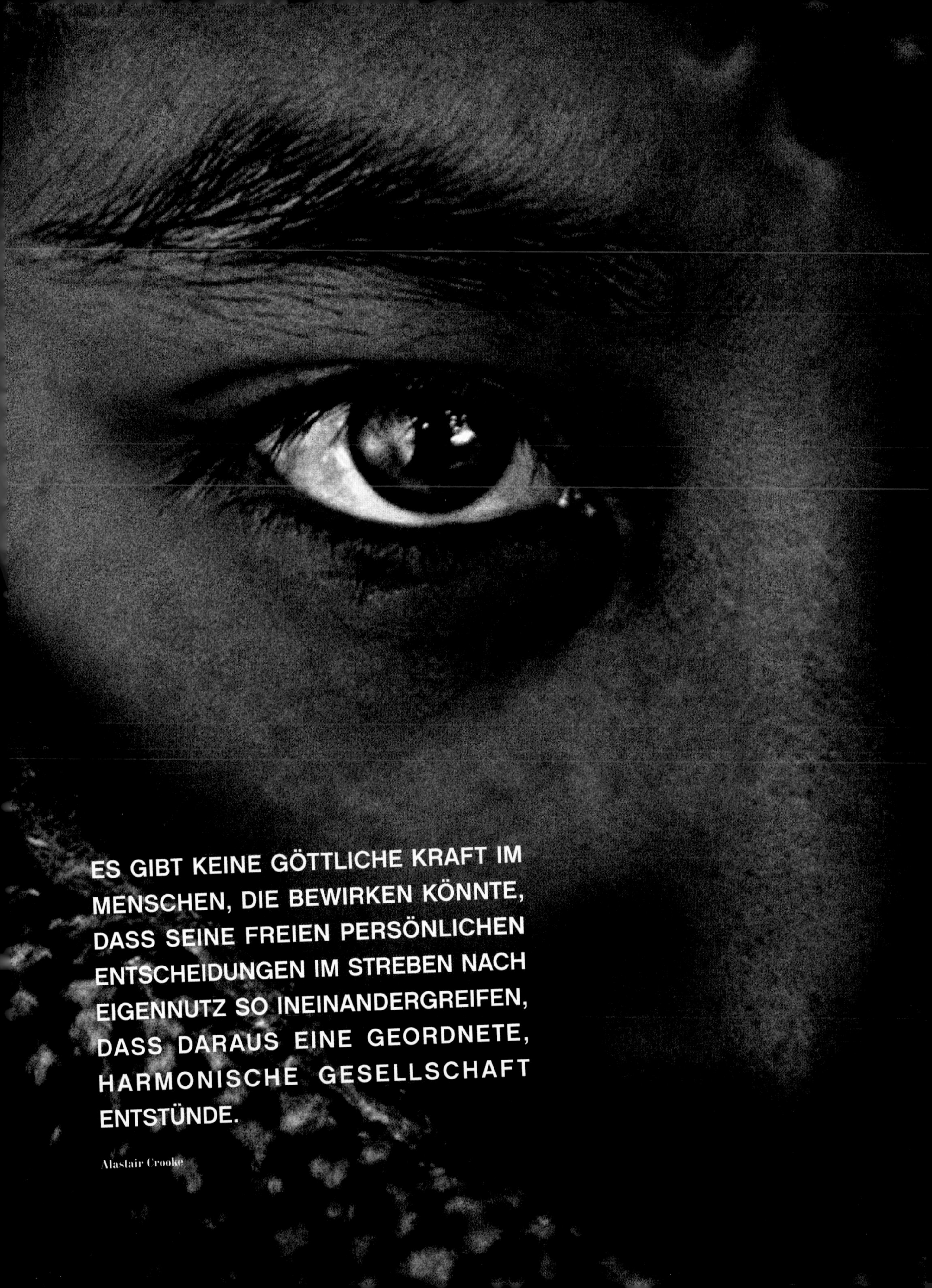

ES GIBT KEINE GÖTTLICHE KRAFT IM MENSCHEN, DIE BEWIRKEN KÖNNTE, DASS SEINE FREIEN PERSÖNLICHEN ENTSCHEIDUNGEN IM STREBEN NACH EIGENNUTZ SO INEINANDERGREIFEN, DASS DARAUS EINE GEORDNETE, HARMONISCHE GESELLSCHAFT ENTSTÜNDE.

Alastair Crooke

R.I.P.
NEOCLASSICAL
ECONOMICS
Im Korridor aufhängen
kickitover.org

Der Prozess der kreativen Zerstörung ist das Wichtigste am Kapitalismus.

Joseph A. Schumpeter

IV. HIER KOMMEN DIE MAVERICKS

Hey, ihr Mem-Krieger!

Die letzten Jahrzehnte auf dem Campus waren ja ziemlich ruhig. Protestrufe verhallten ungehört in der Wildnis, während die neoklassischen Ökonomen Hof hielten, ihren Sermon übers Kabelfernsehen verbreiteten und die Saat der Täuschung mit rosigen Vorhersagen verbrämt im Wirtschaftsteil der Zeitung ausbrachten. Zwanzig Jahre lang – bis zur Finanzkrise von 2008 – thronte Alan Greenspan als Vorsitzender der US-Notenbank über diesem Treiben und offenbarte sein esoterisches Ökonomieverständnis wie ein allwissender Gott. Ein halbes Jahrhundert lang lieferte die neoklassische Ökonomie die wirtschaftlichen Grundlagen für die politische Ideologie unserer Zeit.

Jetzt aber wird zum Aufbruch geblasen.

Die eindringlichen Warnungen verschiedener Nobelpreisträger vor den Konsequenzen einer irreversiblen Klimakatastrophe haben die Öffentlichkeit mit düsteren Bildern schockiert. Stirbt die Natur? Ist die Klimaerwärmung das Ende der Menschheit? Und sind »externe Effekte« wirklich so insignifikant, wie die meisten Ökonomen behaupten?

Die Finanzkrise von 2008 erwischte – mit wenigen Ausnahmen – die Zunft der Ökonomen kalt und zeigte, dass sie in einer Märchenwelt leben, die mit der Realität nichts zu tun hat. Doch in den Denkfabriken, an den Universitäten und bei der American Economic Association sind sie immer noch tonangebend. Aber den Studenten ist nicht mehr wohl dabei, Kabarettisten haben den Spaß ihres Lebens, und im Internet tauchen immer mehr ketzerische Webseiten auf. Im November 2011 wurde in Harvard ein Fanal gesetzt: Studenten aus Gregory Mankiws Seminar Ec 10 verließen den Raum aus Protest gegen wirklichkeitsfremde Ökonomie in der Lehre.

Die alten Sicherheiten bröckeln. Die Mem-Krieger hacken auf ihre Tastaturen ein und lassen die Drucker heiß laufen. Die Ökonomen alter Schule sind auf dem Rückzug. Sie mussten endlich eingestehen, dass ihr Verständnis der nichtlinearen Welt bestenfalls begrenzt ist und ihre mathematischen Modelle weitgehend wertlos sind. Alles kommt nun auf den Prüfstand: Bankwesen, Regulierung von Finanz- und Kreditwesen, ja die Fundamente der Wirtschaftswissenschaft: Wachstum, Fortschritt, Glück, Freiheit. Die Ökonomie erlebt gerade eine Phase kreativer Zerstörung im Sinne Nietzsches.

01.

JOSEPH **STIGLITZ**

»ÖKONOMEN – EIN CLUB FÜR SICH«

Joseph Stiglitz war Vizepräsident und Chefökonom der Weltbank. Er ist Vorsitzender des Brooks World Poverty Institute und Mitglied der Päpstlichen Akademie der Sozialwissenschaften. Zusammen mit George Akerlof und Michael Spence gewann er 2001 den Nobelpreis für Wirtschaftswissenschaften. Sein neuestes Buch *Im freien Fall* behandelt die aktuelle Wirtschaftskrise. Der auf Ökologische Ökonomie spezialisierte Journalist Tom Green sprach mit Stiglitz über die vermutlichen Resultate aktueller Wirtschaftspolitik.

Über Moden in den Wirtschaftswissenschaften

Jeder will natürlich, dass die anderen Ökonomen seine Fachaufsätze akzeptieren. Wenn Sie außerhalb des Mainstreams stehen, sind Ihre Karrierechancen geringer. Die Ökonomen, das ist ein Club für sich. Das Leben ist einfacher, wenn man Mitglied ist. Ein Teil des Problems besteht darin, dass die Clubmitglieder sich immer nur mit denselben Themen beschäftigen: Heute ist es die Arbeitslosigkeit, morgen die Inflation. Diese Kurzsichtigkeit hat zur Folge, dass sie das große Ganze aus dem Blick verlieren. Das ökonomische Establishment hat immer ein Glaubensbekenntnis parat, das aber gelegentlich wechselt. Einmal war es das Primat der Geldmenge, obwohl es dafür keine wissenschaftliche Grundlage gab. Das war eine echte Mode. Jeder war damals Monetarist. Und dann hieß es plötzlich von einem Tag auf den anderen, der Monetarismus funktioniere nicht, und schwupp war er weg. Als in den siebziger Jahren die Inflation zum Problem wurde, dachte plötzlich keiner mehr an Keynes und seine Erkenntnisse. Die keynesianische Ökonomie war nicht verschwunden, aber plötzlich redete jeder nur noch über die Inflation. Heute erleben wir andere Zeiten, in denen die Wirtschaft wirklich schlecht läuft und sich jeder fragt, warum. Und plötzlich merkt man, dass die Theorien, die man in den letzten fünfzehn bis zwanzig Jahren in die Ecke gestellt hat, Antworten liefern können.

Warum Ökonomie-Lehrbücher die alten Ideen fortschreiben

Dafür gibt es wohl zwei Gründe. Erstens ist es einfacher. Angebot und Nachfrage sind leichter zu erklären als Theorien unvollständiger Information, zumindest glauben das einige Leute. Zweitens hat es was mit Politik zu tun. Es ist kein Zufall, dass Mankiw (der Autor von *Makroökonomik*) zu den Wirtschaftsberatern von Präsident Bush gehörte. Gemeinsam vertreten sie eine bestimmte Ideologie, die davon ausgeht, dass Märkte immer perfekt funktionieren. Ich glaube nicht, dass es sehr viele sind, die denken, die Wirtschaft funktioniere perfekt. Bei Märkten geht es um Information und Risiko, und die alten Lehrbücher – wie das von Mankiw – behandeln diese Themen nicht adäquat. Das ist die eigentliche Gefahr: Die Studenten lernen ein veraltetes ökonomisches Modell, und wenn sie dann vor dem Problem stehen, wichtige wirtschaftspolitische Entscheidungen treffen zu müssen, sind sie dafür nicht ausreichend vorbereitet.

Über die unsichtbare Hand der Märkte

Dass die unsichtbare Hand nicht so funktioniert, wie neoklassische Ökonomen dies behaupten, lässt sich leicht feststellen. Fragen Sie sich doch mal: Hat das eigennützige Streben der Topmanager von Enron zu mehr globaler ökonomischer Effizienz geführt? Hat der eigennützige Antrieb der Manager von Topbanken wie Citibank, Merrill Lynch usw. – jenen also, die auf dem Subprime-Markt agierten – zu einem größeren Nutzen für die Wirtschaft geführt? Wohl kaum. Und es liegt auf der Hand, wieso. Diese Manager hatten nur ihre Boni im Sinn, aber die Steigerung ihres persönlichen Einkommens führte nicht zu einer Steigerung gesellschaftlichen Wohlergehens. Adam Smith meinte, es käme dem Gemeinnutz zugute, wenn der Eigennutz erfüllt würde. Doch dramatische Beispiele wie die soeben genannten zeigen, dass dies nicht stimmt.

Über Nachhaltigkeit

Wir haben mittlerweile wohl gemerkt, dass unser Lebensstil sich nicht auf den Rest der Welt ausdehnen lässt. Das Problem ist nun, dass Indien und China genau das anstreben. Diese beiden Länder haben zusammen 2,4 Milliarden Einwohner. Chinas Wachstum erreichte in den letzten dreißig Jahren unglaubliche zehn Prozent pro Jahr. Schon heute ist China weltweit der zweitgrößte Automobilproduzent. Wenn es so weitermacht, ist die Erde wirklich bedroht. Wir aber sagen: »Das dürft ihr nicht. Dass wir diesen verschwenderischen Lebensstil pflegen, ist in Ordnung, aber wenn ihr das macht, schadet ihr dem Planeten.« Stattdessen sollten wir sagen: »Wir ändern unseren Lebensstil«, und es muss eine globale soziale Übereinkunft geben, die Erde mit dem nötigen Respekt zu behandeln. Eine gesunde Wirtschaft heißt, dass wir unsere Zeit effizient nutzen und Freude daran haben. Täglich zwei Stunden unserer Zeit fürs Pendeln aufzuwenden ist nicht effizient. Und wir verschwenden nicht bloß Zeit. Wir haben nie über effiziente Landnutzung nachgedacht. Ich war zum Beispiel zu einem Kongress in Frankreich eingeladen, wo es darum ging, wie man ganze Städte so umgestalten kann, dass sie umwelteffizient sind, weniger Abfall produzieren und Energie ohne Verluste nutzen können. Es gibt so viel, was wir tun können, um unsere Effizienz zu steigern.

21862
LASST UNS MENSCHEN BLEIBEN

02.

LOURDES **BENERÍA**

»AN ENTSCHEIDUNGEN, DIE AUF WIRTSCHAFTLICHER RATIONALITÄT BERUHEN, SIND GEFÜHLE UND LIEBE NICHT BETEILIGT«

Lourdes Benería ist Professorin für Gender Studies und ökonomische Entwicklung an der Cornell University und Autorin des Buchs *Gender, Development, and Globalization: Economics as if People Mattered.* Im Mittelpunkt ihrer Forschung stehen Feministische Ökonomie, Arbeitsmärkte, Frauenarbeit und Globalisierung, mit dem besonderen Schwerpunkt Lateinamerika. Sie sprach mit Umweltökonom Tom Green.

Warum Ökonomie so wandlungsresistent ist

Ökonomie ist eine sehr hegemonische Disziplin, obwohl es so viele unkonventionelle Ökonomen gibt, die diese Arroganz und Unfähigkeit zur Selbstkritik bemängeln. Im Vergleich zu anderen, für Geschlechterfragen viel offeneren Sozialwissenschaften erwies sich die konventionelle Wirtschaftswissenschaft als eine der am wenigsten empfänglichen Disziplinen. Es war schwierig, wenn nicht unmöglich, dort ein frauenspezifisches Thema zu behandeln. Dies liegt teilweise daran, dass Ökonomen sich als Entwickler handfester wissenschaftlicher Analysewerkzeuge verstehen und ihnen die Frauenthemen zu »weich« erscheinen. Sie halten sich für »wissenschaftlicher« als die Kollegen aus anderen Bereichen. Ökonomengehälter sind höher als die der übrigen Sozialwissenschaftler – sogar an Unis und erst recht in der freien Wirtschaft. Ökonomie gilt als Königin der Sozialwissenschaften, weil sie Physik nachahmt und Mathematik benutzt.

Das Mathematische erweckt den Eindruck, Ökonomie sei etwas Wissenschaftliches, und deshalb könne man sie nicht in Zweifel ziehen. Aber man muss diese Annahme hinterfragen. Nehmen wir zum Beispiel die Ökonomie der Privathaushalte. Das neoklassische Grundmodell impliziert, Männer und Frauen seien freie, gleichgestellte Individuen, die rational aushandeln, was für den Haushalt am besten ist. Einige Modelle setzen voraus, dass Entscheidungen ein »wohlwollender Patriarch« trifft, der am besten begreift, was gut für den Haushalt und seine Mitglieder ist. An Entscheidungen, die auf wirtschaftlicher Rationalität beruhen, sind Gefühle und Liebe nicht beteiligt.

Occupy-Aktivisten küssen sich am Times Square von New York, Oktober 2011.

Tatsache aber ist – wie Feministinnen immer betonen –, dass Männer und Frauen im selben Haushalt sehr ungleiche Subjekte sein können und Entscheidungen nicht immer nur rational sind. Männer hatten oft bessere Bildungschancen – vielleicht besitzen sie Land, sie kontrollieren das Geld und verfügen in der Regel über größere Macht. Das in diesen Modellen gezeigte Bild der Wirklichkeit ist sehr androzentrisch. Politische Programme, die auf diesen Modellen beruhen, können sich auf Männer und Frauen sehr unterschiedlich auswirken. Das Problem ist, dass man bei der Analyse von Geschlechterbeziehungen die Machtfrage nicht außer Acht lassen darf. Und genau das geschieht in der neoklassischen Wirtschaftswissenschaft; sie konzentriert sich ausschließlich auf ökonomische Fragen. Im Gegensatz dazu nehmen die sogenannten »Aushandlungsmodelle« die Machtverhältnisse und asymmetrischen Beziehungen im Haushalt viel direkter in den Blick.

Über die Risiken der Maximierung

Ökonomie ist die große Maximierungsdisziplin. Alles muss vergrößert werden: Einkommen, Wachstum, Produktion, wirtschaftlicher Nutzen. Wir setzen voraus, dass sich im Kapitalismus die Profite maximieren. Die ökologischen Kosten des Maximierungswahns haben wir Jahr um Jahr ignoriert. Nun erkennen wir die Konsequenzen. Die Erde läuft Gefahr, die unregulierten Wirtschaftsaktivitäten nicht mehr tragen zu können. Wir stecken in einer ernsten ökologischen Krise. Wir dürfen nicht mehr nur ans Maximieren denken. Das Gebot der Stunde ist, mit größter Anstrengung und Innovationskraft Lösungen für diese Probleme herbeizuführen. Unser Arbeitsfeld muss völlig neu überdacht werden. Ökonomen sprechen von nachhaltiger Entwicklung, ohne ein klares Bild davon zu haben, was Nachhaltigkeit bedeutet. Die Wissenschaftler dagegen sagen uns, dass »Erhaltung« nicht einmal für das möglich ist, was wir bislang als selbstverständlich erachten – besonders in den einkommensstarken Ländern. Wir müssen anfangen, unseren Konsum zu reduzieren, das heißt, die Produktion herunterzufahren, die der Erde so große Probleme bereitet. Die ökologische Krise bedeutet, dass Ökonomen praktisch bei null anfangen müssen, wenn sie ihr Arbeitsgebiet überdenken.

03.

JULIE MATTHAEI

Julie Matthaei ist Professorin für Wirtschaftswissenschaften am Wellesley College und Mitbegründerin des US Solidarity Economy Network (www.ussen.org). Sie ist Mitherausgeberin von *Solidarity Economy: Building Alternatives for People and Planet* (www.lulu.com/changemaker).

»SOBALD ICH MEINE STELLE AUF LEBENSZEIT HATTE, KONNTE ICH MICH ENTSPANNEN UND IN MEINEN VORLESUNGEN WEITER AUS DEM FENSTER LEHNEN«

Wellesley stellte mich 1978 ein, ich war die erste und einzige Radikalökonomin dort. Ich erhielt meine Stelle auf Druck der Studentinnen: Einige hatten während ihrer Auslandsstudien Bekanntschaft mit wirtschaftlichen Theorien außerhalb des neoklassischen Mainstreams gemacht und wollten auch an ihrem College darüber etwas hören. Also schrieb man eine Stelle aus für einen Dozenten für »konkurrierende ökonomische Paradigmen«. Ich war damals Doktoranden-Kandidatin der Wirtschaftswissenschaften in Yale, wo ich bei David Levine studiert hatte. (Er war der einzige marxistische Ökonom dort und bekam keine feste Stelle.) Ich bewarb mich und wurde genommen.

Alle Mitglieder der wirtschaftswissenschaftlichen Fakultät in Wellesley müssen zwei der »Grundkurse« geben. Mir teilte man die Einführung und Level 1 in Mikroökonomie zu. Ich bekam das Lehrbuch in die Hand gedrückt, doch ich weigerte mich, danach zu unterrichten. Stattdessen nahm ich mir das Prachtstück vor und zeigte den Studenten, wo seine methodischen Fehler lagen und welche Alternativen es gab. Als ich eine der Ökonomie-Bibeln kritisierte, hatte ich das Gefühl, etwas hochgradig Subversives zu tun. Die Vorstellung, gleich würde eine gewaltige Hand in den Hörsaal greifen, mich vom Pult entfernen und verschleppen, ließ mich nicht mehr los. Glücklicherweise geschah nichts dergleichen. Stattdessen erhielt ich, weil die Studenten meine Kurse mochten und mein erstes Buch *An Economic History of Women in America* ein großer Erfolg war, eine Stelle auf Lebenszeit.

Sobald ich meine feste Anstellung hatte, konnte ich mich entspannen und in meinen Kursen mehr riskieren. Mir war klar geworden, dass meine Kritik an der Theorie der Mainstream-Ökonomen und der kapitalistischen Wirtschaft nicht griff. Ich hatte meine Erstsemester von Anfang an darauf hingewiesen, dass Angebot und Nachfrage nur dann zu fairen Preisen führten, wenn es auf dem Markt vollständigen Wettbewerb gäbe … was quasi nie vorkommt. Ich fand dies wichtig für die Ausbildung meiner Studenten, da Mainstream-Ökonomen auf diesen Mechanismus immer wieder verweisen und ihn anpreisen, den entscheidenden Punkt häufig jedoch zu erwähnen vergessen.

Auch das Marktgleichgewicht, eine Situation, in der es weder Knappheit noch Überfluss an bestimmten Gütern gibt, war so eine Sache. Ich unterstrich, dass das Marktgleichgewicht – der Punkt also, in dem die Angebots- und die Nachfragekurve sich schneiden – kein Indiz dafür ist, dass alle glücklich sind und alle Bedürfnisse erfüllt werden. In dieser Situation können Menschen verhungern, weil sie zu arm sind, um nach den Gütern, die sie brauchen, eine »Nachfrage« zu schaffen. Also können Menschen an Hunger sterben, auch wenn keine Knappheit herrscht. Doch obwohl ich in meinem Unterricht auf diese Themen eingegangen war, waren viele meiner Studenten nicht in der Lage, in Prüfungen zu erklären, weshalb die Aussage »Bei einem Marktgleichgewicht sind alle zufrieden« falsch ist. Sie verließen meine Kurse mit der neoliberalen Freimarkt-Idee, politische Entscheidungen, die in den Markt eingreifen – etwa durch Festlegung von Mindestlöhnen oder eine Mietpreiskontrolle –, seien falsch, weil sie die Märkte daran hinderten, ein vollständiges Gleichgewicht zu finden. Ich hätte mir am liebsten die Haare gerauft. Je mehr ich die Mainstream-Ökonomie kritisierte, desto besser schienen meine Studenten deren Thesen zu verinnerlichen.

Also versuchte ich, meine kritischen Positionen klarer herauszuarbeiten. Ich kritisierte die üblichen Punkte – wie Angebots- und Nachfragefunktionen oder Grenznutzentheorie –, schon bevor ich sie noch an die Tafel geschrieben hatte. Ich stellte die Theorie vor und kritisierte sie dabei in jedem Satz. Diese Methode aber frustrierte meine Studenten: Wieso erzählte ich ihnen dieses Zeug überhaupt, wenn es falsch war? Wie sollten sie etwas lernen, wenn ich die Dinge erst nicht einmal komplett vorstellte, ehe ich sie angriff? Einige meiner Studenten, die selbst radikalökonomisch dachten, verstanden, worauf ich hinauswollte, doch viele fanden diesen Unterrichtsstil verwirrend, frustrierend und nervig.

Ähnlich ging es mir mit meiner Kritik am Spätkapitalismus. In meinen Kursen in radikaler Ökonomie stellte ich die neomarxistische Theorie vor, dass Großkonzerne die wirtschaftliche Landschaft beherrschten: Sie unterdrückten die Arbeiter und unterzogen die Konsumenten einer Gehirnwäsche, um sie zu versklaven und weiterhin in den Arbeits-Konsum-Zyklus einzubinden. Sie manipulierten Politik und Regierung durch Parteispenden und Schmiergelder. Dieses Modell kontrastierte ich mit dem, welches unsere Lehrbücher uns lieferten: Souveräne Konsumenten beherrschen wehrlose kleine Unternehmen, und wenn der Markt versagt, nutzen sie ihre Wählermacht, um die Regierung zu einem Eingreifen zu ihren Gunsten zu zwingen. Als ich merkte, dass meine Studenten dachten, es sei von zwei verschiedenen Ländern die Rede, war ich gleichermaßen amüsiert wie bestürzt.

Als ich meinen Unterricht umstrukturierte, damit auch jedem klar wurde, dass hier von zwei verschiedenen Perspektiven auf die US-Wirtschaft die Rede war, wurde mir ein weiteres Problem bewusst. Jene Studenten, die sich der radikalen Sichtweise anschlossen, waren überzeugt, dass Großkonzerne so mächtig seien, dass nichts sie erschüttern konnte. Statt sie also zu radikalem Protest zu ermuntern, hatte ich ihnen die zynische Sicht vermittelt, dass die wirtschaftliche Ungerechtigkeit in unserem Land ohnehin unumstößlich sei. Wenn sie ohnehin nichts dagegen auszurichten vermochten, konnten sie ja auch gleich reich werden, indem sie eine Stelle als Investmentbanker annahmen.

Dann stieß ich auf das spirituelle Prinzip der Nicht-Reaktion. Wenn Sie auf etwas reagieren, lassen Sie zu, dass es Ihr Verhalten bestimmt, statt selbst zu entscheiden. Meine Lehre war bislang reine Reaktion gewesen: Ich hatte mich auf die Kritik der Lehrbücher konzentriert, hatte also nur auf sie reagiert, statt mich auf mein eigentliches Ziel zu konzentrieren: die Abschaffung der Mainstream-Ökonomie – im Kopf meiner Studenten und in der ganzen Welt. Meine radikale Kritik an den Großkonzernen war ebenso eine Reaktion. Ich stärkte in meinen Studenten nur das Gefühl, diesen Konzernen hilflos ausgeliefert zu sein.

Also entwickelte ich einen neuen Lehrstil, der weniger die neoklassische Ökonomie und die mächtigen, gewinnorientierten Konzerne zum Gegenstand hat. Nun beginnen wir das akademische Jahr, indem wir drängende wirtschaftliche Probleme herausarbeiten und die Klimaerwärmung behandeln. Ich zeige, welche Probleme es mit sich bringt, wenn Konsumenten, Arbeiter und Unternehmen nur ihre eigenen Interessen verfolgen. Ich stelle solidarökonomische Ansätze vor und gebe dazu reale Beispiele. Diese Ansätze gehen den Königsweg der Solidarität, der Werte, Instrumente und Institutionen prägt: ethischer Konsum, Fair Trade, Unternehmen, die sich ihrer sozialen Verantwortung stellen. Auf diese Weise geraten die materialistische, wettbewerbsbetonte Konsummanie und die profitorientierten Konzerne von Anfang an ins Hintertreffen. So gesehen fragt man sich, wieso man je glauben konnte, dass rein profitorientierte Unternehmen, die den Interessen ihrer Anteilseigner dienen, den anderen Mitwirkenden des Wirtschaftsprozesses je gerecht werden könnten: Konsumenten, Arbeitern, Lieferanten, Regierung, Umwelt.

Oder wieso man auf die Idee kommen kann, dass der Erwerb von mehr und mehr Dingen wahre Erfüllung bringen sollte.

Eine meiner erfolgreichsten Lehrveranstaltungen basiert auf dem Buch *Affluenza*, in dem die gegenwärtige Konsumentenkultur in den USA als Krankheit dargestellt wird. Die Symptome der Affluenza sind Überarbeitung, Zeitmangel, Schulden, Auseinanderbrechen familiärer Beziehungen, Umweltverschmutzung usw. Auch einen Auszug aus P. A. Payuttos Buch über *Buddhistische Ökonomie* haben wir gelesen. Hier geht es um eine erleuchtete Konsumhaltung, die auf das Wohlergehen aller Beteiligten zielt und die Widerstandsfähigkeit gegen Werbung stärkt, indem man seine wahren Bedürfnisse erkennt und dem großen Ganzen dient.

Ich stelle die Grundlagen der Mainstream-Mikroökonomie nicht mehr länger als Theorie der Konzern-Supermächte dar. Vielmehr zeige ich auf, dass die Theorie einige Aspekte der Ökonomie korrekt erfasst, an anderen jedoch vorbeisieht. Die Modelle dieser Theorie lassen sich nur sinnvoll verwenden, wenn man ihre grundlegenden Einschränkungen berücksichtigt und ihnen andere Konzepte beigesellt. Der Mechanismus von Angebot und Nachfrage erklärt beispielsweise manche Probleme des gegenwärtigen Arbeitsmarktes sehr gut: warum es Löhne gibt, von denen man nicht leben kann, weil zu viel Arbeitskraft nach Abnehmern sucht.

Ich lehre meine Studenten nicht mehr, dass Konzernmacht ein gewaltiger monolithischer Block ist, sondern vielmehr eine Größe, die ständig von Konsumenten, Mitarbeitern, Managern, Regierungsfunktionären und nicht zuletzt Gesetzen neu bestimmt wird. Ich zeige ihnen, dass sie etwas ist, was durch sozial verantwortliches Handeln ständig erschaffen werden muss.

Ich lehre meine Studenten Mittel und Wege, wie sie ihre mikroökonomischen Entscheidungen treffen können – als Konsument, Mitarbeiter, Unternehmer, Eltern und Bürger. Und zwar so, dass sie für sich und ihre Angehörigen Wohlergehen sicherstellen können. Ich zeige ihnen, wie sie durch ihre wirtschaftliche Macht ihre innersten Wertvorstellungen ausdrücken können. Wie sie sich dem falschen Gott des Geldes verschließen und der Wirtschaftsreligion des freien Marktes widerstehen können. Ich lehre sie, dass erleuchteter Eigennutz in sozial verantwortlichem Handeln besteht, da wir alle voneinander abhängig sind … und natürlich auch vom Ganzen. Wir alle müssen unser Scherflein dazu beitragen, die Erde und uns selbst zu retten – es gibt genügend, was wir tun können, wenn unsere ökonomischen Entscheidungen unsere innersten Werte widerspiegeln.

MANFRED MAX-NEEF

»Ich war rund zehn Jahre in extrem armen Gegenden in Lateinamerika tätig, in den Sierras, im Dschungel und in urbanen Regionen. Irgendwann zu Beginn dieser Periode hielt ich mich in einem Indianerdorf in den Anden auf. Es war ein schmuddeliger Tag, es goss in Strömen. Da stand ich also unterm Vordach und sah diesen Mann im Regen stehen. Er war klein gewachsen … dürr, hungrig, arbeitslos, er hatte fünf Kinder, eine Frau und eine Großmutter. Ich war der schicke Ökonom aus Berkeley. Während wir uns anstarrten, begriff ich plötzlich, dass ich diesem Mann nichts Bedeutsames zu sagen hatte, dass meine ganze Ökonomensprache absolut nutzlos war. Sollte ich ihm etwa erzählen, dass er sich freuen solle, weil das Bruttoinlandsprodukt um fünf Prozent gestiegen war oder was? Das Ganze war so absurd. Ökonomen studieren und analysieren die Armut in ihren tollen Büros, sie haben ihre Statistiken, sie erstellen ihre Modelle und glauben, alles zu wissen. Aber sie begreifen die Armut nicht.«

05.

GEORGE AKERLOF

George Akerlof ist Professor an der University of California in Berkeley. Für seinen Aufsatz »The Market for ›Lemons‹: Quality Uncertainty and the Market Mechanism« gewann er 2001 (zusammen mit Michael Spence und Joseph Stiglitz) den Nobelpreis für Wirtschaftswissenschaften. Akerlof bemüht sich schon seit 1970 darum, wieder eine psychologische Komponente in die Wirtschaftswissenschaften einzubringen. Zu seinen neueren Büchern gehören: *Animal Spirits – Wie Wirtschaft wirklich funktioniert* und *Explorations in Pragmatic Economics* sowie *Thoughts on Global Warming*. Der auf Ökologische Ökonomie spezialisierte Journalist Tom Green sprach mit ihm über das, was in der Mainstream-Ökonomie fehlt.

»DIE ÖKONOMEN SOLLTEN ANFANGEN, NORMEN UND PERSÖNLICHE BEWEGGRÜNDE IN IHRE MODELLE ZU REINTEGRIEREN«

Obwohl die Ökonomie in den letzten fünfzig Jahren entscheidende Fortschritte gemacht hat, werden wichtige Aspekte menschlichen Handelns immer noch nicht ausreichend berücksichtigt. Ich setzte mich für eine Rückkehr zu einer sinnvollen, pragmatischen Ökonomie ein. Bis vor kurzem haben vereinfachende Grundannahmen über menschliches Verhalten die ökonomische Theorie und Praxis in die Irre gehen lassen. Wir müssen unsere Modelle wieder, wie Keynes sagte, auf »unserem Wissen von der menschlichen Natur und genauer Kenntnis von Erfahrungstatsachen« aufbauen. Wir wissen ja mittlerweile, dass Menschen sich nicht immer rational verhalten. Daher sollten wir die Normen und Beweggründe, die das menschliche Verhalten prägen, in die Untersuchung wirtschaftlicher Tatbestände mit einbeziehen. Die Menschen haben eine sehr klare Vorstellung davon, wie sie selbst und andere sich verhalten sollten, auch wenn sie meist nicht wissen, woher diese Normen kommen. Die Ökonomie hat diese Art der Motivation bisher stets ausgeblendet und ist daher zu einer trockenen Wissenschaft geworden, dabei könnte sie so viel Spaß machen. Es gibt viele Fragen, zu denen diese neue Ökonomie etwas beitragen kann, und viele andere, auf die die gegenwärtige Form nur unzureichende Antworten liefert. Die Wirtschaftswissenschaftler behaupten, sie könnten Erkenntnisse liefern, doch diese sind einfach falsch.

Drehen Sie die Zeit vierzig Jahre zurück, dann werden Sie sehen, dass Motivation bei wirtschaftlichen Analysen durchaus eine Rolle spielte. Dann kam eine intellektuelle Strömung auf, die meinte, die Ökonomie verwissenschaftlichen zu müssen, indem sie alles auf das Konzept der Nutzenmaximierung zurückführte. Und plötzlich kümmerte sich niemand mehr darum, was die Menschen tatsächlich zu Entscheidungen motiviert. Die Ökonomen vereinfachten ihre Modelle immer mehr, und als Resultat haben wir eine Ökonomie, die schlechter ist, als sie sein könnte.

Modelle, die sich auf eine rein ökonomische Motivation stützen, sind unzulänglich, um so wichtige Phänomene wie die Inflation zu erklären. Es ist vor diesem Hintergrund auch schwierig, begreiflich zu machen, weshalb die Währungshüter Einfluss auf die Arbeitslosenrate und Produktion haben und wie Inflation und Arbeitslosigkeit zusammenhängen. Dasselbe gilt für viele Bereiche der Mikroökonomie. Wir können die Arbeitsweise der Institutionen nicht mehr erklären, die Ökonomie der Geschlechter und die Armut von Minderheiten – oder vielmehr das Faktum, weshalb ein hoher Prozentsatz von Angehörigen der Minderheiten arm ist.

Ein Teil dieser Probleme hat seinen Ursprung im Jahr 1953, als Milton Friedman begann, seine Ökonomenkollegen auf Modelle einzuschwören, die möglichst wenig Variablen enthielten. Die vielbeschworene »Einfachheit« machte die Modelle abhängig von dem, was wir als ökonomische Grundannahme verankert haben: dass Individuen stets Wege suchen, ihren Nutzen zu steigern. So beschränkte sich die Ökonomie fälschlicherweise nur noch auf den Konsum als Triebfeder. Doch wir sollten uns von der Vorstellung lösen, dass gesellschaftliche Normen keinen Einfluss auf das wirtschaftliche Handeln der Menschen haben.

Gesellschaftliche Normen und persönliche Beweggründe müssen wieder Eingang in die Wirtschaftswissenschaften finden. Menschen haben klare Vorstellungen davon, wie ihr Lebensunterhalt aussehen sollte. Glück resultiert weitgehend aus der Tatsache, ob es uns gelingt, unser Leben diesen Normen entsprechend zu führen. Doch die herrschende Lehre in der Ökonomie geht immer noch davon aus, dass Glück aus einer Erweiterung von Konsummöglichkeiten entsteht. Dann aber muss auch die Wirtschaft ständig weiterwachsen, damit der Konsument mehr konsumieren kann. Dieses Modell hat Mängel. Und zu diesen haben die Ökonomen beigetragen, indem sie Normen und Motivation außer Acht gelassen haben. Doch wenn die Grundbedürfnisse befriedigt sind, entsteht Glück vor allem dann, wenn wir wissen, was unseren Normen entspricht … und danach handeln.

06.

STEVE KEEN

Steve Keen ist Extraordinarius für Wirtschaft und Finanzen an der University of Western Sydney und Autor des Buchs *Debunking Economics*. Seine Blogs: debunkingeconomics.com und debtdeflation.com/blogs.

»DIE NEOKLASSISCHE ÖKONOMIE IST NICHT NUR FALSCH, SONDERN AUCH GEFÄHRLICH«

Das Wichtigste, was die globale Finanzkrise für die Wirtschaftstheorie getan hat, ist aufzuzeigen, dass die neoklassische Ökonomie nicht nur falsch ist, sondern auch gefährlich.

Sie hat diese Krise direkt herbeigeführt, indem sie den Glauben an die naturgegebene Stabilität der Marktwirtschaft in einer Weise förderte, die tatsächlich die Tendenz zur Instabilität des Systems verstärkte. Unter der falschen Grundannahme, dass jegliche Instabilität im System an Eingriffen in den Markt liege statt am Markt selbst, trat sie vehement für die Deregulierung ein und verursachte damit die dramatische Vergrößerung der Einkommensungleichheit. Ihre Vorstellung von einem Marktgleichgewicht auf den Finanzmärkten führte zur Entwicklung jener Finanzprodukte, die nun das Weiterbestehen des Kapitalismus an sich gefährden.

Gleichzeitig lenkte die neoklassische Sicht die Ökonomen von den offenkundigen Anzeichen auf die herannahende Krise ab – die Blasen auf den Märkten für Vermögenswerte und vor allem die steigende Privatverschuldung, die die Blasen finanzierte. Paradoxerweise berauschten sich, während der »perfekte Sturm« im Kapitalismus aufzog, die neoklassischen Makroökonomen an ihrem Eigenlob wegen ihrer vermeintlichen Zügelung der Inflation und des Konjunkturverlaufs, was sie dann als »Die Große Moderation« bezeichneten. Ben Bernankes Beitrag zu dem Ganzen ist es wert, ausführlich zitiert zu werden:

»... während der Phase der Niedriginflation in den beiden vergangenen Jahrzehnten gab es nicht nur einen bedeutenden Anstieg des Wirtschaftswachstums und der Produktivität, sondern auch eine deutliche Abnahme der wirtschaftlichen Volatilität ... ein Phänomen, dem man die Bezeichnung ›Große Moderation‹ gab. Es gab weniger und mildere Rezessionen und ... die Volatilität in der Produktionsmenge und bei den Arbeitsverhältnissen hat signifikant abgenommen. Die Gründe für die Große Moderation sind weiterhin strittig, aber ... es gibt Belege dafür, dass die verbesserte Inflationskontrolle maßgeblich zu diesem wünschenswerten Wirtschaftswandel beitrug ...«

Es ist nur gut, dass die Wirtschaftstheorie von einer Denkrichtung dominiert wird, die einen natürlichen Glauben an die Stabilität der Märkte besitzt, solange diese stetig wachsen – sei es durch das Wachstum der realen Produktion oder durch steigende Preise auf den Märkten für Vermögenswerte. Da können die Wirtschaftsprofessoren, die die »Postautistische Ökonomie« *(Real World Economics Review)* ausrufen, so viel über die logischen Widersprüche unseres Systems schimpfen, wie sie wollen: Sie werden vom Staat, von der Wirtschaft und vom Großteil der Öffentlichkeit ignoriert, weil sie ja offenbar nicht von Belang sind. Man kann sie sogar als Gegner des Kapitalismus bezeichnen – schlimmer noch, als Verfechter des Sozialismus –, denn den Leuten außerhalb der akademischen Welt und auch den neoklassischen Ökonomen scheint es, als würden ihre Angriffe sich nicht gegen die Wirtschaftstheorie richten, sondern gegen den Kapitalismus an sich. »Ihr glaubt, die Märkte seien instabil? Schämt euch!«

Die Geschichte ist eine gänzlich andere, wenn die Märkte für Vermögenswerte unter einem Schuldenberg zusammenbrechen und die darauf folgende Lawine die reale Wirtschaft mit in den Abgrund zu reißen droht. Nun endlich sollte es möglich sein, die Kritiker der neoklassischen Ökonomie für das zu würdigen, was wir wirklich sind: Wir sind Kritiker einer grundlegend falschen Theorie über die Funktionsweise der Marktwirtschaft und aufmerksame Entwickler einer neuen, realistischen Analyse des Wesens des Kapitalismus, seiner Auswüchse und von allem, was damit einhergeht.

Die Pädagogik verändern

Angesichts des Ausmaßes der gegenwärtigen Krise sollte die Reform der Wirtschaftstheorie und des wirtschaftswissenschaftlichen Studiums eine einfache und vordringliche Aufgabe sein. Aber so schnell wird es nicht dazu kommen. Der »unwiderstehliche Sog« der internationalen Finanzkrise ist in der Tat immens, aber ebenso immens ist das Beharrungsvermögen dieses »unverrückbaren Objekts« des ökonomischen Glaubens.

Trotz der Heftigkeit der Krise in der realen Welt werden neoklassische Wirtschaftsprofessoren weiterhin mit denselben Lehrbüchern unterrichten, die sie 2008 und davor benutzten (Faulheit ist hier ein ebenso maßgeblicher Faktor wie die ideologische Festlegung). In den Nebenfächern werden rebellische Wirtschaftsstudenten sich ermutigt fühlen, mit Ausrufen wie »Ich habe es euch doch gesagt« ihren Unmut zu bekunden, aber in den Hauptseminaren wird es so weitergehen wie bisher. In kommenden Jahren werden viele Studienanfänger der Wirtschaftswissenschaft verdattert dasitzen, während ihre Dozenten ihre Lehrbuchtheorien herunterbeten, als wäre im wirklichen Leben nicht etwas ganz anderes geschehen. Das Gleiche wird in den Fachzeitschriften passieren. Die Herausgeber des *American Economic Review* und des *Economic Journal* werden höchstwahrscheinlich nicht so bald zum Postkeynesianismus, zur Evolutionsökonomik oder zur Ökonophysik konvertieren – und erst recht nicht von neuen Herausgebern abgelöst werden, die sich das unorthodoxe Denken bereits zu eigen gemacht haben. Der Kampf gegen die neoklassische Lehrmeinung wird an den Universitäten lang und beschwerlich sein, obwohl man ihr Versagen sogar in der nichtakademischen Welt erkennt.

Vieles von dem liegt daran, dass die neoklassischen Ökonomen hinsichtlich ihrer Rolle bei der Verursachung der Krise völlig naiv sind. Sie begründen die Krise mit übermäßiger Regulierung und staatlichen Eingriffen, die man besser dem Markt überlassen hätte. Aspekte der Krise, die sich nicht allein auf diese Ursachen zurückführen lassen, handelt man schnell ab, indem man sich auf die Idealisierungen der neoklassischen Theorie beruft. Den Betrug mit »Subprime«-Hypotheken zum Beispiel, den Ursprung der Bankenkrise, stellt man als etwas dar, was sich leicht mit der Theorie der asymmetrischen Information erklären ließe.

Die Vertreter der Lehrmeinung glauben ernsthaft, dass die Krise nicht die Abschaffung der neoklassischen Ökonomie, sondern eine größere Verbreitung ihrer Lehre erforderlich machte. Der bloße Gedanke, dass sie womöglich etwas verändern müssten oder dass die neoklassische Theorie gar grundlegend falsch sein könnte, erscheint ihnen ungeheuerlich.

In diesem Sinne sind sie wie die Maxwell'schen Physiker, über die Max Planck bemerkte, »eine neue wissenschaftliche Wahrheit triumphiert nicht dadurch, dass man ihre Gegner von ihr überzeugt, sondern dass die Gegner irgendwann sterben und eine neue Generation nachwächst, die mit der Wahrheit bereits vertraut ist«.

Aber verglichen mit der Wirtschaftswissenschaft ist die Physik vom Glück gesegnet, denn sie ist ihrem Wesen nach eine empirische Disziplin, und die Quantenmechanik lieferte die einzige Erklärung für das empirisch quantifizierbare Schwarzkörperproblem. Plancks Zuversicht, dass eine neue Generation den Platz der alten einnehmen würde, war deshalb wohlbegründet. In der Wirtschaftswissenschaft hingegen wird die alte neoklassische Garde sich nicht nur jeglichem Wandel widersetzen, sondern sie könnte, falls die Wirtschaftslage sich einigermaßen beruhigt, sogar eine neue Generation hervorbringen, die die neoklassische Interpretation der Krise akzeptiert. Auf genau diese Weise kam der Erfolg der keynesianischen Konterrevolution zustande, und deshalb sind wir in diese Krise mit einem noch rabiateren Neoklassizismus hineingeschlittert, als er Keynes in den dreißiger Jahren entgegenschlug.

Das Erste, was die globale Finanzkrise deshalb bewirken sollte, ist, Studentenproteste gegen den Mangel an Debatten innerhalb der Wirtschaftswissenschaft zu entfachen, denn andersdenkende akademische Ökonomen werden ohne massive Studentenhilfe nicht imstande sein, die Studieninhalte der Wirtschaftswissenschaft zu verändern.

Ich spreche aus eigener Erfahrung, denn ich war einer von vielen Studenten, die Anfang der siebziger Jahre an der Universität von Sydney gegen die neoklassische Ökonomie protestierten und sich für die Gründung eines Fachbereichs für politische Ökonomie einsetzten. Ohne die Studentenproteste wäre der Teil der Uni-Belegschaft, der gegen die neoklassische Ökonomie war, nicht imstande gewesen, die Neuerungen herbeizuführen.

Obwohl wir die Schlacht an der Uni gewannen, verloren wir den Krieg. Die Konjunkturflaute Mitte der siebziger Jahre führte zur Niederlage dessen, was Joan Robinson treffend »Halbblut-Keynesianismus« jener Ära nannte, und zu seiner Ablösung durch Friedmans Monetarismus. Auch damals bezeichnete man unsere Proteste fälschlicherweise als antikapitalistisch. Obwohl viele von uns tatsächlich eine antikapitalistische Gesinnung besaßen, galten die Proteste aber einer schlechten Theorie über die Funktionsweise des Kapitalismus, nicht dem Kapitalismus selbst.

Eine ähnliche Geschichte kann man heute bei der postautistischen Bewegung beobachten, wo sich die studentische Unzufriedenheit mit der neoklassischen Ökonomie in Frankreich zu einer globalen Bewegung ausgeweitet hat. Obwohl die Bewegung anfangs großen Wirbel entfachte, blieb die neoklassische Dominanz im Wirtschaftsstudium unvermindert erhalten. Die Bewegung blieb bestehen, aber man betrachtete sie als nicht relevant für die reale Wirtschaft, weil die Konjunktur gerade einen Aufschwung erlebte. Heute, wo die Weltwirtschaft in einer dramatischen Krise steckt, ist erneut studentischer Druck gefragt, um endlich einen Wandel in der wirtschaftswissenschaftlichen Ausbildung herbeizuführen. Aber dazu ist auch Druck aus der Wirtschaft nötig. Bisher herrscht dort nämlich der etwas naive Glaube vor, ihre Verbündeten in der akademischen Welt seien diejenigen, die das gängige System billigen, und ihre Feinde seien die Kritiker. Ich hoffe, die gegenwärtige Krise bringt die Wirtschaft zu der Erkenntnis, dass ihre wahren Verbündeten an den Universitäten diejenigen sind, die das Marktsystem tatsächlich verstehen, ob sie es nun kritisieren oder lobpreisen. Sosehr wir studentische Proteste gegen die wirtschaftswissenschaftliche Lehre brauchen, so sehr brauchen wir den Druck der Wirtschaft auf die Wirtschaftsfakultäten, wenn die Lehrpläne aufgrund der Krise revidiert werden sollen.

Neuausrichtung der Wirtschaftswissenschaft

Dem pädagogischen Druck von Seiten der Studenten und Teilen der Öffentlichkeit muss die beschleunigte Entwicklung von Alternativen zur neoklassischen Ökonomie folgen. Obgleich wir heute viel mehr über die naturgegebenen Mängel des alten Modells wissen als zu Zeiten der Weltwirtschaftskrise, liegt die Entwicklung einer echten Alternative in weiter Ferne. Es gibt verschiedene alternative Denkmodelle – vom Postkeynesianismus zur Evolutionsökonomik, zum Behaviorismus und zur Ökonophysik –, aber diese Modelle sind nicht weit genug entwickelt, um angewendet werden zu können.

Das sollte uns nicht davon abhalten, den neoklassischen Ansatz über Bord zu werfen. Wir werden es für eine geraume Zeitspanne akzeptieren müssen – besonders solange die reale Wirtschaft in Aufruhr ist –, dass es in der Lehre und Erforschung der Wirtschaftswissenschaft ein hartnäckiges Gezerre gibt. An Teilen eines gescheiterten Paradigmas festzuhalten, nur weil es Komponenten enthält, die anderen Modellen fehlen, wäre ein tragischer Fehler, denn aus genau diesen Überbleibseln könnte die neoklassische Sicht zu neuer Blüte gelangen, wenn – oder eher falls – die Marktwirtschaft die Krise übersteht.

Die Verwerfung der neoklassischen Mikroökonomik in ihrer Gesamtheit sollte hierbei der Schlüssel sein. Das war die fehlende Komponente bei Keynes' Revolution. Obwohl er versuchte, makroökonomische Konventionen wie das Say'sche Theorem umzustoßen, akzeptierte er nicht nur weiterhin die mikroökonomischen Konzepte wie das des uneingeschränkten freien Wettbewerbs, sondern auch ihre ungerechtfertigte Projektion auf makroökonomische Bereiche.

Wegen dieser nicht erfolgten Verwerfung der mikroökonomischen Grundlagen des neoklassischen Modells aus der Wirtschaftswissenschaft nach der Weltwirtschaftskrise entstand die Debatte um die »mikroökonomische Fundierung der Makroökonomik«, die letztendlich zu einem makroökonomischen Modell der repräsentativen Akteure mit rationalen Erwartungen führte, in dem man die Wirtschaft als einzelnes, Nutzen maximierendes Subjekt abbildet, das mit einer allumfassenden Kenntnis der Zukunft gesegnet ist.

Glücklicherweise liefert die Verhaltensökonomik die Anfänge einer alternativen Vision davon, wie der Einzelne in einer Marktumgebung agieren kann, während akteurbasierte Modelle und die Netzwerktheorie uns die Grundlagen zum Verständnis von Gruppendynamiken in einer komplexen Gesellschaft geben. Sie heben ausdrücklich das hervor, was die neoklassische Ökonomie lieber übersah: dass die Anhäufung heterogener Individuen zu einer Emergenz von Gruppeneigenschaften führt, die sich nicht auf das Verhalten einer repräsentativen Einzelperson reduzieren lassen. Diese Ansätze sollten die neoklassische Mikroökonomie vollständig ersetzen.

Die Veränderungen der Wirtschaftstheorie jenseits der Mikroebene implizieren die Totalrevision der neoklassischen Sicht. Der entscheidende erste Schritt dabei ist, von der Gleichgewichtsbesessenheit abzulassen.

Der Zwang, dynamische Prozesse so abzubilden, als wäre das System fortwährend im Gleichgewicht, ist wahrscheinlich der wichtigste Grund für das intellektuelle Versagen der neoklassischen Ökonomie. Die Mathematik, Wissenschaft und das Ingenieuerwesen haben schon vor langer Zeit Werkzeuge entwickelt, um im Ungleichgewicht ablaufende Prozesse abzubilden, und dieses dynamische Denken sollte auch für Ökonomen selbstverständlich werden.

Ein entscheidender pädagogischer Schritt besteht darin, den mathematischen Teil der Wirtschaftswissenschaft den Mathematikfachbereichen zu überlassen. Eine spezifische ökonomisch-mathematische Ausbildung in der Wirtschaftswissenschaft sollte, wenn überhaupt, erst dann erfolgen, wenn die Studenten zumindest die grundlegende Infinitesimalrechnung, Algebra und Differenzialgleichungen gelernt haben – wobei Letzteres etwas ist, wovon Ökonomen jeder Couleur jämmerlich wenig verstehen. Dies erklärt auch, warum neoklassische Ökonomen so besessen von ihrer Beweisführung sind und warum es, wie Graziani bemerkt, nichtneoklassischen Ökonomen wie jenen der Circuit School so schwer fällt, ihre ausgezeichneten Ideen über Kreditschöpfung in kohärente dynamische Modelle einer monetären Produktionswirtschaft umzuwandeln.

Die neoklassische Ökonomie hat sich erfolgreich von den großen Fortschritten abgeschirmt, die während der letzten vierzig Jahre in diesen einzigartigen Wissenschaften erzielt wurden, sodass ihre Konzepte zwar schwierig anmuten, aber geradezu niedlich erscheinen, verglichen mit der Ausgereiftheit der Ergebnisse, die heute in der Mathematik, dem Ingenieurwesen, der Computerwissenschaft, der Evolutionsbiologie und der Physik vorliegen. Diese Isolation muss enden, und die Wirtschaftswissenschaft muss für geraume Zeit kleine Brötchen backen und von diesen Disziplinen lernen, die sie so lange geflissentlich ignoriert hat. Einige Forscher aus diesen Feldern haben dazu aufgerufen, die traditionellen Lehrpläne der Wirtschaftswissenschaft vollständig durch die Grundbausteine des modernen Denkens dieser Disziplinen zu ersetzen, und im Licht der Katastrophe, die die Ökonomen über die reale Welt gebracht haben, sind ihre Argumente von immensem Gewicht.

Zum Beispiel entgegnete der Physiker Joe McCauley als Antwort auf einen kritischen Aufsatz über die Trends in der Ökonophysik, dass einige der Einwände zwar berechtigt, die Probleme der realen Wirtschaft aber viel schwerwiegender seien. Daher schlug er vor, dass:

die Wirtschaftsprofessoren ihre Lehrpläne überarbeiten und die Lehre folgender Themen fordern sollten: Infinitesimalrechnung bis zum Fortgeschrittenengrad, gewöhnliche Differenzialgleichung, partielle Differenzialgleichung (einschließlich der Green'schen Funktionen), klassische Mechanik bis zur modernen nichtlinearen Dynamik, statistische Physik, stochastische Prozesse (einschließlich der Lösung der Smoluchowski-Fokker-Planck-Gleichungen), maschinelle Programmierung und, als Gipfel der Komplexität, Zellbiologie. Die Unterrichtszeit dafür lässt sich durch die Streichung von Seminaren in Mikro- und Makroökonomie gewinnen. Auf diese Weise müssen die Studenten einen viel anspruchsvolleren Lehrstoff bewältigen, und wer das durchsteht, wird am Ende zu den Gewinnern zählen. Das dürfte dann auch für die gesamte Gesellschaft gelten.

Die neue Wirtschaftstheorie, die allmählich aus dem Ablassen von der neoklassischen Ökonomie und der grundlegenden Übernahme dynamischer Methoden hervortreten sollte, wird sich – viel mehr, als die neoklassische Theorie es je könnte – Marshalls Maxime annähern, dass »das Mekka der Ökonomen eher in der ökonomischen Biologie liegt als in der ökonomischen Dynamik«. Wie Thorstein Veblen bereits vor mehr als einem Jahrhundert richtigerweise mutmaßte, ist der Umstand, dass die Wirtschaftswissenschaft keine evolutionäre Wissenschaft wurde, dem Bemühen um die Optimierung der Strukturen des zugrunde liegenden Paradigmas geschuldet, welches naturgegeben im genauen Gegensatz zum Prozess des evolutionären Wandels steht. Von allen Gründen ist es im Besonderen dieser, warum das neoklassische Mantra, dass man die Wirtschaft als das Resultat der Entscheidungen nutzenmaximierender Wirtschaftssubjekte betrachten müsse, abzulehnen ist.

Auch muss die Wirtschaftswissenschaft eine im Grunde monetäre Disziplin werden, von der Betrachtungsweise, wie Individuen Marktentscheidungen treffen, bis hin zu unserer Auffassung der Makroökonomie. Man muss mit dem Mythos der »Geldillusion« (der nur in einer schuldenfreien Welt wahr sein kann) Schluss machen, während unsere Makroökonomie die einer Geldwirtschaft sein muss, in der nominale Größen zählen – eben weil sie die Verbindung zwischen dem aktuellen Produktionswert und der Finanzierung akkumulierter Schulden darstellen. Die Gefahren einer exzessiven Verschuldung und Deflation lassen sich aus neoklassischer Perspektive einfach nicht begreifen, und hierdurch erklärt sich auch die Unfähigkeit dieses Modells, Fishers vorausschauende Warnungen zu beherzigen; nur wenigen Leuten ist klar, dass die von Friedman in seinem Aufsatz »Optimum Quantity of Money« als ideal erachtete Inflationsrate bei einer Preisentwicklung von minus fünf Prozent pro Jahr und »vielleicht mehr« liegt.

Zudem muss die Wirtschaftstheorie grundlegend empirisch werden, im Gegensatz zum unechten Empirismus der Ökonometrie. Hiermit meine ich, dass sie sich zuallererst auf Wirtschafts- und Finanzdaten stützen und die Wirtschaftsgeschichte respektieren muss, ein Thema, das aus den Wirtschaftsfachbereichen rund um die Welt verbannt wurde. Man sollte sie unbedingt wieder in die Lehrpläne aufnehmen. Namen, die gegenwärtig in den Ökonomieseminaren fehlen (Marx, Veblen, Keynes, Fisher, Kalecki, Schumpeter, Misky, Sraffa, Goodwin, um nur einige zu nennen), sollten dort regelmäßig genannt werden.

Ironischerweise kam einer der eindringlichsten Aufrufe zu einer Fokussierung auf empirische Daten ohne ökonomischen Tunnelblick von zwei der engagiertesten neoklassischen Autoren, Finn Kydland und Edward Prescott, den Nobelpreisträgern von 2004. Sie schrieben, dass »das Mitteilen von Fakten – ohne dass die Daten einem Wahrscheinlichkeitsmodell entstammen – eine wichtige wissenschaftliche Tätigkeit ist. Wir sehen keinen Grund dafür, dass die Wirtschaftswissenschaft hier eine Ausnahme bilden sollte.« Das Versäumnis der beiden, ihren eigenen Ansprüchen gerecht zu werden, sollte man in der postneoklassischen Ökonomie nicht wiederholen.

07.

HERMAN DALY

Herman Daly ist ehemaliger Weltbankökonom und Professor an der School of Public Policy der Universität Maryland. Er ist Mitbegründer der heterodoxen Zeitschrift *Ecological Economics*. 1996 erhielt er den Right Livelihood Award, den »alternativen Nobelpreis«.

»ES IST BLINDE ARROGANZ, WEITERHIN ZU PREDIGEN, GESAMTWIRTSCHAFTLICHES WACHSTUM SEI DIE LÖSUNG UNSERER PROBLEME«

Die Erde als Ganzes befindet sich in einem homöostatischen Gleichgewicht. Weder die Masse der Erde noch ihre Oberfläche wächst oder schrumpft. Der Zufluss von Strahlenenergie entspricht dem Abfluss. (Der Treibhauseffekt hat den Abfluss verlangsamt, der daraus resultierende Temperaturanstieg aber lässt ihn wieder steigen.) Die Materialaufnahme aus dem Raum entspricht in etwa dem Materialabfluss (beides ist vernachlässigbar). Das heißt aber nicht, dass sich auf der Erde nichts tut. Im Innern eines Fließgleichgewichtssystems geschieht eine ganze Menge, ebendas gilt auch für die Erde.

Der auffälligste Wandel der letzten Zeit ist das massive Anwachsen eines Subsystems der Erde, nämlich der Wirtschaft, im Vergleich zum Gesamtsystem, der Ökosphäre. Dieser Wandel von einer »leeren« zu einer »vollen« Welt ist ganz sicher etwas »Neues unter der Sonne«, wie der Historiker J. R. McNeil es in seinem Buch mit dem gleichnamigen Titel beschreibt. Je mehr die Wirtschaft sich aber der Größe der Erde anpasst, desto mehr muss sie dem physikalischen Verhalten der Erde Rechnung tragen. Dieses Verhalten ist das eines Fließgleichgewichts – ein System, das qualitative Veränderungen erlaubt, ohne dass es zum Größenwachstum des Gesamtsystems kommt. Wachstum heißt: mehr vom selben. Entwicklung heißt: mehr von etwas Besserem (oder zumindest anderem). Die verbleibende natürliche Welt ist nicht mehr in der Lage, Quellen und Abflüsse für den »Stoffwechseldurchsatz« des existierenden Systems zu schaffen, für ein noch wachsendes noch viel weniger. Die Ökonomen haben sich sozusagen zu sehr auf den wirtschaftlichen Kreislauf konzentriert, den Verdauungstrakt aber außer Acht gelassen. Wenn der Durchsatz steigt, heißt dies, dass mehr von derselben Nahrung durch einen noch größeren Verdauungstrakt muss. Die Wirtschaft hat sich also an die Regeln des homöostatischen Gleichgewichts zu halten – und qualitative Entwicklung zu fördern statt quantitatives Wachstum. Die Berechnung des BIP lässt beides verschmelzen.

Wir leben seit 200 Jahren in einer Wachstumsökonomie. Daher fällt uns die Vorstellung einer Steady-State-Ökonomie (SSE) schwer, obwohl die Menschheit jahrhundertelang ohne nennenswertes Wirtschaftswachstum gelebt hat. Manche glauben, in einer Wirtschaft ohne Wachstum würden sie unter kommunistischer Tyrannei in Kälte und Finsternis darben. Andere denken, irgendwelche technologischen Verbesserungen (in der Energieeffizienz oder im Recycling) führen dazu, dass die Umstellung für uns alle zum (profitablen) Riesenspaß wird.

Doch egal, ob es einfach oder schwer wird, wir müssen uns an die Idee einer Wirtschaft ohne Wachstum gewöhnen, weil wir so nicht weitermachen können. Das sogenannte »wirtschaftliche« Wachstum ist ohnehin längst unwirtschaftlich geworden. Die Wachstumsökonomie geht unter. Anders ausgedrückt: Die quantitive Expansion des wirtschaftlichen Subsystems lässt Umwelt- und Sozialbelastung viel schneller ansteigen als Produktionsfortschritte. Es macht uns ärmer statt reicher, zumindest was die Länder mit hohem Konsum angeht. Nach den Gesetzen des abnehmenden Grenznutzens und der ansteigenden Grenzkosten ist dies auch keine Überraschung. Und neue Technologien verschärfen das Problem häufig noch. Bleitetraethyl zum Beispiel erhöhte die Klopffestigkeit von Benzin, hatte aber zur Folge, dass ein giftiges Schwermetall ungehindert in die Biosphäre entwich. Chlor- und Fluorkohlenwasserstoffe sind nichtgiftige Treib- und Kühlmittel, doch sie haben uns das Ozonloch beschert und eine Zunahme an ultravioletter Strahlung. Aber wir sehen nicht, wie das Wachstum Kosten schneller ansteigen lässt als den Nutzen, weil diese Kosten in der volkswirtschaftlichen Gesamtbilanz nicht ausgewiesen werden. In der Kalkulation des BIP wird beides unterschiedslos vermengt.

Ökologische Ökonomen haben den empirischen Nachweis geliefert, dass Wachstum in Ländern mit hohem Konsum bereits unwirtschaftlich geworden ist. Da die neoklassische Ökonomie den Beweis schuldig bleibt, dass Wachstum – als Durchsatz oder BIP – uns Nutzen bringt statt Schaden, ist es nur blinde Arroganz von ihrer Seite, weiterhin zu predigen, dass gesamtwirtschaftliches Wachstum die Lösung unserer Probleme sei. Ja, viele unserer Probleme (Armut, Arbeitslosigkeit, Umweltverschmutzung) wären einfacher zu lösen, wenn wir reicher wären – doch darum geht es nicht. Es geht vielmehr um Fragen wie: Macht uns die Steigerung des BIP wirklich wohlhabender? Oder macht sie uns nicht vielmehr arm?

Vor kurzem erklärte Professor Rod Smith vom Imperial College bei einem Vortrag vor der Royal Academy of Engineering, eine Wachstumsrate von drei Prozent bedeute, dass sich die Wirtschaftstätigkeit alle 23 Jahre verdoppelt. Bei einer Rate von zehn Prozent braucht es dazu nur sieben Jahre. Das wussten wir. Doch Smith führte den Gedanken noch weiter. Mit einer Reihe von Gleichungen demonstrierte er, dass »jede folgende Verdoppelungsperiode so viel Ressourcen verbraucht wie alle vorherigen Verdoppelungsperioden zusammengenommen«. In anderen Worten: *Wenn unsere Wirtschaft von jetzt an bis 2040 um jährlich 3 Prozent wächst, verbrauchen wir in dieser Zeit ebenso viele Ressourcen wie in der Zeit davor, seit der Mensch den aufrechten Gang gelernt hat.* Als ich das hörte, wurde mir zum ersten Mal klar, womit wir zu kämpfen haben.

Dave Oswald Mitchell, *Briarpatch*

HEY, HERR PROFESSOR:

Was halten Sie von Herman Dalys Idee einer Wirtschaft ohne Wachstum?

TED TRAINER

Ted Trainer ist Dozent an der University of New South Wales.

»NULL WACHSTUM HAT ZUTIEFST RADIKALE AUSWIRKUNGEN«

Das Wachstumsproblem besteht nicht allein darin, dass die Wirtschaft zu groß geworden ist, dass sie Raubbau an unseren Ressourcen betreibt, die Ökosysteme schädigt und irgendwann zerstört. Das zentralere Problem ist, dass Wachstum ein integraler Bestandteil unseres Wirtschaftssystems ist. Dessen Grundstrukturen und Mechanismen werden vom Wachstum angetrieben und können ohne es nicht funktionieren. Man kann das Wachstum nicht einfach entfernen und den Rest der Wirtschaft mehr oder weniger so belassen, wie er ist. Leider neigen die Anhänger der Bewegung zur Wachstumsabschaffung zu der Fehlannahme, Wachstum sei wie eine defekte Klimaanlage im Haus, die man nur ausbauen müsse, und der Rest des Hauses werde mehr oder weniger so weiterfunktionieren wie bisher.

Falls man das Wachstum abschaffte, könnte es keine Zinszahlungen mehr geben. Solange mehr zurückgezahlt werden muss, als geliehen oder investiert wurde, steigt der Gesamtbetrag des Investitionskapitals unweigerlich an. Die jetzige Wirtschaftsform lebt buchstäblich von Zinszahlungen der einen oder anderen Art – eine zinslose Ökonomie müsste völlig andere Funktionsmechanismen haben. Deshalb gehört die gesamte Finanzindustrie abgeschafft und muss durch ein System ersetzt werden, in dem Geld zur Verfügung gestellt wird, das heißt geliehen, investiert und so weiter, ohne den Reichtum des Verleihers zu mehren. Den meisten Ökonomen, Politikern und Normalbürgern ist dies unvorstellbar.

Die gegenwärtige Wirtschaftsform wird vom Streben nach Reichtum angetrieben. Dieses Motiv stellt sicher, dass man energisch nach neuen Optionen sucht, Risiken eingeht, baut und entwickelt usf. Die Alternative dazu bestünde darin, dass all diese Handlungen durch die kollektive Anstrengung motiviert werden herauszufinden, was die Gesellschaft benötigt, und die Entwicklung und Produktion dieser Dinge zu organisieren. Das erfordert eine völlig andere Weltsicht und neue Antriebsmechanismen. Eine solche Gesellschaft müsste auf anderem Wege gewährleisten, dass es auch weiterhin Innovationen, unternehmerische Initiative und Risikobereitschaft gibt.

Auf den Finanzmärkten geht es um Maximierung, es geht darum, durch Produktion, Verkauf und Investition möglichst viel Geld zu machen, das dann von Neuem investiert wird, um noch mehr Geld zu machen. Mit anderen Worten: Es besteht ein untrennbarer Zusammenhang zwischen Wachstum, Marktsystem und dem Akkumulationsimperativ des Kapitalismus. Wenn wir das Wachstum abschaffen wollen, müssen wir das ganze Marktsystem abschaffen.

Diese Veränderungen können nur dann erfolgen, wenn ein tiefgreifender soziokultureller Wandel einsetzt, bei dem es um nichts Geringeres geht, als vom Profitstreben abzulassen. Seit mehr als 200 Jahren dreht sich in unseren westlichen Gesellschaften alles um die Jagd nach Reichtum und Besitz. Sie ist für Unternehmen wie für Individuen die Triebfeder für jegliche wirtschaftliche Aktivität – und Kern nationaler Politik. Menschen arbeiten, um so viel Geld wie möglich zu verdienen. Firmen streben nach größtmöglichem Profit und wollen so groß wie möglich werden. Aktionäre handeln mit Wertpapieren, um noch reicher zu werden, als sie ohnehin schon sind. Nationen streben fortwährend danach, ihren Reichtum zu mehren.

Der soziokulturelle Übergang zur Null-Wachstum-Ökonomie würde die Umstrukturierung einer Mentalität erfordern, die seit Jahrhunderten die Triebfeder der westlichen Kultur gewesen ist.

09.

BERNARD STIEGLER

»DAS KONSUMMODELL HAT SEINE GRENZEN ERREICHT«

Bernard Stiegler bildete sich autodidaktisch als Philosoph, während er von 1978 bis 1983 wegen bewaffneten Raubes im Gefängnis saß. Seitdem gehört er zu den führenden französischen Technikphilosophen. Der Artikel wurde seinem jüngsten Buch *For a New Critique of Political Economy* entnommen.

Wer eine Politik der Konsumanreize als Königsweg zur wirtschaftlichen Erholung versteht, will über das Ende des Konsummodells meist nichts hören. Doch auch etwaige Anhänger der Investitionspolitik sind auf die Vorstellung vom Ende des Konsums meist nicht gut zu sprechen. Die französische Version der investitionsorientierten Politik jedenfalls bringt dann immer das Argument, der Konsum ließe sich am besten stützen, indem man Investitionen fördert, die wiederum die »Profitabilität« stützen. Dadurch werde der Unternehmergeist gekitzelt und zu neuen Taten verlockt. Doch diese neuen Taten gründen dann ihrerseits auf den alten Prinzipien von Konsum und einer vom Markt stimulierten Produktion.

In anderen Worten: Keine wie auch immer geartete Investmentpolitik wäre fähig, Lehren zu ziehen aus dem Zusammenbruch eines Industriemodells, dessen Herzblut das Erdöl, dessen Auswüchse Autos und Autobahnen bis hin zum Hertz'schen Netzwerk der Kulturindustrien sind. Diese Trias hat bis vor kurzem die Basis für das Konsummodell geliefert und ist doch heute obsolet geworden, was im Herbst 2008 nur allzu deutlich wurde. Offen gesagt ist eine solche »Investition« überhaupt keine Investition: Ganz im Gegenteil handelt es sich dabei um eine Desinvestition, eine Verzichtserklärung, bei der man den Kopf in den Sand steckt.

Die angebliche »Investitionspolitik«, die nur zum Ziel hat, das Konsummodell zu restaurieren, ist nichts weiter als die Umsetzung einer todgeweihten Ideologie. Ein verzweifelter Versuch, die Lebensdauer eines Modells zu verlängern, das längst den Selbstzerstörungsknopf gedrückt hat, weil es sich stets weigerte anzuerkennen, dass das Konsummodell für uns extrem giftig ist (und zwar weit toxischer als alle »giftigen Papiere« unserer Banken), weil es an seine Grenzen stößt. Mit diesem Verdrängungsmechanismus versucht man, die kolossalen Profite all jener, die auf der Giftklaviatur des Konsummodells spielen können, so lange wie möglich am Fließen zu halten.

Das Konsummodell hat seine Grenzen erreicht, weil es per se kurzfristig angelegt ist. Es hat eine systemische Dummheit entstehen lassen, die verhindert, dass sich daraus ein langfristiges Modell entwickelt. Eine solche »Investition« ist in keiner Hinsicht Investition, wenn man von der schieren Bilanzbuchhaltung einmal absieht: Es ist schlicht und simpel der Versuch, den Status quo wiederherzustellen, die industrielle Landschaft wiederaufzubauen, ohne ihre Struktur zu verändern oder gar ihre Grundprinzipien, alles in der Hoffnung, ein Einkommensniveau zu bewahren, das bislang möglich war.

So sieht also die Hoffnung aus. Doch das ist die Hoffnung von Menschen, deren Kopf tief im Sand steckt. Denn der wahre Kern der Diskussion, die von der Krise angestoßen wurde, ist doch, wie wir diese ökonomische Kurzatmigkeit überwinden, in die das Konsummodell uns geführt hat, weil es jede echte Investition sabotiert, eine Investition in die Zukunft nämlich. Diese Kurzatmigkeit hat systematisch und keineswegs zufällig den Verfall des Gedankens der Investition herbeigeführt, die sich in reine Spekulation verwandelt hat.

Ob wir nun den Konsum und die ökonomische Maschinerie, wie sie ist, stimulieren müssen, um einer noch größeren wirtschaftlichen Katastrophe vorzubeugen und die krisenbedingte soziale Ungerechtigkeit abzufedern, ist eine ebenso legitime wie drängende Frage, solange die Politik die Situation nicht mit Milliarden und Abermilliarden Euro oder Dollar verschärft und gleichzeitig das eigentliche Problem vernebelt: wie wir es nämlich schaffen, die Vision und den politischen Willen zu erzeugen, uns von unserem ökonomisch-politischen Konsumkomplex abzuwenden und eine völlig neue Art der Investition zu fördern. Diese neue Art der Investition muss ein sozialer und politischer Akt sein, inspiriert von der Sorge ums Gemeinwohl, einer Art der Freundschaft, die Aristoteles als *philía* bezeichnete. Diese wäre die Basis einer neuen Idee der wirtschaftlichen Investition.

Ganz offensichtlich besteht ein gewisser Widerspruch zwischen der absoluten Notwendigkeit, die aktuelle Krise zu lösen, um eine globale Weltwirtschaftskrise mit den entsprechenden Verwerfungen und militärischen Konflikten zu verhindern, und der absoluten Dringlichkeit, ein Modell zu finden, in dem der politische und soziale Wille zur Umkehr uns eine Zukunft ermöglichen. Doch dieser Widerspruch ist typisch für die Phase, in der ein dynamisches System (in diesem Falle das industrielle und globalkapitalistische System) sich zu wandeln beginnt.

Fälschlicherweise denkt man häufig, Wirtschaftswachstum sei gleichbedeutend mit Wohlstand. Je schneller wir unsere Wälder abholzen und unsere Meere leer fischen, desto stärker wächst das BIP. Sogar Verbrechen, Kriege, Krankheiten und Naturkatastrophen lassen das BIP ansteigen, einfach weil wegen dieser Schicksalsschläge Geld ausgegeben werden muss ... Wir müssen unsere wachstumsbasierte Wirtschaft so umbauen, dass wir unsere Ressourcen effizient nutzen und in Harmonie mit der Natur leben. Wir müssen eine Welt am Rande des klimatischen und finanziellen Zusammenbruchs nicht als unvermeidbar akzeptieren.

Jigme Thinley, Premierminister von Bhutan

Hey, ihr Gewissenlosen da draußen!

Das Wachstumscredo in Frage zu stellen war einst pure Häresie. Hier hat sich etwas geändert. Welcher Ökonom kann heute noch behaupten, grenzenloses Wachstum in einer begrenzten Welt sei möglich? Die Zeit ist reif für eine andere Wahrheit: Der Gott des Wachstums ist tot. Wir stehen am Beginn einer geistigen Revolution, die für die Ökonomie sein wird, was Luther für die Christenheit war, Bacon für die Naturwissenschaft und Nietzsche für die Philosophie. Unsere couragiertesten Denker suchen nach neuen Wegen: Wie können wir den Haushalt unseres Planeten nachhaltig gestalten? Wie können sieben, bald zehn Milliarden Menschen, wie können künftige Generationen auf der Erde leben und glücklich sein, ohne Gaia zugrunde zu richten?

10.

BRIAN DAVEY

Brian Davey lebt als freischaffender Umweltökonom im englischen Nottingham.

»VIELLEICHT KÖNNEN WIR EINE GESELLSCHAFT HERVORBRINGEN, IN DER DAS ›GUTE LEBEN‹ MÖGLICH IST«

Als ich im Jahr 2011 zwei Wochen im Voraus einen Platz für die Beyond-Growth-Konferenz in Berlin buchte, war dies problemlos möglich. Man erwartete nur tausend Teilnehmer. Bei der Abschlussveranstaltung am 22. Mai verkündeten die Organisatoren dann zur allgemeinen Verblüffung, dass 2500 Menschen an der Konferenz teilgenommen hätten – eine ungewöhnlich hohe Zahl für eine Veranstaltung, bei der es um angeblich radikale Ideen ging.

Dies offenbart, dass das Post-Wachstums-Denken in Deutschland angekommen ist, und es wäre verwunderlich, wenn daraus nicht bald eine maßgebliche politische Kraft entstünde. Mehr als fünfzig Organisationen haben die Konferenz unterstützt, finanziert und promotet – darunter mehrere führende Thinktanks und Stiftungen. Es war eine richtungsweisende Konvergenz.

Der Gastgeber Attac (ein Akronym [aus dem Französischen] für »Vereinigung zur Besteuerung von Finanztransaktionen im Interesse der BürgerInnen«) gewinnt in ganz Europa an Zulauf. Seit Jahren schließen sich ihnen vor allem Akademiker an, die als Globalisierungskritiker Ideen für soziale Gerechtigkeit und Ökologie entwickeln. Bei Attac sind die verschiedensten politischen Lager vertreten, von ultralinks bis zu Post-Wachstums-Grün. Attac gelang es, die europäischen Gewerkschaften einzubinden; viele davon waren durchgehend an den Diskussionen beteiligt. Bis vor einigen Jahren war es noch schwierig, die unterschiedlichen Positionen der Grünen und der Sozialisten in Sachen Umweltpolitik zu überwinden. Das Gleiche galt für diverse Meinungsverschiedenheiten zwischen Linken und Gewerkschaften. Aber Attac, wo man Meinungsvielfalt willkommen heißt, gelang es, die unterschiedlichen Lager auf eine Linie einzuschwören. Zwar gibt es immer noch ungleiche Auffassungen, doch sie führen nicht mehr zu erbitterten Kämpfen, und nun herrscht Konsens darüber, dass man die sozialen und ökologischen Probleme nur gemeinsam lösen kann.

Der Reichtum der Wachstumsumkehr

Vandana Shiva eröffnete die Konferenz und erklärte in ihrer Rede ausdrücklich, dass das indische Wachstum auf einer Vielzahl destruktiver Praktiken und Prozesse beruhe. Ihr Hauptpunkt war, dass das Wachstum nur ein Maß der finanziellen Aktivität sei, nicht des Wohlergehens. Wenn man betrachte, was in Indien geschehe, erkenne man, dass die Presswehen der wirtschaftlichen Entwicklung die Machtlosesten schädigten und durch Ungleichverteilung eine weitere Polarisierung herbeiführten. Wachstum sei nicht die Antwort, sagte Vandana Shiva. Ein anderes Entwicklungsmodell sei nötig – eines, das sozial gerecht und ökologisch vernünftig ist. Was dieses alternative Modell für den Süden sein kann oder sein sollte, war eines der Hauptthemen. Besonders interessant waren Stimmen und Ideen aus Ecuador und Bolivien, vor allem die Vorstellung vom *Buen Vivir* – vom »Guten Leben«. Dessen Grundlagen sind die Kosmologie, Philosophie, Kultur und die wirtschaftspolitischen Ansichten der indigenen Bevölkerung der Andenregion, deren Denken nach Jahrhunderten der Verdrängung wieder einen prägenden Einfluss ausübt.

Buen Vivir – eine Vision für die Zukunft?

Die indigene Bevölkerung der Anden besitzt bereits eine Alternative zum Wachstum. Es ist ihre traditionelle Vorstellung vom *Sumak Kawsay*, ein Quecha-Ausdruck, der im Spanischen mit »Buen Vivir« übersetzt wird. Beim Sumak Kawsay steht die Beziehung des Menschen zur Natur absolut im Mittelpunkt. Diese Haltung existierte bereits vor der Phase des Kolonialismus und der Entwicklung der Extraktionsindustrien und Monokulturplantagen. Der Umstand, dass dieses Denken nun wieder populär wird und die Politik und die Verfassungen Ecuadors und Boliviens beeinflusst, ist immens wichtig. Dies stärkt nicht nur die Staaten, die Wachstum und Entwicklung als Ziel explizit ablehnen, sondern spiegelt einen neuen Emanzipierungsprozess wider. Die Andenvölker wurden jahrhundertelang unterdrückt und marginalisiert, sind nun aber imstande, eigene Vorstellungen in den politischen Prozess einzubringen. Die Bevölkerungen der Industrienationen neigen zu der Annahme, die armen Länder würden gern den gleichen Entwicklungsweg nehmen wie sie selbst – also in Richtung »Fortschritt« und »Vernunft«. Deshalb nennt man diese Staaten Entwicklungsländer. Für indigene Bevölkerungen sind Wachstum und Entwicklung indes seit Jahrhunderten gleichbedeutend mit kolonialer Ausbeutung, Leid, Rassismus und der Unterdrückung von Frauen, ganz zu schweigen von der Zerstörung von Mutter Erde. Es ist bei weitem nicht so, dass alle diese Völker Entwicklung als etwas Wünschenswertes erachten, und wir sollten diese Fehleinschätzung endlich ablegen. Viele indigene Bevölkerungen haben gute Gründe, sich dem gegenwärtigen Stand der Dinge entgegenzustellen und ihrem traditionellen Lebensstil zu folgen – und dies als wichtigen Beitrag zur Abwendung einer globalen Katastrophe zu betrachten.

Ist Konsumerismus wirklich Teil des menschlichen Wesens?

Ich denke an einen E-Mail-Austausch mit einem Journalisten der *Financial Times*, der davon überzeugt war, dass arme Menschen in aller Welt gern elektrische Haushaltsgeräte besäßen, ein Auto und alles andere moderne Zeug. Diese Annahme, dass Konsumerismus eine natürliche Gegebenheit des menschlichen Wesens sei, ist etwas, was man beim Buen Vivir nicht findet. Elisa Vega aus Bolivien zum Beispiel, im Ministerium für Entkolonialisierung als Leiterin der Abteilung für Depatriarchalisierung tätig, war sich in ihrem Vortrag der höheren Lebensqualität sicher, die eine traditionelle Lebensführung bietet. Ihr Großvater wurde 110 Jahre alt und war bis zum letzten Tag aktiv. Er sparte kein Geld, sondern legte Reserven an unverderblichen Lebensmitteln an. Elisa sagte, indigene Bevölkerungen seien nicht konsumorientiert. Es sei sinnlos, mehr zu besitzen, als man brauche. Wenn man ihr wiederbegegne, so sagte sie, würde man sie im selben Kleid und mit demselben Schmuck wie bei der ersten Begegnung antreffen; der Schmuck sei jahrhundertealt. Die Dinge müssten geschützt und für eine lange Lebensdauer hergestellt werden. Was der indigenen Bevölkerung wichtig sei, seien die Familie und die Beziehungen innerhalb der Dorfgemeinschaft – und die Beziehung zu Mutter Erde, Pachamama. So gesehen unterscheidet sich das Buen Vivir maßgeblich von jeder Art einer individualistischen Vorstellung vom »Guten Leben«. Es ist nur verständlich im sozialen Kontext, in dem die Menschen leben. Es impliziert das Streben nach Harmonie und Ausgewogenheit statt nach Dominanz. Das ist wichtig, denn das Buen-Vivir-Konzept wurzelt in der Pluralität und in einer auf Respekt basierenden Koexistenz von Mensch und Natur. Deshalb hat die Entkolonialisierung der Andenregion keinesfalls die Erschaffung einer neuen monolithischen Sichtweise zum Ziel, sondern soll aus der Vielfalt der Kulturen heraus erfolgen. Ebenso wenig geht es um eine simple Rückkehr zum alten, traditionellen Denken. Im Buen Vivir werden unterschiedliche Auffassungen nicht nur zugelassen, sondern sind erwünscht. Denker aus den Anden kommunizieren genauso mit anderen Kulturen wie mit andersdenkenden westlichen Fachleuten und berufen sich gleichermaßen auf Philosophen wie Bloch und Benjamin wie auf Aristoteles und die Philosophen der Tiefenökologie.

Was bedeutet dieses Buen Vivir nun genau? Die allgemeinen Prinzipien lassen sich wie folgt zusammenfassen: Harmonie und Ausgewogenheit zwischen allem und allen. Gemeinsinn, Solidarität und Gleichheit. Kollektives Wohlergehen und die Befriedigung der Grundbedürfnisse aller Menschen in Harmonie mit Mutter Erde. Wahrung der Rechte von Mutter Erde und der Rechte des Menschen. Anerkennung der Völker als das, was sie sind, und nicht ihres Besitzes wegen. Abschaffung jeder Form von Kolonialismus, Imperialismus und Interventionismus. Frieden zwischen den Völkern und mit Mutter Erde.

Das ist die genaue Antithese zur Vorstellung vom konsumeristischen Wohlergehen – das vollständig auf materiellen Besitz gründet, damit die Menschen sich in eine Statushierarchie einordnen und über andere erheben können. Das erinnert an ein Buch von Wilkinson und Pickett, *The Spirit Level*, in dem nachgewiesen wird, dass Wohlergehen und Gesundheit mit dem Maß an Gleichheit in einer Gesellschaft unmittelbar korrelieren. Soziale Harmonie ist wichtig für das »Gute Leben« und wird durch größere Verbundenheit mit der Natur noch verstärkt.

Die Rechte der Erde

Wenden wir uns nun den Rechten von Mutter Erde zu, Pachamama. Diese Rechte waren der Grund dafür, dass die bolivianische Regierung den Kompromiss von Kopenhagen ablehnte und eine eigene Konferenz in Cochabamba organisierte, wo eine Charta der Rechte von Mutter Erde verabschiedet wurde. Um Pachamama richtig zu verstehen, muss man wissen, dass *Pacha* ein Schlüsselbegriff der Andenkulturen ist. Er bezeichnet eine vielschichtige Philosophie, die sich auf die Gesamtheit des Seins bezieht. Sie umfasst nicht nur Raum und Zeit, sondern auch eine Art der Lebensführung, die Raum und Zeit transzendiert: Indigene Völker betrachten die Erde keineswegs nur *nicht* als eine mit Ressourcen gefüllte Vorratskammer, die ihnen gehört – sie betrachten sich selbst auch als Teil der Erde, als lebendigen, auf zwei Beinen wandelnden Bestandteil des Planeten. Sie haben kein anthropozentrisches Weltbild mit dem Menschen als Krone der ihm gehörenden Schöpfung – ihr Weltbild ist ein naturbezogenes, in dem der Mensch einer von vielen Bestandteilen der Welt ist. Folgende Rechte von Mutter Erde wurden am 22. April 2010 bei der Cochabamba-Konferenz erklärt:

Das Recht auf Leben und Existenz. Das Recht auf respektvolle Behandlung. Das Recht, ihre Zyklen und Lebensprozesse fortzuführen, ohne unter vom Menschen verursachten Schäden zu leiden. Das Recht auf Schutz ihrer Identität und Integrität als mannigfaltiges, selbstbestimmtes, in Wechselbeziehungen stehendes Wesen. Das Recht auf Wasser als Lebensquelle. Das Recht auf saubere Luft. Das Recht auf allumfassende Gesundheit. Das Recht, frei zu bleiben von Verschmutzung und Verseuchung durch giftigen und radioaktiven Abfall. Das Recht, nicht von genetischen Eingriffen beeinträchtigt oder in einer Weise strukturell modifiziert zu werden, die ihr Leben und ihre gesundheitliche Funktionalität bedroht. Das Recht auf sofortige und vollständige Rückgängigmachung menschlicher Aktivitäten, die die Prinzipien dieser Charta verletzen.

Hierbei handelt es sich nicht um Richtlinien für eine nachhaltige Entwicklung, auch lässt die Charta sich nicht als Leitfaden oder Streitschrift für eine grüne Ökonomie bezeichnen. Ebenso wenig geht es darum, die Dekarbonisierung der Wirtschaft als zentrales Ziel auszurufen. Die Charta stellt all unsere europäischen Konzepte der Moderne in Frage, in denen man die Natur »dort draußen« wie selbstverständlich als Ressourcenquelle und Müllkippe betrachtet, die für den menschlichen Gebrauch bereitsteht. Dies ist eine andere Stimme, die einer anderen Weltsicht außerhalb der westlichen Tradition entstammt. Unser angeblich überlegenes Zivilisationsparadigma wird nun herausgefordert.

Dem Ausbeutungsdruck widerstehen

Aber wie sieht es in der Praxis aus? Ecuador und Bolivien gehen eigene Wege in Südamerika, doch es ist ihnen bisher nicht gelungen, sich vollständig von den Prozessen kapitalistischer Entwicklung zu lösen. Alberto Acosta und Elisa Vega erklärten beide, wie schwierig es sei, dem Druck der globalen Wirtschaftskräfte zu widerstehen. Dieser Druck werde in ihren Ländern als Antrieb erlebt, sich den Interessen der Bergbau- und Energiegesellschaften zu beugen, sagten sie. Und wie Thomas Fatheuer betont, ist es eine Ironie der Geschichte, dass ausgerechnet Bolivien über die größten Lithiumreserven der Welt verfügt, eine strategische Ressource der Zukunft, die man für die Akkus in Handys und Elektroautos benötigt. Die Versuchung, Lithiumabbau zu betreiben, ist überwältigend. Sollte Boliviens Regierung mit japanischen Konzernen eine strategische Wirtschaftspartnerschaft aushandeln, würde sie in veränderter Form genau das reproduzieren, was bei der Berliner Konferenz mehrfach als »Extraktionsökonomie« bezeichnet wurde. Es bleibt abzuwarten, was dabei herauskommt. Es besteht die Gefahr, dass das Buen Vivir zu einem »Buen Vivir light« verwässert wird. Es gibt auch einige Wirtschaftsmodelle dafür, wie Entwicklungsländer den Verlockungen des schnellen Geldes durch Ressourcenabbau widerstehen könnten, aber dabei müssten die reichen Nationen mithelfen. Bei einem Beispiel, das mit dem Buen-Vivir-Prinzip im Einklang steht, geht es darum, ob man in der Yasuni-Region in Ecuador, die Teil des Regenwaldes ist und einen hohen Grad an Biodiversität besitzt, die Ölfelder zur Ausbeutung freigeben soll. Alberto Acosta schlug vor, das Öl im Boden zu belassen und sich dieses Tun von reichen Nationen kompensieren zu lassen – jedoch zu einem Preis, der weit unter dem Öl-Weltpreis läge. Bisher hat keiner der Industriestaaten Bereitschaft bekundet, das Angebot anzunehmen. Was ich aus dieser Diskussion mitnehme, ist, dass man endlich von der Fehleinschätzung ablassen muss, Entwicklung sei etwas Notwendiges, was jeder Mensch von Natur aus wünsche, einschließlich der Menschen in armen Ländern. Vielleicht gerade sie. Ich erinnere mich an einen Bericht darüber, wie in Irland die Bewohner des Westküstenabschnitts, der an das atlantische Corrib-Gasfeld grenzt, es ablehnten, ihr Land für die Gasförderung zu verkaufen, obwohl man ihnen viel Geld bot. Die Wahrheit ist, und dies brachte auch Vandana Shiva zum Ausdruck, dass die meisten Entwicklungsprozesse zur Enteignung armer Menschen führen, zur Vergiftung ihrer Umwelt, zu Leid und zu prekären neuen Formen der Arbeit – während die Gewinne an eine kleine Gruppierung und die Firmenelite gehen.

Vereinigung von Ökologie und Sozialismus

Für viele Linke bei dieser Konferenz ist das Wachstumsproblem eigentlich das Problem des Kapitalismus, denn das Kapital wird von Wettbewerb und Profitmaximierung angetrieben, um fortwährend den monetären Besitzstand der Kapitaleigner zu erhöhen. Vereinfacht ließe sich sagen: Natürlich ist die Linke gegen Wachstum, weil mehr Wachstum mehr Kapitalismus bedeutet, mit all seinen Auswirkungen. Hierbei stellt sich aber die Frage nach der Alternative. Mir fiel niemand auf, der sich für ein Konzept stark gemacht hätte, das noch vor wenigen Jahrzehnten gebräuchlich war – nämlich das der zentral geplanten Wirtschaft, die entweder von einer hierarchischen Partei gesteuert wird oder unter einer Form der Arbeiterkontrolle steht. Stünde das Buen Vivir tatsächlich als alternative Vision für eine Post-Wachstums-Gesellschaft zur Diskussion (man müsste die Vision natürlich den Gegebenheiten in den Industrienationen anpassen), auf welcher Wirtschaftsform müsste sie dann basieren? Für viele Leute hier lautete das Zauberwort: Solidarwirtschaft.

Mit Optimismus ins Endspiel

Aber was ist mit dem Staat? Welche Chancen bestehen für einen Wandel der Hierarchie? Was lässt sich durch politisches Engagement erreichen? Es wurde viel über die Notwendigkeit einer Demokratisierung geredet, um die Wachstumsumkehr auf den Weg zu bringen und die dabei zutage tretenden Erfordernisse zu erfüllen. Allerdings herrschte auch große Skepsis darüber, wie viel sich zum gegenwärtigen Zeitpunkt erreichen lässt. Der Einfluss der Wirtschaftslobby auf die nationale und internationale Politik ist einfach zu groß. Man muss dies bedenken, wenn man über grünes Wachstum urteilt. Grünes Wachstum steht nämlich auf der Agenda der großen Konzerne. Die Grundannahme lautet, dass sich mit staatlichen Programmen zur Förderung sauberer Technologien, die die Effizienz des Ressourcenverbrauchs erhöhen, eine drastische Entkopplung erreichen lässt, durch die der Verbrauch natürlicher Ressourcen sinkt, während der Wachstumsprozess weitergeht. Es ist zweifelhaft, ob dies funktioniert, denn der Staat ist einfach nicht stark genug, um sich gegen die Wirtschaftsinteressen durchzusetzen. Wie Tim Jackson aus Großbritannien in seinem Workshop sagte, ist eine relative Entkopplung zweifellos möglich (reduzierter Ressourceneinsatz pro Produktionseinheit), aber eine absolute Entkopplung erfordert eine sinkende Produktion und damit einen Systemwechsel.

Die meisten Konferenzteilnehmer stimmten darin überein, dass die Probleme, denen wir gegenüberstehen, systemischer Art sind – einige Teilnehmer taten dies aus marxistischer Perspektive, viele andere nicht. Wie auch immer. Es besteht kein Zweifel, dass auch der Staat – gebunden durch die Interessen der Großkonzerne – Teil des Systems ist und dass es unter den gegenwärtigen Bedingungen zu keiner absoluten Entkopplung kommen wird. Der Staat ist ein zu schwaches Werkzeug für die Art von Wandel, der nötig ist. In den demokratischeren Gesellschaften ist es vielleicht ein bisschen aussichtsreicher. Aber auch dort ist der Staat zu schwach. Wo lassen sich also unter den gegenwärtigen Bedingungen Möglichkeiten erkennen, einen echten Wandel herbeizuführen? Meine eigene Sicht der Dinge, die ich im Entkopplungsworkshop zum Ausdruck brachte, ist, dass ein systemischer Wechsel sich nicht mit politischen Programmen herbeiführen lässt, sondern dass es sich um einen viel tiefer greifenden Prozess handelt, der sich mit der Neukonfiguration eines Computers vergleichen lässt, den man erst aus- und dann wieder einschalten muss, um die Neukonfiguration geschehen zu lassen. Am nächsten kämen wir diesem Neustart vielleicht im allgemeinen Chaos, das nach dem Überschreiten des globalen Ölfördermaximums einsetzen würde.

Ich wies darauf hin, dass vor einigen Monaten eine Abteilung der deutschen Bundeswehr eine Studie veröffentlicht hat, derzufolge nach dem Überschreiten dieses Punktes das weltweite Finanzsystem zusammenbrechen könnte. Ich unterstrich die Notwendigkeit, darüber nachzudenken, welche Maßnahmen nötig wären, um sich auf die Zeit nach dem Aus- und wieder Einschalten vorzubereiten – welche politisch-ökologischen Grundsätze könnten uns nach einem Neustart in Richtung einer Solidarwirtschaft führen?

Bei der Berliner Abschlussveranstaltung sagte ein Attac-Sprecher, die Diskussionen seien viel positiver gewesen als bei anderen Konferenzen, bei denen zumeist nur düstere Prophezeiungen verkündet worden wären. Untergangsszenarien können die Menschen abschrecken (wenngleich Nicho Paech am Beginn der Konferenz betonte, dass wir die Menschen auf das Kommende vorbereiten müssten). Vielleicht können und müssen wir beide Perspektiven miteinander verbinden. Uns stehen schwere Zeiten bevor, ob wir es wollen oder nicht. Aber indem wir uns darauf vorbereiten, können wir das, was kommt, gestalten, statt nur passiv und Opfer zu sein.

Vielleicht würden wir dabei sogar merken, dass wir imstande sind, eine Gesellschaft zu erschaffen, in der das Gute Leben möglich ist.

COLORGUARD
cheer
Antidepressiva auf dem Vormarsch
Von BEN BEADON
Den Zahlen des US Center for Disease Control zufolge stieg in den letzten zwanzig Jahren der Gebrauch von Antidepressiva in den USA um 400 Prozent. Von 1988 bis 2008 stieg die Zahl der Amerikaner, die Selektive-Serotonin-Wiederaufnahme-Hemmer (SSRI) wie Paxil, Prozac und Zoloft nehmen, rapide an. Heute nimmt jeder zehnte Amerikaner sie. SSRI gehören bei US-Amerikanern zwischen 18 und 44 zu den meistverschriebenen Medikamenten.

2011: Ein Tunesier macht sich über die Staatspolizei lustig.

DIE HÖCHSTE FORM DES JIHAD IST ES, VOR EINEM UNGERECHTEN HERRSCHER DIE WAHRHEIT ZU SPRECHEN.

Ausspruch des Propheten Mohammed

11.

TAREK EL DIWANY

Tarek El Diwany ist ein in London ansässiger Finanzberater und Gründer von Zest Advisory, LLP. Diese Geschichte erschien ursprünglich in *People First Economics*.

»MEINE KONVERSION ZUR ISLAMISCHEN ÖKONOMIE«

Es fing damit an, dass ich mich Ende der achtziger Jahre in der Londoner City um eine Stelle als Derivatehändler bewarb. In beiläufigen Gesprächen hatte ich mitbekommen, dass in der City eine seltene Kombination aus Intellekt, Eloquenz und Gerissenheit gefragt war. Wer diese Eigenschaften besaß, würde reich belohnt werden, denn die City war ein Ort, wo man Talent unabhängig vom Alter zu schätzen wusste. So wurde es mir berichtet, und ich fand, mich in dieser Umgebung durchzusetzen würde den vielen ungläubigen Thomasen um mich herum meinen Wert beweisen. Ein brandneuer Porsche 911 sagt mehr als tausend Worte.

Folglich unterwarf ich mich der Auffassung, dass Erfolg sich an der Einkommenshöhe bemisst. In der City begegnete ich zahllosen Leuten, die diese Meinung teilten und sie im großen Stil umsetzten. Geld war der einzige Maßstab für Erfolg. Mach Geld, dann wirst du befördert. Mach kein Geld, dann wirst du gefeuert. Oder in die Ausbildungsabteilung zurückversetzt. Finanzprodukte wurden entwickelt und vermarktet, nicht weil sie dem Anliegen des Klienten entsprachen, sondern weil sie der Bank oder der Finanzfirma enorme Profite bescherten. Man tischte den Leuten die tollsten »Erfolgsstorys« auf, um Wertpapiere an den Mann zu bringen, die Insider nicht einmal mit der Kneifzange angefasst hätten. Mit den milliardenschweren Einlagen der Anleger wurde massiv gezockt, während man vor der Öffentlichkeit im ernsten Ton von »vorsichtigen und soliden Bankpraktiken« sprach.

Investitionsentscheidungen wurden – oft aus irrelevanten Anlässen – häufig von Leuten getroffen, deren Sachkenntnis erschreckend gering war. »Nach einem guten Lunch stiegen die Aktien um zehn Punkte«, scherzte einer meiner Chefs, und was für ein Lunch es war!

Ich merkte, dass ich ziemlich gut im Geldmachen war, obwohl sich kaum eine der auf der Uni angeeigneten Finanztheorien auf meine Arbeit übertragen ließ. Die simple Regel von Angebot und Nachfrage zum Beispiel schien hinsichtlich der in der City gezahlten Gehälter nicht zu gelten. Wenn auf jeden Finanzjob in der Stadt hundert Bewerber kamen, warum blieben die Gehälter dann so irrsinnig hoch? Wenn man afrikanischen Ländern eintrichterte, dass eine gute Wirtschaftsführung bedeute, einen ausgeglichenen Staatshaushalt zu haben, warum hatten dann die USA und Großbritannien, zwei der reichsten Nationen der Erde, immer einen defizitären Haushalt? Selbst die Kardinalregel des Monetarismus, dass Inflation sich durch eine Erhöhung des Zinssatzes reduzieren lasse, ergab für mich keinen Sinn. Die verfügbaren Daten belegten nämlich, dass eine Anhebung des Zinssatzes tatsächlich einen gegenteiligen Effekt hatte, weil sich dadurch die Hypothekenraten erhöhten.

Trotz meiner bohrenden Zweifel am Finanzsystem waren es letztlich die am Rande beobachteten Haltungen und Wertvorstellungen, die meinen Blickwinkel auf die City veränderten. Zweifelsohne hatten sie auf mich abgefärbt, aber irgendwann ist der Zeitpunkt erreicht, an dem man sich zwischen zwei Lebensstilen entscheiden muss. Klienten wurden als Beute betrachtet, während ich sie lieber wie Menschen behandeln wollte. Geld war ein Gott geworden, ich aber wollte herausfinden: »Wer ist Gott? Was erwartet er von mir?«

So daherzureden bedeutet den Tod am Trading Desk. Es führt dazu, dass Kollegen in betretenes Schweigen verfallen, schlimmer noch, dass sie einen nicht mehr anrufen.

Eine hochdotierte Stelle in der Finanzwelt zu kündigen ist etwas, wovon man in der City so gut wie nie etwas hört, aber zu kündigen, um eine Laufbahn in islamischer Ökonomie einzuschlagen, fanden meine Kollegen fast lachhaft. Mir jedoch bot es die richtige Mischung aus Ethik und Profitstreben, nach der ich schon seit langem gesucht hatte. Für andere stellte diese Mischung einen inakzeptablen Eingriff der Religion in die Finanzwissenschaft dar. Besonders die orthodoxen Ökonomen waren dieser Auffassung. Sie sagten, Religion sei aufgeladen mit Werturteilen, während man in der Wirtschaft mit wertfreien Fakten arbeite.

Dieses Argument ließ jedoch außer Acht, dass das moderne Finanzwesen selbst zu einer Religion geworden war. Der Zweck aller kommerziellen Aktivität bestand dort darin, den Profit der Anteilseigner zu maximieren, und die dafür gebräuchliche Maßeinheit war beinahe ausschließlich eine monetäre. Stress, Umweltbelastung, Scheidungen, Kriminalität, all das ließ sich beim Bemessen des Bruttoinlandsprodukts bequem ignorieren. So gesehen galt eine reiche, aber unglückliche Gesellschaft als erstrebenswerter als eine arme, aber glückliche Gesellschaft. War das nicht auch ein massives Werturteil, das das moderne Finanzwesen da fällte?

Als neu praktizierender Moslem entdeckte ich, dass der Sinn des Lebens darin besteht, den Schöpfer zu ehren; und dass das Leben lediglich eine Prüfung ist, um festzustellen, ob wir diesen Sinn erfüllen können. Reichtum kann ein Werkzeug sein, um den Schöpfer zu ehren, aber das alleinige Ziel darf Reichtum nicht sein. Wenn das Lebensziel nur darin bestünde, ein Vermögen anzuhäufen, bedeutete dies, Geld anzubeten und nicht den Schöpfer, und das ist einer der grundlegenden Fehler, die ein Mensch begehen kann. Allerdings steht es uns, wie bei jeder Prüfung, frei, den Fehler zu begehen. Wir können den Geboten des Schöpfers folgen oder sie ignorieren und unseren eigenen Weg gehen.

Unter den Geboten, an die zu halten der Schöpfer von uns fordert, sind viele, die von religiösen und säkularen Menschen gleichermaßen geachtet werden. Falls es uns freistünde, einander zu ermorden oder zu bestehlen, falls jemand, der ein Vermögen besitzt, keine Vermögenssteuer entrichtete, falls jemand, der Macht besitzt, diese nicht gerecht einsetzte, dann litte die ganze Gesellschaft darunter. Um sich eines Rechts erfreuen zu können, muss ein Individuum immer die entsprechende Verantwortung auf sich nehmen, und der sicherste Weg, die Rechte des Menschen zu zerstören, besteht darin, dass Einzelne sich vor ihrer Verantwortung drücken.

Unter den der Menschheit auferlegten Verpflichtungen findet sich eine, die im modernen Zeitalter vollständig aufgehoben ist. Ich meine das Verbot, Zinsen zu verlangen, und es wurde in allen drei abrahamitischen Weltreligionen ausgesprochen. Anders als bei Mord oder Diebstahl ist die zerstörerische Wirkung der Zinserhebung jedoch nicht immer offensichtlich, und dies führte über die Jahrhunderte im Osten wie im Westen häufig zu Debatten. Für islamische Rechtsgelehrte umfasst die Zinsnahme verschiedene kommerzielle Praktiken, von denen die Gebührenerhebung des Geldverleihers nur eine ist. Das Fünfte Buch Mose untersagt die Zinsnahme unter Juden, und das Lukasevangelium rät Christen, »sich keinen Gewinn daraus zu erhoffen, wenn man etwas verleiht«. Tatsächlich war der einzige gewalttätige Akt unter Jesu Wirken die Vertreibung von Zinsnehmern aus dem Gotteshaus, und noch vor 500 Jahren galt es unter englischem Gesetz als Verbrechen, sich am Geldverleih zu bereichern.

Das alles hat sich grundlegend geändert. Jemand, den man in vergangenen Jahrhunderten verachtet hätte, ist heute ein gefeierter Finanzstar. Dieser bemerkenswerte Wandel hätte nicht vonstattengehen können ohne einen erheblichen Aufwand an juristischer Umdeutung. »Inter esse« – die lateinische Wurzel des englischen Begriffs *interest* (Zins) – wurde von Hispanus im Rom des frühen 13. Jahrhunderts als das, »was dazwischentritt«, umschrieben. Mitte des 16. Jahrhunderts erlaubte Heinrich VIII. dann die Zinsnahme *(charging of interest)* bis zu einer Höhe von zehn Prozent. Das bedeutete das Ende des christlichen Zinsverbots. Fortan war nur noch die Erhebung »exzessiver« Zinsen untersagt.

Die Möglichkeit, Zinsen einzustreichen, war damals durch die Menge an Gold- oder Silbermünzen beschränkt, die dem Geldverleiher zur Verfügung standen. Im England des 17. Jahrhunderts wurde dieser einschränkende Faktor in einer maßgebenden Entwicklung weitgehend außer Kraft gesetzt. Hier nahmen die ersten Bankiers Einlagen von Goldmünzen entgegen und gaben im Gegenzug Belegscheine aus, auf denen bei Bedarf die Auszahlung des gewünschten Münzbetrags garantiert wurde. In der Folge begannen Händler, die Bankiersbelege als Zahlungsmittel für Waren und Dienstleistungen zu benutzen. Es war leichter, einem Verkäufer ein Stück Papier zu überreichen, als sich erst zur Bank zu begeben und sich dort Münzen auszahlen zu lassen. Diese Praxis erlaubte es den Bankiers, ihr Geschäft als Geldverleiher dramatisch auszuweiten, denn ab nun konnten sie denjenigen, die sich Geld leihen wollten, einfach frischgedruckte Papierbelege aushändigen. Dieses Verfahren hatte einen großen Vorteil. Anders als Goldmünzen ließen die Belege sich zu geringen oder keinen Kosten herstellen. »Der Bank gereicht es zum Vorteil, auf alle Gelder Zinsen zu erheben, die sie aus dem Nichts erschafft«, formulierte William Paterson, der erste Direktor der Bank of England, 1694. Je mehr Papierbelege die Bankiers druckten, umso höhere Kredite konnten sie gewähren und die entsprechenden Zinsen einstreichen. Deshalb war es in ihrem »Interesse«, so viel Belegscheine wie möglich zu drucken. Für den Rest der Gesellschaft hatte dieses Vorgehen hingegen schlimme Folgen. Je mehr Geld auf diese Weise in Umlauf gelangte, desto stärker stiegen die Preise im gesamten Wirtschaftsleben. Außerdem wurde jede Papiergeldeinheit unter einem Kreditvertrag ausgegeben. So stieg die Verschuldung der Gesellschaft mit der Zeit unbarmherzig an. Falls ein Bankier die Papierkredite zurückforderte, konnte daraus leicht eine tückische Rezession resultieren. Die politische Macht, die die Banken dadurch erlangten, blieb US-Präsident Andrew Jackson nicht verborgen. In seiner Abschiedsrede von 1837 beschuldigte er die Bank of the United States, genau dies getan zu haben, um sein Programm zur Bankenreform zu torpedieren:

Die Verzweiflung und Sorge, die das ganze Land erfassten, als die Bank of the United States Krieg gegen das Volk führte, um es ihren Forderungen zu unterwerfen, wird nicht in Vergessenheit geraten. Die gnadenlose Rücksichtslosigkeit, mit der ganze Städte und Gemeinden unterdrückt und Menschen in die Armut getrieben wurden und freudvoller Wohlstand sich in Düsternis und Not verwandelten, wird dem Volk der Vereinigten Staaten auf immer im Gedächtnis bleiben. Wenn diese Bank schon zu Friedenszeiten eine derartige Macht besaß, welche Macht hätte sie dann erst in Kriegszeiten besessen, mit dem Feind vor unseren Toren? Keine Nation außer der der freien Bürger der Vereinigten Staaten hätte diesen Kampf siegreich bestehen können, und wäre dies nicht gelungen, wäre die Regierungsgewalt aus den Händen vieler in die Hände einer kleinen Schar übergegangen, und diese organisierte Geldmacht hätte aus ihrer geheimen Konklave heraus die Wahl der höchsten Staatsdiener bestimmt, und das Volk müsste sich damit abfinden, ganz so, wie es den Wünschen der Geldmacht entspräche.

Falls die Bankiers bei der Kreditvergabe ihnen genehme Personen favorisierten, könne ein kleiner Kreis schnell und unbemerkt großen Einfluss auf das wirtschaftliche und politische Leben der Nation erlangen. Heute ist dies eine Realität, die mit verheerenden Folgen für das intellektuelle Niveau bis in die Medien und die akademische Welt hineinwirkt. Finanzzeitungen veröffentlichen kaum Textmaterial, das sich gegen die Interessen ihrer größten Anzeigenkunden richtet, und die zahllosen Untersuchungen und Kommentare, die von akademischen Erforschern des Bankensektors in großer Zahl hervorgebracht werden, sind gleichermaßen verzerrt durch finanzielle Abhängigkeiten. Auf diese Weise pflegen für den Laien die Themen der Geldschöpfung und des Zinses von der Wiege bis zur Bahre tendenziell im Hintergrund zu bleiben, verschleiert von einer Terminologie, die ihm unverständlich bleibt. In seinem Buch *Money: Whence It Came, Where It Went* schrieb Kenneth Galbraith diesbezüglich: »Das Studium des Geldes ist, stärker als andere Gebiete der Wirtschaftswissenschaft, eines, in dem Komplexität dazu dient, die Wahrheit zu verschleiern oder ihr auszuweichen, nicht, um sie zu offenbaren.«

Dadurch haben es Nationen in aller Welt akzeptiert, dass auf Zinsen basierende Schulden eine normale Tatsache des Wirtschaftslebens sind. Die meisten Menschen in der »reichen Welt«, wie man sie paradoxerweise bezeichnet, empfinden eine Dauerverschuldung nicht als gefährlich oder schändlich. Der Ratschlag unserer Eltern, für die Dinge zu sparen, die wir uns gern anschaffen würden, wird heute als altmodischer Irrglaube verspottet. Warum erst lange sparen, wenn wir unsere Konsumwünsche auf der Stelle befriedigen können? Materialistische Ideologien bestärken diese Einstellung immens. Wenn es kein Leben nach dem Tod gibt, dann müssen wir unser Dasein doch bis aufs Letzte auskosten, oder?

Doch der unerbittliche Schuldenanstieg macht ein genussvolles Leben für einen Großteil der Menschheit zu einem fernen Traum. Für ärmere Länder besteht das Lebensziel oftmals allein darin zu überleben, nötigenfalls mit Hilfe von politisch haarigen Darlehensverträgen. 1997 schätzte das UN-Entwicklungsprogramm, dass in Afrika jährlich bis zu fünf Millionen Kinder wegen des Schuldendrucks sterben, der auf den Staatshaushalten lastet. Tansania und Uganda zählten zu den vielen

Nationen, deren Schuldenzahlungen den gesamten Gesundheitshaushalt überstiegen. Die Folgen der Verschuldung der Entwicklungsländer sind selbstverständlich auch ökologischer Natur. So zählen die Länder, in denen die Entwaldung am rasantesten voranschreitet, zu denen mit der höchsten Staatsverschuldung; die Regenwälder werden dort geopfert, um harte Währungen einzunehmen, mit denen man die Kreditgeber in den reichen Ländern bedient.

Das Modell der zinsbasierten Kapitalbeschaffung für Investitionen zur Gewinnerzielung hat inzwischen eine lange Liste von Fehlschlägen im Umgang mit diesen Problemen hervorgebracht. Ein Blick auf die Zahlen des IWF über die Verschuldung der Entwicklungsländer erzählt die Geschichte eines über fünf Jahrzehnte anhaltenden Schuldenanstiegs.

Was die Hilfsleistungen anbelangt, beziffert sich das Gesamtpaket der von den entwickelten Ländern gewährten Hilfe typischerweise auf weniger als ein Viertel der Schuldenzahlungen, die in die umgekehrte Richtung fließen. Die 1996 vom IWF und der Weltbank mit viel Tamtam gestartete Entschuldungsinitiative für hochverschuldete arme Länder (HIPC) erzwang einschneidende Sparhaushalte, wie man sie in westlichen Ländern höchst selten durchsetzt, doch nach mehr als zehnjähriger Laufzeit konnte nur eine von 42 Nationen von der Liste der HIPC-Länder gestrichen werden.

Occupiers stören im Frühling 2012 eine Recruiting-Veranstaltung von JPMorgan Chase an der Yale University.

All diesen Problemen zugrunde liegt die Praxis der Zinsnahme. Im Islam betrachtet man es als grundlegend falsch, wenn ein Finanzier Gewinn an einem Klienten macht, selbst wenn dessen Geschäft scheitert. Stattdessen muss der Finanzier auch die Verluste seiner Finanzierungen mittragen, ganz so, wie moderne Eigenkapitalgeber es tun, die keine Zinsen erheben. Diese schlichte Voraussetzung verbindet die Interessen des Finanziers und des Klienten in einer Weise, die der verzinste Geldverleih nicht zu leisten vermag. Wenn ein Finanzier nur dann einen Gewinn macht, wenn dies auch dem Klienten gelingt, dann ist der Finanzier bei der Wahl seiner Finanzierungen viel bedachtsamer. Bei zinsbasierten Finanzierungen erhalten vor allem diejenigen eine Kreditfinanzierung, die die größten Sicherheiten bieten können, nicht diejenigen mit den besten Geschäftsprojekten. Arme Leute mit guten Geschäftsideen bleiben im zinsbasierten System in der Regel arm, eben weil sie keine Sicherheiten haben und deshalb ihre Ideen nicht finanziert bekommen.

Die Möglichkeit eines Lebens ohne ein auf Zins gegründetes Finanzwesen oder eine Geldschöpfung durch eine privilegierte Elite wird in der Geschichte des Islams mannigfaltig demonstriert. Hier wurden Gewinnbeteiligung, zinslose Handelskredite, karitative Spenden und die Zakat – eine Art Steuer auf definierte Güter, die für die Armen bestimmt ist – kombiniert, um das gesamte Spektrum der gesellschaftlichen Bedürfnisse abzudecken. All das wurde auf der Grundlage eines auf Rohstoffen beruhenden Währungssystems erschaffen, in dem das Geld seine Kaufkraft jahrhundertelang behielt, während das heutige Geld seinen Wert nicht einmal über ein Jahrzehnt hinweg zu erhalten vermag. Viele der großartigen Universitäten und Hospitäler der muslimischen Welt wurden durch Stiftungen und ein Großteil der Transportinfrastruktur durch die Zakat-Fonds finanziert. Das moderne System der Privatfinanzierung kann mit dieser Finanzierungsmethode nicht mithalten. Die Zinsforderungen verschlingen im Schnitt mindestens ein Drittel der Projektkosten, was dazu führt, dass die heutige Infrastruktur nur ein Schatten unserer früheren Errungenschaften ist. Man vergleiche nur die dürftige Erweiterung des Londoner St.-Pancras-Bahnhofs mit dem wunderschönen Originalbau, um dessen Erhaltung John Betjeman erfolgreich gerungen hat.

Der Umstand, dass in der muslimischen Welt einst ein alternatives Wirtschaftsparadigma existierte, ist eine lebenswichtige Lektion für unsere heutige Zeit. Deshalb ist es so schade, dass die modernen islamischen Finanziers die institutionellen Strukturen und die Produktpalette der zinsbasierten Welt übernommen haben, statt das alte Paradigma aufrechtzuerhalten. Gegenwärtig sind die Träume der sechziger Jahre erloschen, als islamische Ökonomen sich für ein Bankensystem aussprachen, in dem man die Risiken und Gewinne mit dem Kunden geteilt hätte. Stattdessen haben wir eine Finanzindustrie, die zinsbasierte Kredite mit islamischer Terminologie tarnt und ihren Mangel an Visionen mit dem Hinweis auf die allumfassenden Realitäten des modernen Bank- und Finanzwesens entschuldigt.

Die Kunden islamischer und nichtislamischer Banken sind nicht völlig unschuldig an dieser Misere, denn die meisten von ihnen haben die zinsbasierte Fremdfinanzierung bereitwillig zur Grundlage ihrer Geschäftsaktivitäten gemacht. Warum sollte ein Unternehmer, der mit investierten Geldern zwanzig Prozent Gewinn macht, diesen Gewinn mit dem Geldgeber teilen, wenn er die Finanzierung selbst übernehmen kann, indem er einen mit fünf Prozent verzinsten Kredit nimmt? Und wenn sich eine Firma hundert Dollar zu fünf Prozent Zinsen leiht und damit zwanzig Dollar Gewinn macht, warum dann nicht hundert Millionen Dollar leihen und zwanzig Millionen Dollar Profit machen?

Die unvermeidliche kommerzielle Konsequenz dieser Mentalität ist, dass Firmen sich so viel Geld wie möglich leihen. Indem sie so handeln, können sie einen Großteil ihrer Konkurrenten schlucken und ihren Marktsektor dominieren. Die zinsbasierte Finanzinvestition erklärt größtenteils die Tendenz zu Geschäftsoperationen im großen Maßstab innerhalb der westlichen Welt. Fünf Supermarktketten beherrschen heute 75 Prozent des britischen Lebensmittelhandels, während es vor fünfzig Jahren noch Tausende von Einzelhändlern gab, die miteinander konkurrierten. Obwohl auf dem Bekleidungssektor Geschäfte wie Dorothy Perkins,

Burtons, BHS, Miss Selfridge, Top Man, Top Shop und Wallis in vielen britischen Fußgängerzonen um Kundschaft wetteifern, handelt es sich hierbei nicht um den idyllischen Freimarktkapitalismus, den man zuerst vermuten würde. All diese Läden gehören nämlich dem Einzelhandelstycoon Philip Green, der steuerfrei in Monaco lebt. Auf dem Bausektor sind die Folgen zinsbasierter Investitionen noch augenscheinlicher. In Kleinstädten und Dörfern werden die hübschen Gebäude und Wohnhäuser von anno dazumal durch anonyme Betonkästen ersetzt, die den Planungsbüros riesiger Unternehmen und den Hypothekenabteilungen der Banken entstammen. Der Wohnungsbau ist kein Mittel mehr, eine Gemeinde zu formen, sondern dient der Vermögensextraktion. Deshalb werden die Finanzmittel, die einst für die Verschönerung unserer Gebäude verwendet wurden, in die Zinsen und Dividenden für einige wenige große Unternehmen gesteckt.

Während unabhängige, privat geführte Geschäfte an Bedeutung verlieren, steigt die Zahl der Arbeitnehmer dramatisch an, die sich zum Mindestlohn verdingen müssen. Allein dieser Umstand hat verheerende Folgen hinsichtlich des Kundendienstes und der Arbeitszufriedenheit, denn wer sein eigenes Geschäft betreibt, kümmert sich in der Regel besser darum als jemand, der zu einem niedrigen Lohn arbeitet und keinen Anteil am Gewinn hat. Bequemerweise für diejenigen, die den Sieg des modernen Finanzkapitalismus proklamieren, taucht in unseren Schlagzeilen-Statistiken über die Wirtschaftsleistung nirgendwo auf, wie entmutigt und desillusioniert Millionen britischer Arbeitnehmer sind.

Das sind nur einige Merkmale des Daseins unter einem zinsbasierten Finanzsystem. Wir sollten nicht so leben müssen, aber ein kleines Beispiel aus meinem Berufsleben demonstriert, warum wir es doch tun. Vor einigen Jahren war unsere Firma bei der Entwicklung und Einführung eines völlig neuen Finanzplans zum Hauskauf in England beteiligt. Er basierte auf einer Partnerschaftsvereinbarung, bei der ein künftiger Hauskäufer und ein Finanzier als Partner gemeinsamen Besitz erwerben. Der Hauskäufer kann dann in dem Objekt als Mieter einziehen, kann es aber auch an eine dritte Partei weitervermieten. Die Partner teilen jedes Mieteinkommen und alle Kapitalerträge oder Verluste aus diesem Besitz entsprechend dem Partnerschaftsverhältnis. Des Weiteren kann der Hauskäufer nach und nach zum Marktpreis Besitzanteile vom Finanzier erwerben. Bei diesem Plan hat der Hauskäufer keine Schulden, denn er hat sich weder Geld geliehen, noch muss er den Besitzanteil des Finanziers kaufen. »Negativer Eigenkapitalwert«, Immobilienpfändungen und schlaflose Nächte, all das gäbe es nicht bei dieser Art der Hausfinanzierung. Als wir unser Produkt 2005 in London herausbrachten, taten wir es in der Hoffnung, dass es Teil einer größeren Lösung für das Verschuldungsproblem privater Haushalte sein könnte. Aber wir stießen auf eine Mauer des Schweigens von Seiten der britischen Finanzinstitutionen. Banker, Anwälte, Berater, Broker und Makler, alle steckten sie ihre Schnuten in den Trog der schnellen Kredite und waren nicht willens, ein alternatives Modell zur Hausfinanzierung zu übernehmen. In diesem Geschäft stammen die Gewinne aus der Schuldenerhöhung, nicht aus der Schuldenverringerung. Das ist genau der Grund, weshalb diejenigen, die die Kreditkrise verursacht haben, keinesfalls mit der Lösungssuche beauftragt werden dürfen. Dies zu tun wäre so, als gäbe man dem Fuchs die Aufsicht über den Hühnerstall.

Ab Ende März 2009 wurden binnen weniger Monate Billionen an frischgedrucktem Geld in die Bankindustrie gepumpt. Es dürfte sich als unmöglich erweisen, dieses Geld zu einem späteren Zeitpunkt wieder aus dem Geldkreislauf herauszunehmen, und wahrscheinlich wird dies eine historische Hyperinflation nach sich ziehen. Das wiederum wird die westliche Welt gefährlich anfällig machen für Diktaturen und Krieg. Wer gegen ein Finanzestablishment wettet, das immerhin auf 300 Jahre seines Bestehens verweisen kann, der muss schon sehr mutig sein. Aber falls das zinsbasierte System bestehen bleibt, wird es kommenden Generationen noch tiefere Krisen und noch größeres Leid bescheren. Es abzuschaffen ist daher der wichtigste Kampf unserer Zeit.

Wir können dieses System nicht reformieren.

Wir müssen es einfach besiegen, denn wenn wir es nicht tun, dann besiegt es uns.

Goldman Sachs
Viagra
Asset Management
Du hörst nie auf zu wachsen.
Goldman Sachs ist … ein großer Vampirkrake, der sich über das Gesicht der Menschheit gelegt hat und seinen blutsaugenden Stachel in alles hineinjagt, was nach Geld riecht. – Matt Taibbi
Anzeige für Vermögensmanagement für Senioren von Goldman Sachs
HEY, HERR PROFESSOR:
Sollten wir das schnelle Geld nicht mit einer Robin-Hood-Steuer bremsen?

Arbeiter einer Werkstatt in Mumbai,
die in der Mittagspause schlafen.

HEY, HERR PROFESSOR:

Warum hört man nichts über islamische Ökonomie in den Vorlesungen?

V.

DIE GEBURT

BI

EINER NEUEN WISSENSCHAFT:

-ÖKONOMIK

Hey, ihr Nonkonformisten und Weltverbesserer da draußen!

Noch vor 500 Jahren hatten Astronomen, die Ptolemäus' geozentrischer Weltsicht folgten, die größte Mühe, ihre Berechnungen mit den Daten in Einklang zu bringen: mit den realen Bewegungen von Sonne, Mond und Sternen am Firmament. Erst als Kopernikus die These aufstellte, dass nicht wir das Zentrum des Universums sind – dass die Sonne sich nicht um die Erde dreht, sondern dass es sich umgekehrt verhält –, bekamen diese Daten plötzlich einen Sinn. Heute geschieht etwas Ähnliches in der Geschichte der Wirtschaftswissenschaften: Ökonomen und Nichtökonomen merken allmählich, dass die Wirtschaft der Erde dienen sollte und nicht umgekehrt.

Dieser Perspektivenwandel ändert alles … er lehrt uns, die Welt mit neuen Augen zu sehen … die Dinge anders zu bewerten … das Wachstum in Frage zu stellen … das Maß für Fortschritt neu zu definieren. Er öffnet das Tor zu einer neuen, aufregenden Welt, in der wir unsere Art des Wirtschaftens auf staatlicher, unternehmerischer und individueller Ebene neu erfinden müssen.

EINE KOPERNIKANISCHE WENDE IM WIRTSCHAFTLICHEN DENKEN:

NEOKLASSISCHES PARADIGMA

Die Erde als Subsystem menschlichen Wirtschaftens

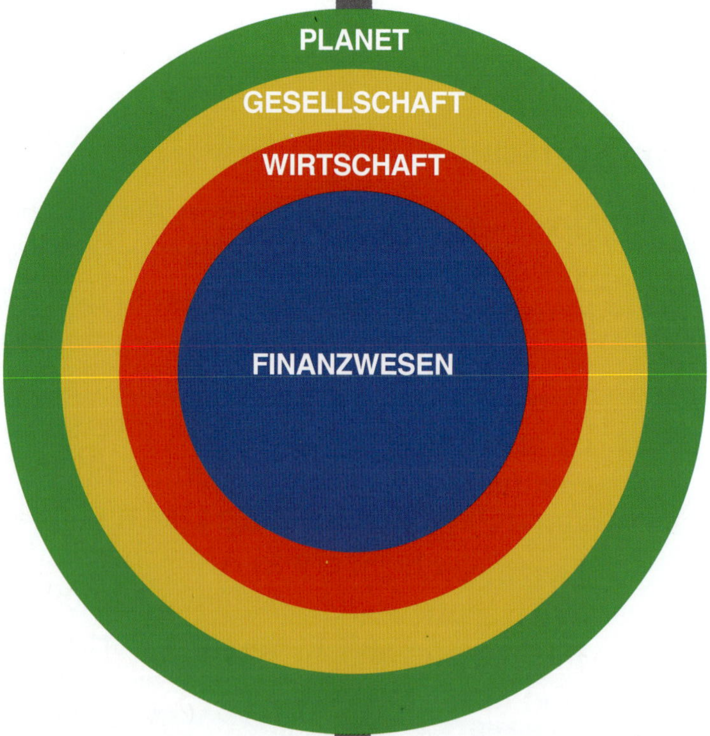

UNSER ÖKONOMISCHES DENKEN:

ÖKOLOGISCHES PARADIGMA

Menschliches Wirtschaften als Subsystem der Bio-Ökonomie der Erde

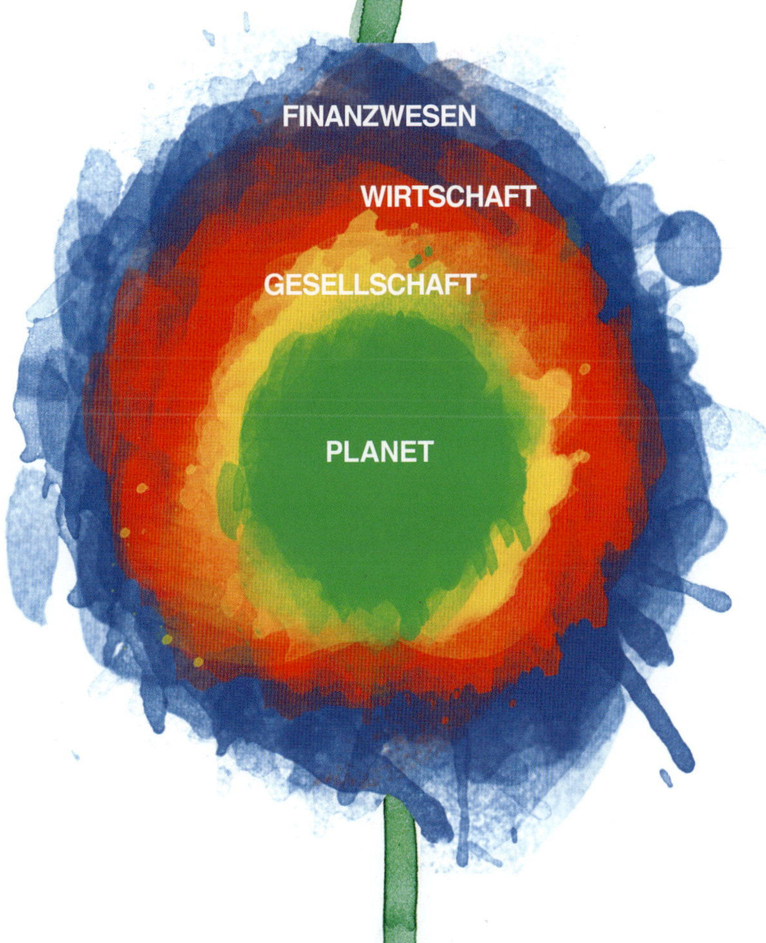

NATUR

KAPITAL

Nach Jahrhunderten, in denen der Mensch Plagen, Hungersnöten, Stürmen und anderen Naturkatastrophen ausgesetzt war, entstand durch menschliche Geschicklichkeit – und einen endlos scheinenden Strom an Ressourcen – der unerschütterliche Glaube, dass die Menschheitsgeschichte künftig unabhängig von der Natur geschrieben werden könne.

Die Wirtschaftswissenschaft griff diese radikale Weltsicht voller Begeisterung auf. Als der rapide Anstieg der Bevölkerungszahlen und der technologische Fortschritt allmählich zu bangen Fragen führten, beruhigten die Ökonomen die Menschheit: Der freie Markt würde für effizientere Produktionsmethoden sorgen und noch mehr Konsum ermöglichen. Die Natur, so hieß es, würde den menschlichen Fortschritt nicht bremsen können. In den siebziger Jahren stellte der Wirtschaftsnobelpreisträger Robert Solow die kühne (und mittlerweile widerrufene) Behauptung auf, dass »die Welt auch ohne natürliche Ressourcen auskommen« könne. Sogar heute ist in den Lehrbüchern der Wirtschaftswissenschaftler selten von der Natur die Rede.

Doch die Ökonomen können nicht mehr länger behaupten, von der Natur unabhängig zu sein: Der ökologische Fußabdruck des Menschen ist mittlerweile so groß geworden, dass die Erde ihn nicht mehr trägt. Die Diskrepanz ist in den entwickelten Ländern besonders auffällig. Die Industrieländer verbrauchen immer mehr Wälder, Grundwasser, Atmosphäre und andere natürliche Ressourcen – weit über einen nachhaltigen Konsum hinaus.

So wie während der industriellen Revolution Fabriken, Maschinen und andere Formen der industriellen Fertigung das Land als Hauptproduktionsfaktor ablösten, wird mittlerweile Naturkapital zum entscheidenden Element ökonomischen Fortschritts. Der Niedergang des Fischfangs hat seine Ursache in der Abnahme der Fischschwärme (Naturkapital), nicht in einem Mangel an Booten (Produktionskapital). Die modernen Fischfangtechniken überfordern die Fähigkeit der Natur, die Ozeane wieder zu füllen.

In den letzten zwanzig Jahren hat die Anzahl der Bienenvölker weltweit um dreißig Prozent abgenommen. Obwohl man die Ursachen dieses rapiden Rückgangs nicht vollkommen klären konnte, sind die Wissenschaftler sicher: Der massive Einsatz von Pestiziden und Kunstdünger dezimiert mittlerweile jene Geschöpfe, die für die Bestäubung zuständig sind. Allein in Nordamerika bestäuben Bienen mehr als neunzig Getreidesorten und schaffen so einen Wert von neunzehn Milliarden Dollar. Wissenschaftler warnen, dass es keinen technologischen Ersatz (Produktionskapital) für diese wichtige Funktion der Bienen gibt. Falls die Bienenvölker weiter sterben, wird unsere Nahrungsmittelversorgung zusammenbrechen.

Wenn der Planet, so wie wir ihn kennen, überleben soll und wir mit ihm, dann müssen wir uns um unser Naturkapital kümmern. In dieser Zeit der globalen Umweltkrise müssen wir uns der enormen Komplexität und Bedeutung der Natur unterordnen.

Aus dem Jahresbericht 2008 des Worldwatch Institutes

Eine Pollensammlerin in Nepal. In der Region Maoxin an der Grenze zwischen China und Nepal sind Bienen mittlerweile ausgestorben, sodass die Menschen Apfelbäume per Hand bestäuben müssen. Für hundert Bäume braucht man zwischen 20 und 25 Menschen. Dieselbe Aufgabe wird gewöhnlich von nur zwei Bienenvölkern erledigt.

HEY, HERR PROFESSOR:

Warum verbrauchen wir das Naturkapital der Erde – Öl, Fische, Wälder und Erze – und nennen dies dann »Einkommen«? Ist der Verbrauch des Kapitals nicht das Dümmste, was ein Manager tun kann?

DIENSTLEISTUNGEN DES ÖKOSYSTEMS

Wenn die Biene vom Antlitz der Erde verschwindet, dann hat der Mensch nur noch vier Jahre zu leben. Keine Bienen, keine Bestäubung, keine Pflanzen, keine Tiere, keine Menschen.

Albert Einstein

ROBERT COSTANZA

»DIE VOLKSWIRTSCHAFTEN DER WELT KÄMEN OHNE DIE DIENSTLEISTUNGEN DER ÖKOLOGISCHEN LEBENSERHALTUNGSSYSTEME ABRUPT ZUM ERLIEGEN …«

Welchen Kaufpreis hätte Wasser, falls jeder Tropfen im Labor hergestellt werden müsste? Was würde mit den Abfällen des Menschen geschehen ohne die Müllkippen, die die Umwelt uns gratis zur Verfügung stellt? Wer würde die Kosten für das Bestäuben der Millionen Nutzpflanzen übernehmen, falls plötzlich die Bienen verschwänden? Bis in die neunziger Jahre dachte man bei Fragen wie diesen an Kulturstudien, Umweltpropaganda oder Naturgedichte, nicht an Wissenschaft und Wirtschaft. Die Arbeit des Umweltökonomen Robert Costanza hat dies geändert. 1997 veröffentlichten Costanza und ein Forscherteam der University of Vermont's Gund Institute im Wissenschaftsmagazin *Nature* ihren bahnbrechenden Aufsatz »The Value of the World's Ecosystem Services und Natural Capital«. Darin erklärten sie, dass die Erde uns kostenlos siebzehn ökologische Dienstleistungssysteme zur Verfügung stellt. Wirtschaftsfaktoren wie Bodenbildung, Klimaregulierung, Wasseraufbereitung, Lebensmittelherstellung, Abfallbeseitigung, Aufrechterhaltung von Nährstoffkreisläufen, Rohmaterialien, genetische Ressourcen und Erosionsschutz würden Billionen verschlingen, wenn man dafür bezahlen müsste.

»Müsste man für diese Dienstleistungen nach Maßgabe der Wertschöpfung bezahlen, die sie für die Weltwirtschaft bedeuten, würde sich das weltweite Preissystem sehr von dem unterscheiden, das wir heute haben«, sagt Costanza. Nach Auswertung globaler Umweltdaten bezifferten Costanza und seine Kollegen den Wert dieser Dienstleistungssysteme mit 33 Billionen US-Dollar; das war doppelt so viel wie alle Bruttoinlandsprodukte zusammen. Wichtiger noch, ihre Arbeit unterstrich, dass diese Gratisposten in den Bilanzen der Weltwirtschaft keine Erwähnung finden. »Wäre die Erde eine Firma, würden wir den Vorstandsvorsitzenden auf jeden Fall feuern«, scherzt Costanza. In wirtschaftlicher Terminologie gesprochen, würde ein Verlust dieser Dienstleistungen einen in der modernen Geschichte nie da gewesenen Finanzkollaps auslösen. »Weil diese ökologischen Dienste vom kommerziellen Markt kaum wahrgenommen und nicht adäquat quantifiziert werden, schenkt man ihnen bei politischen Entscheidungen oft keine Beachtung. Diese Missachtung könnte letztlich die Zukunftsfähigkeit des Menschen in der Biosphäre gefährden.«

Einige Umweltschützer sagen, es sei gefährlich, die Natur zu quantifizieren, weil es zu einer weiteren Vermarktung natürlicher Ressourcen führen könnte. Andersdenkende aus dem neoklassischen Lager sagen, die Erdsysteme seien zwar metaphysisch wertvoll, blieben aber ohne den Einsatz menschlicher Technik letztlich wertlos; die natürlichen Umweltprozesse mit menschlichem Wirken gleichzusetzen könne die Wirtschaft lahmlegen.

Gegen alle Widerstände gewinnen Costanzas Vorstellungen rund um den Globus immer größeren wissenschaftlichen und ökonomischen Zuspruch. Sie finden an prominenter Stelle in den UN-Umweltprogrammberichten und in internationalen Regierungsdebatten Erwähnung, in denen es darum geht, ob man Entwicklungsländer subventionieren soll, damit sie kein lebenswichtiges ökologisches Globalkapital wie Regenwälder und Wasserläufe ausbeuten. Diese Neubewertung natürlicher ökologischer Prozesse ist ein Schlüsselkonzept in der aufkommenden Bio-Ökonomie.

Darren Fleet

Dr. Robert Costanza ist Professor am Institute for Sustainable Solutions der Portland State University. Davor war er Gordon-und-Lulie-Gund-Professor für Ökologische Ökonomie und Leiter des Gund Institute for Ecological Economics der University of Vermont.

ÜBERBEANSPRUCHUNG

In reichen Ländern wie Australien haben Konsum, Ressourcenverbrauch und Umweltbelastung Ausmaße angenommen, die weit über die nachhaltige Verträglichkeit hinausgehen. Würde dieser Lebensstil auf alle Menschen übertragen, ginge die Erde mit einer einzigen Generation baden.

Trotzdem ist es das höchste Ziel fast jeder Nation, den materiellen Lebensstandard, das BIP, die Produktion, den Konsum, die Investitionen und das Handelsvolumen so schnell wie möglich zu steigern und den Vorreiternationen nachzumachen. In unserem selbstzerstörerischen Tun scheint uns nichts wichtiger zu sein, als den Hauptfaktor dessen zu beschleunigen, was die Selbstzerstörung verursacht.

Folgende Punkte veranschaulichen das Ausmaß der Überbelastung:

- Falls der Pro-Kopf-Ressourcenverbrauch aller neun Milliarden Menschen, die in etwa fünfzig Jahren auf der Erde leben werden, dem von Bewohnern der reichen Länder entspräche, müsste die jährliche Ressourcenproduktion achtmal so hoch sein wie heute.
- Falls neun Milliarden Menschen sich so ernährten wie Nordamerikaner, würden wir etwa 4,5 Milliarden Hektar Weideland benötigen. Aber auf unserem Planeten gibt es nur 1,4 Milliarden Hektar Weideland.
- Wasser wird knapp. Welche Situation läge vor, falls neun Milliarden Menschen versuchten, Wasser im gleichen Maß zu verbrauchen wie wir heute, während der Treibhauseffekt die Wasservorräte ständig weiter verringert?
- Die globalen Fischfanggründe sind zumeist überfischt, die Bestände schwinden. Was geschähe, falls neun Milliarden Menschen genauso viel Fisch äßen wie heutzutage die Australier?
- Verschiedene Minerale und andere Ressourcen werden bald sehr knapp sein, darunter Gallium, Indium und Helium; Sorgen bereiten auch Kupfer, Zink, Silber und Phosphor.
- Öl und Gas gehen vermutlich bald zur Neige und werden in der zweiten Jahrhunderthälfte weitgehend unverfügbar sein. Falls neun Milliarden Menschen Öl in der australischen Pro-Kopf-Rate konsumierten, wäre der Weltbedarf fünfmal so hoch wie heute. Die Lage ist ernst, denn unsere Gesellschaft ist zu sehr auf flüssige Brennstoffe angewiesen.
- Eine »Fußabdruck«-Analyse jüngeren Datums zeigt auf, dass etwa acht Hektar Land nötig sind, um eine in Australien lebende Person mit Wasser, Energie, Wohnfläche und Nahrungsmitteln zu versorgen (World Wildlife Fund, 2009). Falls neun Milliarden Menschen so leben sollen wie wir, wären dafür 72 Milliarden Hektar nötig. Aber das ist etwa zehnmal so viel, wie es auf der gesamten Erde gibt.
- Das beunruhigendste Argument hat mit dem Treibhauseffekt zu tun. Es ist sehr wahrscheinlich, dass der CO_2-Ausstoß bis 2050 vollständig gestoppt werden muss (vielleicht sogar bis 2030), um zu verhindern, dass der Kohlenstoffgehalt der Atmosphäre ein gefährliches Niveau erreicht. Die Geo-Sequestierung kann dies nicht leisten, denn dadurch könnten nur 85 Prozent der 50 Prozent an Emissionen eingefangen werden, die aus stationären Quellen wie Kraftwerken stammen.

Diese Zahlen verdeutlichen, dass der Lebensstandard der reichen Nationen sich unmöglich aufrechterhalten lässt. Ihn auf alle Erdbewohner auszuweiten geht schon gar nicht. Wir haben das tragfähige Niveau des Ressourcenverbrauchs nicht nur ein klein wenig, sondern um den Faktor fünf bis zehn überschritten. Nur wenigen ist bewusst, in welchem Ausmaß wir über unsere Verhältnisse leben und welch gewaltige Reduktionen nötig sind, um das Schlimmste zu verhindern.

Ted Trainer

THE BIG QUESTION:
Die große Frage: Bringt uns der wirtschaftliche Fortschritt um?
IS ECONOMIC PROGRESS KILLING the PLANET
kickitover.org

Am 18. März 1968, zu Beginn seiner Wahlkampagne für das Amt des amerikanischen Präsidenten, hielt Senator Robert Kennedy, der Bruder des ermordeten John F. Kennedy, an der Universität von Kansas eine Rede. Seine Worte scheinen heute so passend wie damals:

FORTSCHRITT NEU DEFINIERT

»Anscheinend haben wir zu lange nicht auf Gemeinschaftswerte und persönliche Entwicklung geachtet und stattdessen die Ansammlung materieller Werte in den Vordergrund gestellt. Unser Bruttonationaleinkommen beträgt mittlerweile mehr als 800 Milliarden Dollar pro Jahr, doch in diese Kennzahl fließt auch die Luftverschmutzung ein, der Umsatz der Tabakwerbung und die Leistung der Krankenwagen, die anrollen, wenn es auf unseren Straßen wieder mal ein Blutbad gegeben hat. Es umfasst auch die Schlösser, die wir als Diebstahlsicherung an unseren Türen anbringen, und das Gefängnis für jene, die sie aufbrechen. Im Bruttonationaleinkommen ist die Abholzung der Mammutbäume enthalten, die Verluste von Naturräumen durch Zersiedelung, das Napalm und die Atomsprengköpfe, die wir herstellen. Nicht zu vergessen die Panzer, mit denen die Polizei gewaltsame Demonstrationen in unseren Städten auflöst. Es umfasst das Gewehr des Massenmörders Charles Whitman und das Messer des Amokläufers Richard Speck. Und all die Fernsehsendungen, in denen Gewalt verherrlicht wird, um unseren Kindern neues Spielzeug zu verkaufen. Was sich am Bruttonationaleinkommen nicht ablesen lässt, ist, wie gesund unsere Kinder sind, welche Erziehung sie bekommen und wie viel Freude sie am Spiel haben. Es sagt nichts aus über die Schönheit unserer Dichtung und die Haltbarkeit unserer Ehen, über die intellektuelle Qualität unserer politischen Debatten und die Integrität unserer Amts- und Mandatsträger. Es misst weder unsere Klugheit noch unseren Mut, weder unsere Weisheit noch unsere Lernfähigkeit, weder unser Mitgefühl noch unseren Einsatz für unser Land. Kurzum: Es misst alles außer den Dingen, die das Leben lebenswert machen. Es sagt uns alles über Amerika – nur nicht das, worauf wir Amerikaner stolz sein können.«

David Bakter ist Chefvolkswirt und Executive Director von Earth Economics. Nach seiner Doktorarbeit forschte er unter der Ägide des renommierten Wirtschaftswissenschaftlers Herman Daly. Bakter unterrichtete angehende Funktionäre der Weltbank und arbeitete für Greenpeace International.

John De Graaf produziert Dokumentarfilme. Für seine Arbeit erhielt er drei Emmy-Awards und über hundert andere nationale und internationale Auszeichnungen. Er ist Koautor des Buches *Affluenza: Zeitkrankheit Konsum*. Außerdem gehört er zu den Koordinatoren der Organisation »Take Back Your Time«, die Aktionen gegen Überstunden und Zeitmangel in den USA lanciert.

Nur zehn Wochen später, nachdem Senator Robert Kennedy die Vorwahlen der Demokraten in Kalifornien gewonnen hatte, wurde er von einem Attentäter erschossen. In den folgenden vier Jahrzehnten wagte sich kein Politiker mehr so vor wie Kennedy. Er war seiner Zeit weit voraus, denn er hatte seinen Finger genau auf die Schwachstelle gelegt: den blinden Fleck des Bruttonationaleinkommens (BNE) bzw. Bruttoinlandsprodukts (BIP). In beide Kennzahlen fließen Faktoren ein, die unser Leben verschlechtern. Umgekehrt wird vieles, was zu unserer Lebensqualität beiträgt, nicht berücksichtigt.

Was ist drin im BIP?

Hier sind nun einige der Faktoren aufgeführt, die das BIP steigern:

Umweltverschmutzung: Wenn unser Grundwasser so verschmutzt ist, dass wir nur noch Mineralwasser trinken können, steigt das Bruttoinlandsprodukt. Die Ölpest im Golf von Mexiko, verursacht durch die BP-Bohrplattform Deep Water Horizon, machte umfangreiche Reinigungsarbeiten nötig und steigerte damit das Bruttoinlandsprodukt. Wäre das Öl ganz normal raffiniert und verkauft worden, wäre das BIP niedriger. (Zwei Jahrzehnte früher verursachte die »Exxon Valdez« vor Alaska eine Ölpest mit den gleichen ökonomischen Effekten.) Wenn Sie eine Ölmenge im Wert von 100 Dollar von Stränden abkratzen müssen, verursacht dies Kosten von mehreren tausend Dollar.

Verbrechen: Das BIP steigt, wenn die Geschädigten die gestohlenen Güter neu anschaffen müssen. Es steigt, wenn Sie Alarmanlagen kaufen, Wachmänner anstellen und sie ausrüsten. Neue Gefängnisse steigern das BIP ebenso wie das Betreiben der vorhandenen. Ins BIP fließen alle durch Kriminalität verursachten Kosten ein. Doch es ist wohl unbestreitbar, dass wir besser lebten, wenn diese »Abwehrmaßnahmen« gar nicht erst nötig wären. Verbrechensvorbeugende Maßnahmen sollten daher aus dem BIP herausgerechnet werden. Eine in Iowa durchgeführte wissenschaftliche Untersuchung veranschlagte zum Beispiel die sozialen Kosten von Morden mit 17,25 Millionen Dollar.

Gesundheitsschäden: Auch gesundheitliche Schäden und ihre Verursacher steigern das BIP. 2006 zum Beispiel wurden in den USA mehr als 350 Milliarden Zigaretten verkauft. Im selben Jahr betrugen die Ausgaben zur Behandlung von Lungenkrebs mehr als 10 Milliarden Dollar. Das BIP aber rechnet all dies als positive Leistung der nationalen Wirtschaftskraft, so als ginge es um die Weizenproduktion.

Familiäre Probleme: Für eine Familie ist eine Scheidung sicher nichts Gutes, das BIP aber steigt. Die realen Kosten für eine Scheidung können zwischen 7000 und 100 000 Dollar liegen: Zu den Anwaltskosten kommen der getrennte Haushalt für die beiden Partner und nicht selten die Kosten einer Therapie.

Schulden und Konkurse: Wenn Bürger und Staat sich zu hoch verschulden, steigt das BIP. Sogar wenn Einzelpersonen oder Unternehmen pleitegehen, steigt das BIP, da Gerichtskosten anfallen, Umzüge getätigt und verlorene Güter ersetzt werden müssen. So kostete eine Pleite 2010 im Durchschnitt zwischen 700 und 4000 Dollar. Da jährlich etwa 1,5 Millionen Amerikaner bankrottgehen, kommt da ganz schön was zusammen.

Platzende Spekulationsblasen: Neue »Finanzprodukte« wie Derivate oder Kreditausfallswaps (CDS) haben die Finanzkrise von 2008 und die anschließende weltweite Rezession ausgelöst. Das BIP aber steigt durch diese »Produkte«, weil sie das Einkommen von Versicherungsvertretern und Investmentgesellschaften entsprechend erhöhen. Wie wir 2008 gesehen haben, kann sich der Wert dieser Papiere ganz schnell in nichts auflösen. Die CDS aus ungesicherten Hypothekenkrediten fanden keine Käufer mehr. Und doch war der Finanzsektor bis dato der, der am meisten zur Steigerung des BIP beitrug, da die zu Derivaten gebündelten Hypotheken dafür sorgten, dass die Einkommen derer, die sie verkauften, enorm stiegen. Daher gelten solche Manöver gewöhnlich als Erfolg, in Wirklichkeit aber sind sie Vorboten der Katastrophe. Der Versicherungskonzern AIG deklarierte im Jahr 2006 mehrere hundert Millionen Dollar Einkünfte aus dem Verkauf von CDS. 2009 hatte die Gesellschaft durch die von ihr begebenen CDS mehr als 61 Milliarden Dollar Verlust erlitten. Sogar das Bureau of Economic Analysis, das die wirtschaftliche Entwicklung der USA statistisch erfasst, sucht nun nach alternativen Kennzahlen.

Ressourcenraubbau: Die Plünderung nationaler Ressourcen wird künftige Generationen belasten. Und doch wirkt sie sich zunächst positiv auf das BIP aus. Da die Ölreserven weltweit allmählich zur Neige gehen, steigen die Benzinpreise. Daher steigt das BIP, obwohl der Verbraucher dadurch weniger Geld zur Verfügung hat. Das BIP signalisiert nicht, ob der Anstieg der wirtschaftlichen Leistung auf Ressourcenraubbau, gestiegene Produktivität oder Marktmanipulationen zurückgeht. Wenn man statt nur zwei Dollar vier Dollar für die Gallone Benzin zahlt, steigt dadurch das BIP um 100 Prozent. Ist es nicht toll, so viel zum BIP beizutragen?

Risiken: Ins BIP fließen auch keine Kosten ein, die durch Risiken wie zum Beispiel Naturkatastrophen entstehen. Atomstrom steigert das BIP ebenso wie die Reinigungsarbeiten nach der Katastrophe von Fukushima. Und da nukleare Isotope zum Beispiel von Plutonium eine unendlich lange Lebensdauer haben, muss man sie der amerikanischen Umweltschutzbehörde zufolge mindestens eine Million Jahre sicher lagern.

Lebenswichtig, aber nicht im BIP berücksichtigt sind die folgenden Faktoren:

Natur: Natürliche Ressourcen sind die Grundlage für viele unserer produktivsten wirtschaftlichen Aktivposten. Das Trinkwasser von Seattle beispielsweise wird von den Wäldern an der Cedar-River-Wasserscheide gefiltert, weshalb seine Qualität besser ist als von der Trinkwasserverordnung gefordert. So spart die Stadt 200 Millionen Dollar für eine Filteranlage. Doch diese nützliche Dienstleistung der Natur wird ins BIP nicht einbezogen. Würde jedoch eine Filteranlage angeschafft und die Bürger müssten für die Wasserfilterung bezahlen, stiege das BIP. Wird vor New Orleans ein Damm errichtet, hebt dies das BIP. Die kostenlose Dienstleistung, die das Marschland vor der Stadt beim Hurrikanschutz erbringt, zählt hingegen nicht. Wird ein Fischerboot gebaut, fließt diese Produktionsleistung ins BIP ein. Die intakte Natur, die dem Fisch Lebensraum gibt, hingegen nicht. Die Wirtschaftsgüter und Dienstleistungen der Natur bleiben bei der Berechnung dieser Kennzahl außen vor.

Nachhaltigkeit: Das BIP lässt keine Aussagen über die Nachhaltigkeit der gemessenen Wirtschaftsleistung zu. Der Kabeljaufang im Atlantik versorgte die Welt 500 Jahre lang mit Fisch. Ein paar Jahrzehnte der Überfischung haben zum Zusammenbruch der Bestände geführt. Und doch trug die Überfischung aufs Jahr gerechnet mehr zum BIP bei als jede Form nachhaltigen Fischens. Das BIP unterscheidet nicht zwischen einer Fischereiform, die die Lebensgrundlagen zerstört, und einer, die die Bestände nicht schädigt, wie dies zum Beispiel bei der Lachsfischerei in Alaska der Fall ist.

Sport und Bewegung: Wir wissen ja alle, dass es uns guttut, doch ins BIP fließt diese Leistung nur ein, wenn wir im Fitnessstudio Beitrag zahlen oder anderweitig Geld ausgeben. Der tägliche Spaziergang mag unsere Gesundheit fördern, doch unter BIP-Gesichtspunkten ist er nur verschwendete Zeit.

Soziale Beziehungen: das Beste, was wir tun können, um gesund und glücklich zu bleiben. Doch wenn dabei kein Geld ausgegeben wird, sind soziale Kontakte reine Zeitverschwendung. Die Zeit, die Väter mit ihren Kindern verbringen, zählt nicht. Außer sie kaufen ihnen etwas. Das zählt.

Ehrenamtliches Engagement: Es trägt zum Gelingen von sozialen Gemeinschaften bei und wird immer wichtiger angesichts sinkender staatlicher Sozialausgaben. Doch wenn kein Geld fließt, findet es als wirtschaftliche Leistung keine Berücksichtigung. Unter BIP-Gesichtspunkten gilt also: pure Zeitverschwendung.

Hausarbeit: zählt nicht, was das BIP angeht. Beschäftigen Sie hingegen ein Kindermädchen, zählt es. Oder eine Putzfrau, einen Gärtner, einen Handwerker. Machen Sie alles selbst, dann vernachlässigen Sie Ihre Pflicht gegenüber der volkswirtschaftlichen Gesamtrechnung.

Preis- und Quantitätseffekte: Das BIP unterscheidet nicht, ob Preise steigen oder mehr Wirtschaftsleistung erbracht wurde. Verdoppelt sich beispielsweise der Preis eines Autos, dann hätte dies auf das BIP denselben Effekt, als wenn das Unternehmen zwei Autos zum alten Preis verkauft hätte. Dies zeigt, dass das BIP nicht einmal als Maß für die Produktion taugt, wozu es ursprünglich gedacht war.

Qualität: Einer der klassischen Kritikpunkte am BIP als Kennzahl ist, dass unterschiedliche Qualität damit nicht gemessen werden kann. So werden hochpreisige Produkte von niederer Qualität überbewertet, während bessere Qualität und höhere Leistung nicht berücksichtigt werden, wenn sie sich nicht im Preis niederschlagen. Ein schlechter, langsamer, aber teurer Computer trägt mehr zum BIP bei als ein schneller, besserer und billigerer. Das BEA, das amerikanische Amt für Wirtschaftsstatistik, hat deshalb Verfahren eingeführt, die bei einigen Gütern – Computern, Software und seit 2011 Telekommunikationsgeräten – den Qualitätsstandard mit berücksichtigen. Man berechnet nun einen qualitätsadjustierten Preisindex. Doch für den Großteil der Güter und Dienstleistungen gilt, dass Qualitätsverbesserungen das BIP reduzieren, obwohl Produzenten und Konsumenten gleichermaßen davon profitieren.

Stellen Sie sich vor, Sie stehen im Stau. Durch das ständige Stop-and-go verbrauchen Sie viel Benzin und stoßen allerhand Abgase aus. Sie müssen sogar nachtanken. Und schon hat der Stau das BIP gesteigert. Wenn Sie irgendwo auffahren und Ihr Auto nur noch Schrott ist, wenn dadurch der Stau noch schlimmer wird und in der Folge auch noch Ihre Versicherungsbeiträge steigen, dann haben Sie das Bruttoinlandsprodukt erfolgreich gesteigert. Wenn Sie bei dem Auffahrunfall verletzt wurden und ins Krankenhaus müssen, dann steigt das BIP noch weiter. Wenn Sie am Morgen eine teure Scheidung über sich ergehen lassen müssen und am Abend Ihr Haus abbrennt, steigt das BIP, denn Sie brauchen teure Anwälte, die Versicherungsprämie für das Haus steigt, und Sie müssen alles neu kaufen. Was das BIP angeht, wäre dies ein äußerst erfolgreicher Tag. Gratulation!

VERTIEFENDE FRAGE:

Wenn sie nicht wissen, wie man Fortschritt messen kann, auf welcher Grundlage erteilen die Ökonomen dann Ratschläge für politische Maßnahmen?

Hey,
ihr Schlafwandler
da
draußen
Coca
Ein Mann sollte seinen Magen mit einem Drittel Nahrung und einem Drittel Wasser füllen, ein Drittel aber leer lassen. *Islamische Spruchweisheit*

Was kostet es wirklich, einen Container voll Spielzeug von Hongkong nach Los Angeles zu verschiffen? Oder eine Kiste Äpfel aus Neuseeland in die USA zu bringen? Was kostet es, wenn unser Kühlschrank ununterbrochen läuft ... wenn unser Steak auf dem Grill brutzelt ... wenn unser Auto in der Garage steht?

Praktisch jedes der Produkte, die wir auf dem globalen Markt kaufen, ist krass unterbewertet. Vor allem, weil Kosten für Umwelt- und soziale Faktoren nicht eingerechnet werden. Die Massenproduktion senkt die Kosten für das Einzelstück, doch die Kosten für eine stabile, nachhaltige Zukunft steigen. Alles, was wir Tag für Tag auf dem globalen Markt erwerben, lässt uns universell betrachtet immer tiefer in die roten Zahlen geraten.

Was aber, wenn wir uns an folgende simple Tatsache gewöhnten: reale Kosten?

Wir rechnen einfach die verborgenen Kosten in den Preis mit ein, all das, was die Ökonomen nonchalant als »externe Effekte« bezeichnen. Wir schlagen bei jedem Produkt die realen Kosten auf, damit der Preis die ökologische Wahrheit ausdrückt.

Fangen wir klein an: Plastiktüten, Kaffeebecher, Papierservietten. Die Ökonomen kalkulieren uns die wahren Kosten dafür, und wir schlagen sie auf den Preis drauf. Sagen wir mal: fünf Cent für die Plastiktüte, zehn Cent für den Becher, einen Cent für die Serviette. Bei anderen Produkten arbeiten wir auch mit Ökosteuern oder »Klimapfennigen«, bei Benzin zum Beispiel. Doch diese zusätzliche Steuer ist nicht ganz dasselbe. Jetzt schlagen wir einfach nur die realen Kosten auf den Preis.

Über einen Zeitraum von zehn Jahren verlangen wir reale Preise bei Nahrungsmitteln. Bei Avocados aus Mexiko oder Shrimps aus China fließen die Transportkosten ein. Darüber hinaus kalkulieren wir die verborgenen Kosten der Massentierhaltung, Monokulturen und der Nahrungsmittelverarbeitung. Dann kostet der Burger bei McDonald's deutlich mehr, wie auch der größte Teil von Produkten wie Fleisch, landwirtschaftliche Erzeugnisse und Fertignahrung. Sie können essen, was Sie wollen, aber Sie müssen den realen Preis dafür bezahlen. Natürlich werden die Gelüste Ihres Gaumens vom Inhalt Ihrer Brieftasche gelenkt. Importierte und industriell verarbeitete Erzeugnisse aus Massenproduktion sind dann teurer als organische Produkte aus der Region. Stück für Stück, Kauf um Kauf verändert sich unsere Nahrungsmittelproduktion hin zu mehr Nachhaltigkeit.

Dann berechnen wir die wahren Kosten des Autofahrens. Wir schlagen die Kosten auf, die der Kohlenstoffausstoß unserer Fahrzeuge verursacht, die Kosten für Straßenbau und -instandhaltung, für Unfälle, Lärm und den ästhetischen Schaden durch ungehemmte Zersiedelung. Vielleicht auch die Militärausgaben, die anfallen, weil wir Ölfelder und -lieferwege schützen müssen. Dann kostet ein durchschnittliches Auto 100 000 Dollar oder Euro und eine Tankfüllung 250 Dollar. Sie können Auto fahren, soviel Sie wollen, doch statt die Kosten dafür künftigen Generationen unschuldiger Menschen auf der gesamten Erde aufzubürden, zahlen Sie selbst. Keine Angst: Dies ist keine Welt, in der sich nur noch ein paar Superreiche den Weg in die Stadt leisten können – ganz im Gegenteil. Da die Nachfrage nach ineffizienten Dreckschleudern zurückgeht, werden neue Transportmöglichkeiten geschaffen: Magnetschwebebahnen, Hochgeschwindigkeitszüge, U- und Straßenbahnen. Es gäbe mehr Radwege, Fußgängerzonen und autofreie Innenstädte. Die Stadtplanung würde sich entsprechend verändern. Städte würden für Menschen geplant, nicht für Autos. Parkplätze würden verschwinden. Stattdessen gäbe es wieder mehr Parks in den Städten.

Das System der realen Kosten stellt uns vor scheinbar unüberwindliche Herausforderungen. Traditionelle Ökonomen empfinden es als Ketzerei und malen die üblichen Gespenster an die Wand: Wachstumsstopp, Zusammenbruch des internationalen Handels und Konsumrückgang. Das ist so platt, dass es nicht stimmen kann. Wir müssten einfach nur die Grundsätze unseres Wirtschaftens neu überdenken. Freilich ist dies eines der schwierigsten ökonomischen, sozialen, kulturellen Projekte, das die Menschheit je in Angriff genommen hat. Und doch … der Vorstellung vom globalen Markt, in dem jedes Produkt fair bewertet ist, wohnt ein gewisser Charme inne. Das Konzept ist sinnvoll, fühlt sich richtig an und ist absolut unpolitisch. Es ist vielmehr eine große Idee, die – wenn wir uns darauf einigen, sie umzusetzen und die kollektive Selbstdisziplin aufzubringen, sie durchzuhalten – uns vor dem ökologischen Absturz bewahren und das fehlschlagende Experiment »Mensch auf der Erde« doch noch retten könnte.

WIE HOCH SIND DIE REALEN KOSTEN EINER HALBEN STUNDE STAU?

Welche ökologischen Kosten fallen an, wenn man eine Stadtautobahn eine halbe Stunde lang blockiert? Wer stellt in Rechnung, wie viel Benzin, Diesel, Strom die Millionen Autos verbrauchen? Man geht dabei immer nur von einem Verlust von Zeit aus, aber das ist falsch. »Zeit« stellt nur einen minimalen Kostenfaktor dar. Autoabgase, Umweltschäden, Atemwegserkrankungen, Straßenabnutzung, Rettungseinsätze, verringerte Produktivität am Arbeitsplatz und Lähmung der Geschäftstätigkeit werden nicht berechnet. Und das sind nur ein paar der externen Effekte. Dazu kommen noch soziale Kosten. In Schweden hat man kürzlich herausgefunden, dass ein täglicher Weg zur Arbeit von 45 Minuten oder mehr die Gefahr einer Ehescheidung um 40 Prozent erhöht. Ist das Pendeln

Print all entries • Use ballpoint pen • Press hard

ES 00367930 4

DEPARTMENT OF MOTOR VEHICLES

VERWARNUNG

DATE OF INFRACTION	TIME OF INFRACTION	LOCATION OF INFRACTION
VEHICLE MAKE	VEHICLE LICENSE NO.	METER NO.
STREET ADDRESS	CITY	PROV/STATE

Place under windshield wiper

Sie haben mit Ihrem Fahrzeug in Ihrer Gemeinde Kosten verursacht, die nicht in den Preis Ihres Fahrzeugs einkalkuliert sind. Die Führung dieses Fahrzeugs Ihrerseits macht Sie verantwortlich für:

Klimawandel	Ölkriege
Raubbau an nicht erneuerbaren Ressourcen	Kosten der Umweltreinigung
Zeitverschwendung durch Verkehrsstaus	Behinderung von Fußgängern und Radfahrern
Lärmbelastung	Durch Smog verursachte Gesundheitsprobleme

IHR BUSSGELD WURDE WIE FOLGT BERECHNET:

Durchschnittspreis eines Fahrzeugs unter Berücksichtigung sozialer und umweltbedingter Kosten:		70.413,00 $*
Durchschnittspreis eines Fahrzeugs auf dem heutigen Markt:	–	28.050,00 $
BUSSGELD	=	42.363,00 $

Bitte sorgen Sie für die Begleichung dieses Betrags auf eine der folgenden Weisen:

A) Indem Sie sich für ein anderes Transportmittel entscheiden, zum Beispiel für öffentliche Verkehrsmittel oder das Fahrrad. Dadurch hat Ihre Heimatgemeinde mehr Geld übrig für wichtigere Dinge. In diesem Fall wird Ihnen das Bußgeld erlassen.

B) Indem Sie Organisationen unterstützen, die sich um den Ausgleich der durch den Individualverkehr verursachten wirtschaftlichen Schäden bemühen. Auch in diesem Fall wird Ihnen das Bußgeld erlassen.

WENN SIE GEGEN DIESE VERWARNUNG EINSPRUCH ERHEBEN, WIRD DER ORT DER VERHANDLUNG IHR EIGENES GEWISSEN SEIN.

Warnung: Der Verzicht auf eine kritische Überprüfung unserer Transportgewohnheiten schadet Ihrer und unserer Gesundheit.

* Quelle: Victoria Transport Policy Institute, Comerica Bank.

ES 00376230 4

Place on an offending vehicle

WICHTIG: BITTE SORGFÄLTIG LESEN

Stellen Sie sich mal einen Mann auf einem Pferd vor, und ich war zeit meines Lebens ein Mann auf einem Pferd. Meistens ist der Mann ja ganz okay, aber wenn er auf sein Pferd steigt, verändert sich was. Jeder Mann auf einem Pferd strahlt etwas Hochmütiges aus, so nett er auch als Fußgänger sein mag. Und für einen Mann in einem Auto gilt das tausendfach, sage ich Ihnen. Wenn das Auto sich weiter verbreitet, wird dies die Selbstsucht fördern. Es wird einen Anstieg an Gewalt bislang ungekannten Ausmaßes verursachen. Die Familie, wie wir sie heute kennen, drei oder vier Generationen glücklich unter einem Dach vereint, wird zugrunde gehen. Das Auto wird den Sinn für Nachbarschaft und Nation zerstören. Es wird Krebsgeschwüre von Städten hervorbringen, vorgetäuschten Reichtum in den Vorstädten, eine ruinierte Landschaft und ungesunde Riesenbetriebe in Landwirtschaft und Produktion. Es wird jeden Menschen zum Tyrannen machen.

R. A. Lafferty

(Mr. Lafferty entwickelte seine Zukunftsvision im ausgehenden 19. Jahrhundert. Zu jener Zeit wurde sie als unbegründete Panikmache bezeichnet.)

DO NOT WRITE BELOW THIS LINE

NCIC/ORI	DIV/TROOP	PCT/ZONE
SECTOR/STATION	OFFICER'S LAST NAME	
AFFIRM.DATE	TO APPEAR	PLEA
PENALTY	CONSEQ.	

IF YOU DISPUTE THIS FINE, THE TRIAL WILL BE HELD IN YOUR OWN CONSCIENCE

wirklich Ihre Ehe wert? Wollen Sie tatsächlich Ihre Zukunft aufs Spiel setzen, damit Sie im Stau auf der Autobahn Abgase einatmen können? Bislang haben nur wenige Ökonomen diese Kosten errechnet. Wie kommt es, dass in dieser Welt, in der die »Wirtschaftsweisen« das Evangelium verkünden, dieser Mangel an Effizienz totgeschwiegen wird? Wir aber wollen uns das ansehen … wir wollen verstehen, was unser Lebensstil tatsächlich kostet … uns und künftige Generationen … Bringen wir also die Ökonomen dazu, das große Ganze in den Blick zu nehmen, statt auf Pressekonferenzen über den Dow Jones zu orakeln und über Zinssätze zu philosophieren! Wenn wir die sozialen, ökonomischen und umweltbedingten Kosten kennen, denken wir vielleicht anders darüber, wie wir unser Leben führen.

WIE HOCH SIND DIE WAHREN KOSTEN EINER CONTAINERMEILE?

WIE KANN EINE SCHACHTEL CRACKER, DIE 7,5 MAL 25 ZENTIMETER MISST UND VON PORTUGAL IN DIE USA GEBRACHT WIRD, AM ENDE NUR 1,50 DOLLAR KOSTEN, WO SIE DOCH IN EINEM FRACHTSCHIFF ÜBER DEN OZEAN GESCHIPPERT UND MIT EINEM LASTWAGEN IN MEINE STADT GEBRACHT WERDEN MUSSTE? ICH FRAGTE DEN GESCHÄFTSFÜHRER DES SUPERMARKTS, ABER ER KONNTE MIR AUCH NICHT WEITERHELFEN.

Manfred Max-Neef

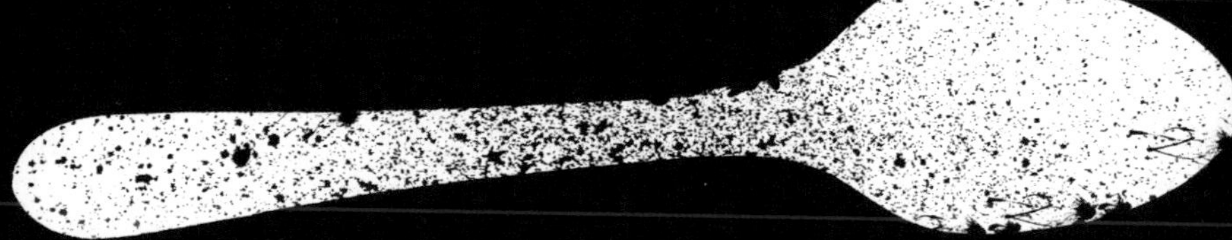

IST ES NICHT SELTSAM, DASS UNSERE GESELLSCHAFT MITTLERWEILE AN EINEM PUNKT IST, AN DEM ES SCHEINBAR WENIGER ARBEIT KOSTET,

ÖL AUS DER ERDE ZU HOLEN, ES IN EINE RAFFINERIE ZU BRINGEN, ES ZU PLASTIK ZU VERARBEITEN, IN DIE RICHTIGE FORM ZU BRINGEN, ES IN DIE GESCHÄFTE ZU LIEFERN, ZU KAUFEN UND NACH HAUSE ZU BRINGEN,

ALS EINFACH DEN LÖFFEL NACH DEM ESSEN ABZUWASCHEN?

Ein Projekt für die
nächste Generation
von Ökonomen:

Berechne alle Kosten unserer Art, zu leben und zu wirtschaften, und kalkuliere sie in die Preise ein.

*Schaffe einen globalen Markt,
in dem der Preis eines Produkts
die ökologische Wahrheit sagt.*

HIER K

IHRE A

ÖNNTE
NZEIGE
HEN

VI. DIE GEBURT EINER PSYCHO-

NEUEN WISSENSCHAFT:

ÖKONOMIK

Hey, ihr Pillenschlucker und Panikwracks da draußen!

Eine neue Epidemie grassiert rund um den Globus: psychische Störungen. Ist der Konsumkapitalismus möglicherweise dafür mitverantwortlich? Ist Werbung wirklich nur ein simples Mittel, um die Wirtschaft zu stimulieren – oder stellt dieser Wirtschaftszweig mit seinen drei Billionen Dollar Umsatz jährlich vielleicht eine Bedrohung für unser ökonomisches und geistiges Wohlergehen dar? Gibt es einen Zusammenhang zwischen den Angststörungen, Stimmungsschwankungen und Depressionen, unter denen viele Menschen leiden, und der Endlospenetration durch Reklame? 3000 Werbebotschaften werden Tag für Tag unserem Gehirn injiziert, ob wir es wollen oder nicht. Was sagen denn die Professoren dazu?

Im Blickpunkt der Wirtschaftswissenschaften steht ein Wesen, das man als »Kosten-Nutzen-Maximierer« bezeichnet. Er läuft durch die Gegend und trifft bis ins Kleinste vorhersagbare Entscheidungen innerhalb perfekt funktionierender Märkte. Dieses Geschöpf ist nie deprimiert, nie emotional, nie angepisst von der Umweltverschmutzung. Weder Hans Guckindieluft noch liebeskrank … natürlich gibt es kein Wesen aus Fleisch und Blut, auf das dieser Steckbrief zuträfe … bei uns herrscht ein ständiges emotionales Auf und Ab, wir haben altruistische Impulse, machen verrückte Sachen. Wir fühlen uns schuldig, wenn wir uns gehenlassen, sind deprimiert, wenn wir unseren Job verlieren, rächen uns, wenn jemand uns Unrecht tut … und oft kaufen wir ein Produkt nicht, weil unsere Wertvorstellungen andere sind als die des Herstellers. Häufig lassen wir auch unser »rationales Interesse am Eigennutz« beiseite und vollbringen großartige Teamleistungen. Doch solche Impulse werden im gegenwärtigen ökonomischen Standardmodell nicht berücksichtigt … Die neoklassische Ökonomie hat ihre eigene kohärente Theorie entwickelt, die das Allzumenschliche ausklammert.

Doch es braut sich ein interdisziplinärer Proteststurm zusammen. Sein Ziel: menschliche Wesen aus Fleisch und Blut ins Zentrum des ökonomischen Blickfelds zu rücken. Die Vorkämpfer dieser Strömung steigen herab von den Elfenbeintürmen kristallklarer Rationalität. Sie holen sich ihre Inspiration aus Disziplinen wie Psychologie, Soziologie, Anthropologie, Mythologie, Neurowissenschaft und unternehmen die ersten Schritte in eine neue Welt der Emotionen, sozialen Beziehungen, des Mitgefühls, der Religion, der Ethik und Tugend. Diese »Psycho-Ökonomen« haben ihre Hausaufgaben auf der Straße gemacht, im Zuccotti-Park, in den Slums und Favelas der Welt … Sie wissen, wie es ist, Hunger zu haben, sein Obdach zu verlieren, nicht genug Geld für lebensrettende Medikamente zu haben. Und sie kommen zu einem erstaunlichen Schluss: Wenn die Kohle fehlt, ist Kooperation, nicht Eigennutz das wichtigste Überlebensinstrument. Diese Erkenntnis hat einen neuen Zweig der Wirtschaftswissenschaften ins Leben gerufen: die Psycho-Ökonomik.

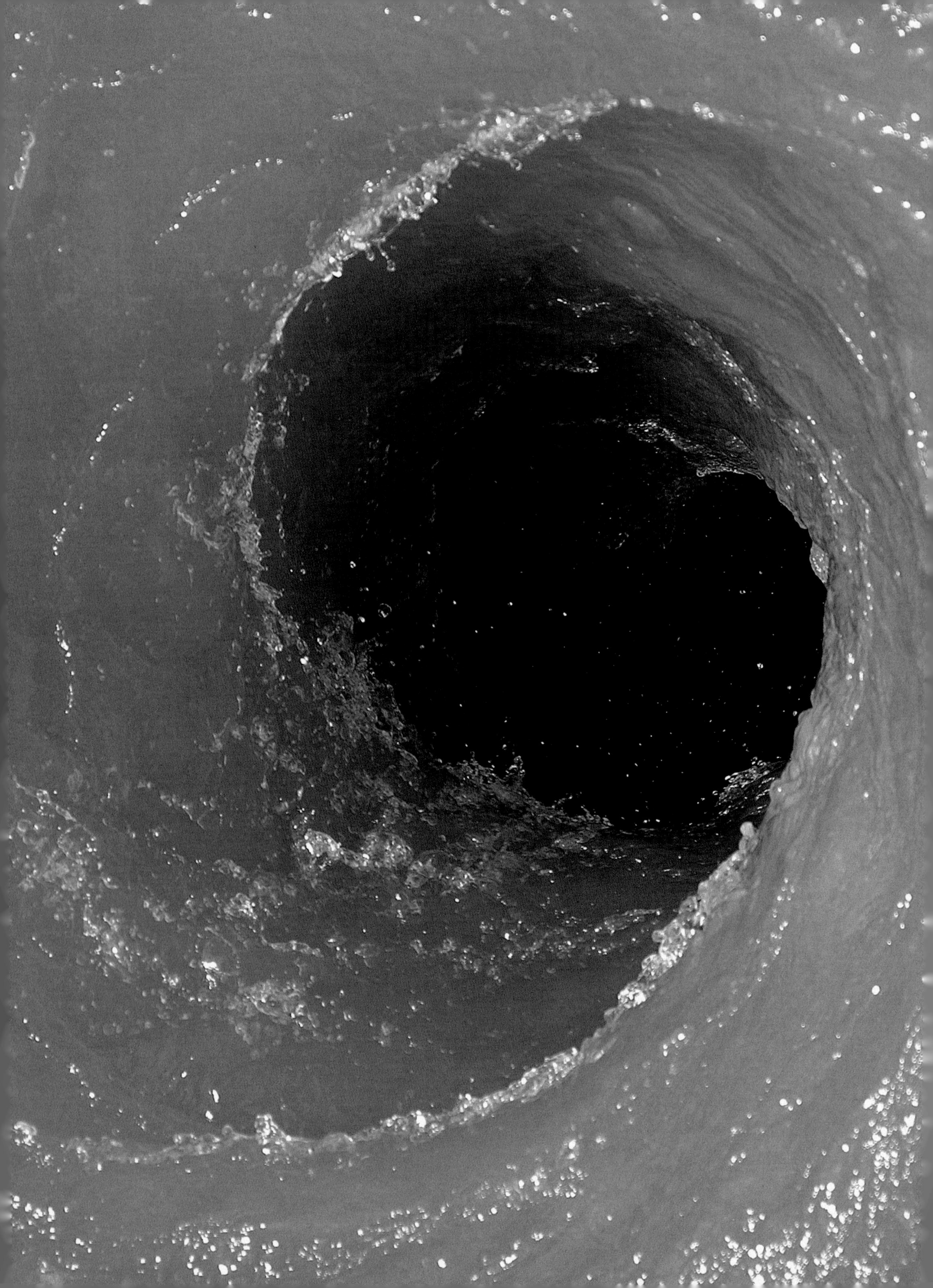

Die Klimaerwärmung stellt alles in Frage, woran wir geglaubt haben: grenzenlosen Fortschritt, eine gesicherte Zukunft, die Beherrschung der Natur mit den Mitteln von Wissenschaft und Technik. Diese Einsicht nagt an den Grundpfeilern unseres Selbstverständnisses als moderne Menschen. Sie wird uns gesundheitlich auf eine Weise destabilisieren, wie dies zuvor nur beim Übergang zur sesshaften Lebensweise bzw. zur industriellen Revolution der Fall war. Die ersten Psychologen bieten bereits ihre Hilfe beim Umgang mit Ängsten infolge des Klimawandels an, auch wenn ihr Rat sich hauptsächlich auf ein simples »Ach, seien Sie doch ein wenig optimistischer, was die Zukunft angeht« beschränkt. Dies allerdings zeigt, dass die Psychologenzunft noch nicht so recht kapiert hat, wie groß die Bedrohung durch die globale Erwärmung ist. Wir können jedenfalls davon ausgehen, dass psychische Störungen wie Depressionen, Angstzustände und Isolationsgefühle zunehmen werden, wenn wir den Glauben an unsere Zukunft verlieren.

Clive Hamilton, *Requiem for a Species*

Wenn einem Organ kein arterielles Blut mehr zufließt, stirbt es ab. Wenn Sie den Menschen vom Fluss der Natur abschneiden, stirbt sein Geist. So einfach ist das.

WIR LASSEN UNS BLENDEN,
FASZINIEREN, UND SCHLIESSLICH
VERSKLAVEN VOM SPEKTAKEL.

Leere – Stille

DURCHSCHNITTLICHE ANZAHL VON WERBE-BOTSCHAFTEN PRO TAG:
3000

HEY, HERR PROFESSOR:

Wie passen die drei Billionen Dollar Jahresumsatz der Werbeindustrie in Ihr ökonomisches Modell?

DIE PRODUKTION »FALSCHER BILDER« IST EINE GRUNDVORAUSSETZUNG DES KAPITALISMUS.

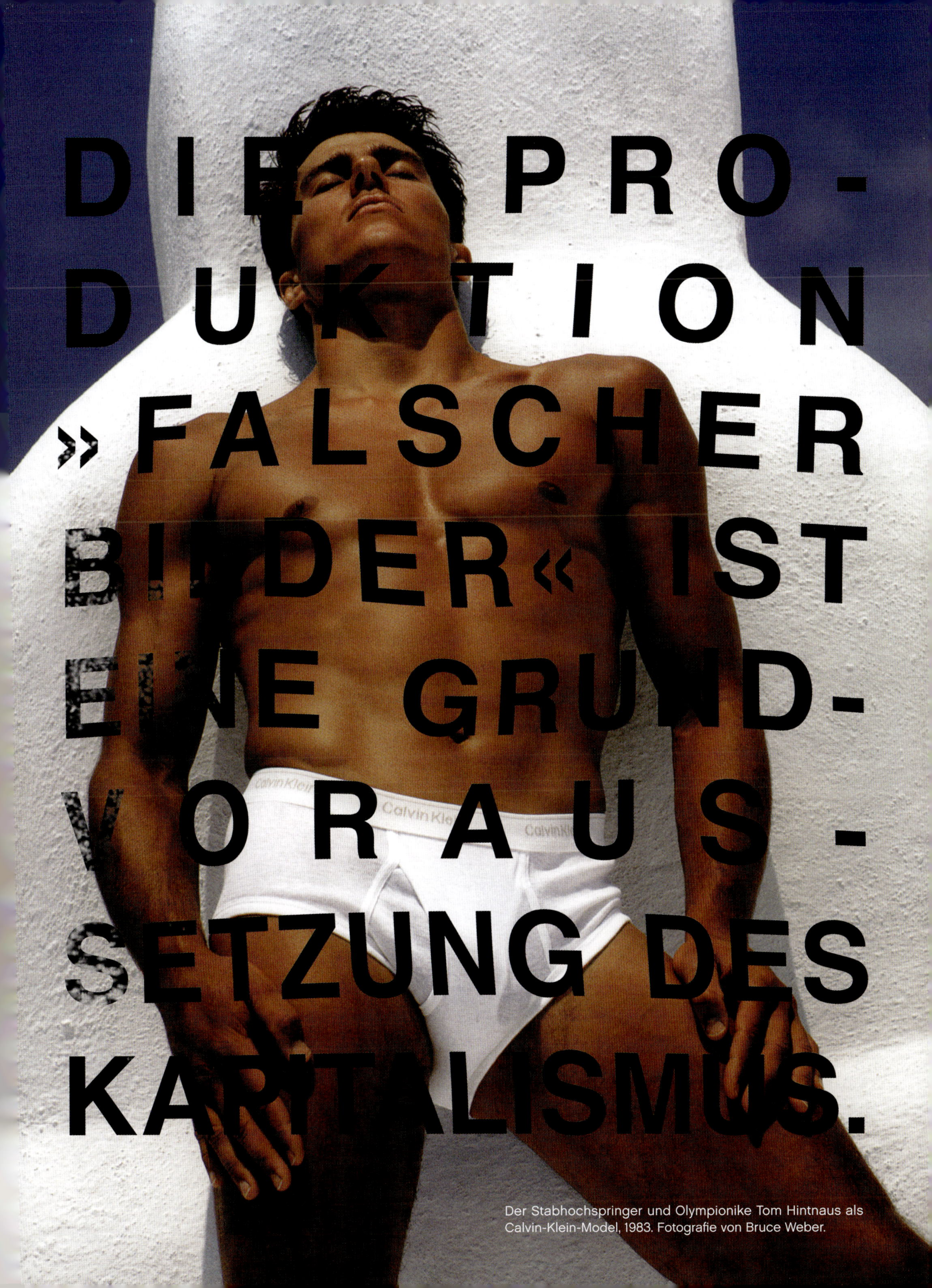

Der Stabhochspringer und Olympionike Tom Hintnaus als Calvin-Klein-Model, 1983. Fotografie von Bruce Weber.

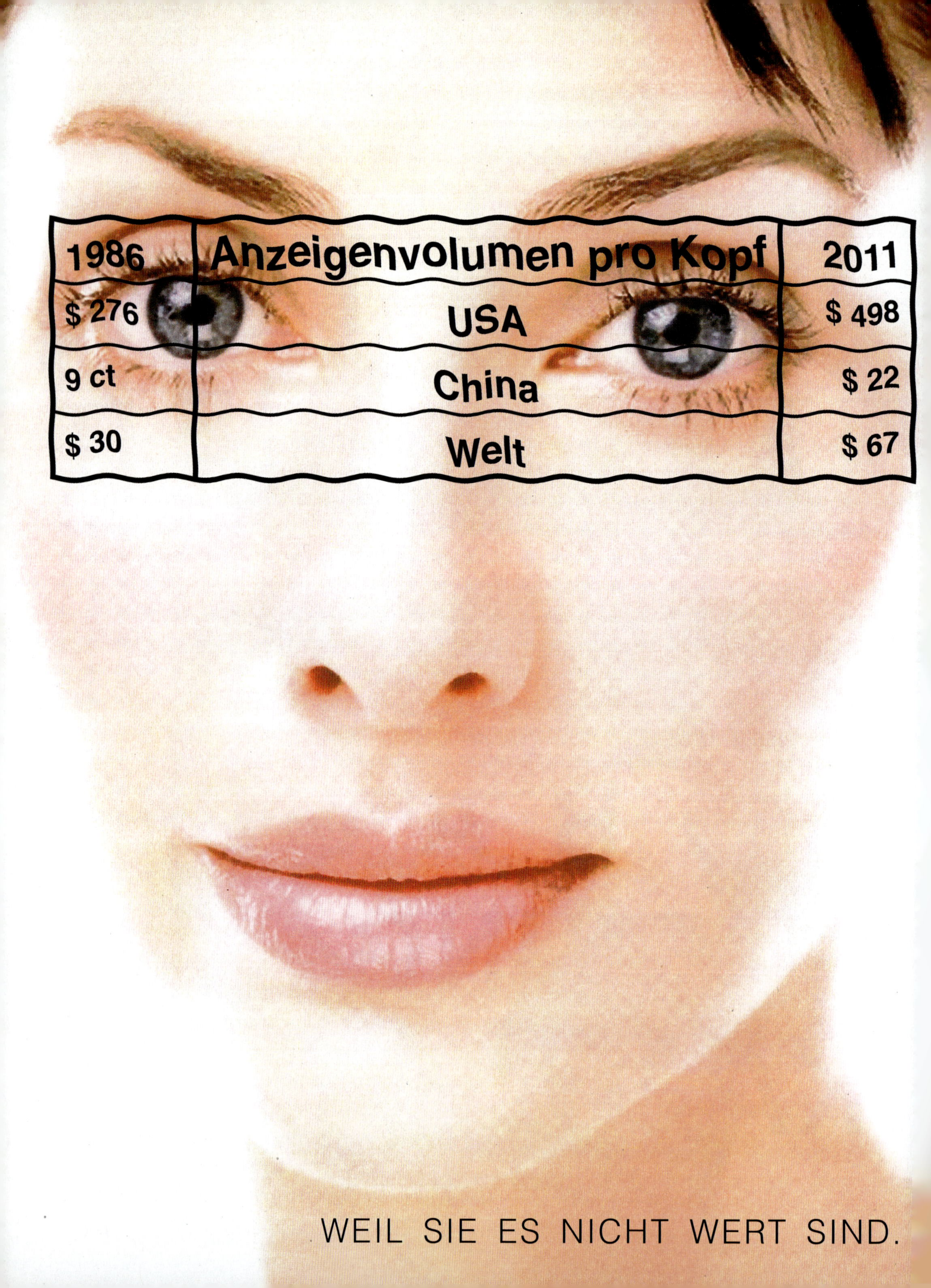
1986 | Anzeigenvolumen pro Kopf | 2011
$ 276 | USA | $ 498
9 ct | China | $ 22
$ 30 | Welt | $ 67
WEIL SIE ES NICHT WERT SIND.

Jeder, der in der sogenannten »entwickelten Welt« lebt, steht vor einer geradezu faustischen Frage: Welchen Sinn hat es, in einer der fortschrittlichsten, dynamischsten und reichsten Nationen zu leben, wenn wir die meiste Zeit unter Stress und Ängsten leiden? Haben wir unseren Überfluss, unsere Macht, unseren Reichtum etwa – sagen wir's ruhig offen – mit einem Teil unserer Seele erkauft? Haben wir nach Jahrhunderten des Überlebenskampfes das Loch im Magen endlich gefüllt, nur um ein neues Loch im Kopf zu entdecken?

HEY, HERR PROFESSOR:

Wie hoch sind die Kosten für die Flut psychischer Störungen, die gerade den Globus überschwemmt?

Der kapitalistische Abschaum mit Rattenschwanz, der euch erzählt, ihr sollt doch per Handy eure »Friends« kontaktieren, damit ihr »dabei« sein könnt (Wo? Allein vor dem Fernseher?), diese Fürsten der Finsternis wollen euch nur zu einem funktionierenden, blutlosen, armseligen, verkrüppelten Rädchen im Mahlwerk für Menschenseelen umfunktionieren.

(Und jetzt bitte keine theologischen Spitzfindigkeiten darüber, was die Seele ist!)

Wehrt euch! Trefft euch mit euren Freunden nicht, um gemeinsam zu konsumieren, sondern um eure Freundschaft zu genießen. So triumphiert ihr über die perfideste Verschwörung in der euroamerikanischen Gesellschaft von heute – die euch zu lebenden Leichen degradieren will, die an der Prothese der Angst, dem Mangel, einhergehen. Die euch zu Gespenstern machen will, gejagt vom eigenen Gehirn.

Hakim Bey

ANGST

Angst ist der Disziplinierungsmechanismus der kapitalistischen Gesellschaft, und heute haben viele Menschen Angst. Davor, dass alles schlimmer wird. Dass sie ihren Job verlieren, wenn sie einen haben. Dass sie keinen mehr finden, wenn sie arbeitslos sind. Dass es ihren Kindern schlechter gehen wird als ihnen. In einigen Ländern fürchten die Menschen, ihre gesundheitliche Versorgung zu verlieren, ihre Arbeitslosenversicherung oder ihre Pension. Viele, vor allem in den USA, leben von der Hand in den Mund, Monat für Monat, und fürchten, dass sie obdachlos werden. Gleichzeitig – und aus nahezu denselben Motiven – sind die Menschen zornig, weil ihnen klar ist, dass sie in einer unmoralischen Welt leben, in der die Schuldigen belohnt und die Unschuldigen bestraft werden. Die Banken haben Billionen kassiert, und ihre Topmanager haben mit Steuergeldern ihre unanständig hohen Gehälter und Boni finanziert. Jene, die für die Krise überhaupt nichts können, wurden zweimal beraubt – zum einen ihrer wirtschaftlichen Sicherheit, die der Casino-Crash auf Jahre hinaus zerstört hat; und zum zweiten Mal, weil ihre Steuern und Abgaben ebenso wie die ihrer Kinder und Kindeskinder nicht der Öffentlichkeit zugutekommen, sondern dazu verwendet werden, ein durch und durch verkommenes System zu sanieren.

Susan George, *Whose Crisis, Whose Future*

TIMOTHY **MORTON**

Timothy Morton ist ein Vordenker der neuen philosophischen Disziplin der objektorientierten Ontologie. Er ist Autor von *The Ecological Thought* (Cambridge 2010) und *Ecology without Nature* (Cambridge 2007) sowie sieben anderer Bücher. Seinen Blog über Ökologie ohne Natur finden Sie auf www.ecologywithoutnature.blogspot.com.

»WAS BLEIBT AM ENDE? NÄHE«

»Die Natur« ist das merkmallose Überbleibsel am einen wie am anderen Ende des Produktionsprozesses. Entweder tritt es uns als das Ausbeutbare entgegen oder als Produkt einer Wertschöpfungskette. Was auch immer: Es ist im Wesentlichen merkmallos, abstrakt, grau und hat nichts zu tun mit Nematoden oder Orang-Utans, organischem Material in Kometen oder Felsschichten. Sie können die Erde vom höchsten Berggipfel bis zum Marianengraben untersuchen, Sie werden diese »Natur« nicht finden. Deshalb schreibe ich sie auch in Anführungszeichen. Der Leser soll sehen, dass es sich um eine leere Kategorie handelt, die gefüllt werden will. Graue Schmiere.

Der Kapitalismus hat mit feudalen und präfeudalen Mythen wie der gottgewollten Hierarchie zwischen den Klassen ein für alle Mal aufgeräumt. Doch nebenbei hat er selbst einen gewaltigen Mythos erschaffen: »die Natur«. »Die Natur« ist ebenjener Klumpen, der vor dem kapitalistischen Produktionsprozess steht. Martin Heidegger hat dafür einen wunderbaren Begriff gefunden: »Bestand«.

»Bestand« bedeutet »Zeug«. Wie in einer alten Anzeige aus den Neunzigern: »Trink Pepsi. Und hol dir das Zeug!« Damals bekam man für Pepsi-Punkte alle möglichen Sachen. Die kapitalistische Produktion hat einen ontologischen Aspekt, der auf reinen Materialismus hinausläuft, wie Aristoteles ihn definiert. Interessanterweise bezieht dieser Materialismus sich nicht auf materielle Objekte in ihrer unendlichen Vielfalt. Das ist die Grundlage für Aristoteles' Problem mit dem Materialismus. Haben Sie je Materie gesehen oder mit ihr zu tun gehabt? Hatten Sie es je mit einem Stück »Zeug« zu tun? Sicher, ich habe vielerlei Objekte wahrgenommen: Santa Claus in einem Kaufhaus, Schneeflocken oder Bilder von Atomen. Aber habe ich je Materie als solche gesehen? Aristoteles meinte, das sei so, als suche man in einem Zoo nach »dem Tier«, nicht nach Affen oder Beos. Genau dasselbe sagt der slowenische Poststrukturalist Slavoj Žižek, auf Marx aufbauend, über das Kapital: »Die ›entfaltete‹ Form geht in die ›allgemeine‹ Form über, sobald eine Ware ausgeschlossen, von der Sammlung der Waren ausgenommen wird und folglich als das allgemeine Äquivalent aller Waren erscheint, als ob, neben allen wirklichen Tieren, *das* Tier existierte, die individuelle Inkarnation des ganzen Tierreichs« (aus *Denn sie wissen nicht, was sie tun. Genießen als politischer Faktor*). Wie »die Natur«, so also »die Materie«. Die beiden fortschrittlichsten Theorien des Materiellen unserer Zeit, die Ökologie und die Quantenphysik, würden beides nicht brauchen.

Was ist Bestand? Bestand hat mit Bestandshaltung zu tun. Gallone um Gallone Erdöl wartet nur darauf, angezapft zu werden. Reihenhausreihe um Reihenhausreihe darauf, bezogen zu werden. Terabyte um Terabyte Speicherplatz darauf, gefüllt zu werden. Bestandshaltung ist die Kunst des Zeugmas – man spannt Dinge zusammen: zum Beispiel in Stilfiguren wie »Welle um Welle« oder »Stoß um Stoß«. Bestandshaltung ist die vorherrschende Grundhaltung sozialer Existenz. Riesige Parkplätze ohne Autos, riesige Tische im Restaurant, über die hinweg man sich nicht die Hand reichen kann. Riesige leere Rasenflächen. Die Natur legt einen Bestand an. Bergketten um Bergketten ziehen sich bis zum Horizont. Die Rocky-Flats-Atomwaffenzentrale in Colorado wurde bewusst an einem Ort gebaut, an dem genau dieser Eindruck entsteht, wenn man in die Ferne blickt. Diese merkwürdige Tatsache zeigt uns, wie wir immer noch von »der Natur« denken: Sie ist »einfach da« – sie existiert jenseits der Technologie, unabhängig von der Geschichte. Weit davon entfernt. »Die Natur« ist die absolute Vorratskammer.

Ich frage Sie also, was wollen wir erhalten, wenn wir von Nachhaltigkeit sprechen? Ein aus dem Ruder gelaufenes System, das auf der einen Seite graue Schmiere einsaugt und auf der anderen graue Wertschöpfungsprodukte ausstößt? Es ist natürliche Schmiere, natürlicher Wert. Und das Resultat? Trägheit stapelt sich turmhoch wie die Berge, Jahr für Jahr höher, während die Menschheit in der Agonie der Ungewissheit vor sich hin dümpelt. Sehen Sie sich nur den Film »Manufactured Landscapes« an, das Meer der Telefonwählscheiben: Wählscheiben, so weit das Auge reicht, irgendwo in China. Ein wirkliches Meer – es liegt dort, in diesem Augenblick.

Gesellschaften verkörpern eine bestimmte Philosophie. Was wir in der Moderne nun haben, ist weit schlimmer als jede Technisierung. Hier müssen wir von Heidegger abrücken. Die Lokalisierung von Essenz irgendwo jenseits, getrennt von jeder spezifischen Existenz, ist weit schlimmer. In dieser Hinsicht ist der Kapitalismus selbst heideggerisch! Ob wir in diesem Zusammenhang nun von Wissenschaftsgläubigkeit, Dekonstruktion, Relativismus oder einfach nur guten alten platonischen Ideen reden – in dem, was existiert, ist keine Essenz mehr. Entweder ist uns das Jenseits selbst nichtexistent (Dekonstruktion, Nihilismus), oder es ist etwas Reales, was jedoch nicht »hier« ist. Dann aber ist das Problem nicht der Essentialismus, sondern diese spezielle Vorstellung von einem Jenseits. Denken Sie doch daran, was BP-Manager Tony Hayward sagte. Er meinte, der Golf von Mexiko sei ein gewaltiger Ozean, und das bisschen Öl mache gar nichts. »Die Natur« würde den Industrieabfall schon absorbieren. Ich will ja gar nicht herumkritteln an seiner Vorstellung von einem Ozean und den ausgelaufenen Barrels, denn auch noch mehr Öl im Golf hätte Hayward nicht davon überzeugt, dass dort eine Katastrophe stattgefunden hat. Ich möchte nur auf die metaphysische Bedeutung von Haywards Worten hinweisen, die man als kapitalistischen Essentialismus bezeichnen könnte. Die Essenz dieser Wirklichkeit sind Kapital und »Natur«. Beide existieren in einem ätherischen Jenseits. Hier, wo wir leben, ist Öl ausgelaufen. Aber keine Sorge. Das Jenseits wird sich seiner annehmen.

In der Zwischenzeit aber verbiegen sich reale Dinge, trotz »Natur«, trotz grauer Schmiere, und knallen ineinander. Manche trägt es aus der Bahn, weil die Industrie nicht funktioniert oder weil sie nur zu gut funktioniert. Öl tritt aus einem Bohrloch aus und überflutet den Golf von Mexiko. Gammastrahlen treten noch 24 000 Jahre lang aus abgebrannten Plutoniumbrennstäben aus. Großwetterlagen, die sich aufgrund der Nutzung fossiler Brennstoffe einstellen, bringen gewaltige Hurrikans hervor. Das Meer der ausrangierten Wählscheiben und ihrer Nachfolgeprodukte wird immer größer. Paradoxerweise hat der Kapitalismus Myriaden von Dingen auf uns losgelassen, in all ihrem facettenreichen Horror, ihrem funkelnden Glanz. 200 Jahre Idealismus, in dem der Mensch scheinbar im Mittelpunkt der Existenz stand, und nun rächen sich die Dinge, sind erschreckend groß, alt, langlebig oder bedrohlich klein, sodass sie in jede Zelle unseres Körpers eindringen können.

Das moderne Leben stellt uns vor die Wahl:

1. Die Essenz der Dinge ist woanders (in der Tiefenstruktur des Kapitals, des Unbewussten, des Seins).
2. Es gibt keine Essenz. (Dass aktuell nur diese Wahl als richtig und cool gilt, ist meiner Ansicht nach einer der Gründe, weshalb die Erde momentan in Schwierigkeiten ist. Und ich denke, die beiden Optionen lassen uns nur die Wahl zwischen Graubraun und Braungrau.) Daher glaube ich an eine dritte Möglichkeit:
3. Es gibt eine Essenz, und die liegt genau hier, in den Dingen mit ihren sich entziehenden sinnlichen Qualitäten.

Ebendeshalb glaube ich, dass wir in eine neue Ära akademischer Arbeit eintreten, bei der es nicht darum geht, uns mit der Spur der Gegebenheiten in der Öffnung der »Licht-ung« der Natur des Bleistifts auszustechen. Wenn wir den »Meta-Modus« des Denkens verlassen, können wir zumindest mit der Seltsamkeit der Dinge mithalten, einer Seltsamkeit, die uns Evolution, Ökologie, Relativität und Quantentheorie aufzeigen. Diese Seltsamkeit geht von den Objekten aus, ist nicht unsere Sicht von ihnen.

Wenn wir die Toilettenspülung drücken, stellen wir uns vor, die Rohre bringen die Abfälle »weg« in ein ontologisch anderes Reich. Die Ökologie aber enthüllt uns etwas anderes: eine flache Welt ohne ontologische Rohre. Eine Welt, in der es kein »Anderes« gibt. Marx lag teilweise falsch, als er im *Kommunistischen Manifest* behauptete, dass im Kapitalismus alles Feste »verdampft«. Ihm war nicht bewusst, dass eine Art Hypermaterialität in den geleerten Raum des Kapitalismus zurücksickert, eine Hypermaterialität, die sich in etwas ausdrückt, das ich als »Hyperobjekt« bezeichnen möchte. Dieses Zurücksickern ist ein Faktum, das nicht mehr ignoriert werden kann. Also auch wenn das ausgeflossene Öl »weg« ist: Da, schau! Da ist es, Meile um Meile ölverschmierte Strände, Quadratmeile um Quadratmeile verseuchter Meeresboden. Das kosmische Abfallrohr funktioniert nicht mehr. Nix mehr mit »Aus den Augen, aus dem Sinn«. Sogar die ABC-News wissen das mittlerweile.

Wenn ich das Wort »Nachhaltigkeit« höre, greife ich unwillkürlich zum Sonnenschutzmittel.

Das Ende der Welt

Wenn Neo im Film »Matrix« den Spiegel berührt, fließt dieser in seine Hand und wird von der spiegelnden Oberfläche zu einer gallertartigen Substanz. Das, worin wir uns gewöhnlich spiegeln, wird zum eigenständigen Objekt, dickflüssig und schimmernd wie Erdöl in dem schwach erhellten Raum, in dem Neo die rote Pille geschluckt hat. Gewöhnlich wird die Szene so interpretiert, dass Neos Realität sich auflöst. Wenn wir uns aber mit dem ölig-klebrigen Spiegel beschäftigen, erhalten wir eine ganze andere Lesart. Nicht die Wirklichkeit löst sich auf, sondern das Subjekt, die Fähigkeit, Dinge zu »spiegeln«, von der Welt getrennt zu sein wie jemand, der in einen Spiegel blickt – von ihr getrennt durch eine ontologische Schicht spiegelnden Glases. Der klebrige Spiegel unterstreicht hier die Wahrheit dessen, was die Phänomenologie als »Einfachheit« bezeichnet. (Ich denke hier an die Werke von Ortega y Gasset, Levinas und Graham Harman.) Objekte sind, was sie sind, in dem Sinne, dass sie, ganz egal, was wir von ihnen sehen oder wie wir sie wahrnehmen, da sind und nicht abgeschüttelt werden können. Mitten in einer ironischen Bemerkung sind sie da und sind ironisch. Sogar Spiegel sind, was sie sind, egal, was sie widerspiegeln. In ihrer schlichten Aufrichtigkeit umgibt die Wirklichkeit uns wie ein Ölfilm. Der Spiegel wird zur Substanz, zum Objekt. Hyperobjekte drücken den Reset-Knopf der Aufrichtigkeit. So wie Neo entdeckt, dass der Spiegel sein Bild nicht mehr auf nette, ästhetisch handhabbare Weise von ihm selbst trennt, sondern plötzlich auf ihn übergeht.

Die wunderbare Umkehrbarkeit des öligen, schmelzenden Spiegels erzählt von dem, was aufgrund der Hyperobjekte in einem Zeitalter der globalen Erwärmung geschieht: die gleichzeitige Auflösung der Wirklichkeit und das überwältigende Auftreten von Hyperobjekten, die auf uns übergehen, ja, die wir sind. Die Griechen nannten dies »Miasma«, die Art und Weise, in der Blutschuld an uns klebt.

Warum Objekte und warum jetzt? Der Philosoph Graham Harman schreibt, dass wir den Objekten nicht näherkommen können, weil sie sich uns unwiederbringlich entziehen. Klarer wird diese Aussage, wenn wir uns die ökologische Krise ansehen: »Wie tief stecken wir drin?« Diese Angst ist Symptom des Auftretens von Hyperobjekten. Wenn man ihnen näherkommt, erscheinen mehr und mehr Objekte. Als steckten wir in einem Traum, den Zenon, der Philosoph der Paradoxa, träumt. Das dahinterstehende Paradox tritt im Zeitalter der ökologischen Krise immer klarer hervor. »Hat es schon angefangen?« Oder: »Wie weit stecken wir drin?« Diese Fragen beschäftigen uns, eben weil wir bereits mittendrin stecken, eben weil es längst angefangen hat.

Wir schreiben November 2010. Sie warten an der Bushaltestelle. Eine Frau tritt hinzu. »Schönes Wetter, nicht wahr?«, fragt sie.

Sie denken einen Augenblick lang nach, ob sie das nur sagt, um Sie von den neuesten Erkenntnissen über den Klimawandel abzulenken. Sie entscheiden sich gegen diese Hypothese.

»Ja«, sagen Sie. Aber in Ihrer Antwort halten Sie etwas zurück – das Bewusstsein, dass der Tag für Sie nicht ganz so schön ist, weil Sie sich Sorgen machen, dass die Hitze und die Luftfeuchtigkeit etwas mit der globalen Erwärmung zu tun haben könnten. Diese zurückgehaltene Information beeinflusst Ihren Ton, oder sie tut es nicht.

»Allerdings …«, sagt sie. »Aha, jetzt kommt's«, denken Sie. »Das Wetter letzte Woche war doch komisch, nicht wahr? Ich glaube ja, das ist der Klimawandel.«

Solche Gespräche führt mittlerweile jeder von uns. So wie nach dem 11. September 2001 bestimmte Gegenstände wie X-Acto-Taschenmesser oder weißes Pulver plötzlich eine schreckliche Bedeutung bekamen, so hat im Zeitalter der globalen Erwärmung das Wetter – dieser hübsche, neutrale Hintergrund, über den man mit einem Fremden reden kann, in dieser netten Hintergrundweise, die wir mit Roman Jakobson »phatisch« nennen können – einen bedrohlichen Unterton angenommen.

In jedem weiteren Wettergespräch wird einer der Gesprächsteilnehmer irgendwann den Klimawandel erwähnen. Oder Sie beschließen – jeder für sich –, nicht darüber zu reden, dann aber hängt das Thema wie eine dunkle Wolke über dem Gespräch, das stetig um die Auslassung herumwabert.

Diese Brüche der normalen rhetorischen Routine, diese Splitter einer zerschellten Konversation liegen herum wie entzweigegangene Hämmer (da sie ja überall stattfindet) und sind Symptom eines tiefer und weiter gehenden ontologischen Upgrades im menschlichen Bewusstsein. Jeder, der schon mal auf den kleinen Regenbogenkreis auf seinem Mac geguckt und gewartet hat, weiß, dass Upgrades nicht unbedingt angenehm sein müssen. Humanisten wie wir haben die Aufgabe, uns auf das Upgrade einzustimmen und es erklären zu helfen.

Worum geht es bei diesem Prozess also? Kurz gesagt: Die Vorstellung, dass wir »in« einer Welt leben – die wir zum Beispiel »Natur« nennen –, ergibt außerhalb nostalgischer Anwandlungen und lokal nützlicher Sprachmuster in Appellen und Petitionen keinen Sinn mehr. Wir wollen nicht, dass eine bestimmte Art durch die moderne Landwirtschaft ausgerottet wird, also benutzen wir die Sprache der »Natur«, um irgendeinen Gesetzgeber von ihrem Schutz zu überzeugen. Wir leiden unter dem allgemeinen Ennui und Weltschmerz und kreieren nostalgische Bildwelten von Hobbits und Elfen. Diese Phänomene sind so alt wie die industrielle Revolution.

Doch heute lauert etwas hinter dem Horizont, was ebenfalls durch die industrielle Revolution entstand, aber weit größer und angsteinflößender ist – ja, was unseren und überhaupt jeden Horizont zu zerstören droht. Die globale Erwärmung, Folge einer unkontrollierten Nutzung fossiler Brennstoffe (wie wir mittlerweile alle ad nauseam erfahren haben), hat das Wetter radikal verändert. Warum? Weil die Welt als solche – also nicht irgendeine Idee von der Welt, sondern die Welt in ihrer Gesamtheit – sich in Luft aufgelöst hat. Genauer gesagt merken wir allmählich, dass wir diese Welt nie hatten.

Wir könnten dies auf gute alte aristotelische Weise mit den Begriffen von Substanz und Akzidenz (das nicht Wesentliche, das sich Verändernde, Zufällige) erklären. Der Realist Aristoteles ging davon aus, dass es Substanzen gibt, die bestimmte Eigenschaften besitzen, und Akzidenzien, die nicht zur Substanz eines Objekts beitragen. In Abschnitt Epsilon 2 seiner *Metaphysik* zeigt Aristoteles den Unterschied zwischen Substanz und Akzidenz auf. Der Klimawandel hat dafür gesorgt, dass das Wetter – früher Akzidenz – zur Substanz wurde. Hier Aristoteles:

Wenn zum Beispiel in den Hundstagen Sturm und Frost eintritt, so sagen wir, das geschehe zufällig, aber nicht, wenn Glut und Hitze eintritt. Denn das Letztere geschieht immer oder doch in der Regel, das Erstere nicht.

Doch mit ebensolchen Veränderungen konfrontiert uns die Klimaerwärmung. Jedes Wetter-Akzidens wird also zum potenziellen Symptom einer Substanz, nämlich der globalen Erwärmung. Das nasse Zeug, das mir auf den Kopf tropft, ist plötzlich Merkmal eines weit düstereren Phänomens, das ich mit bloßem Auge nicht wahrnehmen kann. Ich brauche mehrere Terabytes große Arbeitsspeicher und eine extreme Rechengeschwindigkeit, um ein Echtzeit-Modell auf einem Computer zu erstellen. (Möglich war dies erst im Frühjahr 2008.)

Und Aristoteles' frostiger Sommer hat noch eine gespenstischere Komponente. Wenn diese frostigen Sommer weitergehen und wir sie als Symptome globaler Erwärmung deuten können, heißt das, dass es nie

Hören Sie dem Zwitschern der Vögel zu, kann dies Depression lindern.

einen echten, bedeutsamen (für uns Menschen), heißen Sommer gab, sondern nur eine lange Hitzeperiode, die uns real erschien, weil sie, sagen wir mal, 2000 oder 3000 Jahre lang dauerte. Der Klimawandel spielt uns hier einen ganz üblen Streich. Er zeigt uns, dass das, was wir als verlässliche Welt wahrgenommen haben, nur ein gewohnheitsmäßiges Muster war – ein geheimes Einverständnis zwischen Kräften wie dem Sonnenschein, der Luftfeuchtigkeit und uns Menschen, die wir erwartet haben, dass solche Dinge sich mit einer bestimmten Regelmäßigkeit wiederholen, und die wir ihnen Namen gegeben haben wie »Hundstage«. Wir haben das Wetter für real gehalten. Doch im Zeitalter der globalen Erwärmung erkennen wir, dass es ein Akzidens war, eine Simulation von etwas Düsterem, weniger Zugänglichem – dem Klima. Wie Harman meint, ist »Welt« immer das Vorhandene – die Karikatur des realen Objekts. Was Benjamin Franklin und andere in der Romantik entdeckten, war nicht wirklich »das Wetter«, sondern eine Spielzeugversion des realen Objekts, ein Spielzeug, das ironischerweise die Tür zum Realen aufstieß.

Seltsame Wetterphänomene und Kohlendioxidemissionen haben die Wissenschaft veranlasst, Dinge zu überwachen, die vormals nur lokale Bedeutung zu haben schienen. Das ist die alte Definition von »Klima«: Es gibt das peruanische Klima, das Klima auf Long Island, doch das Klima im Allgemeinen, das Klima als Folge von Wetterereignissen, so wie die Trägheit Nachhall von Geschwindigkeit ist, dieses Klima ist ein »Biest«, das erst aus der Zusammenarbeit von Wissenschaftlern, Satelliten, Regierungsbehörden und so weiter entstand. Zu diesem »Biest« gehört die Sonne, denn das Infrarotlicht der Sonne wird von den Treibhausgasen festgehalten. Der Klimawandel ist also ein gewaltiges »Ding«, das wiederum Dinge umfasst, die jenseits der Erdatmosphäre existieren und uns doch im Innersten, hier und jetzt, betreffen. Die Klimaerwärmung ist ein großartiges Beispiel für das, was ich hier mit Hyperobjekten meine: ein Objekt, das sich massiv in der Raumzeit ausdehnt und das unsere ganze Vorstellung von einem Objekt verändert. Es umfasst die gesamte Oberfläche der Erde, und viele seiner Effekte werden noch in 500 Jahren spürbar sein. Erinnern Sie sich etwa noch daran, wie das Leben 1510 war?

Sie setzen Ihren Fuß auf Lebensformen. Ihr Auto fuhr hier mit Hilfe von Lebensformen. Das Eisen in unserer Erde ist nichts weiter als Exkremente von Bakterien. Der Sauerstoff in unserer Lunge wurde von Bakterien ausgestoßen. Öl ist das Resultat dunkler Machenschaften zwischen Felsen, Algen und Plankton vor Abermillionen Jahren. Wenn Sie einen Blick auf Erdöl werfen, sehen Sie in die Vergangenheit. Hyperobjekte erstrecken sich so weit in die Zeit, dass der Geist dies kaum noch fassen kann. Und sie sind eng verknüpft mit Lebensformen.

Das Gespenstische daran ist, dass wir die Klimaerwärmung erst entdeckt haben, als sie schon da war. Das ist so, als würden wir plötzlich herausfinden, dass wir unter dem Schirm eines sich in Zeitlupe ausbreitenden Atombombenpilzes gelebt haben. Ihnen bleiben nur ein paar Sekunden, bis Sie merken, dass diese nette, nahtlose Welt, in der Sie zu leben glaubten, sich in Luft auflösen wird. All diese apokalyptischen Geschichten über das Ende der Welt sind so gesehen nicht Teil der Lösung, sondern Teil des Problems. Da sie den Weltuntergang in eine hypothetische Zukunft verlagern, impfen uns diese Geschichten gegen das reale Objekt, das längst in unseren ökologischen, sozialen, ja psychischen Raum eingedrungen ist.

Wenn es keinen Hintergrund gibt – kein neutrales, marginales Wetter, sondern eines, das sichtbar und gut überwacht öffentlich diskutiert wird –, dann gibt es keinen Vordergrund. Der Vordergrund braucht einen Hintergrund, um zu existieren. Dass die Wetterphänomene plötzlich in den Vordergrund traten, weil wir uns der globalen Erwärmung bewusst wurden, lässt in uns allmählich die Erkenntnis aufdämmern, dass es keinen Vordergrund gibt! Die Vorstellung, dass wir in einer phänomenologischen Lebenswelt existieren wie Hobbits in ihren Höhlen, hat sich als Fiktion herausgestellt. Die besondere Bedeutung, die wir uns zuerkannten, weil wir ja den kosmischen Sinn (das Heidegger'sche Dasein zum Beispiel) entschlüsselten, hat sich als Trugbild herausgestellt, denn in einer Welt ohne Vordergrund-Hintergrund-Unterscheidung kann es keinen Sinn geben. Die Welt braucht Horizonte, und Horizonte brauchen Hintergründe, die wiederum Vordergründe brauchen. Wenn wir überall hinsehen können, wenn ich mit Google Earth die Fische in meiner Mutter Gartenteich in London beobachten kann, dann verschwindet die Welt als Träger von Bedeutungen, Grenzen, Horizonten. Wir haben keine Welt mehr, weil die Objekte, die uns als unsichtbare Szenerie dienten, als Hintergrund, sich aufgelöst haben.

Die Welt ist ein ästhetischer Effekt, der auf Unschärfe und ästhetischer Distanz beruht. Diese Unschärfe rührt aus der Unkenntnis der Wesen gegenüber den Objekten. Nur aus dieser vollkommenen Unkenntnis heraus können die Objekte als Projektionsfläche von Bedeutung fungieren.

»Roter Himmel vor der Dunkelheit ist des Schäfers höchste Freud«: ein hübsches Sprichwort, das an Tage gemahnt, in denen Schäfer in einer Welt lebten, die noch von Horizonten begrenzt war und in der es noch Sonnenuntergänge gab. Die Sonne geht auf, die Sonne geht unter – natürlich wissen wir heute, dass dies nicht so ist. Galileo und Kopernikus haben in dieses Weltbild schon tiefe Löcher gerissen. Ganz ähnlich wurde das Wetter, sobald die Menschen vom Klimawandel erfuhren, ein unzuverlässiges und oberflächliches lokales Phänomen, das für etwas viel Größeres und Unsichtbares steht. Sie können das Klima nicht sehen oder schmecken. Die Informationsverarbeitungskapazität unseres Gehirns verhindert sogar, dass wir konkret darüber nachdenken können. Man könnte also sagen, dass wir immer noch in einer Welt leben, nur in einer, die ein Upgrade erfahren hat. Das stimmt, doch »Welt« bedeutet in diesem Zusammenhang wesentlich weniger als früher, nicht mehr länger »für Menschen bedeutsam«, ja nicht einmal »für Wesen mit Bewusstsein bedeutsam«.

Ein einfaches Experiment zeigt deutlich, dass die Welt nun ein ästhetisches Phänomen geworden ist. Ich nenne es »›Der-Herr-der-Ringe‹-vs.-›The Ballpopper‹-Test«. Für dieses Experiment brauchen Sie den zweiten Teil der »Herr-der-Ringe«-Trilogie von Peter Jackson und einen »Playskool Busy Ball Popper« der Firma Hasbro.

Nun spielen Sie die Szene ab, die für mich den Gipfel des Schreckens darstellt. Faramir hat Frodo gefangen genommen. Dieser wankt durch die Ruinen der Stadt Osgiliath, als ihn ein Nazgul (ein Ringgeist) auf einem schrecklichen geflügelten Drachen angreift.

Jetzt schalten Sie den Ball-Popper ein. Sie werden feststellen, dass das idiotische Kullern der bunten Bälle die Kohärenz von Jacksons epischer Erzählung sofort durchbricht.

Die Vorstellung der Welt beruht auf allen möglichen Lichteffekten, Toneffekten, ästhetischen Effekten, die im Kern fast schon lächerlich sinnlos sind. Die Aufgabe der Wagnerianischen Weltrepräsentation ist es, die Spuren dieser Sinnlosigkeit zu beseitigen. Und Jacksons Trilogie hat dieses Wagnerianische, ein Gesamtkunstwerk, in dem Elfen, Zwerge und Menschen eine eigene Sprache haben, eigene Werkzeuge, eine eigene Architektur – dies wird bis zum faschistoiden Exzess durchgezogen, als handle es sich um unterschiedliche Sportmannschaften. Aber es ist ganz einfach, die Spuren der Sinnlosigkeit in dieser nahtlosen Welt aufzudecken – absurd einfach, wie das Spielzeugexperiment beweist.

Doofes Kinderspielzeug gegen Wagnerianische Tolkien-Verfilmung: 5 zu 0. Was lernen wir daraus? Die »Welt«, ein Schlüsselkonzept der Ökophänomenologie, ist eine Illusion. Und den Objekten haftet eine nicht zugängliche Seltsamkeit an. Das Kinderspielzeug »übersetzte« den Film, krachte damit zusammen und veränderte ihn auf seine begrenzte und einzigartige Weise.

Im Jahr 2008 widersetzten sich die Einwohner von Lakewood, Colorado, der Errichtung eines Solarparks, weil dieser nicht »natürlich« wirke. Der Einspruch gegen Windfarmen wird häufig ebenso begründet – nicht, weil der Park etwa ein Risiko für Vögel darstelle, sondern weil er »die Aussicht kaputtmacht«. Ebenfalls 2008 wollte man einen Windpark auf einer abgelegenen schottischen Insel errichten. Der Plan wurde von den Einwohnern verhindert, die ihre Aussicht behalten wollten. Ein Fall also, in dem die Ästhetik der »Natur« sich gegen die Ökologie kehrt. Und ein gutes Argument, weshalb die Ökologie ohne die »Natur« auskommen sollte. Oder wieso soll eine Windturbine hässlicher sein als eine Ölpipeline? Wieso »ruiniert sie die Aussicht« stärker als Straßen oder Gasleitungen?

Wir könnten die Windturbinen als Umweltkunst betrachten. Windspiele bringen den Wind zum Klingen. Künstlerische Installationen schwingen in der Brise hin und her. Aber Windfarmen sind von einer schreckenerregenden Größe und Stattlichkeit. Man könnte sagen, sie drücken die Ästhetik des Erhabenen aus (nicht des Schönen). Eines ethischen Erhabenen allerdings, das besagt: »Wir Menschen haben uns entschlossen, auf Kohlendioxid zu verzichten.« Und wir würden diese Entschlossenheit durch gewaltige Turbinen sichtbar machen. Vielleicht ist es aber gerade die Sichtbarkeit der eigenen Haltung, die die Windfarmen zum Störfaktor werden lässt: eine sichtbare Haltung, keine heimlichen Rohrleitungen, die unterirdisch durch eine intakte Landschaft verlaufen (womit man ja auch Bilder bezeichnet, nicht nur die freie Natur). (Und natürlich gibt es mittlerweile auch Windtürme, *wind spires*, die eine ästhetische Distanz ausdrücken, welche der Landschaftsmalerei eigen ist.) Wie ein Poster im Büro von Agent Mulder von den X-Files sagt: »Die Wahrheit ist irgendwo da draußen.« Denn die Ideologie wohnt nicht nur in Ihrem Kopf. Sie liegt in der Form einer Colaflasche. In der Art, wie manche Dinge, zum Beispiel grüne Hügel, als »natürlich« angesehen werden, als hätte es die industrielle Revolution nie gegeben. Diese gefälschten Landschaften sind bereits Ausdruck von Greenwashing. Denn was meinen die Schotten denn eigentlich, wenn sie sich gegen Windfarmen wehren: Nicht »Rettet die Umwelt!«, sondern: »Stört unsere Träume nicht!« Die Welt ist ein ästhetisches Konstrukt, das auf Dingen wie unterirdisch verlegten Öl- und Gasleitungen beruht. Daher wäre es ein radikaler politischer Akt, sich für ein anderes ästhetisches Konstrukt zu entscheiden, das keine Glätte, Distanz oder Coolness braucht.

Die klassische ökologische Kritik nutzt andere Konzepte von »Welt«. Diese wurzeln häufig im philosophischen Nachdenken über das Klima, zum Beispiel im protonationalistischen Denken von Humboldt und Herder oder in der biologisch-rassistischen Ecke, aus der es schallt: »Ich bin weiß, weil ich im nördlichen Klima zur Welt kam.« Doch diese Weltkonzepte bringen die Ökologie nicht weiter. Denn je mehr wir über Ökologie sehen und erfahren, was in Zeiten einer Umweltkrise unvermeidlich ist, desto mehr verlieren wir an Sinn. Ironie des Schicksals: Je mehr Daten wir haben, desto weniger stehen sie für eine kohärente Welt.

Es war Heidegger, mehr als jeder andere, der ein Konzept der Welt schuf, wie es im zeitgenössischen ökologischen und kulturellen Denken zum Tragen kommt. Vor allem in seinen Schriften *Der Ursprung des Kunstwerkes* und *Die Technik und die Kehre* ist die Welt für ihn das, was der Gesamtheit technischer Mittel, »Gestell« genannt, als Objekt dient. Diese Sicht hat zur mittlerweile alles durchdringenden Vorstellung vom *welten* geführt, der »Weltbildung«, in der die Welt nur noch als kulturelles Artefakt existiert. Für den Hammer, so heißt es doch, sieht alles aus wie ein Nagel.

Doch es gibt verschiedene Gründe, weshalb die Welt, selbst wenn der Begriff sinnvoll wäre, nicht als Basis für ethische Überlegungen herangezogen werden sollte. Nur ein Beispiel: Der Schandkorb steht ebenso für eine Welt wie der Hammer. Es gab eine wundervolle Welt des Schandkorbs im Mittelalter. Für die Nutzer dieser Welt war der Schandkorb ein Gegenstand mit einer bestimmten sinnhaften Bedeutung. Dasselbe gilt für Nazi-Insignien. Nur weil die Nazis eine Welt hatten, muss das noch nicht heißen, dass sie es wert wäre, bewahrt zu werden. Das Argument, dass etwas gut ist, weil es »eine Welt für sich« ist, ist Quatsch. Die Vorstellung, man dürfe nicht in die Umwelt eingreifen, weil man damit die Welt eines anderen stört, ist absolut keine sinnvolle Begründung. Sie kann sogar gefährliche Konsequenzen haben. Wir müssen uns also von Donna Haraways Idee, dass alles Nicht-Menschliche unsere Aufmerksamkeit verdiene, weil es eine Lebenswelt für sich darstelle, verabschieden. Diese Ethik gehört ins *Welten*-Spektrum. An diesem Punkt trennen sich Haraways Wege und die meinen (auch von ihrer Seite aus), denn sie denkt, was ich vorschlage, sei »Exterminismus« und käme der Zurichtung der Welt für den Backofen der Ausrottung gleich. Worauf meine Antwort lautet: Wie kann man ein Wesen, das es nicht gibt, bereit für die Ausrottung machen?

Der zweite Grund, weshalb mir das klassische Konzept der Welt für die ökologische Kritik unpassend erscheint, ist historischer Natur. Der Klimawandel und das sechste große Artensterben haben uns den Begriff der Welt zu Bewusstsein gebracht. Wir glauben, dass wir Menschen zugleich unsere Welt und unsere Idee davon verlieren (und mit ihr die Vorstellung, dass wir seit jeher eine Welt haben). Das ist bestenfalls verwirrend. In diesem historischen Moment wird uns die Welt durch Umstände zu Bewusstsein gebracht, die ein bewusstes menschliches Eingreifen erfordern. Es ist von entscheidender Bedeutung, dass wir an unserer Vorstellung von der Welt arbeiten. Wie die Manieristen die Regeln des Klassizismus bis an die Zerreißgrenze getrieben haben, so hat die Klimaerwärmung unsere Welt an die Grenze der Belastbarkeit gebracht. Und zwar, weil kein Wesen eine Welt für sich hat. Oder wie Graham Harman es sagt: »Es gibt keinen Horizont.«

Überlegen wir uns doch mal, weshalb die globale Erwärmung die Vorstellung vom Horizont kippt. Nun, da sind zunächst einmal die Zeitrahmen. Ja, Zeitrahmen im Plural. Es gibt drei davon. Wir nennen sie den erschreckenden, den furchterregenden, den grauenerregenden Zeitrahmen.

1. Erschreckender Zeitrahmen: Es wird einige hundert Jahre dauern, bis das kalte Wasser der Ozeane (wenn es denn noch welche gibt) etwa drei Viertel des überschüssigen Kohlendioxids aufgesogen hat.
2. Furchterregender Zeitrahmen: Es wird weitere 30 000 Jahre dauern, bis das übrige Kohlendioxid von Eruptivgestein weitgehend absorbiert ist. Die Halbwertszeit von Plutonium liegt bei 24 100 Jahren.
3. Grauenerregender Zeitrahmen: Die dann noch verbleibenden etwa 7 Prozent sind in 100 000 Jahren immer noch da.

Ein schlichtes »immer« wäre für den Geist viel leichter zu fassen als diese enorm großen Zeitrahmen, die ich sehr große Endlichkeiten nenne. Hyperobjekte führen zu enormen Endlichkeiten, endlichen Abschnitten von Raum und Zeit, die für den Menschen demütigend schwer zu verstehen sind. Ein »immer« gibt uns ein Gefühl von Wichtigkeit. Doch 100 000 Jahre erweckt nur die Frage, ob wir uns überhaupt irgendetwas hunderttausendfach vorstellen können. Es ist recht abstrakt, sich vorzustellen, ein Buch bestünde aus 100 000 Wörtern.

Die »Welt« als die bedeutungstragende Totalität von allem, was der Fall ist, ist einfach unvorstellbar. Und das aus gutem Grund: Sie existiert nicht.

Aber was ist noch übrig, wenn wir nicht die Welt sind? Nähe. Wir haben die Welt verloren, aber eine Seele gewonnen. Die Wesen, die mit uns existieren, dringen mit immer größerer Vehemenz in unser Bewusstsein ein. Unser Zeitalter wird Zeuge des Heraufdämmerns eines neuen Aristotelismus, einer objektorientierten Ontologie, die davon ausgeht, dass die Essenz hier ist, nicht in irgendeinem Jenseits. Es ist ebendiese magische Qualität von Dingen wie Steinen, Käfern, Türen, Chilischoten und den Red Hot Chili Peppers, Nirvana, Bob Geldof, Quasaren und Cartoonfiguren in der Form von Richard Nixons Kopf, die erklärt, aber nicht wegerklärt werden muss. Ein dreifaches Hoch auf das sogenannte Ende der Welt also, denn dies ist der Anfang der Geschichte … und das Ende des menschlichen Traums, dass die Realität etwas ist, das nur für Menschen Bedeutung hat.

Und nun, da wir den Kokon »Welt« verlassen haben, können wir die Vorstellung neuer Allianzen willkommen heißen, die wir zwischen dem Menschen und dem Nicht-Menschlichen schmieden werden.

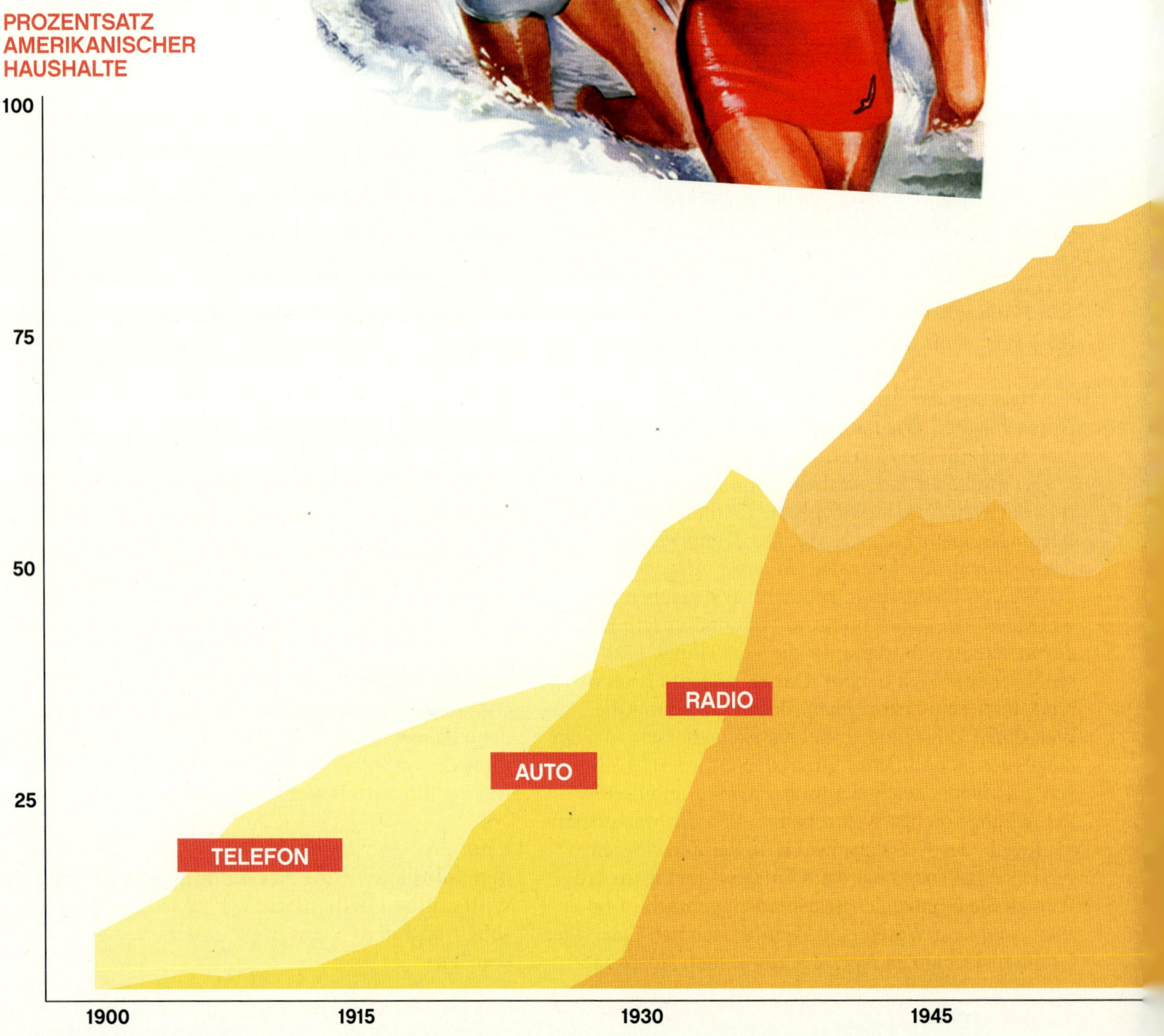

PROZENTSATZ AMERIKANISCHER HAUSHALTE
100
75
50
25
TELEFON
AUTO
RADIO
1900
1915
1930
1945

SIND SIE SCHON GLÜCKLICH

?

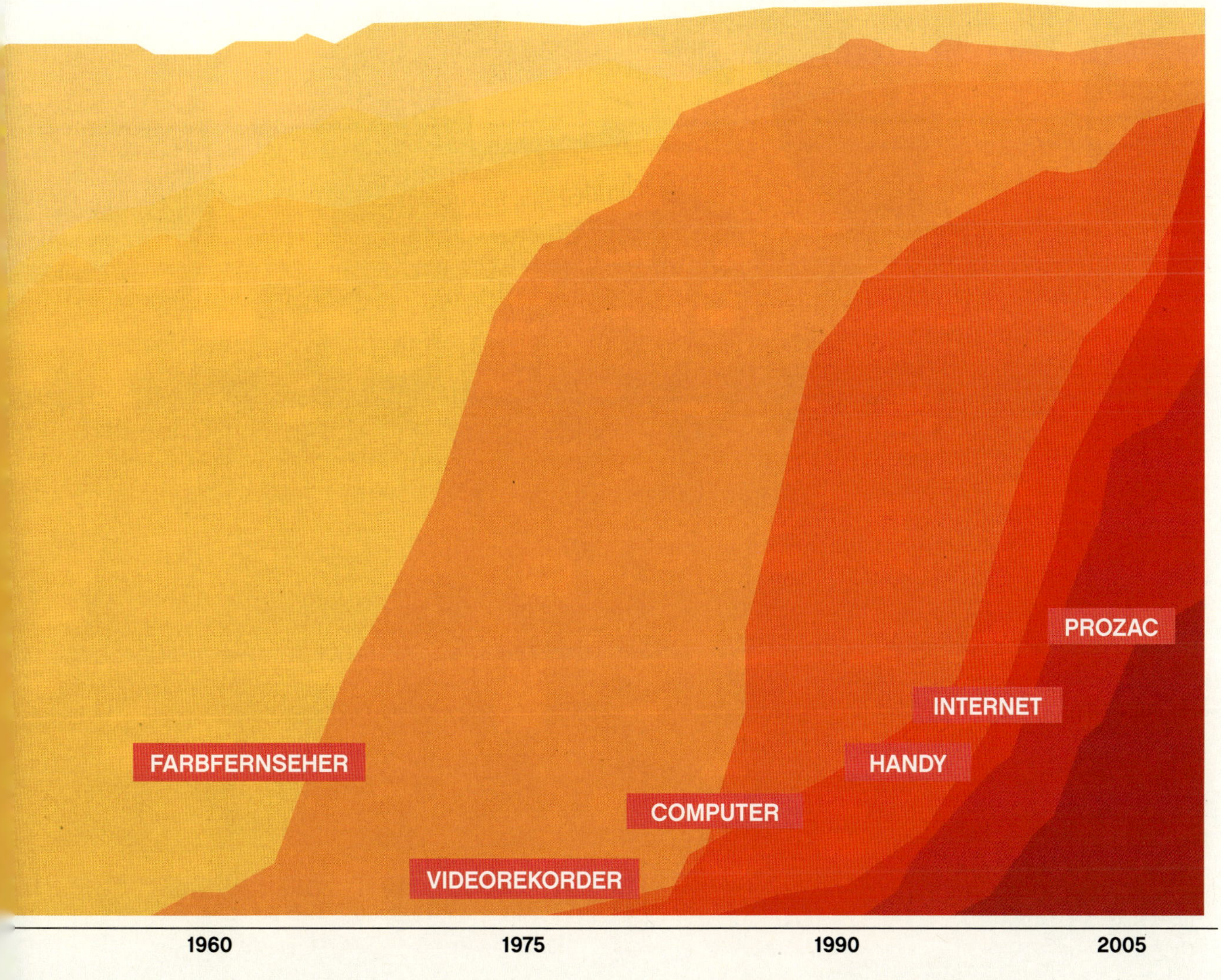

Darling!
Los, lass uns
so richtig
Schulden machen!

HAPPINOMICS

Die Frau, die mir im Bus der Linie 4 Richtung Powell Street gegenübersitzt, trägt eine lederne Bomberjacke und eine stylishe Armani-Brille. Sie hält die Finger über dem Holzgriff einer Cordschultertasche verschränkt. Ich sehe auf ihren Fingerknöcheln ein Tattoo: PURL (säumen) und KNIT (stricken) in den Lettern derselben Frakturschrift, in der Tupac Shakur sich OUTLAW auf den Unterarm hat tätowieren lassen. Offensichtlich werde ich mich gleich mit einer Gangsta-Strickerin unterhalten.

Ich will ein Experiment durchführen, das von Amerikas Top-Glücksforscher erdacht wurde, von Dr. John Helliwell. Meine Aufgabe: Ich soll mein momentanes subjektives Glücksempfinden festhalten, dann in irgendeinen Bus steigen und eine völlig fremde Person in ein Gespräch verwickeln. Wenn ich aussteige, soll ich mein Glücksniveau wieder einschätzen. Helliwells Forschungen haben ergeben, dass der Mensch umso glücklicher ist, je mehr positive soziale Kontakte er hat. Für diesen Test habe ich mein subjektives Glücksempfinden auf sechs Punkte von zehn möglichen geschätzt. Wenn Dr. Helliwell recht hat, wird das Gespräch mit der Gangsta-Strickerin mein Glücksniveau auf sieben Punkte anheben.

Ich hole also meinen besten »Na-was-geht-ab?«-Blick hervor und lasse ihn auf meinem Gegenüber ruhen, doch die Strickerin schaut mit ihren wimperntuschumrandeten Augen aus dem Fenster. Sie richtet ihren Blick auf die Werbung für den Energydrink, dann zum Boden, dann auf den Ausstieg. Dr. Helliwell sagte mir: »Normalerweise versuchen wir im Bus ja immer, die Leute möglichst wenig zu stören, doch unsere wissenschaftlichen Untersuchungen haben ergeben, dass wir alle glücklicher wären, wenn wir ein bisschen mehr aufeinander eingingen. Was haben wir also zu verlieren?«

Zehn Minuten später fährt der Bus meine Haltestelle an. An der Tür drehe ich mich um und sage zu ihr: »Ich finde Ihre Tattoos toll!« Sie nimmt die iPod-Stöpsel aus den Ohren und sieht mich an. (Haselnussbraune Augen. Darauf stehe ich.) »Danke«, sagt sie, und ein Lächeln tanzt um ihre Lippen. Als der Bus um die Ecke biegt, halte ich in meinem Notizbuch ein Glückslevel von sieben fest.

Dr. John Helliwell ist der Entdecker des monetären Gegenwerts der Zufriedenheit am Arbeitsplatz. (Geht die Zufriedenheit um zehn Prozentpunkte runter, braucht es eine Gehaltserhöhung von vierzig Prozent, um diesen Verlust zu kompensieren.) Seine Forschungsergebnisse zeigen auch, dass gute Regierungsführung der einflussreichste Faktor ist, was das Glücksempfinden der Bevölkerung in verschiedenen Ländern angeht: Je vertrauenswürdiger die Regierung, desto größer ist die Chance auf Glück. »Der soziale Kontext des Wohlstands«, meint er, »das ist mein Steckenpferd.«

Das fing in den neunziger Jahren an, als Helliwell begann, sich mit dem revolutionären Forschungsgegenstand »Sozialkapital« zu beschäftigen. Anders als die Mainstream-Ökonomen, die das Wohlstandsniveau messen, indem sie die Verteilung von Gütern und Dienstleistungen addieren, legen die Happinomics-Forscher die subjektive Einschätzung der eigenen Zufriedenheit als Maßstab zugrunde, um soziale und wirtschaftliche Glücksursachen herauszufiltern. Helliwell und andere Glücksforscher gehen also von der Frage aus: »Wie glücklich sind Einzelpersonen und die ganze Gesellschaft und warum?«

Die World Values Survey Association (WVSA), eine nicht gewinnorientiert arbeitende Gruppe von Sozialwissenschaftlern aus Stockholm, ist eine der Organisationen, die Daten zum subjektiven Wohlbefinden sammelt. Sie hat nach eigenen Angaben über 350 000 Menschen in Ländern befragt, in denen zusammen neunzig Prozent der Weltbevölkerung leben. Mit Hilfe ihres Fragebogens soll der Proband in der WVS (World Values Survey) seine Zufriedenheit mit seinem Leben beurteilen. »Alles zusammengenommen«, so heißt es da, »wie hoch würden Sie Ihre Zufriedenheit mit Ihrem Leben einschätzen?« Die Antworten auf 250 Fragen, die auf kognitive und affektive Faktoren abzielen, werden statistisch zu einer vierstufigen Glückspyramide aufbereitet: »sehr glücklich«, »einigermaßen glücklich«, »nicht besonders glücklich« und »absolut unglücklich«. Helliwell und seine Mitarbeiter versuchen, auf diese Weise menschliches Verhalten in der Gesellschaft zu untersuchen. Ihre Resultate schlagen sich zunehmend in politischen Entscheidungen nieder.

Zur Vereinfachung habe ich eine Zehn-Punkte-Skala verwendet (wobei zehn für das höchste Glücksniveau stand) und mein subjektives Glücksempfinden mit sechs angegeben. Sobald ich anfing, über mein Glücksniveau nachzudenken, schrillten die Alarmglocken in meinem Kopf. Ich wollte glücklicher sein als der Durchschnitt der Weltbevölkerung (fünf). Ich schrieb eine Sechs hin, nicht weil ich mich so fühlte, sondern weil die Sechs etwas Bescheidenes hatte und doch über dem Durchschnitt lag.

23. Februar, Nanaimo Station, Linie 7

Ich fahre nördlich auf der Granville Bridge von Vancouver und verwickle vier verschiedene mir unbekannte Personen in ein Gespräch über die Richtung, die der Bus nimmt. »Biegen wir rechts Richtung West Pender oder links Richtung West Hastings ab?« Erstaunlicherweise antworten vier Leute bereitwillig auf meine Frage. Zwei Minuten später erzählt meine hübsche Nachbarin mit dem kohlschwarzen Haar mir etwas über Software-Schnittstellen. Und wieder steigt mein Glücksempfinden auf sieben.

Das große Zwanzig-Dollar-Experiment

»Glück zu definieren ist, als wolle man die Farbe Gelb erklären«, erklärt die Psychologin Elizabeth Dunn von der University of British Columbia (UBC). Sie bezieht sich auf Daniel Gilberts Buch *Ins Glück stolpern*. »Wir wissen alle, was man unter Gelb versteht«, fährt sie fort. »Wenn man uns fragt, ob dies oder jenes gelb ist, können wir diese Frage beantworten. Doch wenn wir es erklären sollen, fehlen uns die Worte.« Daher gehen Psychologen an die Glücksmessung ähnlich heran wie die WVS. »Die emotionale Komponente«, erläutert Dunn, »hängt davon ab, wie häufig wir positive bzw. negative Gefühle erfahren.« Nach der kognitiven Komponente hingegen wird gezielt gefragt: »Wie zufrieden sind Sie mit Ihrem Leben?«

Im Jahr 2008 wollte Dunn wissen, ob Geld glücklich machen kann. Sie gab einer Gruppe von UBC-Studenten entweder fünf oder zwanzig Dollar mit der Anweisung, das Geld für sich auszugeben. Eine andere Gruppe hingegen bekam dieselben Beträge mit der Maßgabe, das Geld für andere aufzuwenden. Dunn nennt dies »prosoziale Ausgaben«. Am nächsten Tag befragte man die Versuchsteilnehmer, wie glücklich sie waren. Und diejenigen, die ihr Geld für andere ausgegeben hatten, waren deutlich glücklicher. (Eine Korrelationsstudie erbrachte dieselben Resultate. Die beschriebene Studie wurde auch noch einmal in Uganda durchgeführt, wieder mit den gleichen Ergebnissen.) »Wenn Sie Ihr Geld für soziale Ziele einsetzen«, erklärt Dunn, »kann Sie das glücklicher machen.« Sie stellte auch fest, dass es egal war, wie viel Geld – ob fünf oder zwanzig Dollar – ausgegeben wurde.

Die eigentliche Überraschung jedoch brachten die Antworten der Teilnehmer auf die Frage, welcher Verwendungszweck sie nach eigener Einschätzung glücklicher machen würde. Die meisten dachten nämlich, es würde sie glücklicher machen, das Geld für sich selbst auszugeben. In Wirklichkeit trifft jedoch genau das Gegenteil zu.

14. März, Linie 99B

Ich sitze einem Punk in Nietenlederjacke gegenüber. Er hat einen Irokesenschnitt und liest Dantes *Göttliche Komödie*. Er sieht interessant aus, aber ich traue mich nicht, ihn anzusprechen, um ihn zu fragen, ob das Buch gut ist, oder ihm zu sagen, dass mir sein Haarschnitt gefällt. Dann merke ich, dass ein Typ mit Basecap und T-Shirt Augenkontakt mit mir sucht. Er sieht aus wie einer, der Bus fährt, um Leute anzusprechen. Ich ignoriere ihn und lese stattdessen die Werbung des Richmond-Auto-Centers über seinem Kopf. Der Punk neben mir zieht eine Packung Zuckererbsen aus der Tasche und isst sie wie Kartoffelchips. Der Mann mit der Mütze sagt: »Zuckererbsen?« – »Ja«, antwortet der Punk. – »Das ist eine gute Idee. Sollte ich auch mal machen.« – Der Punk schaut den Typ an. »Die schmecken super«, sagt der Punk. »Sie sind richtig süß. Fast wie Obst.«

Die ganze restliche Fahrt fixiert der Typ mit der Mütze mich, wie um mir ein Gespräch aufzudrängen. Was soll ich nur tun? Wieder konzentriere ich mich auf die Werbung des Automarktes. Warum ist es nur so schwer, mit Fremden zu reden, wo doch die Forschung sagt, dass es uns glücklicher macht? Warum nicht ein »Hallo« riskieren und wieder eine glückliche Sieben eintragen? Ich erzähle Elizabeth Dunn, dass Menschen auf ihrer Suche nach Glück meiner Ansicht nach kontraintuitiv reagieren. Sie geben das Geld für sich selbst aus statt für andere. Sie sitzen schweigend im Bus, statt sich mit ihren Nachbarn zu unterhalten. »Unserem Verhalten liegen zwei unterschiedliche Muster zugrunde«, sagt sie. »Auf intellektueller Ebene wissen wir, dass wir nicht zu viel Fett zu uns nehmen und viel spenden sollten. Doch am Ende hocken wir doch mit Kartoffelchips vor dem Flachbildfernseher. Wir erkennen den Wert von etwas, aber wir spüren ihn nicht. Wir haben ihn nicht verinnerlicht.«

Der Sozialkapital-Song

Ich suche erneut Helliwell auf, um mein Experiment mit ihm zu besprechen. Ich sage ihm, dass mein Glücksempfinden zwar regelmäßig angestiegen sei, ich aber immer noch Schwierigkeiten hätte, mit Fremden im Bus ein Gespräch anzufangen, um die wunderbare Sieben zu erreichen. Helliwell lächelt und erzählt mir von einer Konferenz im Massey College von Toronto. Er sei vor Hunderten von Ökonomen aufs Podium gestiegen und habe den »Sozialkapital-Song« angestimmt. Ohne Vorwarnung sang er: »Je öfter wir zusammen sind, desto glücklicher werden wir sein. Denn eure Freunde sind meine Freunde, und meine Freunde sind eure. Je öfter wir …« Mitten im Song hört er auf und mustert mich hinter seinem Metallbrillengestell. »Wenn das Publikum nur da sitzt wie Sie jetzt und grinst, höre ich auf. Und sage: ›Sie haben's nicht kapiert.‹ Es geht ja nicht darum, dass ich Ihnen hier was vorträllere. Ich will Sie nicht zum Lachen bringen. Ich will Sie nicht unterhalten. Ich möchte Sie dazu anregen, das Lied mitzusingen. Denn nur wenn wir gemeinsam etwas tun, werden wir glücklich.«

Als ich mal wieder in der Linie 4 sitze, realisiere ich, dass das Gespräch mit der Gangsta-Strickerin nicht nur mich glücklicher gemacht hat, sondern vermutlich auch sie. Glück ist etwas Symbiotisches. Vorn im Bus rührt sich etwas. An dieser Haltestelle steigt eine Frau in Ankleboots zu, die eine weinrote Schultertasche trägt. Sie hält ihre Monatskarte vor das Lesegerät, obwohl der Busfahrer gar nicht hinsieht. Die Maschine piept. Dann geht sie auf mich zu. Möglicherweise weiß sie es noch nicht, aber wir beide haben etwas, was der andere haben will.

Ian Bullock ist Sozialkundelehrer an der Highschool in Vancouver. Er hat mehrere Bücher geschrieben und sucht immer noch an unerwarteten Orten nach Glück.

ICH BIN
OBDACHLOS

PSYCHO-

Kommerzialisierte Informationssysteme können nicht das Organisationsprinzip einer lebendigen Kultur bilden.

MEDIALE EREIGNISSE

Ein mediales Ereignis ist alles, was einen wie auch immer gearteten linearen Fluss unterbricht: ein Kameraschwenk, ein Schuss, ein Filmschnitt, ein Pop-up-Fenster, eine eingeblendete Meldung. Es sorgt dafür, dass Ihr Gehirn von etwas Notiz nimmt und das Signal zu interpretieren versucht, auch wenn es vielleicht keine sinnvolle Interpretation gibt. 1978, als Jerry Mander in seinem Buch *Four Arguments for the Elimination of Television* zum ersten Mal den Begriff des »technischen Ereignisses« schuf, gab es in normalen TV-Programmen etwa zehn technische Ereignisse pro Minute, im Werbefernsehen zwanzig. Dreißig Jahre später haben sich diese Zahlen verdoppelt. Und Computer und Smartphone haben eigene Techniken, um unsere Aufmerksamkeit zu fesseln.

INFOTOXINE

Von dem Moment an, wenn morgens der Wecker klingelt, bis zum nächtlichen Websurfen und Late-Night-TV fluten zahllose Werbebotschaften in Ihr Gehirn: 3000 pro Tag. Tag für Tag werden etwa zwölf Milliarden Anzeigen geschaltet, drei Millionen Radiospots und mehr als 200 000 Fernsehwerbungen gesendet. Eine Flut an Onlinewerbung, Spam-Mails und anderen Marketingbotschaften verankert sich in Ihrem Unbewussten. Die Werbestrategien der Konzerne sind das größte Real-Experiment an der Menschheit überhaupt, denn ihre Auswirkungen wurden nie untersucht und sind immer noch unbekannt.

LÄRM

Während des größten Teils der Menschheitsgeschichte waren Hintergrundgeräusche nichts anderes als Wind, Regen, Insektensummen, Vogelgezwitscher, Tiere und Menschen, die sich unterhielten. Nun hört sich der Soundtrack unseres Lebens anders an: Computergebrumm, Tastaturgeklacker, Handytöne, Haushaltsgeräte, Verkehrsgeräusche. Ein dauerndes Hintergrundrauschen – ob nun weiß, pink, braun oder blau. Sein Leben vor dem Geräuschpegel der vernetzten Welt zu leben ist so, als lebe man neben der Autobahn: Man gewöhnt sich dran, aber man muss die Sinne abschalten.

KONOMIK

Ein Unternehmen verseucht Luft oder Wasser, weil dies der kostengünstigste Weg zur Produktion von Plastik, Holzmasse oder Stahl ist. Ein Fernsehsender, eine Zeitschrift oder eine Internetseite verschmutzen das kulturelle Umfeld mit Sex und Gewalt, weil sie so am leichtesten Leser oder Zuschauer bekommen. Denn das Publikum zahlt dafür, dass es verschmutzt wird. Die psychischen Probleme, die daraus entstehen, sind unvermeidbare Konsequenz dieses Geschäfts.

MITGEFÜHL SCHWINDET

Als wir zum ersten Mal im sonntäglichen Frühstücksfernsehen ein hungerndes Kind sahen, waren wir entsetzt. Vielleicht haben wir gar etwas gespendet. Doch mittlerweile sind wir daran gewöhnt, und unser Mitgefühl nimmt ab. Die Anzeigen nerven uns. Das Dauerbombardement mit Pseudosex und Gewalt macht uns voyeuristischer, unersättlicher, aggressiver. Dieses kommerzgesättigte geistige Umfeld polt unsere Neuronen um. Heute schockt uns so leicht nichts mehr – nicht einmal Folter, Genozide oder Apokalypsenpornos.

EINE ÖKOLOGIE DES GEISTES

Wenn die Psychologen je einen Weg finden, den Einfluss von medialen Ereignissen, Infotoxinen und Infoviren zu messen, können wir vielleicht eine neue Wissenschaft kreieren: die Ökologie des Geistes. Vielleicht können wir dann mentale Belastungsgrenzen definieren wie die Obergrenzen für Stoffe, die Wasser, Luft und unser Essen verschmutzen. Wir könnten die Risiken messen, die das Leben in unterschiedlichen »geistigen« Regionen mit sich bringt: wie es sich psychisch auswirkt, in Mumbai oder Genf zu leben, seine Kinder in einer Groß- oder Kleinstadt zu erziehen, Zimmerer bzw. Klempner oder Grafiker zu sein.

Dann könnten wir vielleicht einen aussagekräftigeren Lebensqualität-Index entwickeln als den gegenwärtigen, der nur Grünflächen, Smog und die Qualität der Schulen misst. Mit einem sinnvollen Geistiges-Umfeld-Index (GUI) könnten wir Fernsehprogramme bewerten, Filme, Videospiele, Webseiten: Wie viele Infotoxine pro Stunde werden produziert? Wie viel Müll wird ins mentale Umfeld der Öffentlichkeit entlassen? Wie beeinflusst dies unsere individuelle und kulturelle Gesundheit?

DAS LEBEN IM KAPITALISMUS IST EIN SPIRITUELLER KAMPF DARUM, ETWAS ZU FÜHLEN, EMOTIONAL LEBENDIG ZU BLEIBEN, ALS MENSCH GANZ UND MIT SEINER MITTE IN VERBINDUNG ZU BLEIBEN.

BRUTTOGEISTPRODUKT

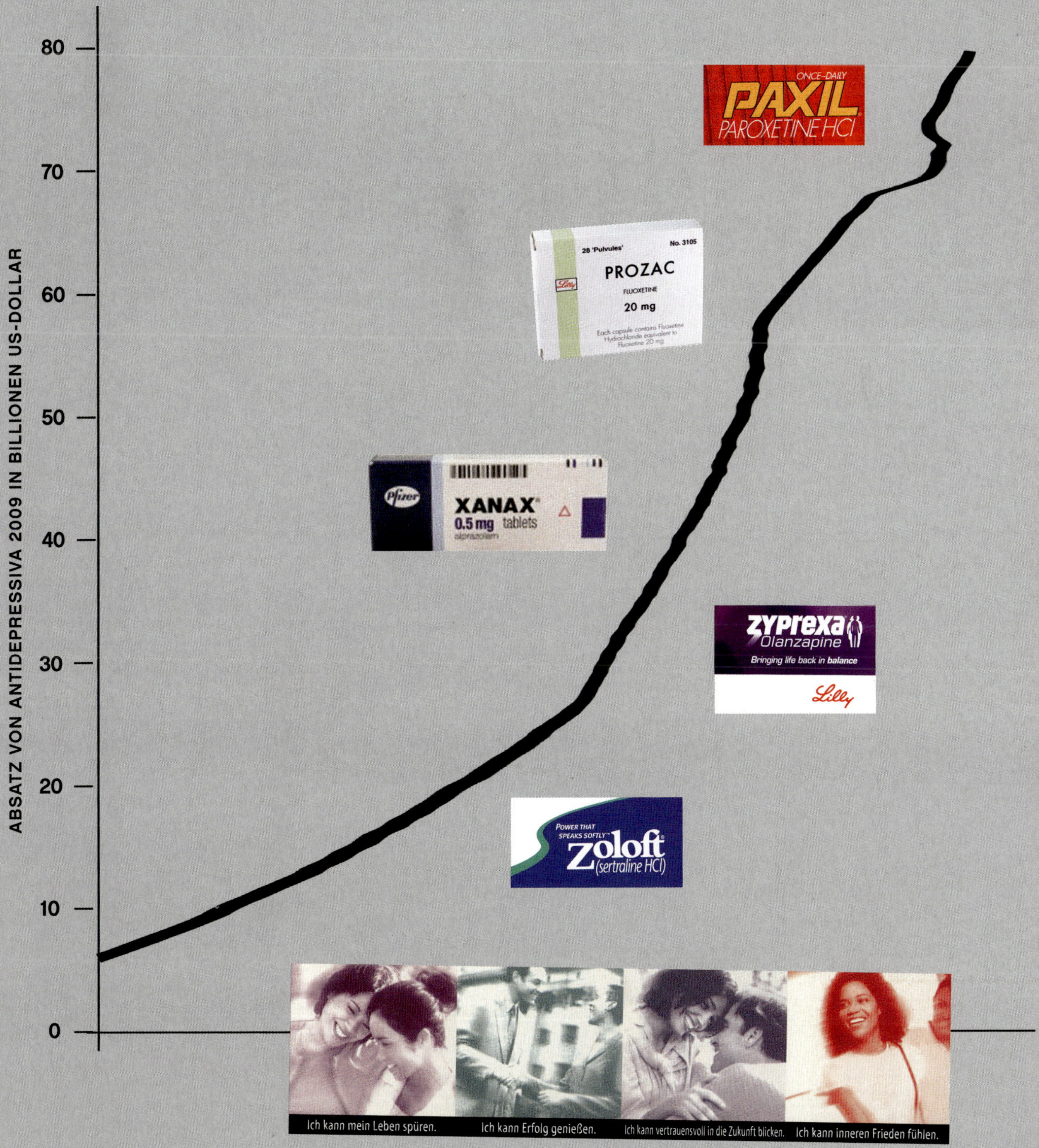

Aus der Paxil-Werbung, Archives of General Psychiatry, Januar 2001.

UNSCHULD

&

SPONTANEITÄT

Hey, ihr Fans der linken, rationalen Gehirnhälfte!

Seit Lehman Brothers ins Gras biss, debattieren wir hin und her, wie wir die Wirtschaft durch den Griff in die volkswirtschaftliche Trickkiste wieder ankurbeln … um zu dem zurückzukehren, was wir früher als normal erachteten. Wir haben die Leitzinsen auf fast 0 Prozent gesenkt, Billionen Dollar ins System gepumpt, riesige Konzerne gerettet und darüber gestritten, ob es nun gerecht ist, das reichste Prozent der Bevölkerung extra zu besteuern oder nicht. Und wir nahmen an, dass schon alles wieder in Ordnung kommen würde, wenn wir diese finanzpolitischen Probleme lösen.

Was aber, wenn uns dabei etwas entgeht? Wenn da etwas viel Größeres unter der Oberfläche lauert? Vielleicht ist es eine Illu-

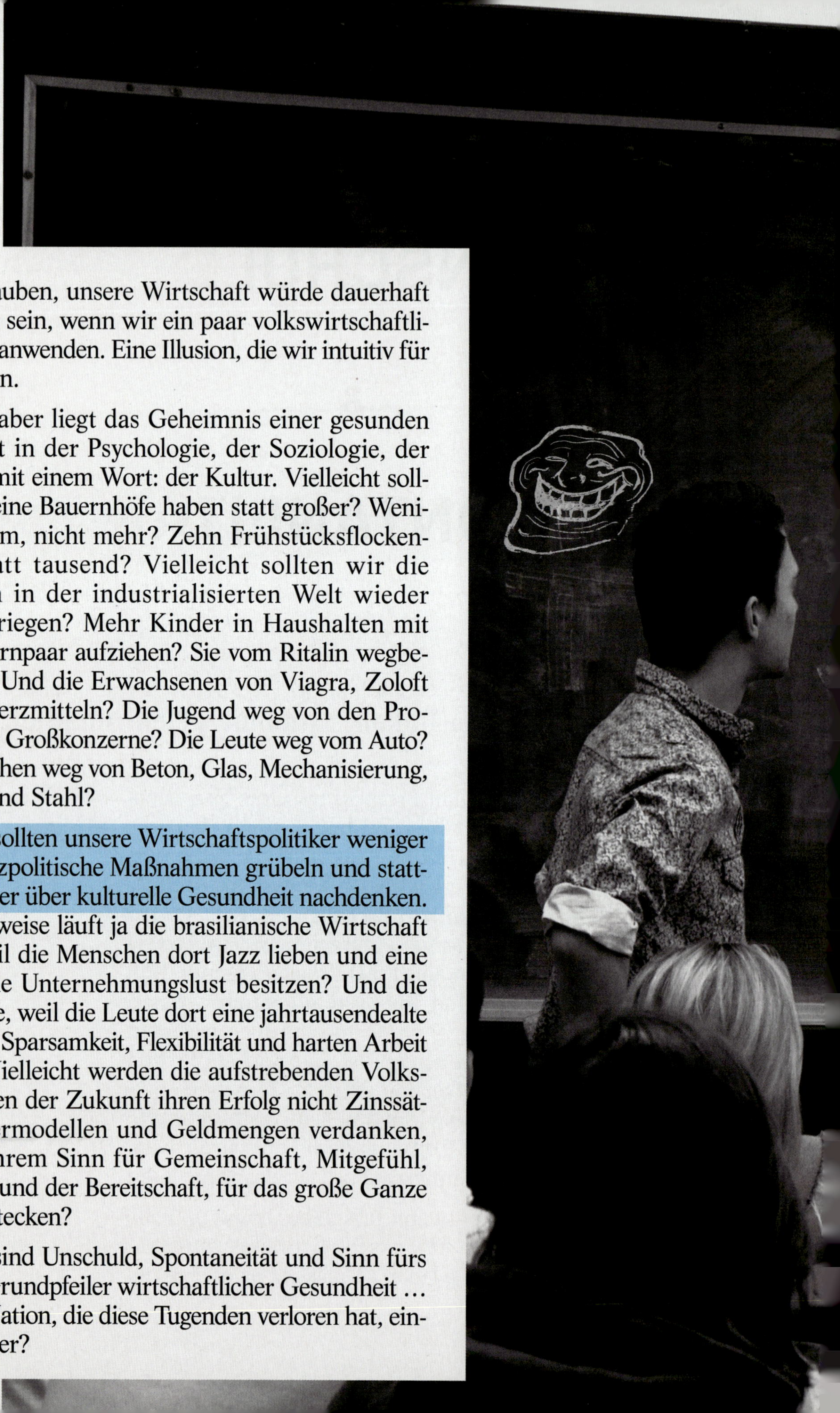

sion zu glauben, unsere Wirtschaft würde dauerhaft erfolgreich sein, wenn wir ein paar volkswirtschaftliche Tricks anwenden. Eine Illusion, die wir intuitiv für wahr halten.

Vielleicht aber liegt das Geheimnis einer gesunden Wirtschaft in der Psychologie, der Soziologie, der Ästhetik, mit einem Wort: der Kultur. Vielleicht sollten wir kleine Bauernhöfe haben statt großer? Weniger Konsum, nicht mehr? Zehn Frühstücksflockensorten statt tausend? Vielleicht sollten wir die Menschen in der industrialisierten Welt wieder schlank kriegen? Mehr Kinder in Haushalten mit einem Elternpaar aufziehen? Sie vom Ritalin wegbekommen? Und die Erwachsenen von Viagra, Zoloft und Schmerzmitteln? Die Jugend weg von den Produkten der Großkonzerne? Die Leute weg vom Auto? Die Menschen weg von Beton, Glas, Mechanisierung, Isolation und Stahl?

Vielleicht sollten unsere Wirtschaftspolitiker weniger über finanzpolitische Maßnahmen grübeln und stattdessen lieber über kulturelle Gesundheit nachdenken. Möglicherweise läuft ja die brasilianische Wirtschaft so gut, weil die Menschen dort Jazz lieben und eine spielerische Unternehmungslust besitzen? Und die chinesische, weil die Leute dort eine jahrtausendealte Kultur der Sparsamkeit, Flexibilität und harten Arbeit pflegen? Vielleicht werden die aufstrebenden Volkswirtschaften der Zukunft ihren Erfolg nicht Zinssätzen, Steuermodellen und Geldmengen verdanken, sondern ihrem Sinn für Gemeinschaft, Mitgefühl, Vertrauen und der Bereitschaft, für das große Ganze zurückzustecken?

Vielleicht sind Unschuld, Spontaneität und Sinn fürs Spiel die Grundpfeiler wirtschaftlicher Gesundheit … und eine Nation, die diese Tugenden verloren hat, einfach hinüber?

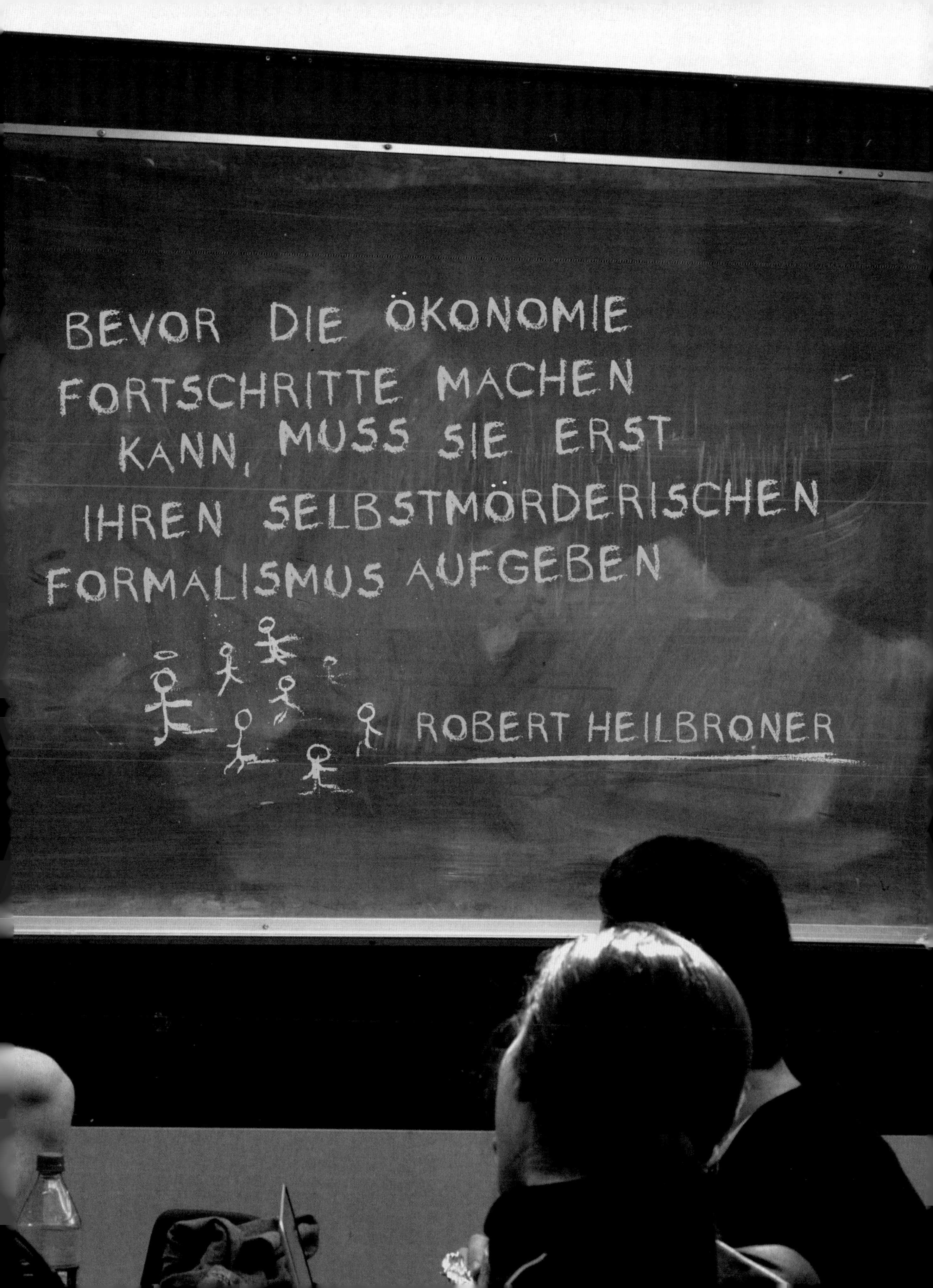
BEVOR DIE ÖKONOMIE
FORTSCHRITTE MACHEN
KANN, MUSS SIE ERST
IHREN SELBSTMÖRDERISCHEN
FORMALISMUS AUFGEBEN
ROBERT HEILBRONER

VII. MEM-

CHAPTER SEVEN.

KRIEGER AUF DEM CAMPUS

Okay, ihr Paradigmenwechsler da draußen!

Wissenschaftlicher Fortschritt, heißt es, vollzieht sich wie folgt: Eine Theorie, ein Paradigma, hat lange Jahre bestens funktioniert, aber plötzlich gibt's Probleme. Widersprüche werden sichtbar. Die Theorie scheint die Wirklichkeit nicht mehr korrekt vorhersagen zu können. Die Wissenschaftlergemeinde spürt das und packt die Gelegenheit beim Schopf. Experimente zuhauf werden durchgeführt, Informationen weitergereicht, Artikel geschrieben und Konferenzen gehalten. Aus diesem intellektuellen Tumult entsteht eine brandneue Theorie. Sie wird genauestens überprüft und getestet. Wenn sie die Prüfung besteht, steigt sie zum neuen Theorierahmen auf, zur neuen Norm, zur neuen »Wahrheit«. Der Wissenschaftler, der den Durchbruch geschafft hat, erhält den Nobelpreis. Die Wissenschaftlergemeinde lehnt sich wieder im Sessel zurück mit einem tieferen Verständnis der Welt als früher.

Das ist ein Mythos! Den uns die Wissenschaftlergemeinde, vertreten durch die Universitäten, gern glauben machen möchte. Thomas Kuhn beschreibt in seinem bahnbrechenden Werk *Die Struktur wissenschaftlicher Revolutionen* aus dem Jahr 1962, was bei Paradigmenwechseln wirklich geschieht. Sie verlaufen immer irgendwie unangenehm, chaotisch und schmutzig, ähnlich wie eine politische Revolution. Oder wie ein Putsch. Die alte Garde hütet eifersüchtig ihre Pfründe. Die Dissidenten werden ignoriert, isoliert, an der Publikation gehindert, bei der Stellenvergabe nicht berücksichtigt und auch sonst nach Kräften behindert.

Kuhns wichtigste Erkenntnis war, dass wissenschaftlicher Fortschritt

GEDANKENKONTROLLE
IN DEN WIRTSCHAFTS-
WISSENSCHAFTEN
MACH DICH FREI!
KICKITOVER.ORG
TOXICTEXTBOOKS.COM
FOOTPRINTNETWORK.ORG
NEWECONOMICTHINKING.ORG
NEWECONOMICS.ORG
STEADYSTATE.ORG
DEGROWTH.NET
EUROECOLECON.ORG
ECOECO.ORG
UVM.EDU/GIEE
POSTCARBON.ORG
THESOLUTIONSJOURNAL.COM
PAECON.NET
EARTHECONOMICS.ORG
EARTHING.ORG
HAPPYPLANETINDEX.ORG
NATIONALACCOUNTSOFWELLBEING.ORG
THEOILDRUM.COM
kickitover.org

eben nicht so passiert wie oben geschildert. Ein altes Denkmuster wird nicht ersetzt, weil die Fakten – »die Wahrheit« – es widerlegen. Es wird nicht abgelegt, weil seine Voraussagen falsch sind, seine Strategien nicht mehr funktionieren oder seine Modelle unwissenschaftlich sind. Ein altes Paradigma wird nur dann ersetzt, wenn eine Gruppe rebellischer junger Wissenschaftler putscht und die alte Schule entmachtet.

Kuhn lehrt uns also, dass wir, wenn wir einen Paradigmenwechsel in der Wirtschaft herbeiführen wollen, unsere akademischen Heiabettchen verlassen und zu Mem-Kriegern werden müssen … Wir müssen die wirtschaftswissenschaftlichen Fakultäten besetzen, Vorlesungen stören, gemeinsam die Seminare verlassen, einen endlosen Strom von Plakaten auf die Korridore herniederregnen lassen und Manifeste ans Büro unserer Professoren nageln. Wir müssen ihre klassischen Theorien in unseren Campus-Zeitungen angreifen. Wir müssen Teach-ins organisieren und sie dann vor versammelter Mannschaft fragen, wie die Faktoren Waldsterben, Überfischung, Klimawandel und Ökosystem in ihre volkswirtschaftlichen Modelle passen. Wir müssen ein kollektives Aha-Erlebnis erzeugen, indem wir zeigen, dass jene Professoren, die die nächste Generation von Wirtschaftswissenschaftlern ausbilden, nicht einmal die einfachsten Fragen beantworten können: Wie messen Sie Fortschritt, Herr Professor? Woher wissen Sie, ob es vorwärts oder rückwärts geht? Und wenn Sie es nicht wissen, wieso sind Sie dann dessen so sicher, was Sie da an die Tafel schreiben?

Immer wieder in der Geschichte haben Studenten in Zeiten der Krise Massenproteste ausgelöst. Sie haben den Professoren und Politikern ihres Landes ihre Lügen vorgehalten und dem Land eine neue Richtung gegeben. In den sechziger Jahren war dies an den Universitäten der Welt ein verbreitetes Bild. Und in jüngerer Zeit marschierten die Studenten in Südkorea, China, Indonesien, Griechenland, Spanien, Ägypten und Argentinien. Heute, in den Jahren nach der Finanzkrise von 2008, in denen sich zudem die Auswirkungen des Klimawandels schon am Horizont abzeichnen, ist eine ähnlich kritische Lage erreicht. Die Studenten der Welt sind aufgerufen, ihre katalytischen Kräfte freizusetzen, damit die politische Ideologie, das Theoriegebäude, das die Welt seit dem Zweiten Weltkrieg beherrscht hat, einer gründlichen Überprüfung unterzogen wird.

Nun zieht tatsächlich eine wissenschaftliche Revolution herauf. In den nächsten Jahren wird eine neue Generation von Wirtschaftswissenschaftlern eine Universität nach der anderen nehmen und eine neue Wirtschaft verkünden: offen, ganzheitlich orientiert, nach menschlichem Maß. Damit die Katastrophenmaschinerie endlich angehalten werden kann.

DEBORAH **CAMPBELL**

POST-AUTISTISCHE ÖKONOMIE

Deborah Campbell ist Journalistin und Schriftstellerin, die unter anderem für das *Harper's Magazine* und *The Economist* über Außenpolitik schreibt. Sie lehrt nichtfiktionales Schreiben an der University of British Columbia.

IN DER POST-AUTISTISCHEN ÖKONOMIE GEHT ES UM MENSCHEN, NICHT UM GRAFIKEN

PARIS, 2000

Das Thema hätte die studierfähige Jugend Frankreichs eigentlich interessieren müssen. Schließlich würden sie einst hohe Ämter bekleiden, wie es für die Studenten der Elitehochschule École Normale Supérieure (ENS) üblich ist. »Die ENS ist nur für gute Studenten«, meint Bernard Guerrien, Ökonom an der Sorbonne, »und gute Studenten haben keine Angst, Fragen zu stellen.«

Man schrieb Anfang 2000, und Guerrien hielt einen Vortrag darüber, dass neoklassische Wirtschaftstheorien mit der Wirklichkeit keine Berührungspunkte mehr haben. Die Ökonomie, so Guerrien, hätte die ideologische Funktion, einen Beweis für die Theorie zu erbringen, dass der Markt letztlich alles richten würde. In Wirklichkeit aber zeigt die ökonomische Theorie alles andere als das.

Einige Ökonomiestudenten sahen sich durch diesen Vortrag in ihren Befürchtungen bestätigt. Sie wollten »etwas tun« und sprachen Guerrien darauf an. Eine Woche später trafen sich fünfzehn von ihnen in einem Seminarraum und ersannen eine Angriffsstrategie. Dabei nannte jemand die herrschende ökonomische Theorie »autistisch«. Und das Bild passte ja auch: Wie autistische Menschen schienen die Wirtschaftswissenschaften intelligent, aber zwanghaft – der Blickwinkel verengt und abgeschottet vom Rest der Welt.

Der Zorn der jungen Leute fand im Juni Ausdruck in einer Petition, unterzeichnet von Hunderten Studenten. Darin forderte man, die Wirtschaftswissenschaften zu reformieren, weil sie narzisstisch einzig um ihre komplexen mathematischen Modelle kreisten, die nur unter weltfremden Voraussetzungen funktionierten. »Wir wollen heraus aus den imaginären Welten!«, hieß es da. Über das Internet knüpften sie Beziehungen. Über – teils herkunftsbedingte – gute Verbindungen zu den Medien gelang es ihnen, sich Gehör zu verschaffen.

»Weckruf an die Lehrer: Aufwachen, ehe es zu spät ist!« Sie forderten: »Wir wollen nicht, dass man uns diese autistische Wissenschaft noch länger aufzwingt!« Sie kritisierten den selbstzweckhaften Einsatz mathematischer Formeln und verlangten für ihr Studium nach einem größeren Facettenreichtum ökonomischer Ansätze.

So wurde die Post-Autistische Ökonomie (Post-Autistic Economics [PAE]) geboren.

Diese revolutionären Argumente lösten in den französischen Medien ein mittleres Erdbeben aus. Ein erster Bericht in *Le Monde* schockierte das akademische Establishment. Mehrere prominente Wirtschaftswissenschaftler schlossen sich dem Aufruf an, es folgte die Petition der Professoren. Die französische Regierung fühlte sich offensichtlich an den Mai 1968 erinnert, als Studenten das Land in einen zehntägigen Generalstreik führten, der die Grundfesten der Republik erschütterte. Man setzte eine Untersuchungskommission ein, die von dem Ökonomen Jean-Paul Fitoussi geleitet wurde. Dieser reiste auch nach Madrid, um Spaniens gerade entstehende »Post-Autistische-Ökonomie«-Bewegung zu studieren. Fitoussis Resultat: Der Protest war nicht unbegründet. Für die Partisanen der PAE aber zählte vor allem: Fitoussi versprach, es werde neue Seminare an der Universität geben, in denen man sich mit den »großen Problemen« auseinandersetzen werde, die die Mainstream-Ökonomie so geschickt ausblendete: Arbeitslosigkeit, Realwirtschaft und Umwelt.

Natürlich gab es auch eine Gegenbewegung. Einige Wirtschaftswissenschaftler (unter ihnen der Amerikaner Robert Solow vom MIT) holten zum Gegenschlag aus. Man versuchte, die Bewegung zu diskreditieren, indem man den Studenten eine antiintellektuelle Haltung unterstellte, die gegen die »Wissenschaftlichkeit« der neoklassischen Ökonomie gerichtet sei. Doch das war ein Griff in die falsche Lade: Die Kritiker waren Spitzenstudenten, die ihre Mathe-Examen bestanden hatten, aber trotzdem noch zwei und zwei zusammenzählen konnten.

Gilles Raveaud, zusammen mit Emmanuelle Bénicourt und Ioana Marinescu einer der Führer der PAE, betrachtet das Credo der neoklassischen Ökonomie als »intellektuelles Spiel« mit Alleinerklärungsanspruch wie den Marxismus und die Bibel. Offensichtlich sei für die Einsicht, dass sie so manches eben nicht erklären kann, kein Raum mehr. »Wir haben die Religion verloren«, meint Raveaud, »deshalb brauchten wir etwas, was unser Leben mit Sinn füllt.«

Bénicourt beschreibt, was sie sich von PAE erhofft: »Wir hoffen, dass sich die wirtschaftswissenschaftliche Lehre verändert … Wir glauben, dass es für das künftige Wohlergehen der Menschen von enormer Bedeutung ist, die ökonomischen Phänomene der wirklichen Welt zu verstehen. Der augenblicklich gelehrte enge, antiquierte und naive Blickwinkel der Wirtschaftswissenschaften in Forschung und Lehre aber verhindert dies … Wir halten es also für eminent wichtig, dass Reformen wie die, die wir angeregt haben, in den kommenden Jahren nicht nur in Frankreich, sondern auch im Rest der Welt durchgeführt werden.«

CAMBRIDGE, GROSSBRITANNIEN

Raveaud und Marinescu, die in Frankreich zu den Köpfen der PAE-Bewegung gehören, nahmen als Gäste am Workshop über »Realismus in der Ökonomie« in der britischen Universitätsstadt Cambridge teil. »Das kam gerade zur richtigen Zeit«, meint Phil Faulkner, der an der Universität ein Doktorstudium absolviert. In jenem Juni gaben er und 26 andere unzufriedene Doktoranden ein Reform-Manifest mit dem Titel »Öffnung der Wirtschaftswissenschaften« heraus, das bald darauf von 750 Menschen unterzeichnet worden war. Plötzlich schossen überall in Europa und Südamerika ähnliche Studentengruppen wie Pilze aus dem Boden.

Die Cambridge-Rebellion, so Faulkner, »sei von Frustration getragen« gewesen, doch weder er noch seine Kommilitonen hatten mit diesem überwältigenden Echo gerechnet. »Man möchte doch meinen: Falls jemand den Kurs der Wirtschaftswissenschaften akzeptiert, dann die Doktoranden des Fachs, denn wenn ihnen ihr Fach nicht gefiele, hätten sie es ja wohl nicht gewählt. Doch das war nicht so.«

Wie erwartet wurden ihre Aktivitäten vom Wissenschaftsbetrieb zunächst ignoriert. Anfangs, erklärt Faulkner, wollten sie ja auch nur die französischen Kommilitonen unterstützen und ihre Position als Doktoranden an einer der renommiertesten Wirtschaftsfakultäten der Welt nutzen, um der Welt ihre Unzufriedenheit kundzutun. Einige der Unterzeichner befürchteten, dass ihre Stellungnahme ihnen schaden könnte. Und so trug der erste offene Brief keine Unterschriften. »Ich glaube, es ging mehr darum, dass sich die Leute ihre Zukunftschancen nicht verbauen wollten. Sie wollten nicht mit solchen Auffassungen in Verbindung gebracht werden«, sagt Faulkner. Ihm sei damals schon klar gewesen, dass seine Forschungsinteressen abseits vom Mainstream lagen: »Ich hatte wirklich nichts zu verlieren.«

Edward Fullbrook, ein Wissenschaftler an der University of the West of England, hatte im September 2000 schon den ersten Newsletter für die PAE veröffentlicht. Das Beispiel der französischen Studenten inspirierte ihn umso mehr, als er erfahren hatte, dass Seminare über die Geschichte der Ökonomie an amerikanischen Universitäten zunehmend gestrichen wurden. (Was für ihn nur ein weiterer Beleg dafür war, dass man die Studenten auf eine bestimmte Lesart der wirtschaftswissenschaftlichen Lehre einschwören wollte.) Fullbrook musste sich gegen Hassmails und Virusattacken zur Wehr setzen, die den Newsletter von der Universität verbannen sollten. Doch prominente Wirtschaftswissenschaftler wie James Galbraith boten bald ihre Unterstützung an, sodass er gedruckt erscheinen konnte. Die Abonnentenzahl stieg von einigen Dutzend auf 7500 Leser weltweit.

Fullbrook gab *The Crisis in Economics* heraus, in dem die PAE-Positionen dargestellt wurden. Es wurde sogar ins Chinesische übersetzt. Und bald informierten sich erste Verlage über PAE (nun in *Real World Economics* umgetauft). Das war weiter nicht verwunderlich, so Fullbrook, denn die Studentenzahlen in den Wirtschaftswissenschaften waren in den letzten Jahren erheblich gesunken. In anderen Worten: Das Fach hat seine Glaubwürdigkeit verloren. Ironischerweise, meint Fullbrook, »kehren sich nun die Kräfte des Marktes gegen die neoklassische Ökonomie«.

Einer der ersten Studenten, der PAE-Grundsätze formulierte, war der australische Ökonom Steve Keen. Er setzte sich an die Spitze einer Studentenbewegung, die 1973 die Einführung eines Fachbereichs für politische Ökonomie an der Universität Sydney bewirkte. »Neoklassische Ökonomie war damals das herrschende Credo«, erinnert sich Keen. »Sie gibt sich diese mathematische Fassade – ich benutze den Begriff ›Fassade‹ bewusst –, und deshalb glaubt jeder, dass sie die Wahrheit verkündet. Sobald man aber glaubt, dass etwas wahr ist, ist man in dieser Art zu denken befangen, bis etwas von außen kommt und dieses Vertrauen zerstört.«

Das neoklassische Modell beherrscht immer noch den Campus in Cambridge. Faulkner lehrt heute dort am Clare College, muss sich aber auf Mainstream-Ökonomie beschränken – weil diese als einzige Anerkennung findet. »Wenn man Mathe mag, ist das ganz lustig«, meint er. »Kleine Probleme, kleine Rätsel, ein netter Zeitvertreib. Ich glaube nicht, dass das wirklich was bringt. Und ich glaube nicht, dass diese Ökonomie den Studenten das zu verstehen hilft, was sie angeblich beschreibt: Menschen und Märkte.«

HARVARD, USA

In einem überfüllten Café am Harvard Square sitzt Gabe Katsh und versucht, sich über den voll aufgedrehten Hintergrundsound von Fleetwood Mac und das espressogepowerte Stimmengewirr der anderen Gäste hinweg verständlich zu machen. Der 21-jährige Rotschopf ist mit der ökonomischen Lehre in Harvard nicht einverstanden. Und er macht deutlich, dass nicht alle Studenten die rationalen, an ihrem Fortkommen interessierten Wesen sind, als welche die herrschende ökonomische Lehre sie hinstellt.

»Es stieß mich ab, wie in meinem Seminar Ideen präsentiert wurden. Und ich empfand es als pure Heuchelei, dass es so ein doktrinäres Seminar in Harvard, wo angeblich die Freiheit des Denkens über allem steht, überhaupt gab«, meint Katsh. »Dort lernten wir nur die eine Seite der Geschichte kennen, obwohl es noch eine andere gab.«

Bevor Gregory Mankiw das Ruder übernahm, wurden die Einführungskurse in die Wirtschaftswissenschaften an der Harvard University von einem Mann dominiert: von Martin Feldstein. Ein Artikel über ihn, der in der *New York Times* erschien, erweckte Katshs Interesse: »Der Mentor der Bush-Teams« lautete der Titel. Darin hieß es, dass die Wirtschaftswissenschaftler in George W. Bushs Team durchweg Feldstein-Schüler seien. Feldstein habe dadurch »einen Einfluss erlangt, der in seinem Fach vermutlich unübertroffen« sei. Weiter hieß es, dass Tausende Harvard-Studenten, die in ihren Studienjahren seine und nur seine Kurse belegt hätten, mittlerweile die Geschicke von Ländern und Unternehmen lenkten. »Ich finde das toll«, wurde Feldstein zitiert. »Ich habe das achtzehn Jahre lang gemacht. Ich glaube, das hat ihre Sicht der Dinge verändert.«

Ebendas war es, was Katsh sauer aufstieß. Er hatte als Erstsemester »Ec 10« belegt, Feldsteins Seminar. »Ich denke, ich bin nicht als Einziger der Auffassung, dass Ec 10 sich als politisch neutrales Seminar, ja als wissenschaftlich präsentiert. In Wirklichkeit handelt es sich um ein politisches Programm konservativer Prägung, in dem es um die Ideen eines ehemaligen Reagan-Beraters und leidenschaftlichen Republikaners geht. Und ich glaube, dass außer mir auch noch andere einen politisch neutralen Unterricht wollen, in dem konservative politische Ansichten nicht mit Wirtschaftsjargon verbrämt werden.«

In seinem ersten Semester schloss Katsh sich einer Studentenkampagne an, die für Mindestlöhne für das Universitätspersonal kämpfte. Viele seiner Kommilitonen waren dem nicht grundsätzlich abgeneigt, meinten aber, sie könnten die Kampagne nicht unterstützen, denn in Ec 10 hätten sie gelernt, dass höhere Löhne zu Arbeitslosigkeit führten und den Menschen nichts bringen würden. Seine Mitkämpfer veranstalteten ein dreiwöchiges Sit-in im Büro des Präsidenten. Es gelang ihnen, die Lohnerhöhung durchzusetzen, ein Mindestlohn, der das Existenzminimum sicherte, wurde aber nicht daraus.

Nach diesem Sieg beschlossen die Studenten von SHARE (Students for Humane and Responsible Economics) eine neue Kampagne, die direkt den Entstehungspunkt bestimmter Ideen anvisierte. Sie versorgten die Studenten von Ec 10 mit alternativen Informationen. In der Vorlesung über Körperschaften wurden Flugblätter über Betrugsskandale der Konzerne verteilt. Zur Vorlesung über den Freihandel gab man Flugblätter über die Kritik an IWF und WTO aus. Später sammelte man Unterschriften und forderte eine Alternative zum Ec 10. Trotz der 800 Unterschriften lehnte die Universität ab. Doch außerhalb der wirtschaftswissenschaftlichen Fakultät hatten sie Erfolg: Das Seminar wurde geschaffen.

Zuvor war das »Kansas City Proposal« veröffentlicht worden, ein offener Brief an die wirtschaftswissenschaftlichen Fakultäten in aller Welt, »in Übereinstimmung mit den Ideen der Post-Autistischen Ökonomie und dem ›Cambridge Proposal‹«. Dieses wurde von Wirtschaftsstudenten und Akademikern aus 22 Ländern unterzeichnet.

Der damalige Präsident von Harvard war Lawrence Summers, ein Vertreter der neoklassischen Ökonomie wie aus dem Bilderbuch. Der ehemalige Chefökonom der Weltbank geriet in die Schlagzeilen, als Anfang der neunziger Jahre eines seiner Memos öffentlich wurde. Darin äußerte er sich zum Emissionsrechtehandel wie folgt: »Unter uns gesagt: Sollte die Weltbank nicht die Verlagerung stark verschmutzender Industriezweige in die Drittweltländer fördern? Meiner Ansicht nach hat es wirtschaftlich betrachtet durchaus Sinn, giftige Abfälle in Niedriglohnländern zu lagern, wir sollten uns das klarmachen … Ich fand immer, dass unterbevölkerte Länder wie Afrika weitgehend *unter*verschmutzt sind.«

José Lutzenburger, damaliger Umweltminister Brasiliens, antwortete: »Ihre Argumentation ist ebenso logisch wie irrwitzig … Ihre Ideen [sind] ein schlagendes Beispiel für das entfremdete, reduktionistische Denken, die soziale Kälte und anmaßende Ignoranz, die die Weltanschauung vieler konventioneller ›Ökonomen‹ prägt.«

Summers behauptete später, das Memo sei ironisch gemeint gewesen, anderswo stand auch zu lesen, ein Assistent habe es verfasst. Wie dem auch sei, die Ansprachen Summers', die er im akademischen Jahr 2003/04 als Universitätspräsident nach dem Morgengebet hielt, kreisten immer wieder um die »moralische« Rechtfertigung von Sweatshops, die er als die »beste Möglichkeit« für Arbeiter in Niedriglohnländern bezeichnete.

»Sie können die akademische Basis für politische Maßnahmen einfach nicht leugnen«, meint Jessie Marglin, Studentin im zweiten Jahr, die sich für SHARE engagiert. Dabei trat die Organisation nicht für wirtschaftswissenschaftliche Seminare mit liberalem Gedankengut ein, sondern wollte einfach nur »kritische Seminare, in denen alle Sichtweisen vorgestellt werden, nicht nur die der politischen Rechten«. Ohne eine akademische Basis fehlt anderen Ansätzen »die Legitimation durch die Universität«, so Jessie. »Dann heißt es: Sie gegen Professor Feldstein, und der hat wirklich enormen Einfluss.«

Stephen Marglin, Jessies Vater und Professor für Wirtschaftswissenschaft an der Harvard University, hält nun das Alternativseminar zum Ec 10. Marglin gehört der Fakultät seit 1967 an und zählt zu den Wissenschaftlern, die noch von der Weltwirtschaftskrise und dem Zweiten Weltkrieg geprägt sind. »Diese Generation«, sagt er, »glaubte noch, dass in manchen Fällen der Markt die Lösung ist, in anderen aber auch zum Problem werden kann.«

Das Seminar wird seit mittlerweile zehn Jahren angeboten. Grundlage ist das Lehrbuch aus dem Ec-10-Kurs, dessen unhinterfragte Kernaussagen jedoch einer kritischen Lektüre unterzogen werden. Marglin will ja keine Gegentheorie schaffen, sondern nur ein ausgeglichenes Bild vermitteln.

»Ich versuche, den Leuten Munition an die Hand zu geben, die mit dem gegenwärtigen Wirtschaftssystem unzufrieden sind und auf der Straße dagegen protestieren«, so Marglin. »In gewisser Weise reagiere ich auf das, was geschieht, und die Post-Autistischen Ökonomen reagieren wiederum darauf. Die Wirtschaft bestimmt nicht die Politik, sondern folgt ihr. Bevor sich das politische Spektrum nicht erweitert, von den Protesten in Seattle oder Washington aufs ganze Land, wird die Ökonomie sich nicht ändern. Menschen wie ich können Samen legen, aber diese werden nicht reifen, bis die Umstände sich nicht deutlich verbessert haben.«

Ist es möglich, dass diese Samen jetzt heranreifen?

Nachdem Larry Summers Harvard verlassen hatte, diente er Barack Obama als Chefvolkswirt in seinem Beraterstab. Er half, die Strategie der US-Regierung zur Bewältigung der Finanzkrise 2008 zu erarbeiten. Später stellte sich heraus, dass Summers im selben Jahr fünf Millionen Dollar Honorar von einem Hedgefonds bezogen hatte und weitere 2,7 Millionen Vortragshonorare von ebenjenen Wall-Street-Unternehmen, die später mit Regierungsgeldern gerettet worden waren. 2012 lehrte Summers wieder in Harvard. In einer seiner letzten Kolumnen sprach er vom »dramatischen Einkommensanstieg des reichsten Prozents der Bevölkerung, ja des reichsten Zehntelprozents«. Der Artikel war überschrieben mit: »Warum funktioniert der Kapitalismus nicht?« Ein Graffito am Campus von Madrid, wo der Protest gegen den übermäßigen Einfluss der Finanzinstitutionen auf die Politik seinen Ausgang nahm, beantwortet wohl seine Frage: »In der Wirtschaft geht es um Menschen, nicht um Grafiken.«

12. März 2012: Occupy-Plakate vor der Sauder School of Business an der University of British Columbia in Vancouver, Kanada.

GILLES RAVEAUD

NEOLIBERALE INDOKTRINATION, MODELL MANKIW

Gilles Raveaud ist Assistenzprofessor für Wirtschaft an der Universität Paris 8. Er gehört zu den Mitbegründern der Post-Autistischen Ökonomie (peacon.net). Und er hat einen Blog: www.alternatives-economiques.fr/blogs/raveaud. Man kann ihn unter gillesraveaud@gmail.com erreichen.

Möglicherweise haben Sie von N. Gregory Mankiw noch nie etwas gehört. Der Professor für Wirtschaftswissenschaften an der Harvard University und frühere Berater von US-Präsident George W. Bush ist einer der begabtesten Ökonomen unserer Generation. Und er ist einer der talentiertesten Propagandaspezialisten unserer Zeit. Seine Zielgruppe: junge Wirtschaftsstudenten. Sein Arbeitsgebiet: die Universitäten der Welt. Seine Waffen: sein Bestseller *Grundzüge der Volkswirtschaftslehre.* Das Buch umfasst 39 Kapitel und 1100 Seiten farbiger Illustrationen, Grafiken, Geschichten und interessanter Anmerkungen.

Das Besorgniserregende an diesem Szenario sind nicht etwa Mankiws Ideen, sondern die Tatsache, dass das Buch die Volkswirtschaftslehre als einheitliches System darstellt, das bei Mankiw eindeutig neoliberal geprägt ist. »Die meisten Ökonomen« lautet eine der Standardfloskeln in diesem beeindruckenden Buch. Eine der ersten Informationen, die Sie dort erhalten, ist, dass Mankiw glaubt, der Markt habe für jedes Problem die richtige Lösung. Und offensichtlich möchte er, dass die Studenten das ebenfalls glauben. Nach dem Motto: *Artensterben? Kein Problem. Privatisieren Sie die bedrohte Art einfach, damit sie überleben kann. Bei Kühen, Hühnern und Schweinen hat das ja auch funktioniert. Wieso nicht bei Rhinozerossen, Elefanten und Blauwalen? Mehr dazu in Kapitel 11 …*

Glaubt man Mankiw, dann gibt es für hartnäckige Probleme ohnehin nur zwei Ursachen: Der Markt ist nicht effizient, oder er ist nicht existent. Eine andere Erklärung für ökonomische oder soziale Probleme könne es letztlich nicht geben. Und die externen Effekte, die uns im Augenblick belasten? Nun, das ist eben der Preis, den der Mensch zahlen muss, wenn er gut leben will. Dieser Kuhhandel mit dem Teufel ist die erste Maxime auf der Liste seiner »zehn volkswirtschaftlichen Regeln«, zu finden gleich auf den ersten Seiten.

Ich hatte 2005 und 2006 eine unbezahlte Post-Doc-Stelle in Harvard und übernahm als Mankiws Mitarbeiter Lehraufgaben. Diese Erfahrung war schier unerträglich: War die Makroökonomie schon mies, so geriet die Mikroökonomie, in der es um die Güterverteilung in einer Volkswirtschaft geht, vollends zur neoliberalen Karikatur. Woche für Woche malte ich Kurven an die Tafel, die Angebot und Nachfrage symbolisierten. Immer mit einem einzigen Resultat: Ob Arbeitslosigkeit, Konsum oder Wohnen – Wettbewerb führte angeblich zum »sozialen Optimum«. Abgesehen vom Umweltschutz könne das Eingreifen des Staates das Wohlergehen seiner Mitglieder nicht verbessern. Und da der Markt immer die produktivsten Elemente belohne, ist Ungleichheit kein Thema.

Arbeitslosigkeit ist nur ein Beispiel für einen nichtfunktionierenden Markt. Mankiws Vorstellung: Die Ursache für Arbeitslosigkeit ist das Eingreifen des Menschen in die Marktmechanismen, zum Beispiel durch Arbeitslosengeld, Gewerkschaften, Mindestlöhne. Ohne diese Interventionen, so Mankiw, gäbe es keine Arbeitslosigkeit. Mankiw präsentiert seine Ideen so, als wären sie unter Ökonomen unumstritten – Kapitel 6, »Arbeitsmarktökonomik«. In Wirklichkeit aber sind die meisten Ökonomen sich bewusst, dass der Arbeitsmarkt eine spezielle Form des »Marktes« ist, auf dem der Preis – die Entlohnung – anders bestimmt wird als auf dem Gütermarkt. Alan Krueger zum Beispiel sagt: »Es ist eine unzulässige Vereinfachung, wenn man davon ausgeht, dass Löhne durch das Wirken von Angebot und Nachfrage zustande kommen oder dass es einen einzigen marktgerechten Lohn geben kann.«

Diese Besonderheit der Lohnfindung ist mit ein Grund, weshalb 600 bedeutende Ökonomen (unter ihnen Kenneth Arrow, Robert Solow und Joseph Stiglitz) für eine Anhebung des Mindestlohns in den USA eintreten. Als die Studenten der wirtschaftswissenschaftlichen Fakultät in Harvard für einen Mindestlohn für die Universitätsangestellten eintraten, stellte Mankiw sich gegen sie. In einem Interview im *Harvard Magazine* meinte er 2001, dass sogar eine geringfügige Anhebung der Hausmeister-Stundenlöhne »den Einsatz der Universität für die Schaffung und Verbreitung von Wissen in Mitleidenschaft ziehen« würde. Ohne Witz. Über die Tatsache, dass das Salär der Professoren möglicherweise über seinem »Gleichgewichtswert« liegen könnte, spricht Mankiw natürlich nicht. Von der Professur auf Lebenszeit mal abgesehen, die massiv gegen die Regeln eines durch und durch wettbewerbsorientierten Arbeitsmarkts verstößt.

Arbeitslosigkeit ist also für Mankiw ein Beispiel für einen nicht vollkommenen Markt, Umweltverschmutzung hingegen für einen nicht existenten Markt. Er räumt ein, der Markt stelle in einigen Fällen nicht sicher, dass die Umwelt sauber bleibt, und dass dies zu exzessiver Verschmutzung führt (was der Wirtschaftler als »negativen externen Effekt« bezeichnet). Wie aber lässt sich dieses Problem lösen? Mankiw meint, man müsse nur Eigentumsrechte an der Verschmutzung verkaufen. Der Staat müsse »Verschmutzungsrechte« an die Unternehmen ausgeben (die dann nur im Rahmen der erworbenen Rechte Dreck ablassen dürfen). Unternehmen können diese Rechte auf dem Markt kaufen und verkaufen, je nachdem, wie hoch die Verschmutzung ist, die sie in einem Jahr der Umwelt zumuten. Je weniger Rechte ausgegeben werden, desto höher liegt der Preis, desto höher der Anreiz für die Unternehmen, ihren Schadstoffausstoß zu senken. Das ist nicht dumm. Tatsächlich gibt es Bereiche, in denen solche Systeme funktionieren und einfache Umweltprobleme lösen können. Zum Erstaunen einiger seiner Studenten (beileibe nicht aller) erwähnt Mankiw so etwas wie Selbstbeschränkung erst gar nicht. Denn damit wäre ja Regel

Nummer 4 seines Buchs widerlegt: »Die Menschen reagieren auf Anreize.« Und obwohl der Klimawandel ein drängendes Problem unserer Zeit ist, schaffte er es in Mankiws Buch bis zur vierten Auflage gerade zu einer kurzen Erwähnung: dort, wo er darauf hinweist, dass Präsident Obama die Carbon Tax nicht durchs Parlament gebracht hat. (Ab der fünften Auflage geht Mankiw in einem eingeschobenen Kapitel auf Emissionsrechtehandel und seine Steuerungseffekte ein: 13 Seiten von 1100. Klimawandel wird kurz erwähnt, jedoch offengelassen, ob es ihn wirklich gibt. Allerdings heißt es, dass Reduktion von Benzinverbrauch in jedem Fall gut sei.)

Als ich einen Artikel wie diesen hier 2007 im *Adbusters*-Magazin veröffentlichte, antwortete mir Mankiw in seinem Blog, er stelle »so ehrlich wie möglich den Konsens seiner Wissenschaft« dar. Seiner Ansicht nach ist der Mainstream der Wirtschaftswissenschaften »Mitte rechts« angesiedelt und »marktfreundlicher als der typische Literaturprofessor«. In seiner Einschätzung der Ökonomen-Profession erhielt er mittlerweile Schützenhilfe von seinem politischen Gegner, dem Wirtschaftsnobelpreisträger von 2008, Paul Krugman.

Krugman veröffentlichte seinen inzwischen berühmt gewordenen Artikel »Was die Wirtschaftswissenschaftler falsch machen« in der *New York Times*. Darin heißt es, die berühmtesten Ökonomen hätten die Wirtschaftskrise nicht vorhergesehen, weil sie an die Rationalität des Individuums und die Effizienz des freien Marktes glaubten. Und eine Krise hielt man ganz einfach nicht für möglich. In diesem Punkt haben Mankiw und der kritische Krugman durchaus etwas gemeinsam: Sie übersehen ihre nicht ganz so orthodoxen Kollegen. Denn tatsächlich befürchteten einige von ihnen die bevorstehende Krise, sie lagen mit ihren Vorhersagen also richtiger als die Stars der Zunft. James K. Galbraith wies in seinem Artikel »Who are these Economists Anyway?« auf Dean Baker hin, den Leiter des Center for Economic and Policy Research, der schon 2002 das Platzen der Immobilienblase in den USA vorhersah. Wie Galbraith unterstreicht, war Baker deshalb klar, was vorging, weil er die normalen Preise auf dem Immobilienmarkt kannte. Galbraith meint dazu: »Marktinstitutionen und -beziehungen sind gewöhnlich stabil in dem Sinne, dass es tatsächlich einen Normalwert gibt.« Folglich ist, wenn die Preise auf dem Immobilienmarkt anziehen, eine Blase die »wahrscheinlichste Erklärung«. Das ist nun so schwierig nicht, aber wenn man als Ökonom natürlich nur durch die stockschwarze neoliberale Sonnenbrille guckt … Doch in Mankiws Welt gibt es keine Blasen, Ungleichgewichte oder Krisen. In Mankiws Welt funktionieren die Märkte stets reibungslos, denn es geht immer fair zu, weil ja jeder bekommt, was er will. In dieser Welt wirkt der Zauber der Märkte, des Eigentums und des Unternehmertums Wunder. In dieser Welt steigt der Lebensstandard kontinuierlich, alle Menschen werden immer gesünder, leben länger, sind glücklicher. Eine wunderbare Welt … wenn es sie denn gäbe.

Einige meiner früheren Studenten beschrieben mir Mankiws Seminar an der Universität als »massive konservative Propaganda«. Einer von ihnen meinte gar, Mankiw hätte »eine ganze Generation indoktriniert«. 2003 kam es dann zum Protest gegen derartige Seminare, er richtete sich gegen Professor Martin Feldstein, einen ehemaligen Wirtschaftsberater von Präsident Reagan. Ein alternatives Seminar wurde eingeführt, das der radikale Ökonom Steve Marglin leitet. Doch die für das Studium benötigten Punkte erhalten Studenten nur auf Mankiws Seminar, der Besuch von Marglins Alternativveranstaltung bringt da nichts. Mankiw hat also 800 Studenten, Marglin nur hundert. Von den mehreren hunderttausend Studenten mal abgesehen, die Mankiws Buch lesen.

Märkte sind eine gute Möglichkeit, wirtschaftliche Aktivitäten zu organisieren, daher sind Mankiws Ansicht nach Angebot und Nachfrage alles, was einen Ökonomen interessieren muss. Was immer Sie brauchen, können Sie für einen bestimmten Preis auf dem Markt erwerben: Tomaten, Gesundheitsleistungen, eine Wohnung, ein Auto. Das ist die Nachfrage. Auf der anderen Seite des Marktes stehen die Unternehmen, die in Wettbewerb treten, um den Verbraucher mit den coolsten Klamotten, Mobiltelefonen und Apartments zu versorgen. Das ist das Angebot. Wenn das Angebot höher ist als die Nachfrage, fällt der Preis (Ferienreisen in ein Kriegsgebiet). Wenn die Nachfrage höher ist als das Angebot, steigt der Preis (ein Krieg an der Elfenbeinküste verknappt das Kakao-Angebot). Dieser Mechanismus ist auf jeden nur vorstellbaren Bereich anwendbar, zum Beispiel auch auf Organknappheit bei Transplantationen. Aber in Mankiws Buch geht es auch um Alltagsfragen, zum Beispiel: Wie viel Stück Pizza sind Sie bereit weniger zu konsumieren, um sich eine Dose Cola extra leisten zu können? Das ist ein ausgesprochen effektiver Weg, um damit zusammenhängenden Fragen ihre Bedeutung zu nehmen. Oder würde die Reaktion der Studenten etwa nicht anders ausfallen, wenn die Frage

Harvard Business Review, Jan/Feb 2012

stattdessen so formuliert wäre: Wie viel von Ihrer Gesundheitsvorsorge sind Sie bereit aufzugeben, um Ihren Grundbedarf an Lebensmitteln zu decken? Auch ist in Mankiws Buch nie von Bedarf und Bedürfnissen die Rede. Wie würden Studenten wohl reagieren, wenn sie lernen müssten, dass das Bedürfnis eines Millionärs nach einer Yacht immer befriedigt werden kann, weil genügend Geld dahintersteht, wohingegen der Bedarf einer armen Familie an einem Dach über dem Kopf mitunter nicht gedeckt werden kann? Doch solchen Diskussionen geht Mankiw natürlich aus dem Weg. Indem er weiterhin auf triviale Beispiele setzt, vermittelt er seinen Studenten eher ein ideologiebasiertes als ein realitätsgestütztes Verständnis individueller Entscheidungen und Präferenzen. Begriffe wie »arm« oder »reich« fallen so gut wie nie. Erstaunlicherweise ist auch nie davon die Rede, dass manche Bedürfnisse von den Unternehmen erst geweckt werden. Das liegt daran, dass in Mankiws Welt nur kleine Unternehmen in vollständig kompetitiven Märkten tätig sind. Das Amerika der Konzerne ist da nicht vertreten. Kein McDonald's, kein Nike, kein Microsoft.

Auch soziale Ungleichheit spielt Mankiw stets herunter, obwohl die Schere zwischen Arm und Reich in den USA in den letzten zehn Jahren immer weiter aufgegangen ist, was auch den Ökonomen des Mainstreams nicht entging. Doch dazu gehört Mankiw ja nicht. Natürlich gebe es in den USA mehr Ungleichheit als in Europa (er lässt unerwähnt, dass dies in den sechziger Jahren keineswegs der Fall war). Aber immerhin sei die soziale Ungleichheit in den USA geringer als in Brasilien oder China. Das Auseinanderdriften gehe aber nicht auf politische Strategien des rechten Flügels zurück, die den Reichen mehr Geld verschaffen sollen, sondern auf den Einfluss neuer Technologien auf den Faktor Arbeit und auf die Globalisierung.

Wenn Harvard und andere Universitäten ihren Absolventen der Wirtschaftswissenschaften kein breites und kritisches Verständnis ihres Faches ermöglichen, können wir davon ausgehen, dass dies der Gesellschaft auf Dauer schadet. Es wird Zeit, dass die Professoren Begriffe wie »Kapitalismus« wieder in den Mund nehmen, statt nur die Leier vom freien Markt herunterzubeten. Mankiws Buch ist ein gutes Hilfsmittel für Professoren, doch es vereinfacht wirtschaftliche Gegebenheiten zu sehr und lässt außer Acht, dass der Markt den Menschen, der Gesellschaft und dem Planeten auch schaden kann. Jahr für Jahr verlassen Tausende Studenten die Universitäten mit Mankiws rechtslastiger Sicht auf die Wirtschaft als Wegweiser. Allerdings gerät das neoklassische Credo an den Universitäten immer mehr in die Kritik. Allmählich werden andere Lehrbücher geschrieben, die sich mit den Problemen der realen Welt auseinandersetzen und wirtschaftliches Denken in seiner ganzen Verschiedenartigkeit und Komplexität darstellen. Es besteht Hoffnung, dass sie die Mankiw-Bibel ersetzen werden. Da Professor Mankiw ein leidenschaftlicher Vertreter des freien Wettbewerbs ist, wird er wohl nichts dagegen haben.

DAVID ORRELL

»DU KANNST REINGEHEN UND DIE MASCHINE KAPUTT SCHLAGEN!«

David Orrell studierte Mathematik an der University of Alberta und promovierte in Oxford über die Vorhersagbarkeit nichtlinearer Systeme. Seine Bücher tragen Titel wie *Economyths: How the Science of Complex Systems is Transforming Economic Thought* und *The Future of Everything: The Science of Prediction.*

Die neoklassische Ökonomie verdankt ihre Existenz größtenteils der akademischen Welt, die sie schützt und erhält und an die nächste Generation weitergibt. Diese Verquickung geht weit über die wirtschaftswissenschaftliche Fakultät hinaus. Universitäten teilen durch die fortschreitende Spezialisierung ihre Themenbereiche in immer kleinere Einheiten auf und bemühen sich auch darum, diese voneinander zu trennen. (Es gibt Anzeichen dafür, dass sich dies zu ändern beginnt.) Da die Wirtschaft aber in der ein oder anderen Weise auf unser aller Leben einwirkt, sollte jeder dazu eine Meinung haben.

Einige offene Fragen:

Was sagt die Physik dazu, dass manche der ökonomischen Erkenntnisse Naturgesetzen zu gleichen scheinen? Was sagen die Geisteswissenschaften zu der Vorstellung, die Gesellschaft bestehe aus Individuen, die unabhängig voneinander agieren? Wenn sie diese ablehnt: Wie fließt dies in die Ausbildung künftiger Unternehmensführer ein?

Finden die Mathematiker die in den Wirtschaftswissenschaften benutzten Modelle passend? Sind Grundprinzipien wie das der Stabilität überhaupt plausibel? Was sagen Ingenieure zu den »Sicherheitsmaßnahmen« der »Finanzingenieure«? Wie wird die Idee vom Homo oeconomicus in den Gender Studies gesehen?

Was denken die Soziologen über die Vorstellung von der rational agierenden Gesellschaft? Können die Werkzeuge der neoklassischen Wirtschaftswissenschaft in einer immer stärker vernetzten Welt, in der einer der kostbarsten Rohstoffe – nämlich Information – nahezu umsonst verteilt werden kann, überhaupt noch funktionieren? Und halten die Politikwissenschaftler die Wirtschaftswissenschaften für politisch neutral?

Sind die Historiker überzeugt, dass die neoklassischen Wirtschaftswissenschaften eine objektive Wissenschaft sind und kein kulturelles Artefakt, das in einer bestimmten geschichtlichen Periode entstand? Wie wird sich die zunehmende Kaufkraft von Frauen auswirken? Und die nichtwestlicher Länder mit unterschiedlichem politischem und wirtschaftlichem Hintergrund?

Finden die Ökologen, dass der Umweltschutz in den Lehrbüchern der Wirtschaftswissenschaft ernst genug genommen wird? Falls sie überzeugt sind, dass uns eine Umweltkrise bevorsteht, die das Überleben der Menschheit bedroht, sind sie dann der Ansicht, dass die üblichen Einführungsseminare in die Wirtschaftswissenschaften das Risiko erhöhen oder verringern?

Was sagt die Psychologie zu Kategorien wie »Nutzwert« oder der Ökonomie des Glücks?

Stimmen die Philosophen mit der Annahme überein, dass Märkte ethische Entscheidungen treffen können?

Und schließlich: Wie stehen Institutionen wie die Harvard University, die Universität Oxford, das Massachusetts Institute of Technology (MIT) und das California Institute of Technology (Caltech) dazu, dass 2007 zwanzig oder dreißig Prozent ihrer Absolventen sofort eine Beschäftigung im Finanzsektor annahmen? Werden diese Institutionen als Sieb benutzt, mit dem man talentierte Studenten für diese überbezahlten und sozial unproduktiven Jobs herauszufischen versucht? Falls dies zutrifft: Sollten die Universitäten nicht zumindest versuchen, ihre Lehre so weit zu reformieren, dass sie neue Theorieansätze und ethische Fragen besser widerspiegeln? Solange die Fakultäten die künstlichen Grenzen zwischen ihren Fachbereichen nicht niederreißen, wird das Piano der neoklassischen Logik immer weiterspielen. Daher ruht unsere Hoffnung nicht auf den Verwaltungsbeamten der Hochschulen, sondern auf den Schultern derer, die am meisten zu verlieren haben: den Studenten. Ihnen erzählt man schließlich immer wieder das Märchen von der Wirtschaft. Wenn sie entscheiden, es nicht mehr zu schlucken, dann war's das. Hören wir nicht immer wieder, dass die Wirtschaftswissenschaften sich nicht wei-

Harvard-Studenten verlassen Professor
Gregory Mankiws Ec-10-Seminar.

terentwickeln, weil der akademische Apparat sich nun mal nur langsam wandelt? Das stimmt nicht. Vielmehr geschieht lange Zeit nichts, doch wenn der Moment für den Wandel gekommen ist, dann kommt er schnell und gewaltsam wie ein Erdbeben … oder ein Crash an den Finanzmärkten. Zu Beginn des 20. Jahrhunderts wurde innerhalb weniger Jahre die Physik auf vollkommen neue Grundlagen gestellt. Technologischer Fortschritt, zum Beispiel beim Human Genome Project, hat die Biologie revolutioniert.

Harvard zieht die klügsten Köpfe und besten Analytiker Amerikas an. Je nachdem, wie man ihre akademischen Verflechtungen wertet, hat diese Universität zwischen 46 und 107 Nobelpreisträger hervorgebracht, sechzehn davon aus den Wirtschaftswissenschaften. Auch Barack Obama ist Harvard-Absolvent. Viele Studenten, die nach Harvard gehen, können sich eine Zukunft an der Wall Street zunächst nicht vorstellen. Doch nach einer ordentlichen Dosis Harvard-Kultur und einer Menge Rekrutierungsarbeit will fast die Hälfte der Absolventen nach dem Abschluss plötzlich nicht mehr die Welt ändern, sondern strebt einen Posten bei Goldman Sachs, JP Morgan, der Bank of America oder vergleichbaren Institutionen an. National Public Radio berichtete, dass im Jahr 2010 49 Prozent der Harvard-Absolventen in Unternehmensberatungen und den Finanzsektor gingen. Wie kommt so etwas?

Die finanzwirtschaftliche Abwerbeaktion beginnt in Gregory Mankiws Economic-10-Seminar, dem beliebtesten Kurs in einer der begehrtesten Disziplinen in Harvard. Dieser Kurs kann in zahlreichen Studiengängen eingebracht werden, nicht nur in den Wirtschaftswissenschaften. Die Mankiw-Schüler bevölkern heute die Hallen des IWF, der Weltbank, des Weißen Hauses und der Wall Street. Einige von ihnen, wie Larry Summers, haben für drei von vier dieser Institutionen gearbeitet. Die Verantwortlichen für die Finanzkrise 2008 haben alle in Harvard oder an anderen renommierten US-Universitäten ihre Runden gedreht, sie haben dasselbe ökonomische Curriculum durchlaufen und waren dort als Studenten, Lehrer oder Präsidenten. Und ihr Einfluss reicht weit – vom Aktienkurs ihres Pensionsfonds bis hinein in jedes Lehrbuch, das man in der Mainstream-Ökonomie je in die Finger bekommen kann. Wenn man sich heute in irgendeiner Weise für Wirtschaft interessiert, ist man nur ein paar Schritte vom Harvard-Seminar Ec 10 entfernt.

2. November 2011: Die Protestveranstaltung an diesem Tag gehört wohl zu der am schlechtesten besuchten der jüngeren amerikanischen Geschichte. Gleichwohl wurde viel darüber berichtet. Fünf Monate nach ihrem Highschool-Abschluss und zwei Monate nach ihrem ersten Tag in Harvard führten Rachel J. Sandalow-Ash und Gabriel H. Bayard unter Protest siebzig Studenten aus Dr. Mankiws Seminar und forderten ein weniger einseitiges Curriculum.

»Ja, ich bin Student im ersten Semester, und dies ist ein Einführungskurs, aber ich würde doch gern beide Seiten der Medaille kennenlernen«, sagt Bayard dazu. »Ich hatte Bedenken, dass Nicht-Wirtschaftsstudenten wie ich, die diese Themen nicht weiter vertiefen, mit dem winzigen Ausschnitt, den sie in diesem Kurs kennengelernt haben, künftig wirtschaftspolitische Entscheidungen treffen.«

Für ihre Bedenken wurden sie von den über 700 Kommilitonen, die in der Aula verblieben, mit Pfiffen bedacht. Eine Handvoll Studenten veranstaltete gar ein »Walk-in«, um ihren Lieblingsprofessor zu unterstützen. »We love Mankiw!«, erklangen Sprechchöre, als die siebzig schweigend aus dem Saal marschierten.

Der Walkout, so hieß es in den Medien, sei ein absurder Protest von höchstens einem Prozent der Studenten. Die man als naive, verwöhnte Gören hinstellte. Sogar die Studentenzeitung *The Crimson* nannte die Protestierenden »ignorant, ahnungslos und ideologisch«. Das Editorial der fraglichen Ausgabe war überschrieben mit: »Bleibt in der Schule: Protest gegen angebliche Ideologie im Seminar schadet freier akademischer Diskussion«. »Fox News«

meinte sogar, die Studenten hätten einen ganz normalen Einführungskurs mit neutraler Ausrichtung verlassen, um Aufsehen zu erregen und sich für die Arbeitswelt interessanter zu machen. Die *Huffington Post* hingegen unterstrich, dass das Thema für diesen Tag Einkommensunterschiede waren und dies ausgesprochen ironisch sei. Mankiw selbst hingegen zeigte sich zwar vom Eifer der Protestierenden beeindruckt, meinte jedoch zur *New York Times*, die Studenten seien bedauerlich »schlecht informiert«, denn die meisten Ökonomen wüssten, dass ihre Wissenschaft ideologiefrei ist. Wie sich herausstellte, protestierten die Studenten eben gegen den häufigen Gebrauch des Wörtchens »meist« im Sprachgebrauch des Ec 10.

»In den Wirtschaftswissenschaften gibt es viele verschiedene Standpunkte, warum können diese nicht im Kurs dargestellt werden?«, meint Bayard.

Der Entschluss zum Walkout war 48 Stunden davor eher spontan gefasst worden, als sich Occupy Harvard traf. Der Walkout war Teil einer umfassenderen Aktion von Occupy Boston. Sobald die Aktion beschlossen war, waren die Organisatoren bis in die Morgenstunden damit beschäftigt, schnell noch ein Manifest zu schreiben: Der »Offene Brief an Greg Mankiw« wurde an die *Harvard Political Review* gesandt.

»Wir gehen heute aus unserem Kurs, Economics 10, hinaus, um auf die ideologische Ausrichtung dieser Einführung in die Wirtschaftswissenschaften aufmerksam zu machen«, hieß es dort. »Als Harvard-Undergraduates haben wir uns in Economics 10 eingeschrieben in der Hoffnung, dort ein breitgefächertes, grundlegendes Wissen über ökonomische Theorie zu erwerben, das uns in der intellektuellen Auseinandersetzung mit unseren Fächern wie Wirtschaft, Politik, Umwelt- und Sozialwissenschaften nützlich wäre. Stattdessen wurde uns im Kurs eine sehr begrenzte und spezifische Sicht auf die Wirtschaft präsentiert, die unserer Ansicht nach die problematische wirtschaftliche Ungleichheit in unserer Gesellschaft fortschreibt.«

Der Brief wies des Weiteren hin auf die Verflechtungen der Universität Harvard mit dem aktuellen Finanzsystem, auf problematische Stellen im Lehrbuch, auf die Ziele einer Einführung in die Wirtschaftswissenschaften und die Nadelöhrfunktion von Ec 10, was weiterführende Seminare anging. In dem Schreiben wurden mehrere Beispiele aus dem Lehrmaterial des Kurses zitiert, neben den üblichen idealistischen Bemerkungen einer Handvoll Achtzehnjähriger, die zum ersten Mal von zu Hause weg sind. Worauf sich die Kritikermasse natürlich gierig stürzte. Doch wenn man einzelne Träumereien einmal beiseitelässt, wurzelte die Aktion in einer ganz konkreten Sorge: Was bringt man uns hier eigentlich bei: Wissenschaft oder Ideologie? Und diese Frage ist der Kernpunkt der Debatte, die sich seitdem in Harvard und im Rest der Welt entzündet hat.

»Vorher wurden die Inhalte von Ec 10 nicht einmal diskutiert. Man redete höchstens über die richtige Lösung zu Frage 5 und klagte über den Prüfungsstress, aber die Substanz, die dahinterstehenden Ideen wurden nie in Frage gestellt«, meint Rachel Sandalow-Ash.

Als vor zehn Jahren in Europa die Post-Autistische-Ökonomie-Bewegung (PAE) ähnliche Proteste lancierte, wurden die Lehrpläne geändert und mit ihnen die ideologische Ausrichtung europäischer Lehrstühle für Wirtschaftswissenschaften. Heute hat man die PAE wie gesagt in Real World Economics umbenannt, und sie gewinnt nach kurzen Ausflügen nach England vor allem in Harvard Anhänger. Ist der Mankiw-Walkout vielleicht der Beginn einer ähnlichen Bewegung in Amerika, eine, die diesmal anhalten wird? Oder handelt es sich nur um ein Strohfeuer?

»Wir werden gegen unsere Kommilitonen ebenso kämpfen wie gegen die Machtstrukturen«, sagt dazu Fenna Krienen, die zu Occupy Harvard gehört und Studentin der Neuropsychologie im fünften Jahr ist.

HARVARD

HEY, HERR PROFESSOR:
Ist Ökonomie eine kalte Theoriewissenschaft oder …
eine zutiefst persönliche Disziplin, die den Kern dessen trifft, was wir als Menschen sind?

Krienen nahm am Mankiw-Walkout teil. Einer der interessantesten Aspekte von Occupy Harvard ist, dass der Großteil der Mitglieder keine Studenten in den ersten Semestern sind. Und obwohl der Walkout von Undergraduates initiiert wurde, besteht der Kern von Occupy Harvard aus Doktoranden. Innerhalb der wirtschaftswissenschaftlichen Fakultät gibt es keine Occupy-Unterstützer, doch Krienen meint, es gebe auch hier Sympathisanten. Viele Studenten und Universitätsangestellte hätten nur einfach Angst, ihre Meinung zu äußern und für eine Bewegung einzutreten, die so gar nicht zur Kultur Harvards passen will. Viele, so Krienen, warten erst mal ab, wie sich das Ganze entwickelt.

»Die Studenten dort sind nicht daran gewöhnt, Autoritäten zu widersprechen, eher im Gegenteil. Ihr Erfolg und Selbstwert bemisst sich daran, ob sie von ihren Professoren Bestätigung bekommen«, meint Harvard-Absolvent und Pulitzerpreis-Gewinner Chris Hedges.

»Wie klug sie auch sein mögen, und das sind sie wirklich, sie sind nicht daran gewöhnt, gegen den Strom zu schwimmen. Sie akzeptieren die Macht, und das macht sie, in gewisser Weise, leicht handhabbar. Daher versuchen Institutionen wie Goldman Sachs ja, die Leute anzuwerben.«

In den Wochen nach dem Walkout brachte Hedges eine Nacht auf dem von Occupy besetzten Harvard Yard zu. Als Hedges dort war, versuchten einige Besetzer, eine Recruiting-Veranstaltung von Goldman Sachs zu stürmen. Ihnen wurde der Eintritt verweigert, später aber sagte Goldman Sachs – zusammen mit anderen Institutionen – diese Art Veranstaltungen in Harvard ab. Die Studentenzeitung *The Crimson* ergriff einmal mehr Partei gegen Occupy und nannte den Protest gegen Goldman Sachs »kurzsichtig und unoriginell«. Doch auch das Plädoyer gegen jene, die Goldman Sachs und Konsorten als Verantwortliche der Finanzkrise von 2008 betrachten, brachte das Unternehmen nicht auf den Campus zurück. Mittlerweile hat ein Job bei den Großbanken und Investmentfirmen in Harvard offenkundig einiges an Reiz verloren.

»Ich glaube, die Botschaft ist bei vielen Studenten angekommen«, meint Sandra Korn (20), die bei der Goldman-Sachs-Aktion dabei war. »Ich habe in der Mensa Gespräche mit angehört, bei denen jemand am Tisch sagte: ›Ich habe einen Job bei JP Morgan bekommen.‹ Doch statt dass die Freunde gratuliert hätten (früher hieß es da immer: ›Hey, super, ich bin ja so stolz auf dich!‹), sagen sie nun: ›O nein, du hast deine Seele verkauft. Warum tust du so etwas? Das ist aber schade! Warum machst du nicht, was du immer schon tun wolltest?‹«

Stephen Marglin, ein nichtorthodoxer Harvard-Ökonom, meint, dass das Mainstream-Gedankengut in der Wirtschaft nur geknackt werden kann, wenn man den Mainstream in der Politik bekämpft. Er gehörte zu den wenigen Mitgliedern der wirtschaftswissenschaftlichen Fakultät in Harvard, die die Vorstellungen von Occupy Harvard unterstützen. Sein jüngstes Buch *The Dismal Science: How Thinking Like an Economist Undermines Community* ist einer der wenigen progressiven Lichtblicke in der neoklassisch geprägten Wirtschaftsliteratur.

»Hier geht es nicht um Greg Mankiw, sondern um eine Ideologie, die mittlerweile alles durchdringt. Das Unglaubliche an den Lehrbüchern der Ökonomie allüberall – dem Mainstream eben – ist ja, dass sie alle gleich sind«, erklärte er den Occupy-Besetzern in einem Teach-in nach dem Mankiw-Walkout. »Dieser Ideologie hängen Republikaner ebenso an wie Demokraten. Ihr Glaube an den Markt lässt sich vom Kontakt mit der Wirklichkeit offensichtlich nicht erschüttern.«

Das bekommen Ec-10-Studenten nun tatsächlich nie zu hören. Marglin meint zwar, es sei noch zu früh, um wirklich etwas sagen zu können, doch seiner Ansicht nach könnte Occupy der Beginn einer neuen politischen Bewegung sein, die den neoklassischen Würgegriff um Amerikas Universitäten endlich lockert.

Darren Fleet

DER KAPITAL-
ISMUS
IST TOT!

#NOF

TURE
(Gefangen in alten Mustern)
Überall plakatieren
kickitover.org

CR

ASH!

MARXISTISCH
MODERNISTISCH
FEMINISTISCH
POSTMODERNISTISCH
KONSUMISTISCH
NEOLIBERALISTISCH
TERRORISTISCH

WIR STECKEN
IN EINER
ALLGEMEINEN
SINNKRISE

HEY, HERR PROFESSOR!

Glauben Sie, der ökonomische und politische Rahmen der letzten fünfzig Jahre wird sich endlich ändern?

weg damit!

Pin up im Korridor
kickitover.org

DER EINZIGE WEG ZUR »NACHHALTIGKEIT« IST DIE VERÄNDERUNG UNSERER VORSTELLUNG VOM GELD UND SEINEN INSTITUTIONEN.

Alf Hornborg

PETER STALKER

»ES IST AN DER ZEIT, EINE NEUE ARCHITEKTUR FÜR DAS FINANZSYSTEM ZU SCHAFFEN«

Auswüchse beschneiden

Die Finanzkrise 2008 und die dadurch ausgelöste weltweite Rezession gehen auf das unheilige Wirken von Spekulanten, Hedgefonds und anderen Finanzmarktakteuren zurück, die eine Schatten-Finanzwirtschaft eingeführt haben, die vorzugsweise mit Derivaten arbeitet. Diese haben auch ihre Nutzer kaum verstanden, was zu unvorhersehbaren Wechselwirkungen führte. Einige Derivate sind nützlich, andere reine Spekulationsinstrumente. Man sollte sie einer Finanzkontrollbehörde vorlegen. Sie dürften nur eingesetzt und an den Börsen gehandelt werden, wenn diese ihr Okay gibt. Auf solche Weise stellt man sicher, dass jeder weiß, wem was gehört und welche Institution welche Risiken zu schultern hat. Der Einsatz von nichtgeprüften Derivaten würde zurückgehen, wenn sie nicht handelbar wären.

Zu den gefährlichsten Derivaten gehören Credit Default Swaps (CDS), die momentan eine Anlagesumme von 55 Billionen Dollar repräsentieren. Sie sind eine indirekte und undurchsichtige Form der Versicherung, die noch viele Kreditgeber in den Abgrund reißen könnte. CDS sollten verboten werden, damit Kreditgeber die

---

Peter Stalker ist Publizist in Großbritannien. Er schrieb *The No-Nonsense Guide to Global Finance* und drei Bücher über Zuwanderung über Landesgrenzen. Er ist Mitherausgeber des *New Internationalist* und hat den *Human Development Report* für die Vereinten Nationen herausgegeben. Zurzeit ist er für mehrere UN-Programme beratend tätig.

volle Haftung für das verliehene Geld tragen müssen und Spekulanten dieser simple Weg zum Reichtum verbaut wird.
Auch Hedgefonds sollten reguliert werden. Im Moment unterliegt ihr Anlageverhalten keinerlei Regeln, weil früher fälschlich angenommen wurde, sie gefährdeten im Falle des Scheiterns nur sich selbst. Eine Möglichkeit wäre, das Shortselling einzuschränken, indem man anderen Institutionen verbietet, den Hedgefonds die dafür erforderlichen Aktien zu leihen.

Transaktionssteuern

Die Bildung von Finanzblasen wird verstärkt durch den elektronischen Handel, denn auf diesem Weg wechseln Aktien, Währungen und Bonds in Bruchteilen von Sekunden den Besitzer. Dadurch wird das spekulative »Trading« unterstützt, das nichts mit zugrunde liegenden Werten zu tun hat, sondern sich nur aktuellen Marktbewegungen anschließt und sie so verstärkt. Mit diesem Problem beschäftigte sich vor über vierzig Jahren der amerikanische Nobelpreisträger James Tobin, der vorschlug, man solle jede Transaktion besteuern. Heute sind nur fünf Prozent des Währungshandels, also etwa drei Billionen Dollar pro Tag, nicht von Spekulation getrieben. Spekulation gegen Währungen aber kann ganze Staatshaushalte in Rauch aufgehen lassen, vor allem in Entwicklungsländern.
Eine Transaktionssteuer von etwa 0,2 Prozent auf jede Währungstransaktion würde einiges vom Spekulationsgewinn abschöpfen und dem Staat eine neue Einkommensquelle bieten. Nehmen wir an, der Börsenhandel würde sich dadurch auf 100 Billionen Dollar im Jahr reduzieren, könnte sich das Steuersäckel über eine Zunahme von 200 Milliarden Dollar freuen. Würde man dasselbe Prinzip auf Aktien anwenden, hätte endlich einmal das Verschieben von Börsenpapieren in Hedgefonds ein Ende, das nur Trader und Broker reich macht.

Haftung – im Guten wie im Bösen

Einer der abstoßendsten Aspekte der Finanzkrise 2008 war, dass die verantwortlichen Manager trotz allem immense Boni einstrichen. Man belohnte sie quasi fürs Scheitern. Diese Art von Anreiz aber bringt die Verantwortlichen dazu, riskante Wetten einzugehen, die kurzfristig hohe Gewinne einfahren. Bricht das Ganze dann zusammen, kann sich der CEO trotzdem mit zig Millionen zur Ruhe setzen. Das ist so, als würde man beim Roulette dagegen wetten, dass eine bestimmte Zahl fällt. Es kann ganz schön dauern, bis diese dann tatsächlich kommt, vielleicht sind Sie in der Zwischenzeit ja schon an einen anderen Tisch gegangen. Als Stan O'Neal im Oktober 2007 Merrill Lynch verlassen musste, wurde ihm der Abschied mit 160 Millionen Dollar Abfindung versüßt – weil er den Aktienkurs entsprechend in die Höhe getrieben hatte. Mit welchen Mitteln, wurde erst im Jahr darauf sichtbar. Die Honorierung der Banker sollte stattdessen auf einer kontinuierlichen Überprüfung ihrer Leistung beruhen und – wo nötig – die volle Haftung für ihre Aktivitäten einschließen. Das heißt: neue Verträge. Dafür ist jetzt die beste Zeit, denn viele Banker suchen im Moment neue Jobs und sind nicht ganz so anspruchsvoll, was die Bedingungen angeht.

Steueroasen austrocknen

Die Steueroasen dieser Welt haben nur eine Funktion: Sie steigern die Gewinne von Unternehmen und Millionären zu Lasten des einfachen Steuerzahlers. Eine der Hauptverantwortlichen ist hier die britische Regierung. Sie hätte es in der Hand, einige ihrer Überseegebiete besser zu kontrollieren. Doch es gibt andere Mittel, um den Schleier des Geheimnisses zu lüften, hinter dem Körperschaften wie Einzelpersonen Geld von einer dubiosen Insel auf die andere verschieben. Zum Beispiel könnte man von Unternehmen verlangen, dass sie eine Gesamtsteuererklärung abgeben, in der alle Gewinne, Verluste und bezahlten Steuern auf der ganzen Welt angegeben werden. Außerdem müsste das Bankgeheimnis gelockert und sichergestellt werden, dass die Steuerbehörden jedes Landes vollen Zugriff auf alle notwendigen Informationen haben.

Von vorn anfangen

Die Finanzkrise 2008 hat enorm viel gekostet – nicht nur die Steuerzahler in den reichen Ländern, sondern auch die Armen in den Entwicklungsländern, die seitdem mit der Wirtschaftskrise kämpfen. Doch sie ist auch eine gute Gelegenheit für einen Neustart – bei dem die Grundlagen unseres Finanzsystems auf den Prüfstand kommen.
Die Lobbyisten der Finanzakteure schwärmen bereits aus und verbreiten die Mär, dass es gefährlich wäre, auf die letzte Krise mit einer Eindämmung der »Kreativität« der Finanzmärkte zu reagieren. Nun heißt es, die letzte Krise sei nur ein Moment in einem Zyklus von Schöpfung und Zerstörung, eines Darwin'schen Ausleseprozesses, der zum Überleben der bestangepassten Finanzmodelle führt und die riskanten oder nutzlosen ausmustert.
Doch mittlerweile wissen wir, was uns diese Freiheit der Märkte kostet. Die Finanzmärkte haben unser Vertrauen nicht verdient. Sie erwarten volle Freiheit der Gewinnerzielung, wenn die Sonne lacht, doch wenn Wolken aufziehen, suchen sie schnell Schutz unter dem Dach des Staates. Nie wieder! Jetzt wissen wir es besser. Es ist Zeit, eine neue Architektur für das Finanzsystem zu schaffen!

Aus: *People First Economics*, New Internationalist Publications 2009.

»Außer Betrieb«
Ein paar tausend Leute drucken Schilder »Außer Betrieb«. An einem vorher festgelegten »Schwarzen Freitag« werden sie in den frühen Morgenstunden an den Geldautomaten der sechs größten Banken der Stadt befestigt.

Der Sommer geht zu Ende,

und ein Meer eifriger Studenten kehrt in das Audimax zurück. Die erste Stunde »Mikroökonomische Analyse« steht an. Die Leute nehmen ihre Plätze ein, der Dozent macht das Mikro fest und bereitet die Folien für den Beamer vor. Die üblichen einleitenden Worte. Ich höre nur mit halbem Ohr zu, als er verwaltungstechnische Einzelheiten erklärt. Plötzlich lässt mich eine krude Bemerkung aufhorchen: Von oben herab erklärt der Dozent, in diesem Kurs werde und könne es nicht um Aspekte wie Umwelt, politischen Einfluss oder anderes »irrationales Verhalten« gehen, da diese als »externe Effekte« betrachtet würden und somit Gegenstand anderer Disziplinen seien.

Ich bin erstaunt. Nicht so sehr, weil der Dozent dogmatisch eine Ökonomie ablehnt, die die wirkliche Welt mit einbezieht – denn das, so viel ist mir klar, war zu erwarten. Auch nicht von seinem mangelnden Interesse. Was mich hingegen wirklich verblüfft, ist, dass in einem Saal mit etwa 400 Hörern keiner eine Miene verzieht, als diese überstrapazierten Glaubenssätze geäußert werden.

Hat sich diese Generation von Wirtschaftsstudenten etwa längst dem neoklassischen Credo ergeben? Oder steckt noch etwas weit Gefährlicheres dahinter: Bleibt diese Generation stumm, weil sie vor den Mängeln der Mainstream-Ökonomie und ihren ubiquitären Auswirkungen die Augen verschließen will?

Die Wirtschaftswissenschaften sind eine Art sich selbst erfüllender Prophezeiung. Sie schaffen ein Verhaltensmodell für ein Verhaltensmodell. Diese Modelle zeigen uns, wie wir denken »sollen«. Daher sucht diese Pseudowissenschaft auch immer wieder ihr Heil in der Mathematik, die ihr die numerische Rechtfertigung für ihre angeblich rationalen Grundannahmen geben soll. Während andere Disziplinen wie die Physik (die die klassische ökonomische Theorie stark beeinflusst hat) sich mühen, ihre Modelle immer wieder mit den externen Daten in Einklang zu bringen, stagniert die Ökonomie und produziert seit jeher den gleichen Schwall abgedroschener Lehrsätze und überflüssiger Prämissen. Und die Lehrbücher an den Universitäten tun heute noch so, als wären der Homo oeconomicus, rationales Verhalten und Nutzenmaximierung Tatsachen. Hinterfragt wird dies bestenfalls von der Soziologie oder der Politikwissenschaft. Meist werden solche Themen einfach ausgeblendet, da der heutige Wirtschaftsstudent sie aufgrund ihrer quasiphilosophischen Natur gar nicht erst aufgreift. Was sie interessiert, sind mathematische Analyse und quantitative Ansätze.

Natürlich gehört die Mathematik zur Wirtschaftswissenschaft, und das ist auch gut so. Einer der großen Mängel der aktuellen ökonomischen Wissenschaft aber ist es, dass Vorgänge in der realen Welt ebenso wenig einbezogen werden wie die Resultate anderer Disziplinen. Wenn Forschungsergebnisse nicht zu den Grundprämissen passen, werden sie vom Tisch gefegt, selbst wenn sie von anderen Ökonomen unzweifelhaften Rufes stammen. Deutlich wird dies beispielsweise an den Ergebnissen von David Card und Alan Krueger. Ihre empirisch belegten Forschungsarbeiten stellen die klassischen ökonomischen Ansätze zum Arbeitsmarkt und zum Mindestlohn in Frage. In zahllosen Fallstudien wiesen sie nach, dass die Erhöhung des Mindestlohns nicht zu Jobverlusten führt, wie immer angenommen wurde. Diese Erkenntnisse waren so revolutionär, dass sie von klassischen Ökonomen als »Anomalie« bezeichnet und abgelehnt wurden.

Doch die Probleme auf der Welt werden mehr, und die Menschen fordern Antworten von den Ökonomen. Jahr für Jahr plagen Studenten sich mit komplexen Theorien und Gleichungen der modernen Wirtschaftswissenschaft. Doch sosehr sie sich auch mühen, ihre Anstrengungen bleiben fruchtlos, weil sie auf einer idealisierten Wirtschaft aufbauen, die nichts mit der Realität zu tun hat.

Doch wir Studenten sind diesem Treiben nicht hilflos ausgeliefert. Es besteht durchaus Hoffnung. Wenn wir neugierig sind und die überkommenen Grundregeln der Ökonomie in Zweifel ziehen, können wir die vielen Risse innerhalb dieser »autistischen« Disziplin sichtbar machen. Lasst uns das Niveau der innerfachlichen Diskussion heben und um einen multidisziplinären Ansatz kämpfen, der die offensichtlichen Mängel der Wirtschaftswissenschaften beseitigt. Dann würden wir künftigen Studentengenerationen ein Erbe hinterlassen, auf das wir stolz sein können.

Wenn die Wirtschaftswissenschaft sich weiterentwickeln und die Lebensqualität der Menschen verbessern will, muss sie externe Effekte und Erkenntnisse anderer Disziplinen in ihre Modelle einbeziehen. Solange dies aber unterbleibt, beschreibt sie die menschliche Natur nicht, sondern denkt sie sich aus.

Und dagegen wehrt diese Generation von Studenten sich noch längst nicht genug …

Nik Dawson studiert Wirtschaft und Politik an der Macquarie Universität in Sydney.

Occupy Harvard, November 2011

HEY, HERR PROFESSOR:

Wann werden Sie Ihren Lehrstoff anpassen?

VIII.

Ich sehe deshalb für uns die Freiheit, zu einigen gesicherten Prinzipien religiöser und ethischer Tugend zurückzukehren: dass Geiz ein Laster ist, dass Wucher falsch und die Liebe zum Geld verabscheuungswürdig ist, dass jene auf dem Pfad der Tugend und maßvollen Weisheit wandeln, die um das Morgen keine Sorge tragen. Wir kehren dazu zurück, dass der Zweck die Mittel nicht heiligt und das Gute dem Nützlichen vorzuziehen ist. Wir werden jene in Ehren halten, die uns lehren, den Augenblick zu genießen und unseren Tag gut und richtig zu leben, die wunderbaren Menschen, die sich an den Dingen noch freuen können, an den Lilien auf dem Felde, die sich weder plagen noch spinnen.

JOHN MAYNARD KEYNES

PIONIERE,

AUF DENEN WIR AUFBAUEN KÖNNEN

Hey, ihr History-Fans da draußen!

Die neuen Wirtschaftswissenschaften, wie auch immer wir sie nennen mögen – Bio-Ökonomik, Psycho-Ökonomik, Ökologische Ökonomie? –, gründen sich auf die Arbeit einer Handvoll Pioniere, die den Mut hatten, für ihre Überzeugungen einzutreten.

Ein Trupp intellektueller Don Quichottes, die ganz eigene, praktische und ungewöhnliche Ideen entwickelten, wie die Welt funktionieren sollte und könnte. Sie dachten nach über Entropie, Thermodynamik, Chaostheorie und die Chance auf Überleben bzw. dauerhaftes Wachstum in einem geschlossenen System, das von der Sonne gespeist wird.

Sie überschritten Grenzen und stellten die sakrosankten Prinzipien der Ökonomie in Frage. Sie rüttelten an den Grundfesten und brachten so manches Skelett im Schrank zum Klappern.

Diesen Einzelkämpfern zollen wir unseren Respekt, weil sie die Wirtschaftswissenschaften revolutioniert haben wie Kopernikus die Astronomie, Freud die Psychologie und Einstein die Physik.

FREDERICK SODDY

»HÖRT AUF, GELD AUS DEM NICHTS ZU SCHAFFEN!«

Frederick Soddy kam 1877 zur Welt. Er war ein Individualist, der sich Konventionen nur selten beugte. Sein Biograf beschreibt ihn als schwierigen, starrsinnigen Zeitgenossen. 1921 erhielt er den Nobelpreis für Chemie für seine Arbeit über Radioaktivität und sah schon 1909 das Energiepotenzial der Atomspaltung vorher. Der militärische Einsatz der Chemie, der zum Massensterben des Ersten Weltkriegs beitrug, bewog ihn dazu, statt Chemie politische Ökonomie zu studieren – um die Welt kennenzulernen, die der wissenschaftliche Fortschritt mit seinen Gaben beglückt. In vier Büchern, die Soddy zwischen 1921 und 1934 schrieb, führte er eine visionäre Kampagne für eine radikale Umgestaltung des globalen Geldsystems.

Seine Sicht der Wirtschaft fußt auf den Grundprinzipien der Physik, speziell den Gesetzen der Thermodynamik. Die Wirtschaft wird oft mit einer Maschine verglichen, doch gewöhnlich weigern sich die Ökonomen, diesen Vergleich zu Ende zu denken: Wie jede Maschine muss auch die Wirtschaft ihre Energie von außerhalb beziehen. Der Erste und Zweite Hauptsatz der Thermodynamik besagen, dass es kein Perpetuum mobile gibt. Es gibt keine Maschinen, die Energie aus dem Nichts schaffen und sie auf ewig recyceln können. Soddy kritisierte, dass man die Wirtschaft als Perpetuum mobile denkt, das scheinbar grenzenlosen Reichtum schaffen kann. Genau das ist der Einwand, den auch Soddys Nachfolger vorbringen, die Vertreter der Ökologischen Ökonomie.

Vernünftiger wäre es, so Nicholas Georgescu-Roegen (ein Rumäne, der in den siebziger Jahren diesen neuen Ansatz entwarf [siehe den folgenden Beitrag]), sich die Wirtschaft wie ein lebendes System vorzustellen. Wie jedes lebendige System bezieht es Materie und Energie aus seiner Umgebung (geringe Entropie). Bei lebenden Wesen ist dies Nahrung, bei der Wirtschaft Energie, Bodenschätze, Rohmaterial in Form von Pflanzen und Tieren. Wie bei jedem Lebewesen hat auch der Ausstoß der Wirtschaft eine hohe Entropie. Sie hinterlässt verbrauchtes Material und nichtverbrauchte Energie: überschüssige Wärme, Gase, toxische Nebenprodukte, Apfelbutzen, Rost und Abrieb, durch die Eisen verloren geht. Ausstoß – oder Emission – ist alles, was irgendwie Abfall ist, die Zeitung von gestern, die Sneakers vom letzten Jahr, die verrosteten Autos des letzten Jahrhunderts.

Materie, die von der Wirtschaft aufgenommen wird, kann recycelt werden, was Energie verbraucht. Energie aber ist, wenn sie einmal verbraucht ist, in dieser Form nicht mehr verfügbar. Das Gesetz der Entropie besagt, dass es eine nach unten gerichtete Entwicklung vom Geordneten zu weniger nützlichen Formen gibt. Ein Tier zum Beispiel kann nicht ständig von seinen Exkrementen leben. Georgescu-Roegen griff also ein bekanntes Zitat des Ökonomen Alfred Marshall auf, der ebenfalls die Biologie als das Mekka der Ökonomen bezeichnete.

Soddy, Georgescu-Roegen und andere ökologische Ökonomen gehen davon aus, dass Wohlstand real und materiell ist: die Autos, Computer, Kleidung, Möbel und Fritten, die wir für unser Geld kaufen. Das Geld hingegen ist nicht real. Es steht nur dafür, dass sein Besitzer an die Fähigkeit der Wirtschaft glaubt, Wohlstand zu schaffen. Schulden hingegen sind der inkarnierte Glaube an die Fähigkeit der Wirtschaft, künftigen Wohlstand hervorzubringen. »Die Leidenschaft unserer Zeit ist es«, so Soddy, »Wohlstand in Schulden umzuwandeln« – ein Objekt mit einem aktuellen Realwert (das gestohlen werden, kaputtgehen, verrosten oder verrotten kann, bevor man es noch nutzt) in etwas Unveränderliches umzuwandeln, den Anspruch auf ein Stück Wohlstand, das erst noch geschaffen werden muss. Geld erleichtert diese Umwandlung. Es ist, so Soddy, »das Nichts, das Sie für etwas bekommen, bevor Sie überhaupt irgendetwas in der Hand haben«. Zu Problemen kommt es, wenn Wohlstand und Schulden einander nicht die Waage halten. Wie viel Wohlstand eine Wirtschaft schaffen kann, hängt davon ab, wie viel Energie von geringer Entropie sie aus ihrer Umgebung entnehmen kann – und wie viel Abfall von hoher Entropie die Umwelt aufnehmen kann, ohne daran zugrunde zu gehen. Schulden hingegen, die ja nicht real sind, kennen keine solche natürliche Begrenzung. Sie können endlos anwachsen, wie schnell sie das tun, liegt einzig an uns.

Lässt eine Ökonomie Schulden stärker anwachsen, als sie Wohlstand schaffen kann, muss sie dafür sorgen, dass die Schulden verringert werden. Das kann durch Inflation geschehen, doch dann sinkt mit den Schulden auch die Kaufkraft, also der Anspruch auf künftigen Wohlstand, den jeder gesparte Dollar oder Euro repräsentiert. Gibt es aber keine Inflation, dann muss eine Wirtschaft, die zu viele Ansprüche auf künftigen Wohlstand geschaffen hat, regelmäßig Krisen durchleben, in denen die Schulden verringert werden – Aktiencrashs, Pleiten, Vollstreckungen, Zinsausfall, Pensionskasseneinbrüche, Wertverfall aller verbrieften Forderungen.

Das ist wie bei der »Reise nach Jerusalem« – plötzlich will jeder, der nur verbriefte Forderungen besitzt, reale Werte. Doch das klappt nicht immer. Der Verlust des einen zieht den des anderen nach sich, und schwuppdiwupp bricht das ganze System zusammen. Jede einzelne der Krisen, die die USA in den letzten Jahren durchgemacht haben, war im Grunde ein Schuldenminderungsmechanismus. Wir werden diese Krisen nicht vermeiden können, wenn wir nicht aufhören, unsere Schulden schneller wachsen zu lassen als unser Einkommen.

Soddy jedenfalls hätten unsere gegenwärtigen Probleme nicht überrascht. Das Problem ist ja nicht einfach Gier oder Unwissen oder mangelnde Regulierung, der Fehler liegt im System, wie unsere Wirtschaft sich finanziert. Solange der Anspruch auf künftigen Wohlstand schneller wächst als die Fähigkeit der Wirtschaft, diesen Wohlstand zu erzeugen, schafft der Marktkapitalismus eine Nische für all jene, die geschickt Verschuldungsinstrumente erfinden, doch irgendwann müssen diese Instrumente mal auf null gestellt werden. Es wird immer einen Bernard Madoff geben oder einen anderen findigen Kopf, der Subprime-Papiere kreiert, die uns an den Rand der Katastrophe bringen. Wenn wir dem Treiben dieser Leute einen Riegel vorschieben wollen, müssen wir die Ansprüche auf künftige Werte in Einklang bringen mit dem Vermögen der Wirtschaft, diesen Wohlstand zu schaffen.

Soddy jedenfalls formulierte aus seiner damals exzentrischen Sicht der Dinge heraus fünf Grundregeln, die seinerzeit als Beleg für die mangelnde Praktikabilität seiner Vorschläge betrachtet wurden. Die ersten drei waren: die Aufgabe des Goldstandards, das freie Floaten internationaler Währungskurse und der Einsatz von Staatsschulden bzw. -überschüssen zum Ausgleich zyklischer Wirtschaftstrends. Außerdem schlug er vor, nationale Statistikbehörden zu schaffen (und mit ihnen beispielsweise einen Verbraucherpreisindex), um diese Ziele umzusetzen. Diese vier Prinzipien sind mittlerweile die Eckpfeiler unserer Volkswirtschaften.

Soddys fünfter Vorschlag, der bis heute nicht zum Standardrepertoire gehört, war, die Banken von der Geld- (und Schulden)schöpfung auszuschließen. Banken schaffen Geld, indem sie die Einlagen ihrer Kunden gegen Zinsen verleihen. Derjenige, der sich das Geld leiht, deponiert es wieder bei irgendeiner Bank, wo es wieder verliehen wird. So entstehen mehr Schulden und mehr Sichteinlagen, und dieser Prozess setzt sich ständig fort – ad infinitum.

Wenn Ihnen dieser Vorschlag nicht realisierbar erscheint, dann überlegen Sie mal, dass dies in den zwanziger Jahren auch für die Aufgabe des Goldstandards galt und für die Einführung floatender Wechselkurse. Die Gesetze der Thermodynamik sind unveränderlich. Wenn Soddy sie korrekt auf die Wirtschaftswissenschaft angewandt hat, sollten wir unseren Horizont um ihre Machbarkeit erweitern.

Eric Zencey ist Autor von *Virgin Forest: Meditations on History, Ecology and Culture* sowie *Die Panama-Affäre*. Der Artikel ist ein Auszug aus der *New York Times* vom April 2009. Mit freundlicher Genehmigung der *New York Times*.

NICHOLAS GEORGESCU-ROEGEN

»UNSERE EXISTENZ IST EIN GESCHENK DER SONNE – GRATIS!«

The Strip, Las Vegas, 1965

Nicholas Georgescu-Roegens Lebenserfahrung prägte sein ökonomisches Denken ganz erheblich. Politisch war er ein Dissident, Flüchtling und leidenschaftlicher Wissenschaftler, der auf seine bescheidene Herkunft stolz war. Und er schwor sich, nie sein Heimatland zu vergessen – obwohl man ihn dort beinah ums Leben gebracht hätte.

Roegen kam 1906 in Rumänien zur Welt, sein Vater war Offizier, seine Mutter Näherin. Vermutlich wäre er für uns ein Unbekannter geblieben, hätte er nicht ein großzügiges staatliches Stipendium erhalten, mit dem er der Armut seines Heimatlands entkommen und im Ausland studieren konnte, zuerst in Paris, dann in London und schließlich in den USA.

Im Jahr 1927 gab er seine Doktorarbeit ab, welche die Optimierung existierender Erklärungsmodelle zufälliger Abweichungen innerhalb geschlossener Systeme zum Thema hatte. Hier kam er Störeffekten, zufälligen Abweichungen und Täuschungsgrößen auf die Spur. Der berühmte Harvard-Ökonom Joseph Schumpeter verarbeitete Roegens Resultate in seinem Buch *Konjunkturzyklen* und brachte ihn in den frühen dreißiger Jahren nach Harvard. Schumpeter hoffte, Roegens statistischer Tiefblick würde helfen, die Weltwirtschaft wieder in Gang zu bringen.

Roegen war der Ansicht, die Vorhersagekapazität der damaligen ökonomischen Theorien sei begrenzt, weil sie die Menschen als gleich geartet erachteten und keine hierarchischen Unterschiede akzeptieren wollten. Seiner Ansicht nach wollten Individuen verschiedene Dinge aus jeweils unterschiedlichen Gründen, weshalb für jedes Problem mehrere Theorien, mehrere Erklärungen, mehrere Modelle nötig seien. Die Physik nahm damals Niels Bohrs Idee auf, dass das Licht sowohl Teilchen- als auch Wellencharakter besitze (eine Zwitterhaftigkeit, für die es verschiedene Erklärungsmodelle gab), und Roegen fand, auch in der Wirtschaftswissenschaft solle es Raum für Widersprüche geben, statt diesen mit ideologisch gefärbten abstrakten Grundannahmen aus dem Weg zu gehen. Seiner Ansicht nach waren auch Kategorien wie »Währung«, »Rohstoffe« oder »Erwartungen« eher abstrakte Begriffe als absolut gültige Einheiten und könnten schon deshalb nicht in ökonomischen Gleichungen benutzt werden. Roegens Forderung nach multiplen Ansätzen war die erste methodologisch bedeutsame Kritik an der neoklassischen Ökonomie.

Gerade als er in Amerika am Beginn einer vielversprechenden Karriere stand, kehrte er sehr zu seinem Schaden nach Rumänien zurück, wo er mehreren nationalistischen Gewaltregime unter Zwang zu Diensten war. Als die Kommunisten an die Regierung kamen, verarmte er. Schließlich drohte ihm sogar die Todesstrafe. In dieser Zeit veröffentlichte Roegen nicht viel. 1948 gelang es ihm, aus Rumänien zurück in die Vereinigten Staaten zu fliehen, wo er eine Stellung an der Vanderbilt University annahm und seine einflussreichsten Arbeiten schrieb.

Wie Frederick Soddy vor ihm stellte Roegen die fundamentalen Grundannahmen der neoklassischen Ökonomie in Frage, indem er die Gesetze der Thermodynamik auf die Wirtschaft übertrug. Sein Hauptwerk *The Entropy Law and Economic Process* erschien 1971 und dachte Soddys oft übersehene Thesen weiter.

Der Zweite Hauptsatz der Thermodynamik, auch Entropiesatz genannt, besagt, dass Energie, sobald sie verbraucht ist, nicht mehr zurückgewonnen werden kann – man kann keine Kuh aus einem Hamburger machen. Die moderne Wirtschaft beruht durchgehend auf dem Verbrauch fossiler Brennstoffe. Wir verbrauchen Material von geringer Entropie und produzieren Abfall mit hoher Entropie. Dieser Prozess, der »freie« Energie in »gebundene« Energie verwandelt, wird fälschlicherweise als Wachstum bezeichnet. Roegen meinte, diese Art von Wachstum sei eine Illusion. Die gegenwärtige Generation lebe sozusagen auf Zeit-Pump. Ohnehin ging er davon aus, dass die Gesetze der Thermodynamik in der Ökonomie Anwendung finden müssten. »Wenn wir das Problem genau analysieren, kommen wir dahinter, dass der beste Umgang mit unseren Eisenressourcen der ist, Pflüge oder Hacken herzustellen, nicht Rolls-Royces, ja noch nicht einmal Traktoren.«

Außerdem warf Roegen den Ökonomen vor, dass sie grundlegende physikalische Tatsachen außer Acht ließen: »Hätten die Ökonomen den entropischen Charakter des Wirtschaftsprozesses erkannt, hätten sie ihre Mitstreiter für das Wohl der Menschheit, die Techniker und Ingenieure, warnen können, dass größere und bessere Waschmaschinen, Autos und Flugzeuge auch ›größeren und besseren‹ Abfall bedeuten.«

Den Entropiegesetzen zufolge ist die neoklassische Grundannahme, dass erschöpfte Ressourcen grenzenlos ersetzt werden können, ein Trugschluss. Neue Technologien können die Umwandlung von freier in gebundene Energie, von der wir alle abhängig sind, nicht rückgängig machen. Es sei, so Roegen, nur eine Frage der Zeit, bis unser System der Preisgestaltung jede Quelle freier Energie auf der Erde verschlungen habe, sodass am Ende nur die Sonne übrig bleiben werde. Roegen war zwar pessimistischer als seine Schüler, was die Zukunft der Menschheit angeht, dennoch könne, wie er meinte, mit einem radikalen Paradigmenwechsel das Leben auf der Erde fast unendlich weitergehen. Seine Arbeit gilt als Grundpfeiler der Bio-Ökonomie.

Darren Fleet

HOWARD ODUM

»DER KAMPF ZWISCHEN ORDNUNG UND UNORDNUNG, ZWISCHEN ENGELN UND TEUFELN IST NOCH NICHT AUSGEFOCHTEN«

1955 Ford Thunderbird

Auch wenn sie wissenschaftliche Strenge für sich reklamieren, verstehen nur wenige Ökonomen, was Errungenschaften wie die Chaostheorie oder die Gesetze der Thermodynamik für ihre Arbeit bedeuten. Howard Odum hingegen ging davon aus, dass wissenschaftliche Prinzipien für die Erforschung der Wirtschaft und des Lebens gleichermaßen gelten. Er meinte: »Der Kampf zwischen Ordnung und Unordnung, zwischen Engeln und Teufeln ist noch nicht ausgefochten.«

Odum war ein Pionier der ökologischen Revolution der Ökonomie. Er schrieb Buch um Buch über die natürlichen Grenzen, welche die Biologie dem ökonomischen Tun auferlegt, über die Rolle fossiler Brennstoffe bei unseren internationalen Beziehungen sowie vernetzte Energieströme. Er wandte die Gesetze der Thermodynamik an, um zu beweisen, dass Energiesummen gegeneinander aufgewogen werden müssten. Die Produktion von Atomenergie beispielsweise verschlingt viel Energie. Wendet man Odums Methode an, wird klar, dass sie mehr Energie verschlingt, als am Ende dabei herauskommt. Welchen Sinn hat also das Ganze? Odum gehörte zu den Ersten, die Energie als Währung betrachteten und die ökologischen Auswirkungen natürlicher versus produzierter Energie zu messen begannen. Er legte die Grundlagen fürs Ecological Engineering, die Wiederherstellung von Ökosystemen unter Beseitigung der Auswirkungen natürlicher Ereignisse sowie menschlicher Aktivitäten.

Sein 1971 erschienenes Buch *Environment, Power, and Society* hielt der Menschheit vor Augen, dass Kohlenwasserstoffe keineswegs die Rettung der Menschheit sind. »Nur wenige Menschen wissen, dass ihr Wohlstand vom massiven Verbrauch fossiler Brennstoffe rührt und nicht vom menschlichen Fleiß und politischen Systemen«, schrieb er. Damit wandte er sich direkt gegen einen ehernen Glaubenssatz der Ökonomie, der im menschlichen Genie, nicht in der freien Verfügbarkeit von Energie die Wurzel der industriellen Revolution sah. Doch Energie wurde für Odum zum zentralen Punkt bei der Erklärung von umweltbedingten, technischen und sozialen Phänomenen. Er konnte zeigen, dass sogar die Organisation der menschlichen Gesellschaft letztlich von der Art ihrer Energieversorgung abhängt: »Wenn es Ressourcen im Übermaß gibt, vermehren sich Arten, die auf schnellen Energie- und Rohstoffumsatz spezialisiert sind, und beherrschen so die anderen.«

So gesehen ist die menschliche Gesellschaft nicht anders als ein Rasen, der von Unkräutern überwuchert wird, weil Letztere ungehinderten Zugang zur Sonne anstreben. Oder als die vulkanischen Tiefen des Atlantiks, wo sich in einer ansonsten kahlen Felslandschaft bestimmte Arten hemmungslos vermehren. Oder ein Land, in dem plötzlich die Redefreiheit eingeführt wird, sodass bestimmte Ideen sich mit einem Mal in der ganzen Gesellschaft breitmachen können wie das Konzept des freien Marktes in den Ostblockländern nach dem Auseinanderbrechen der Sowjetunion.

Odum stellte die These auf, es gebe zwei Entwicklungsstufen der menschlichen Zivilisation, die vom Energiesystem bestimmt seien: die Solargesellschaft und die Fossile-Brennstoff-Gesellschaft. Da die Solarenergie nur langsam und regional fließt, schafft sie kleine Gemeinschaften mit hoher biologischer Diversität. Eine Fossile-Brennstoff-Gesellschaft hingegen schafft große, abhängige und biologisch kaum diversifizierte Einheiten.

Odum ging es jedoch nicht um neue, ökonomisch begründete Argumente fürs Energiesparen im Kapitalismus. Er propagierte vielmehr eine neue Sicht auf die Rolle, die Energie in unserem Leben spielt, sowie die Begrenzungen, denen das menschliche Dasein unterliegt – und damit ein neues Paradigma in der Reflexion über den Fortschritt. Megacitys sind so gesehen keine technologische Leistung, sondern nur logische Folge des massiven Überflusses an fossilen Brennstoffen. Und moderne landwirtschaftliche Techniken sind kein innovativer Weg, die Photosynthese für die Menschheit nutzbar zu machen, ganz im Gegenteil.

»Eine ganze Generation glaubte, dass wir die Nutzung von Solarenergie zu neuer Effizienz geführt hätten. Damit aber hat man uns einen Bären aufgebunden. Die Menschen in der entwickelten Welt essen nämlich nicht etwa Kartoffeln, die durch Sonnenenergie hervorgebracht wurden … Was bei den Menschen als Nahrungsmittel ankommt, ist gesamtwirtschaftlich betrachtet ein Nebenprodukt der exzessiven Energienutzung für menschliche Zwecke. Letztlich essen die Leute Kartoffeln aus Erdöl.«

Außerdem stellte Odum fest, dass das Bewusstsein für die Abhängigkeit von Energie im selben Maße abnimmt, wie der Energieverbrauch steigt. Ein Landbewohner in Zentralafrika weiß, wie viel Energie es kostet, mittels einer Handpumpe Wasser aus der Erde zu holen, und geht mit Energie dementsprechend sparsam um. Im Westen aber drehen wir das heiße Wasser auf und stellen uns zwanzig Minuten lang unter die Dusche, daher können wir die Arbeit, die dahintersteckt, uns mit diesem Service zu versorgen, nicht richtig einschätzen. Wir lassen die Energie buchstäblich im Abfluss versickern.

Später im Leben warnten Odum und seine Frau Elisabeth immer wieder vor dem bevorstehenden Zusammenbruch der Ökosysteme, falls wir unseren Energieverbrauch nicht senkten. In ihrem 2001 erschienen Buch *A Prosperous Way Down* schreiben sie, die Menschheit müsste auf Entzug von den fossilen Brennstoffen gehen, weil die Vorräte allmählich zur Neige gingen. Sie schlagen vor, Wohlstand gleichmäßiger zu verteilen, das Bevölkerungswachstum zu bremsen, den Energieverbrauch zu glätten, die Landwirtschaft auf extensive Techniken umzustellen und den Kapitalismus weniger wachstumsorientiert zu gestalten. Auf diese Weise würden wir eine »weiche Landung« hinlegen. Auch wenn die Wirtschaftstätigkeit zunächst zurückginge, könnten wir auf Dauer mit nachhaltigem Wohlstand rechnen.

Odum erlag 2002 einer Krebserkrankung. Seine Karriere endete, wie sie begann. Er war ein Wächter an der Front einer neuen, revolutionären Art ökonomischen Denkens. Seine letzten Tage brachte er damit zu, an einer Neuausgabe von *Environment, Power, and Society* zu arbeiten, die 2007 postum veröffentlicht wurde.

Adbusters

Wählscheibentelefon, 1947

Ein uralter Weiher.
Vom Sprung eines Frosches
Ein kleiner Laut

Basho

KENNETH BOULDING

»WER GLAUBT, EXPONENTIELLES WACHSTUM KÖNNE SICH EINFACH IMMER WEITER FORTSETZEN, IST ENTWEDER EIN IRRER ODER EIN ÖKONOM«

Radio von Packard-Bell, 1952

Der Ökonom Kenneth Boulding war dafür bekannt, dass er kein Blatt vor den Mund nahm. Die beißendste Kritik jedoch hob er sich für die Kurzsichtigkeit seiner Zunftgenossen auf: »Wer glaubt, exponentielles Wachstum könne sich einfach immer weiter fortsetzen, ist entweder ein Irrer oder ein Ökonom.« Und: »Die Mathematik hat einen gewissen Rigor in die Ökonomie gebracht. Bedauerlicherweise hat sie das *mortis* hintendran nicht vergessen.«

Boulding wurde gehört, da er Präsident der American Economic Association war und mit *Economic Analysis* 1941 ein Lehrbuch verfasst hatte, das zum Klassiker wurde, weil es neoklassische Ökonomie mit keynesianischen Grundsätzen vereinte. »*Economic Analysis* hat mir einen guten Ruf verschafft«, meinte Boulding. »Den konnte ich von da an hemmungslos verspielen.«

Sein Denken wurde im Laufe seines Lebens immer radikaler. Er war Poet, Philosoph und Kämpfer für den Frieden, der stets dafür eintrat, dass man wirtschaftliche Entscheidungen unter Berücksichtigung ethischer, religiöser und ökologischer Prinzipien traf. Zweifellos war er von seinem Glauben beeinflusst. Boulding gehörte den Quäkern an, einer christlichen Gruppierung, bei der Pazifismus, Gemeinschaftsdenken und gleichmäßige Verteilung von Wohlstand im Vordergrund stehen.

Eine Zeit lang war er Parteigänger der Republikaner, doch Reagans stramm rechte Politik schreckte ihn ab, vor allem die Deregulierung der Wirtschaft zugunsten der Angebotsseite und die ständig steigenden Militärausgaben. Boulding trat für einen weniger falkenmäßigen Umgang mit der Sowjetunion ein und machte sich öffentlich über Reagans Kommunistenängste lustig.

Er engagierte sich stets für den Frieden und die Umwelt. Die Ökonomie, so meinte er, müsse mehr Respekt vor der Natur haben. Schon 1958 stellte er folgende Frage: »Dürfen wir die Natur wirklich als Lagerhaus betrachten, aus dem wir uns zu unserem unmittelbaren Nutzen ungehemmt bedienen können? ... Oder obliegt dem Menschen nicht vielmehr die Verantwortung für die Bewahrung der Natur, ihrer seltenen Arten und das Weiterleben seiner eigenen?« Das Wachstumsmodell bezeichnete er als »Cowboy-Ökonomie«, die mit der Natur umspringe, als seien ihre Ressourcen unerschöpflich, und so ihrer »hemmungslosen Ausbeutung, Romantisierung und Vergewaltigung« Vorschub leiste. Dem setzte Boulding seine »Raumfahrer-Ökonomie« gegenüber, welche die Erde mit einem Raumschiff vergleicht, das sich selbst erhalten muss. Da seine Bewohner wissen, dass ihre Ressourcen begrenzt sind, gehen sie damit sparsam um. »Die Idee der Begrenztheit ist möglicherweise eines der ältesten Bilder der Menschheit. Es erstaunt daher nicht, dass wir es nicht einfach abwerfen können.« Er war überzeugt, dass die Cowboys – wenn der Staat sie nicht hinderte – die Konsequenzen ihrer Produktionsweise in die Zukunft verlagerten.

Auch seine Idee vom *Psychic Capital* durchkreuzte althergebrachte Vorstellungen. Menschliches Glück, so Boulding, sei schließlich das Ziel wirtschaftlichen Handelns und hänge weit mehr von der Qualität des äußeren Inputs ab als von der Quantität. Das neoklassische Konsummodell fördert schnelles Zirkulieren billiger Güter, die – um Gewinn abzuwerfen – existierende Güter ersetzen müssen. Dieser Prozess aber bringt am Ende Konsumenten hervor, die ihr Glücksgefühl aus dem Markt beziehen. Der Markt jedoch bietet nur fade Surrogate für das ursprüngliche seelische Glück. Bouldings 1950 propagiertes Konzept vom »Weniger ist mehr« war einer der ersten Versuche, Forschungsergebnisse aus der Medizin und Sozialwissenschaft in die Ökonomie einzubeziehen.

Boulding schrieb in einer Zeit endlosen Vertrauens in die Ökonomie und die Ergiebigkeit unserer Ressourcen, was ihn zum Ketzer stempelte. Während andere Ökonomen in vergleichbarer Position das Loblied des Wachstums sangen, trat er für Maßhalten ein, für eine Ökonomie, die das Glück des Menschen verfolgt und nicht das weltweite Bruttosozialprodukt im Auge hat. In *Psychic Capital* forderte er die Ökonomen auf, Möglichkeiten zu finden, wie die Zufriedenheit zu messen sei, die entsteht, wenn man seine »Aktivposten« (Qualität) pflegt, statt ständig nach mehr »Durchsatz« (Quantität) zu streben.

Boulding suchte in der Ökonomie vor allem die Wahrheit. Er wollte gerechte, nachhaltige Modelle, die die komplexe Vernetztheit der Welt berücksichtigen. Sein Gedicht »Ballade vom ökologischen Bewusstsein« endet mit dem Satz: »Kosten-Nutzen-Analysen rechtfertigen fast immer/Die Errichtung solider, konkreter Faktengebäude/Während die ökologische Wahrheit in der Präsentation außen vor bleibt.«

Adbusters

E. F. SCHUMACHER

»SMALL IS BEAUTIFUL.«

E. F. Schumacher störte es nicht, wenn andere Ökonomen ihn ob seiner unorthodoxen Ideen als *crank* bezeichneten, als »Miesepeter«. Denn *crank* heiße schließlich auch »Kurbelwelle« und sei damit der Teil des Motors, der zwar klein sei, aber dafür verantwortlich, dass sich etwas bewegt. »Ich sorge also, so klein ich bin, für Bewegung!« Und tatsächlich blieb das Kleine für Schumacher ein ganz wesentlicher Punkt, was in der Ökonomie wahrhaft selten vorkommt.

Schumacher wurde 1911 in Deutschland geboren und studierte später als Rhodes-Stipendiat in England. Als Dozent lehrte er an der Columbia University und in Oxford. John Maynard Keynes förderte ihn, und Schumachers Ideen flossen in Keynes' Modell für das Währungssystem der Nachkriegszeit ein, aus dem später der IWF entstand. Nach dem Zweiten Weltkrieg unterstützte er die britische Regierung beim wirtschaftlichen Wiederaufbau Deutschlands. Dann ging er zur *Times*, dem »Zentralorgan« des britischen Establishments, wo er in seinen Editorials vor allem die Bestrebungen der Labour-Regierung zur Verstaatlichung ganzer Industriezweige geißelte. Darüber hinaus war Schumacher zwanzig Jahre lang als Chefökonom für die britische Kohlebehörde aktiv.

Zu Beginn dieser Tätigkeit schickte man ihn nach Burma, wo er den Menschen das westliche Modell des Wirtschaftswachstums vermitteln sollte. Er erkannte jedoch schnell, dass es für die Burmesen besser wäre, aus ihrer eigenen Tradition zu schöpfen. Und so prägte er den Begriff der »buddhistischen Ökonomie«, die zum westlichen Modell in Widerspruch stand. Sie beruhte nicht auf grenzenlosem Wachstum und Konsum, sondern auf der Nutzung erneuerbarer Ressourcen. Arbeit war darin ein Weg zu persönlicher Erfüllung, kein Opfer, bei dem Zeit gegen Geld getauscht wurde. In einer buddhistischen Ökonomie stehe die geleistete Arbeit über dem Produkt. Auch die Arbeit selbst ist Teil eines Wertesystems, das darauf abzielt, unsere Wünsche zu verringern. Die moderne Ökonomie allerdings hatte aus der Arbeit ein abstraktes Marktelement gemacht, das zur Effizienzsteigerung eingesetzt wurde, und sie dabei ihrer engen Verknüpfung mit dem Individuum beraubt.

»Der Materialist ist an Gütern interessiert, der Buddhist an der Befreiung«, schreibt Schumacher. »Für den Ökonomen ist der buddhistische Weg wegen seiner tiefgreifenden Rationalität faszinierend – mit kleinen Mitteln erreicht man außerordentlich befriedigende Resultate.«

Der burmesische Ansatz, bei dem sparsamer Verbrauch und Freizeit im Vordergrund standen, stellte ein Grundprinzip westlicher Ökonomie in Frage: dass nämlich das Streben nach Glück in erster Linie Streben nach Gütern und Gewinnmaximierung sei. Auf den Einwand, östliche Philosophie habe schließlich nichts mit Ökonomie zu tun, antwortete Schumacher: »Ökonomie ohne Buddhismus, also ohne spirituelle, menschliche und ökologische Werte, ist wie Sex ohne Liebe.«

Später kehrte Schumacher zur Kohlebehörde zurück. Die Arbeit bei einer der größten Körperschaften jener Zeit stärkte Schumachers tiefsitzende Überzeugung, dass große Organismen unmenschlich seien. Seine Erfahrungen führten ihn zu folgendem Schluss: »Der Mensch ist klein, daher ist klein schön.« Diesen Syllogismus machte er zum Titel seines 1973 erschienenen Werks *Small is Beautiful: A Study of Economics as if People Mattered* (deutsch: *Die Rückkehr zum menschlichen Maß*), in dem er das neoklassische Wirtschaftsmodell harsch kritisiert. Darin prägte er den Begriff des »Naturkapitals« und entwarf ein Wirtschaftssystem, das auf dezentralen Technologien beruht und somit menschliches Maß hat.

»Der moderne Mensch sieht sich selbst nicht als Teil der Natur, sondern als ihr äußerliches Element, dessen Aufgabe es ist, sie zu beherrschen und verfügbar zu machen«, schreibt er. »Er versteigt sich sogar dazu, vom Kampf gegen die Natur zu sprechen, und vergisst dabei, dass er, falls er diesen gewinnen sollte, auf der Verliererseite stünde.«

Schumacher versuchte, seinen Ökonomenkollegen den Unterschied zwischen Kapital und Einkommen klarzumachen. Einkommen ist der Wohlstand, der entsteht, wenn Güter produziert, Dienstleistungen bereitgestellt und beides verkauft wird. Kapital ist sowohl das Rohmaterial als auch die Finanzkraft, die nötig sind, um Einkommen zu generieren. Die Ökonomen aber hätten von Anfang an die Ressourcen der Erde in die falsche Kategorie gesteckt und nennen den Ausverkauf des Kapitals nun Gewinn. Schumacher hielt dies für einen »selbstmörderischen Fehler«, ein Schneeballsystem, das zu Lasten des Planeten gehe. Solange die Ökonomenzunft den Abbau der Natursysteme – des Naturkapitals – nicht in ihre Modelle einbaut, sei die Ökonomie keine akademische Disziplin und schon gar keine Wissenschaft.

Gegen Ende seines Lebens setzte Schumacher seine Prinzipien praktisch um. Er buk zum Beispiel den wöchentlichen Brotbedarf seiner Familie aus biologisch angebautem Weizen, den er auf der Handmühle selbst mahlte. Schumacher starb 1977, doch seine Schüler treten immer noch für seine prophetische ökonomische Vision ein und haben ihm zu Ehren verschiedene Organisationen gegründet. Die Intermediate Technology Development Group (ITDG) wurde von Schumacher noch selbst ins Leben gerufen und setzt seine Arbeit fort, indem sie in den Entwicklungsländern für Armutsbekämpfung durch nachhaltige Entwicklung kämpft. Die ITDG zeigt, wie weise Schumachers Thesen doch waren, und beweist, dass das menschliche Maß nicht nur schön ist, sondern auch noch Wohlstand schafft.

Adbusters

Filmplakat zum Klassiker der Surf-Dokumentarfilme von 1966: *Endless Summer.*

HERMAN DALY

Herman Dalys provinzielle Anfänge in Texas deuteten in nichts auf seine spätere Rolle als weltweit bedeutsamster Vordenker des ökologischen Wachstums hin. Er wurde dezidiert antiintellektuell erzogen, was ihm vielleicht sogar entgegenkam. Sein Vater jedenfalls, ein frommer irischer Katholik, war der Ansicht, dass Leute, die studiert haben, »manchmal erstaunlich bescheuert seien«.

Dalys Eltern waren wenig gebildete Südstaatler. Sie ließen ihren Sohn zwar etwas lernen, standen seiner Gier nach Büchern aber immer ein wenig verständnislos gegenüber. Seine erste Ausbildung erhielt er in dem kleinen Eisenwarengeschäft seiner Eltern in Houston, wo er die Kundschaft bediente. Daly kam 1938, kurz vor Beginn des Zweiten Weltkriegs, zur Welt und arbeitete im elterlichen Geschäft, bis er aufs College ging. »Die Ausbildung war so gut wie jede andere«, meinte er über seine Tage als Regalauffüller. »Jeder braucht etwas aus dem Eisenwarenladen. Sie haben also viel mit Menschen zu tun. Das ist Ihr Job. Nett zu sein, ihnen etwas zu verkaufen und ihnen zu zeigen, wie man es benutzt, oder es selbst zu lernen, wenn Sie es nicht wissen.«

Dass man etwas erst verstehen müsse, bevor man eine Lösung finden könne, war ein Grundpfeiler in Dalys ökonomischem Denken. In den vierziger und fünfziger Jahren in Texas aufgewachsen, war Armut für ihn kein Fremdwort. Er kannte das Leid der Emigranten aus Mexiko. Als Teenager lernte er Spanisch, und sobald er die Highschool hinter sich hatte, unternahm er eine Reise per Anhalter von Houston nach Mexico City. Dieser Trip veränderte sein Leben. Er sah das Elend der Armen in den Grenzstädten, aber auch den Reichtum bestimmter Enklaven in Mexico City. Er beschloss, sein Leben der Frage zu widmen, wie man den Armen in Lateinamerika helfen könne.

»Das Thema ›Entwicklungshilfe‹ war in den fünfziger Jahren noch völlig neu und aufregend. Wir wollten die Welt aus den Fängen der Armut befreien. Ich wollte das, und die Wirtschaftswissenschaften wollten das mit einer Theorie ökonomischer Entwicklung. Diese Entwicklung beruhte zum großen Teil auf dem Konzept des Wachstums. Anfangs war ich also ein Wachstumsökonom.«

Doch es dauerte nicht lange, und Daly brach mit dem herrschenden ökonomischen Denken seiner Zeit. Die Recherchen für seine Doktorarbeit an der Vanderbilt University führten ihn Ende der sechziger Jahre nach Uruguay und schließlich nach Brasilien, wo er als Berater arbeitete. Diese Tätigkeit brachte ihn dazu, die ökonomischen Glaubenssätze, die er gelernt hatte, immer mehr in Frage zu stellen. Dort sah er mit eigenen Augen, wie der Amazonas-Regenwald abgeholzt wurde, um mehr Bevölkerungs- und Wirtschaftswachstum zu ermöglichen. Doch er hatte ja im Laden seiner Eltern rechnen gelernt. Und so war ihm klar, dass dieses Modell nicht funktionieren konnte, dass die Vorstellung vom unbegrenzten Wachstum am Ende die gesamte Natur verschlingen würde.

Wenn es ein Wort gibt, das Dalys Denken bestens beschreibt, dann ist es »Grenzen«. Nicht Grenzen, die keine Hoffnung mehr lassen, sondern solche, die uns eine realistische Sicht auf die Biologie und auf die Gesetze der Physik nahelegen. Und die Gebote der methodistischen Kirche, der Daly heute nahesteht. Mit »Grenzen« ist gemeint: Wenn du mehr ausgibst, als du einnimmst, gehst du bankrott. Wenn du abends zu lange aufbleibst, bist du am nächsten Morgen müde. Aktion zieht Reaktion nach sich. Grenzen, die klarmachen: Wenn ein Kind an Kinderlähmung leidet (wie Daly, als er acht Jahre alt war), muss man ihm vielleicht einen Arm amputieren.

»WACHSTUM KOSTET UNS VIELLEICHT MEHR, ALS ES WERT IST.«

»Es herrscht eine gewisse Spannung zwischen dem alten amerikanischen John-Wayne-Credo, dass du alles schaffen kannst, wenn du es nur willst, dass nichts unmöglich ist und alle Träume wahr werden können, wenn du dir nur Mühe gibst … und der Wirklichkeit, in der es einfach bestimmte Dinge gibt, die nicht gehen«, meint er.

Diese beiden Visionen – nüchternes Akzeptieren von Grenzen versus amerikanischen Optimismus – spielten in den familiären Diskussionen über seine Gesundheit und seine Zukunft eine bedeutende Rolle, wobei seine protestantische, deutschstämmige Mutter mehr dem John-Wayne-Credo zuneigte. Ökonom durch und durch, beschreibt Daly seine Kinderkrankheit in der Sprache der Wirtschaft: »Damals lernte ich, was Opportunitätskosten sind. Jede Stunde, die für irgendeine blöde Therapie vergeht, damit dein Arm nicht gelähmt bleibt, ist verloren für etwas, was du gern gemacht hättest.«

Was Daly aus seinem Kampf mit der Kinderlähmung gelernt hatte, zeigte sich, als er seine erste Professur an der Louisiana State University bekam und seine Gedanken über unwirtschaftliches Wachstum zum ersten Mal schriftlich niederlegte: dass die Kosten ungehemmter wirtschaftlicher Aktivität am Ende deren Nutzen untergraben würden. Bevor er sein Buch über *Steady-State Economics* veröffentlichte, mit dem er 1977 die Bio-Ökonomie als Wissenschaft lancierte, studierte Daly bei dem berühmten Nicholas Georgescu-Roegen (siehe S. 298f.), der die Gesetze der Thermodynamik auf die Wirtschaft anwandte und bis zu seinem Todestag über einen vierten, noch nicht bewiesenen Hauptsatz der Thermodynamik spekulierte. Roegen, der ein Statistik-Genie war, impfte Daly das Entropiegesetz ein: Energie, die verbraucht wurde, kann nicht wiedergewonnen werden. Dieses Gesetz wurde zur Grundlage von Dalys Theorie, dass die Wirtschaft ein Subsystem des Ökosystems ist und nicht umgekehrt. Und dass sie, wenn sie keinen wirtschaftlichen und ökologischen Zusammenbruch verursachen wolle, aufhören müsse zu wachsen.

»Die Idee kommt eigentlich aus der klassischen Ökonomie und wird am deutlichsten bei John Stuart Mill formuliert, wo er über den ›stationären Zustand‹ schreibt. Er begründet seine Sicht so klar und einfach, dass ich schlicht überwältigt war. Ich weiß noch, wie ich es las und dachte: ›Wow! Das ist von ganz entscheidender Bedeutung!‹«, meint Daly.

Er koppelte Mills Ideen aus dem 19. Jahrhundert an Leontiefs Input-Output-Analyse, die Volkswirtschaften als grundsätzlich voneinander abhängig sieht. Statt jedoch das Leontief-Modell nur auf die Wirtschaft zu beschränken, wandte Daly es auf die natürliche Welt an, in der die Wirtschaft operiert.

Daly wurde von einigen der radikalsten ökonomischen Denker seiner Zeit beeinflusst. Wenn er Kenneth Boulding oder E. F. Schumacher erwähnt, deren Ideen er aufnimmt, klingt Hochachtung in seiner Stimme mit. Als er in den fünfziger Jahren seine ersten Studiensemester absolvierte, wurden Bouldings und Samuelsons Ideen kontrovers diskutiert. Daly sagt heute, dass Bouldings normative Analyse ihm wenig zusagte, seine Vorstellungen von der menschlichen Zufriedenheit ihn jedoch stark bewegt hätten. »Er stellte einfach vieles auf den Kopf, und das hat mich tief beeindruckt«, meint Daly über seine Boulding-Lektüre.

In seinem Aufsatz »Income or Welfare« versucht Boulding, menschliches Glück als Schnittmenge zwischen Gütern und Freizeit zu fassen. Die Vorstellung, dass menschliches Glück mehr vom Bestand an Gütern abhinge als vom Fluss von Einkommen, dass weniger mehr ist, ist der Schlüssel zu Dalys Theorie von der Steady-State-Ökonomie. Da die aktuellen Modelle zur Bedürfnisbefriedigung auf einem ständig steigenden BIP beruhen, muss der Bestand an Gütern stets durch einen steigenden Einkommensfluss ergänzt werden, um mehr Güter zu bekommen. Die Sättigung/Befriedigung ist der Erzfeind dieses Modells. Sind die Menschen zufrieden mit dem, was ihnen Natur oder technologische Innovation bescheren, wenn sie aufhören, ständig etwas zu ersetzen oder »upzugraden«, geht das BIP zurück.

Auch E. F. Schumachers Suche nach gerechten wirtschaftlichen Grundsätzen in der Spiritualität, zuerst im Buddhismus, später im Katholizismus, inspirierte Daly. Schumacher unterstrich, dass alle großen Religionen ethische Regeln hätten, die auf Wachstum mit Maß und Ziel hinwirken. Daly meinte stets, er fühle sich Schumacher sehr verbunden, vor allem dort, wo er für eine glaubensorientierte Wirtschaft eintrat, in der die Erhaltung der Erde Priorität hatte. Obwohl Daly sehr zurückhaltend ist, was sein eigenes Christentum angeht (das selbst viel zu viele ökologische und ökonomische Schandtaten zu verantworten hat), so ist er doch überzeugt, dass der Glaube eine Rolle dabei spielen kann, um das Wachstumscredo unserer Zeit zu überwinden. »Seit Jahrhunderten fragen die Philosophen sich, was für ein gutes Leben nötig ist. Die Wirtschaft aber hat sich nie mit der Idee des ›Genug‹ angefreundet. In der Wirtschaft geht es immer nur um mehr und um effizientere Wege, dieses Mehr zu erreichen.«

Wie viele Vertreter der Ökologischen Ökonomie wurde Daly von den Mainstream-Ökonomen schnell ausgestoßen. Das begann schon in den achtziger Jahren an der Louisiana State University (LSU), wo bald eine ganze Reihe konservativer Chicago-School-Ökonomen den Dienst antrat. Daly hatte immer weniger Doktoranden, während die Fakultät der Reagan-Ökonomie Rückendeckung gab. »Allmählich wurde es ungemütlich. Jeder Student, der bei mir seine Doktorarbeit schreiben wollte, stand von Anfang an unter Generalverdacht. Das brachte meine Studenten in eine unmögliche Situation und mich selbst natürlich auch.«

Im Jahr 1989, nach zwei Jahrzehnten der Lehrtätigkeit an der LSU, ging Daly als Berater für nachhaltige Entwicklung zur Weltbank. Gleichzeitig fiel die Berliner Mauer. Damit begann der Siegeszug der neoklassischen Prinzipien in den wirtschaftswissenschaftlichen Fakultäten auf der ganzen Welt. Es war vielleicht nicht gerade die beste Zeit für einen Wachstumskritiker, um in der Bastion der westlichen Liberalismus-Ökonomie tätig zu sein, doch Daly dachte, er könne dort etwas bewirken. »Ich hatte eine Brückenfunktion zwischen den wenigen Ökologen in der Weltbank und der Masse der Ökonomen … ein Mittler zwischen den beiden Welten.«

Sechs Jahre lang kämpfte Daly dafür, dass die Kredite der Weltbank auch von Nachhaltigkeits- und Ökologiezielen abhängig gemacht wurden. Doch sein Kampf gegen die Fraktion der »Erst-kommt-das-Wachstum-dann-die-Umwelt«-Theoretiker war vergeblich. »Irgendwann wurde mir klar, dass das alles [Nachhaltigkeit] nur Schönfärberei war. Man tat, was man immer tat, und klebte am Ende noch ein Umweltschutzetikett drauf.«

Als der Harvard-Professor Larry Summers Chefökonom der Weltbank wurde, quittierte Daly seinen Dienst. 1994 gaben seine Kollegen, quasi als Abschiedsgeschenk, ihm Gelegenheit, eine öffentliche Rede zu halten, die sich an die gesamte Organisation wandte: »Verschwenden Sie keine Zeit damit, irgendeinen kleinen Volkswirt abzustrafen, der in seinen theoretischen Schriften von den Prinzipien der Weltbank – Freihandel, NAFTA und so weiter – abweicht«, sagte Daly. »Ohne solche Abweichungen wird es keine Veränderung geben.«

Dann empfahl er der Bank Säureblocker und Abführmittel, um den Überdruck aus der Top-down-Struktur zu nehmen. Sowie ein Hörgerät und eine Brille, damit die Banker die Außenwelt endlich wahrnehmen könnten, wie sie ist. Vier Empfehlungen gab er der Weltbank mit auf den Weg: Hört auf, den Verbrauch von Naturkapital als Einkommen zu betrachten. Besteuert Arbeit und Einkommen weniger, Ressourcenverbrauch dafür mehr. Steigert auf kurze Sicht die Produktivität des Naturkapitals, fördert auf lange Sicht sein Nachwachsen. Und trennt euch von der ideologischen Vorstellung, die Weltökonomie durch Freihandel weiter vernetzen zu müssen.

Diese offene Kritik an einer der weltweit einflussreichsten Wachstumsprediger-Organisationen verringerte die Chancen, dass Daly je wieder eine ähnliche Position würde einnehmen können, doch erheblich. Am Ende aber fand er seine geistige Heimat an der School of Public Policy an der Universität von Maryland. Dort blieb er, bis er sich 2009 aus dem aktiven Leben zurückzog, und übte starken Einfluss auf einige der schärfsten Wachstumskritiker von heute aus, zum Beispiel Robert Costanza und Joshua Farley.

Dass seine Idee von der Steady-State-Ökonomie ohne Wachstumszwang so lange brauchte, bis sie in die Mainstream-Ökonomie durchsickerte, ist kein Zufall. Die Philosophie der Begrenzung passt so wenig ins amerikanische Denken wie eine Weihnachtsfeier zu Al Qaida. Die Begrenzung des Wachstums rüttelt an den Grundfesten der neoklassischen Ökonomie und richtet sich gegen einen der amerikanischen Grundwerte: die Chance, sein Glück zu machen.

»Ich hatte gehofft, dass die Krise von 2008 im Kopf der Leute einen Schalter umlegt, sodass sie über Begrenzung wenigstens nachdenken … doch seit der Krise steht Wachstum sogar noch mehr im Fokus als vorher«, klagt Daly.

Wachstum ist die Vision unserer Zeit, die jeder Analyse zugrunde liegt, die Brille, durch die jeder, auch der Kritiker, guckt. Nach fünfzig Jahren Forschung, zahllosen Preisen, ebenso vielen Büchern und Hunderten von Artikeln meint Daly, er sei nicht besonders optimistisch, was die Zukunft angeht. Grund zur Sorge besteht seiner Ansicht nach: Klimawandel, wirtschaftliche Ängste, Wachstumsdogma, Umweltverschmutzung, Bevölkerungswachstum, wachsende Ungleichheit und der zunehmende Freihandel. Letztlich hat er aber die paradoxe John-Wayne-Manier seiner Mutter geerbt: »Als Rationalist sehe ich keinen Anlass zum Optimismus, doch als Existentialist sage ich mir: Wir brauchen Hoffnung, um uns durchs Leben zu schlagen.«

Darren Fleet

MARTIN LUTHER

Luther war ein frommer Katholik. Er glaubte an die Weisheit des Papsttums und die heilige apostolische Nachfolge. Er begab sich nach Rom, weil er glaubte, wenn der Papst von der Verderbtheit und Korruption seiner Priester erführe, würde er sofort eingreifen. Doch der Papst wollte von Luther nur eines hören:

Ich widerrufe.

WEG DAMIT!

WIR, DIE ÖKONOMIE-STUDENTEN DER WELT, ERHEBEN ANKLAGE:

Ihr, die Lehrer der neoklassischen Ökonomie und eure Studenten, die ihr graduiert, betrügt die ganze Welt.

Ihr behauptet, eine exakte Wissenschaft mit Gesetzen und Formeln zu lehren, doch eure Wissenschaft ist eine Gesellschaftswissenschaft mit allen für sie typischen Untiefen und Interpretationsspielräumen. Wir klagen euch an, dass ihr euch anmaßt, etwas zu sein, was ihr nicht seid.

Ihr versteckt euch in euren Büros, nehmt Deckung hinter eurem Jargon, während in der wirklichen Welt Wälder kahlgeschlagen werden, Arten sterben, die Grundlagen menschlichen Lebens zerstört werden und zur Neige gehen. Wir klagen euch an, dass ihr versagt habt beim haushälterischen Wirtschaften mit diesem Planeten.

Ihr wusstet von Anfang an, dass euer Maß für den wirtschaftlichen Fortschritt, das Bruttoinlandsprodukt, fundamentale Mängel aufwies, trotzdem habt ihr zugelassen, dass es zum globalen Standard wird, den die Medien Tag für Tag herunterbeten. Wir klagen euch an, dass ihr damit weiterhin schamlos die Illusion von Fortschritt weckt – auf Kosten der menschlichen und ökologischen Gesundheit.

Ihr habt großen Schaden angerichtet, doch eure Zeit ist gekommen. Die Revolution der Ökonomie hat begonnen, voller Hoffnung und Entschlossenheit wie jede andere Revolution in der Geschichte. Unsere unterschiedlichen Denkmodelle werden aufeinanderprallen. Der Moment der Wahrheit wird kommen, und dann wird eine neue Ökonomie entstehen – offen, ganzheitlich, nach menschlichem Maß.

An der Uni und überall werden wir euch alten Böcke von den Thronen der Macht stoßen. In den Monaten und Jahren, die eurer Entmachtung folgen, werden wir mit ganzem Einsatz die Katastrophenmaschine entschärfen.

Dieses Manifest könnt ihr zeichnen: kickitover.org.

(Und Studenten können es ihrem Professor an die Tür hängen.)

Unsere 10 000 Jahre alte Zivilisation
hängt an einem seidenen Faden:
entweder – oder …

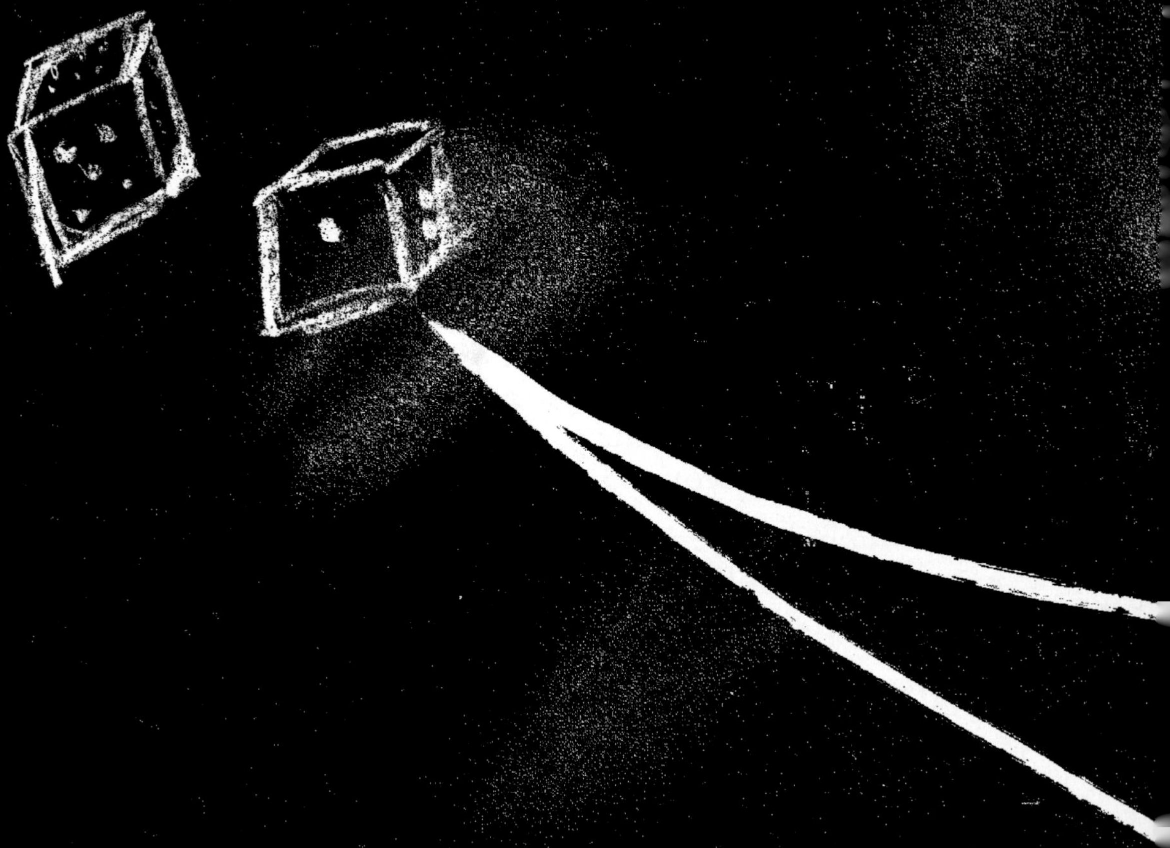

IX. 2017

Die Singularität

In einem einzigen Moment verändern wir für immer unsere Zukunft.

Die Nacht

Ansonsten beginnt ein neues dunkles Zeitalter, das tausend Jahre dauert.

Der Meeresspiegel
wird in den nächsten
tausend Jahren und
danach immer weiter
ansteigen …

WER SIND WIR?